文革史料叢刊第一輯

第二冊：批判劉少奇與鄧小平罪行大字報選編

李正中　輯編

只有不漠視、不迴避這段歷史，中國才有希望，中華民族才有希望！忘記歷史意味著背叛！

——摘自「文革史料叢刊．前言」

蘭臺出版社

巴金先生说在文革
受尽火与血磨炼
的人是不会沉默的

八十又五叟　李正中

著名中國古瓷與歷史學家、教育家。
李正中　簡介

祖籍山東省諸城市，民國十九年（1930）出生於吉林省長春市。
北平中國大學史學系肄業，畢業於華北大學（今中國人民大學）。
歷任：天津教師進修學院教務處長兼歷史系主任（今天津師範大學）。
　　　天津大學冶金分校教務處長兼圖書館長、教授。
　　　天津社會科學院中國文化研究中心主任、研究員。
現任：天津理工大學經濟與文化研究所所長、特聘教授。
　　　天津文史研究館館員。
　　　天津市漢語言文學培訓測試中心專家學術委員會主任。
　　　香港世界華文文學家協會首席顧問。
　　　（天津理工大學經濟與文化研究所供稿）
為加強海內外學術交流，應邀赴日本、韓國、香港、臺灣進行講學，
其作品入圍德國法蘭克福國際書展和美國ABA國際書展。

前言：忘記歷史意味著背叛

文學巨匠巴金說：

應該把那一切醜惡的、陰暗的、殘酷的、可怕的、血淋淋的東西集中起來，展覽出來，毫不掩飾，讓大家看得清清楚楚，牢牢記住。不能允許再發生那樣的事。不再把我們當牛，首先我們要相信自己不是牛，是人，是一個能夠用自己腦子思考的人！

那些魔法都是從文字遊戲開始的。我們好好地想一想、看一看，那些變化，那些過程，那些謊言，那些騙局，那些血淋淋的慘劇，那些傷心斷腸的悲劇，那些勾心鬥角的醜劇，那些殘酷無情的鬥爭……為了那一切的文字遊戲！……為了那可怕的十年，我們也應該對中華民族子孫後代有一個交代。

要大家牢記那十年中間自己的和別人的一言一行，並不是讓人忘記過去的恩仇。這只是提醒我們要記住自己的責任，對那個給幾代人帶來大災難的「文革」應該負的責任，無論是受害者，或者害人者，無論是上一輩或是下一代，不管有沒有為「文革」舉過手點過頭，無論是造反派、走資派，或者逍遙派，無論是鳳或者是牛馬，讓大家都到這裡來照照鏡子，看看自己為「文革」做過什麼，或者為反對「文革」做過什麼。不這樣，我們怎麼償還對子孫後代欠下的那一筆債，那筆非還不可的債啊！

（摘自巴金《隨想錄》第五冊《無題集•紀念》）

我高舉雙手讚賞、支持前輩巴老的呼籲。這不是一個人的呼籲，而是一個民族對其歷史的反思。一個忘記自己悲慘歷史和命運的民族，就是一個沒有靈魂的民族，沒有希望的民族，沒有前途的民族。中華民族要真正重新崛起於世界之林，實現中華夢，首先必須根除這種漠視和回避自己民族災難的病根，因為那不意味著它的強大，而恰恰意味著軟弱和自欺。這就是我不計後果，一定要搜集、編輯和出版這部書的原因。我想，待巴老呼籲的「文革紀念館」真正建立起來的那一天，我們才可以無愧地向全世界宣告：中華民族真正走上了復興之路……。

當本書即將付梓時刻，使我想到蘭臺出版社出版該書的風險，使我內心感動、感激和感謝！同時也向高雅婷責任編輯對殘缺不全的文革報紙給以精心整理、校對，付出辛勤的勞累致以衷心得感謝！

感謝忘年交、學友南開大學博導張培鋒教授為拙書寫「序言」，這是一篇學者的呼喚、是正義的伸張，作為一個早以欲哭無淚的老者，為之動容，不覺潸然淚下：「一夜思量千年事，人生知己有一人」足矣！

李正中於古月齋

2014年6月1日文革48周年紀念

序言：中國歷史界的大幸，也是國家、民族之大幸

張培鋒

李正中先生積三十年之功，編集整理的《文革史料叢刊》即將出版，囑我為序。我生於1963年，在文革後期（1971-1976），我還在讀小學，那時，對世事懵懵懂懂，對於「文革」並不瞭解多少，因此我也並非為此書寫序的合適人選。但李先生堅持讓我寫序，我就從與先生交往以及對他的瞭解談起吧。

看到李先生所作「前言」中引述巴金老人的那段話，我頓時回想起當年我們一起購買巴老那套《隨想錄》時的情景。1985年我大學畢業後，分配到天津大學冶金分校文史教研室擔任教學工作，李正中先生當時是教務處長兼教研室主任，我在他的直接領導下工作。記得是工作後的第三年即1987年，天津舉辦過一次大型的圖書展銷會（當時這樣的展銷會很少），李正中先生帶領我們教研室的全體老師前往購書。在書展上，李正中先生一眼看到剛剛出版的《隨想錄》一書，他立刻買了一套，並向我們鄭重推薦：「好好讀一讀巴老這套書，這是對「文革」的控訴和懺悔。」我於是便也買了一套，並認真讀了其中大部分文章。說實話，巴老這套書確實是我對「文革」認識的一次啟蒙，這才對自己剛剛度過的那一個時代有了比較深切的瞭解，所以這件事我一直記憶猶新。我記得在那之後，李正中先生在教研室的活動中，不斷提到他特別讚賞巴金老人提出的建立「文革紀念館」的倡議，並說，如果這個紀念館真的能夠建立，他願意捐出一批文物。他說：「如果不徹底否定「文革」，中國就沒有希望！」我這才知道，從那時起，他就留意收集有關「文革」的文獻。算起來，到現在又三十年過去了，李先生對於「文革」那段歷史「鍾情」不改，現在終於將其裒輯付梓，我想，這是中國歷史界的大幸，也是國家、民族之大幸！

前兩年，我有幸讀到李正中先生的回憶錄，對他在「文革」中的遭遇有了更為真切的瞭解。「文革」不僅僅是中國知識分子的受難史，更是整個民族、人民的災難史。正如李先生在「前言」中所說，忘記這段歷史就意味著背叛。李先生是歷史學家，他的話絕非僅僅出於個人感受，而是站在歷史的高度，表現出一個中國知識分子的真正良心。

就我個人而言，雖然「文革」對我這一代人的波及遠遠不及李先生那一代人，但自從我對「文革」有了新的認識後，對那段歷史也有所反思。結合我個人現在從事的中國傳統文化教學與研究來看，我覺得「文革」最大的災難在於：它對中華優秀傳統文化做出了一次「史無前例」的摧毀（當時稱之為「破四舊，立新風」，當時究竟是如何做的，我想李先生這套書中一定有非常真實的史料證明），從根本上造成人心

的扭曲和敗壞，並由此敗壞了全社會的道德和風氣。「文革」中那層出不窮的事例，無不是對善良人性的摧殘，對人性中那些最邪惡部分的激發。而歷史與現在、與未來是緊緊聯繫在一起的，當代中國社會種種社會問題、人心的問題，其實都可以從「文革」那裡找到根源。比如中國大陸出現的大量的假冒偽劣、坑蒙拐騙、貪汙腐化等現象，很多人責怪說這是市場經濟造成的，但我認為，其根源並不在當下，而可以追溯到四十年前的那場「革命」。而時下一些所謂「左派」們，或別有用心，或昧了良心，仍然在用「文革」那套思維方式，不斷地掩飾和粉飾那個時代，甚至將其稱為中國歷史上最文明、最理想的時代。我現在在高校教學中接觸到的那些八十年代、九十年代後出生的年輕人，他們對於「文革」或者絲毫不瞭解，或者瞭解的是一些經過掩飾和粉飾的假歷史，因而他們對於那個時代的總體認識是模糊甚至是錯誤的。我想，這正是從巴金老人到李正中先生，不斷呼籲不要忘記「文革」那段歷史的深刻含義所在。不要忘記「文革」，既是對歷史負責，更是對未來負責啊！

記得我在上小學的時候，整天不上課，拿著毛筆——我現在感到奇怪，其實就連毛筆不也是我們老祖宗的發明創造嗎？「文革」怎麼就沒把它「革」掉呢？——寫「大字報」，批判「孔老二」，其實不過是從報紙上照抄一些段落而已，我的《論語》啟蒙竟然是在那樣一種可笑的背景下完成的。但是，僅僅過去三十多年，孔子仍然是我們全民族共尊的至聖先師，「文革」中那些「風流人物」們今朝又何在呢？所以我認為，歷史是最公正、最無情的，是不容歪曲，也無法掩飾的，試圖對歷史進行歪曲和掩飾其實是最愚蠢的事。李正中先生將這些「文革」時期的真實史料拿出來，讓那些並沒有經歷過那個時代的人們真正認識和體會一下那場「革命」的真實過程，看一看那所謂「革命」、「理想」造成了怎樣嚴重的後果，這就是最好的歷史、最真實的歷史，這也就是巴老所說的「文革紀念館」的一個重要組成部分啊！我非常讚成李正中先生在「前言」中所說的，只有不漠視、不回避這段歷史，中國才有希望，中華民族才有希望！

是為序。

中華民族最黑暗的年代「文革」48周年紀念於天津聆鐘室

〔注〕張培鋒：現任南開大學文學院教授博士班導師

古月齋叢書3　文革史料叢刊　第一輯

第四冊：反黨篡軍野心家罪惡史選編

反黨篡軍野心家羅瑞卿罪惡史

反黨篡軍野心家賀龍罪惡史（二種）

憤怒聲討大軍閥大野心家朱德（大字報選編）

打倒李井泉（二種）

李井泉鬼魂東行記

第五冊：文藝戰線上兩條路線鬥爭大事紀

高舉毛澤東思想偉大紅旗

反革命修正主義分子胡喬木罪惡史

胡喬木的《三十年》必須批判

文藝戰線上兩條路線鬥爭大事紀1949~1967

江青同志關於文藝工作的指示彙編

十七年來出版工作兩條路線鬥爭大事紀1948~1966

三反分子侯外廬材料選編

《高教六十條》的出籠

第六冊：文革紅衛兵報紙選編

挺進報（四期）

文藝紅旗報

魯迅（二期）

紅太工（七期）

革命造反（六期）

「文化大革命」資料著作目錄

史料照片

第二冊　目錄

揭发批判刘少奇邓小平反革命修正主义罪行大字报选编

（综合类）

万炮齐轰刘、邓黑司令

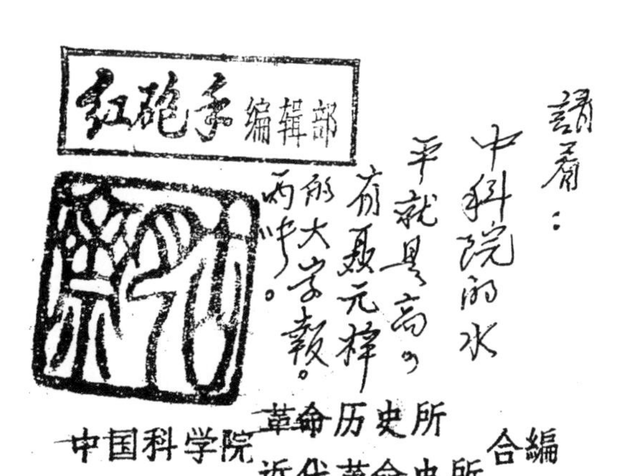

中国科学院 革命历史所 近代革命史所 合编

1967•2•25•

目　　录

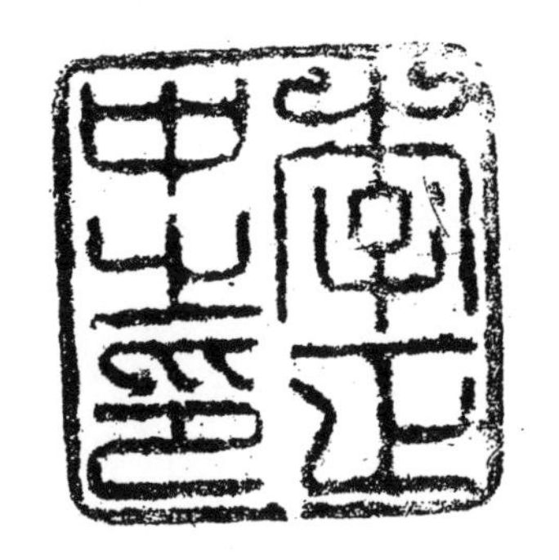

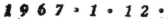

彻底批判刘少奇、邓小平，将无产阶級文化大革命进行到底！

北京大学　聂元梓

同志們、紅卫兵战士們：

我們伟大导师、伟大領袖、伟大統帅、伟大舵手毛主席亲自发动和領导的无产阶級文化大革命，汹湧澎湃、席卷全国，震撼了整个世界，敲响了一切反动阶級的丧钟，革命人民扬眉吐气，欢欣鼓舞。但是，那些混进党內的一小撮走資本主义道路的当权派、資产阶級的代表人物，却手忙脚乱、惊慌失措，吓破了胆。为了維护他們的統治，保住他們的独立王国，他們与以毛主席为代表的无产阶級革命路线相对抗，泡制了一条反对文化大革命的資产阶級反动路线，企图把这场轰轰烈烈的伟大的文化大革命鎮压下去。他們的用心是多么恶毒，多么阴险！

在毛主席的亲自領导下，广大革命人民对資产阶級反动路线展开了斗爭。但是，資产阶級反动路线还在继續頑抗，以新的、更加隐蔽的形式进行新的反扑，掀起了一股反革命逆流，刮起了一陣阴风。革命群众奋起反击，对資产阶級反动路线进行了坚决斗爭，大长了无产阶級志气，大灭了資产阶級威风。現在我們一定要乘胜追击，追根究底，把資产阶級反动路线彻底批倒、批臭，彻底肃清。

水有源，树有根。誰是資产阶級反动路线的总根子、总指揮、总头目？誰是反对毛主席的无产阶級革命路线的总統帅？这就是刘少奇、邓小平这两个党內最大的走資本主义道路的当权派。

刘少奇、邓小平，是資产阶級反动路线的制定者、指揮者，是鎮压文化大革命的罪魁禍首。他們在文化大革命中犯下了种种罪行，进行了一系列罪恶勾当：

他們公开支持反党叛国分子彭眞亲手泡制出来的反革命的“二月提綱”，並把它作为中央文件，散发各地、流毒全国。刘少奇、邓小平是反革命“二月提綱”的支持者和庇护者。

他們竭力反对和企图扼杀北大的“全国第一張馬列主义大字报”对支持这張大字报的康生等同志施加“压力”。这个阴謀由于被毛主席戳穿了才未得逞。

他們还背着毛主席，大派工作組，一度“控制局面”，顚倒是非混淆黑白，鎭压革命群众，圍剿革命派，妄图扼杀文化大革命，达到继續实行他們修正主义統治的目的。

他們又一手策划制定所谓“中央八条”，想把所谓“內外有別”“注意洩密”等八条枷鎖，套在革命群众的脖子上，想把蓬蓬勃勃的革命群众运动打下去。刘少奇、邓小平是扼杀革命群众运动的总指揮。

在群众运动的烈火扑灭不下去时，他們撕去了假面具、露出凶相，竟然命令工作組鎭压革命群众，把革命群众打成“反革命”，实行白色恐怖。他們的得力打手北大工作組組长張承先，把北大革命的“六·一八事件”，污蔑成“反革命事件”，把革命群众打成反革命。刘少奇、邓小平对此不仅大加夸奖，而且命令他立即总結成所谓的“經验”刊登出来。这还不夠，他們居然还在这个反革命的“經验”之前，加了一个所谓的“中央批示”，在全国推广，說什么“別处发生类似情况也要照此处理”。这样，就在北大、清华和全国各地掀起了一陣鎭压革命的白色恐怖。刘少奇、邓小平就是这样的鎭压革命群众、实行資产阶級专政的大劊子手。

請大家看一看，刘少奇、邓小平的資产阶級反动路线已經发展到了怎样严重的地步，他們竟象国民党反动派一样，对革命群众采取公开鎮压，实行白色恐怖制造流血事件的反革命手段！

在八屆十一中全会上，刘少奇、邓小平的資产阶級反动路线受到了严正的批判。但是，他們並不甘心自己的失敗，而是采取新的形式，更隐蔽，更恶毒、更阴险地来和毛主席的无产阶級革命路线相对抗。他們挑动群众斗群众，企图继續欺騙人民，維持統治，扼杀革命。在北京大学，他們就继續玩弄花样，通过王任重，想拉攏一批人，打击革命左派，想继續控制北大局面。多少年来，北京大学一直是无产阶級和資产阶級激烈爭夺、斗爭的重要陣地。刘少奇、邓小平不到黃河心不死，他們死死拉住北京大学这块陣地。陆平倒了，就派亲信張承先来；張承先倒了，又想通过王任重来統治北大。但是，你們这套資产阶級反动路线的把戏，再也欺騙不了革命群众。我們有毛泽东思想这个显微鏡、照妖鏡，一切阴謀詭計，都逃脫不掉，資产阶級反动路线在我們这里破产了。你們必須徹底交待在全国和在北大所犯的一切罪行，你們必須徹底向人民低头認罪。

为什么刘少奇、邓小平职位这么高、資历这么长，却如此恶毒地制定和頑固地坚持資产阶級反动路线，处心积虑地鎮压革命群众、反对文化大革命？原来是这样：刘少奇、邓小平从来就不是真正的无产阶級革命家，而是資产阶級革命家。他們代表的是資产阶級利益，是党內資产阶級的最大的代表，是党內最大的走資本主义道路的当权派。他們反对毛主席的无产阶級革命路线，不自今日始。他們一直是和毛主席的方向、道路針鋒相对、背道而馳的。

早在1942年民主革命时期，刘少奇就在新四軍內胡說过："不应該放棄三民主义的旗帜，""共产党的旗帜拿不出去，对群众沒有号召力"。在他看来只有三民主义的旗帜对群众才有号召力。

在1945年刘少奇、邓小平就走上了右傾机会主义的道路。在党的第七次代表大会上，王明的机会主义路线刚得到清算，但刘、邓背着毛主席在党内又伏下了一条新的右傾机会主义的黑线。他們站在資产阶級反动立场上，維护資产阶級的利益，竭力要把中国引向資本主义道路。一九四六年曾幻想政协实現，走向和平，也即妥协的道路，並且在土改中推行形“左”实右的資产阶級路线。

全国解放以后，他們一直念念不忘，梦想中国走向資本主义道路。一九四九年入城后，就一步步走向向資产阶級妥协、投降的道路，閉口不談整个过渡时期的主要矛盾是資产阶級和无产阶級的矛盾，竭力阻止工商业改造。一九五一年他們公然阻止把老区互助組提高到合作社，一九五五年，他們更支持砍掉二十万个合作社。隨着社会主义革命的深入，他們和社会主义革命的抵触、矛盾就愈来愈大。他們在民主革命时期就是和毛主席的无产阶級革命路线相对立的，当社会主义革命深入时，他們就更加和这个革命格格不入。和国际上的修正主义反动思潮和国内資产阶級右派势力相呼应。在一九五六年的八大上，他們就公然扯起了反毛泽东思想的黑旗，提出一系列修正主义理論，鼓吹阶級斗爭熄灭論，胡說什么“我国社会主义和資本主义誰战胜誰的問題，現在已經解决了”，以此来与毛主席的阶級斗爭学說相对抗；还給資产阶級涂脂抹粉，大搞阶級調和；又胡說什么“在社会主义改造完成以后，民族資产阶級和上层小資产阶級的成員将变成社会主义劳动者的一部分。各民主党派就将变成这部分劳动者的政党”，这是为“全民党”作輿論准备。更不能容忍的，他們居然把七届二中全会上規定的党員义务第一条“学习馬克思列宁主义，学习毛泽东思想”，纂改成“学习馬克思列宁主义，不断提高自己的覺悟程度”。他們是如此害怕和仇視毛泽东思想，他們就是要反对毛主席和毛泽东思想。一九五九年到一九六二年我国經济困难时期，帝国主义、修正主义和各国反动派掀起了反华大合唱，国内也掀起了反对三面紅旗的妖风。刘、邓就是国内这股逆流的总指挥。那时刮起的“三和一少”、“三自一包”，单干风、翻案风，就是在他們的支持和慫慂下刮起来的。一直到一九六三年，他們居然反对毛主席提出的社会主义教育运动，制定了一条反对毛主席的正确路线的形“左”实右的机会主义路线，来和毛主席对抗。刘少奇、邓小平又是扼杀北京大学社教运动的罪魁禍首，他們与反革命修正主义大黑帮彭眞、陆平勾結在一起，打击革命左派。邓小平盗用了中央的名誉，亲自主持了1965年3月3日的中央书記处会議。这是一次黑会，完全背着毛主席，恶毒的攻击毛主席，指揮了一场极其残酷的反攻倒算。刘少奇还亲自批示了革命左派給毛主席的控告信。指揮反革命修正主义分子彭眞公开印发，並組织反革命打手，对革命左派进行反攻倒算，血腥鎭压。到了文化大革命时期，他們又阴謀泡制了資产阶級反动路线，已經公开出来鎭压革命群众，搞白色恐怖，制造流血事件，他們把右傾机会主义路线发展得更为完整、更为公开、更为反动了。这是他們一貫实行的右傾机会主义的必然发展，是他們反动的資产阶級立场在新的条件下的表現。正是这样，他們也就走向了末路。

实践証明，刘少奇、邓小平从来就不是无产阶級革命家，而是資产阶級革命家，因此必然走向和毛主席背道而馳的反动道路上去。

刘少奇、邓小平是党内最大的走資本主义道路的当权派，是中国現代修正主义的祖师爷、資产阶級司令部的黑司令。他們是这几十年来所有反党集团的包庇者、大黑伞。高崗、饒漱石反党集团，彭、黃、張、周反党叛国集团和最近的彭、陆、罗、楊反革命叛国集团，都受到了刘、邓反动路线的保护，他們之間有着密切的联系。这些反党集团都是在刘、邓的保护、包庇、掩护下才形成、发展起来的。

因此，我們要彻底粉碎資产阶級反动路线，就必須彻底批判刘少奇、邓小平。只有彻底批判他們，肃清他們的影响，才能彻底斗倒彭、陆、罗、楊反革命叛国集团，才能彻底斗倒党內一小撮走資本主义道路的当权派；也只有彻底批判刘、邓的資产阶級反动路线，才能把无产阶級文化大革命进行到底；只有彻底批倒、批臭刘、邓的資产阶級反动路线，才能使中国不变顏色、不出修正主义。

毛主席教导我們："凡是反动的东西，你不打，他就不倒。这也和扫地一样，扫帚不到，灰尘照例不会自己跑掉。"刘、邓的資产阶級反动路线，虽已破产，但还沒有彻底打倒、彻底肃清，有些地方还在垂死挣扎，妄图反扑。我們必須乘胜追击，全国人民，群起而攻之。我們对刘、邓資产阶級反动路线的斗爭，是你死我活的尖銳的斗爭，这是关系到我国和世界革命的命运的重大問题，我們决不能等閑视之。現在正是这场斗爭的关鍵时刻，我們一定要象毛主席教导的那样，奋起千鈞棒，澄清万里埃，彻底肃清刘、邓資产阶級反动路线！我們也要严正警告刘少奇、邓小平，你們必須彻底繳械，抛棄資产阶級反动路线，否則，矛盾就会轉化，人民将会审判你們，历史是无情的。

最后让我們高呼：

彻底批判以刘、邓为代表的資产阶級反动路线！

以毛主席为代表的无产阶級革命路线胜利万岁！

无产阶級文化大革命万岁！

我們最伟大的領袖毛主席万岁！万岁！万万岁！

彻底摧毁刘、邓资产阶级反动路线夺取新的胜利！

同学们，同志们，红卫兵战友们！我代表清华大学井冈山兵团，来揭发、控诉、批判以刘少奇、邓小平为代表的资产阶级反动路线血腥镇压清华大学无产阶级文化大革命的滔天罪行。

八月五日毛主席发出了“炮打司令部”的战斗动员令，九月十五日林彪同志指出：“‘炮打司令部’就是炮打一小撮党内走资本主义道路的当权派。”经过半年多的两条路线的激烈斗争，人们已经清楚地看到了这个司令部就是以刘少奇、邓小平为首的资产阶级司令部，这一小撮党内走资本主义道路的当权派的总根子就是刘少奇、邓小平。他们一贯地、公开或隐蔽地对抗以毛主席为代表的无产阶级革命路线，妄图把我国引入资本主义的歧途。

毛主席亲自发动、亲自领导的、规模巨大的无产阶级文化大革命是两个阶级、两条道路斗争的新阶段。一小撮党内走资本主义道路的当权派是我们重点打击的对象，这是一场你死我活的阶级大搏斗。因此势必遭到他们空前激烈的、疯狂的抵抗。

六月一日毛主席批示了聂元梓同志的马列主义大字报，亲手点燃了文化大革命的熊熊烈火，大火所到之处，形形色色的牛鬼蛇神、大大小小的党内走资本主义道路当权派被烧得焦头烂额，显出原形，革命群众拍手称快，斗志大增。当大火直逼刘家门楼之际，把刘少奇、邓小平之流吓得浑身发抖，而当他们惊魂稍定感到日子再也混不下去的时候，就迫不及待地派遣大批工作组，妄图扑灭无产阶级文化大革命的燎原烈火。

我校革命师生在全国大好革命形势的鼓舞之下，向蒋家小朝廷猛烈开火。正当蒋南翔在清华的地位摇摇欲坠之时，叶林率领刘家工作组开进清华园，急急忙忙罢了蒋南翔的官，妄图切断从蒋南翔通向上面的黑线，弃车马、保将帅。

工作组一进校就搬来了国民党的“训政”，把群众当成阿斗，把自己当成诸葛亮，左一条清规，右一条戒律，束缚群众的手脚，妄图把群众运动纳入他们自己的轨道。当革命群众纷纷贴大字报质问工作组，工作组感到站不住脚的时候，大扒手王光美奉刘少奇之命潜入清华，当上了工作组的太上皇，干尽了坏事。

他们瞒上欺下，恬不知耻地标榜自己是毛主席派来的人，是党的化身，拍桌瞪眼，一手遮天，不可一世。

他们挥舞大棒，围攻迫害革命左派，大搞"反蒯"斗争，把800多名革命师生打成"蒯氏人物"、"反革命"、"假左派"、"真右派"，妄图扼杀革命造反精神。

他们制造白色恐怖，对革命群众进行围攻、盯梢、软禁、逼供、按手印、抄家、揪"蒯氏"后台，无所不用其极，逼出了数起自杀案件。而对黑帮却执行一条"兵临城下"的右倾投降路线，运动群众，"温"斗黑帮，对黑帮分子蒋南翔开脱，让黑帮分子坐在豪华的工字厅中养尊处优，逍遥法外。他们的资产阶级反动立场又是何等鲜明啊！

在这条反动路线统治下，一派轰轰烈烈的大革命顿时被打了下去，清华园变得冷冷清清。

王光美工作组在清华怀着不可告人的目的，背着党中央，背着中央文革大搞独立王国，大捞政治资本，大树对刘少奇的迷信，公开对抗毛主席的革命路线。

八届十一中全会前夕，王光美一反常态到处抛头露面，在大庭广众之下矫柔造作，迷惑群众，为工作组评功摆好，吹捧刘少奇，默认了"刘少奇万岁"这一反动口号。

在刘少奇幕后指挥之下，王光美竟公然对抗毛主席关于撤走工作组的英明决定，牢骚满腹，怨气冲天，为工作组的反动路线辩护。到处放毒，说什么"不要简单化"，"完全没有错，谁还行"，"工作组有成绩有缺点，我有我的看法，现在不说"等等，甚至以参加劳动，到食堂打菜等小动作来笼络人心，以至把吹捧她的大字报都贴到王府井去了。

她公开与毛主席的革命路线对抗，抵制对刘邓资产阶级反动路线的批判。她在八月初私下召开"座谈会"，鼓动一些人"顶住"，又唆使成立"八·九"串连会和革命师生自己组织的批判工作组错误路线"八·八"串连会对立，在同学间制造分裂。把水搅浑，从中渔利，用心可谓险毒矣。

王光美还鼓吹"老子英雄儿好汉，老子反动儿混蛋"的反动对联，宣扬"龙生龙，凤生凤，老鼠的儿子会打洞"的反动血统论，毒害青年，乘机把"叛徒"、"黑崽子"、"混蛋"、"右派翻天"等帽子扣在革命群众头上，挑起群众斗群众，以破坏无产阶级文化大革命。

王光美的罪恶实在太多了！她是清华园内地地道道的不折不扣的头号大政治扒手！她必须作第二次公开检查。可是，小小的王光美又算老几？她的大后台是刘少奇，刘少奇就是镇压清华文化大革命的罪魁祸首！

刘少奇手下大将老奸巨猾的反共老手大叛徒薄一波，也不甘示弱，为资产阶级反动潮流，推波助澜，迫不及待地登台表演，把黑爪伸进了清华园。他一面给亲信叶林下密令，与光美配合，镇压文化大革命。一面又亲自出马，赤膊上阵，两次来校当众与蒯大富辩论，亲手给蒯大富扣上"假左派、真右派"、"小牛鬼蛇神"的帽子，与王光美一吹一唱，配合得何其好矣！

薄一波还通过两面三刀的政客陶鲁笳，疯狂地扼杀了工交系统的文化大革命。在这里我们严厉正告：

老扒手薄一波，罪责难逃，铁证如山。你必须回清华还帐！

薄一波的黑根子在哪里？不在别处，就在刘少奇！

毛主席亲自主持制定的"十六条"公布以后，镇压革命群众运动的工作组滚蛋了！王光美溜了！薄一波也夹着尾巴逃跑了！但是，他们贼心不死，又耍了一个新花招，一方面一手泡制了由高干子弟组成的所谓"临筹"，另一方面又派出王任重这只哈叭狗，假冒中央文革之名，行使刘、邓反动路线之实。王任重这个政治流氓，阳奉阴违，两面三刀，阴一套，阳一套，明里支持革命的"八·八"派，暗中给保守的"八·九"打气撑腰，他表面是人，暗中是鬼。就是这个王任重，当面摆出一付批判反动路线的架势，背后与王光美勾勾搭搭，密信来往。死心塌地的推行刘邓资产阶级反动路线，对抗毛主席的革命路线。

就是这个王任重，背着中央文革，派出联络大员，左右清华运动，替刘少奇传话，为反动路线的制定密谋图。就是这个王任重，一手策划了进工作组也要坚决反的"八·一九"、"八·二四"等血腥镇压革命派的严重反革命事件，把应通黑司令刘少奇的熊熊烈火扑了下去。

就是这个王任重，通过其女儿搞"红旗红卫兵"，打着红旗反红旗，贩卖折衷主义，妄图把对刘、邓反动路线的批判引入歧途，保其过关。就是这个王任重，极端害怕、仇视革命大串连，把到湖北去造反的革命师生视为洪水猛兽，布置层层围攻，无所不用其极。

也就是这个王任重，挥舞"秋后算帐"的大棒威胁压制革命群众。

政治流氓王任重，年关已到，我们同你算总帐的时候到了！

王任重必须回清华交帐！

几个月来，清华园上空刮过一阵又一阵的黑风，升起一团又一团的黑云，其源盖出于刘、邓黑线！什么王光美、薄一波、王任重一个个都只是登台表演的小丑而已，一个个对清华园嚎哭三天，其渊盖出于刘、邓司令部！他们的总根子就是刘少奇！刘少奇不但在清华园，而且在全国范围内执行了资产阶级专政，五十多天把全国轰轰烈烈的文化大革命打了下去，对全国人民犯下了滔天罪行！刘少奇不但是这次文化大革命，而且是十几年来，一贯反对毛主席，反对毛泽东思想，顽固地坚持形形色色的机会主义路线，刘少奇是中国党内头号走资本主义道路的当权派！罪恶累累！他与国际现代修正主义思潮遥相呼应。

他为彭、罗、陆、杨的反党阴谋篡党、篡政、篡军的反革命集团张目。又何其毒也！当前这一场无产阶级文化大革命的深远意义在于，这是伟大导师毛主席带领着这一代革命青少年，革命人民闹革命，让革命小将在斗争中学会打倒敌人的本领，学会反颠复、反复辟、反政变的本领，总之，学会革命造反的本领。但是，刘、邓反动路线却实行高压政策，大搞白色恐怖，把敢闯、敢干生气勃勃的革命小将的豪情锐气打下去，恨不得将之打入十八层地狱，妄图把革命后代一个个变成唯唯诺诺谨小慎微的庸人。这样下去，我们的无产阶级江山就要改变颜色了！这正是美帝国主义所希望的中国的第三代"和平演变"。

我们是用毛泽东思想武装起来的毛主席的红卫兵，"可上九天揽月，可下五洋捉鳖"，管你什么刘少奇、邓小平，只要你反对毛主席，就要把你打翻在地，再踏上一只脚，叫你永世不得翻身！

刘邓女将王光美执政时期，在森严恐怖的法西斯统治下，但清华的革命派并没有因此被压服，即使在斗争最艰苦的时候，我们仍怀着必胜的信念。因为在我们的心中，有伟大领袖毛主席的教导，有毛主席革命路线的阳光。"黑暗即将过去，曙光就在前头"，"下定决心，不怕牺牲，排除万难，去争取胜利！"主席的教导，就如黑夜中的北斗星，极大地鼓舞了我们的斗志，指明了我们前进的方向。在我们光荣、伟大、正确的中国共产党四十五周年的生日时，不少同学含着热泪，用鲜血写下了坚定不移的誓言："我要革命！""祝毛主席万寿无疆！"

平地一声春雷起，八届十一中全会，我们伟大的领袖毛主席亲自主持制定了战斗的纲领——十六条，照亮了无产阶级文化大革命的道路！毛主席八次接见红卫兵，给了我们最大的鼓舞。

在毛主席的革命路线的指引下，我校革命派与刘、邓资产阶级反动路线进行了五十多天你死我活坚韧不拔的斗争，终于赶走了大叛徒薄一波，驱走了政治流氓王任重，轰走了政治扒手王光美及其刘家工作组。

我校革命造反派怀着对伟大领袖毛主席的无限崇敬之情，对毛主席革命路线的无限忠诚之意，对刘邓资产阶级反动路线不共戴天之仇，奋起千钧棒，高歌造反，勇猛斗争。在斗争中，组成了自己的革命队伍，成立了毛泽东思想红卫兵和井冈山红卫兵。这是毛泽东思想的伟大胜利！

《红旗》十三期社论的发表，敲响了刘、邓路线的丧钟，吹响了全线反击的进军号，我校革命群众立即投入新的战斗，掀起了一个批判刘、邓路线的新高潮。

在革命的风暴里，在斗争的烈火中，我校左派力量大联合，井冈山红卫兵、毛泽东思想红卫兵合并成了井冈山兵团。

"奔腾急，万马战犹酣"

十二月二十五日，井冈山兵团五千余人，杀出清华园，大游行，大宣传，大反击，搅乱北京城，震动全中国，影响全世界！

向刘、邓资产阶级司令部发起了猛攻。大长革命派的志气，大灭反动派的威风。浩浩荡荡的革命队伍在毛主席革命路线的指引下，奋勇向前，从胜利走向胜利！

今天，毛主席的革命路线，已取得了巨大的胜利，但资产阶级决不甘心他们的失败。

那些被打去了的阶级敌人还会以十倍的努力，百倍的仇恨，企图夺回他们失去的天堂。这都只不过是螳臂挡车，蚍蜉撼树而已，反革命阴谋家最终逃不了历史的裁决。

那些还未暴露的党内走资本主义道路的当权派，那些顽固坚持资产阶级反动路线的人，还会利用他们手中的权，动员社会上的牛鬼蛇神，蒙蔽至今还不觉悟的糊涂人，玩弄新的花样，采取新的形式，进行疯狂的反扑，以攻为守，抵制批判反动路线，保护他们现在的生存，以利将来的发展。

最近在重庆、在合肥、在哈尔滨、甚至在北京连续发生群众斗群众，武斗事件。这都是谁在幕后操纵呢？我们决心揪出黑后台来，扫除一切害人虫。

在北京、在全国吹起了一股炮打无产阶级司令部的妖风。攻击中央文革，攻击林彪同志，甚至把矛头指向我们的最高统帅毛主席。社会上一小撮牛鬼蛇神闻风而起，一些顽固追随反动路线的人也越走越远，李洪山、易振亚、伊林、涤西等小反革命喽啰也一个个跳了出来。什么"霹雳"、"梅花"、"西野"也纷纷出笼。

为什么他们的炮火如此猛烈，目标如此集中，步调如此整齐，气势如此凶狂，甚嚣尘上？

难道这不引起我们的深思吗？

从清华、从北京、从全国无数事实证明了，这是有组织、有计划、有指导、有后台的大反扑。这个后台是谁？就是资产阶级反动路线的制定者——刘少奇、邓小平！

宜将剩勇追穷寇，不可沽名学霸王。

我们要穷追猛打，不管你是露出来的，还是藏起来的；不管是杀气腾腾，还是装死躺下；不管是台前的，还是幕后的，通通把他揪出来，暴露在光天化日之下，把他们打垮、批臭、砸烂，打入十八层地狱，叫他永世不得翻身！

决不犹豫，决不留情，决不客气，决不怜惜！
彻底埋葬刘、邓的反动路线！
刘少奇、邓小平不投降，就叫他灭亡！
誓死保卫无产阶级司令部！
誓死保卫毛主席！
我们最高统帅毛主席万岁！万岁！万万岁！！

清华大学井冈山兵团蒯大富同志在批判刘、邓资产阶级反动路线大会上的发言

一九六六年十二月二十五日

向中国修正主义的黑司令
刘少奇、邓小平猛烈开火
(北京师大毛泽东思想紅卫兵井岡山战斗团譚厚兰
同志发言)

由我们伟大领袖毛主席亲自发动和领导的无产阶级文化大革命运动，象一股紅色巨流，汹湧澎湃，倒海翻江！

大革命的洪流使隐藏在党内的反革命修正主义分子和牛鬼蛇神毫无立足之地，他们一个个被揪了出来，被革命群众打翻在地，斗倒、斗臭！

铁的事实证明刘少奇、邓小平就是党内最大的走资本主义道路的当权派，他们长期以来，利用自己窃取的党政大权，对抗毛主席，反对伟大的毛泽东思想，对抗毛主席的正确路线，从解放战争时期到现在执行了一条不折不扣的资产阶级反动路线。他们在民主革命时期，企图把革命引入资本主义的老路；在社会主义时期，使资本主义复辟在中国重演。

我们要坚决打倒刘少奇、邓小平的资产阶级反动路线！彻底揭露刘、邓在中国革命中犯下的滔天罪行，把他们的修正主义嘴臉揭到光天化日之下！

一、刘少奇反毛泽东思想的罪行由来已久

刘少奇反对毛主席、反对毛泽东思想的面目是在无产阶级文化大革命中彻底暴露出来的，但是刘少奇反对毛主席、反对毛泽东思想的

罪行是由来已久的。

請看以下事实：

（一）疯狂反对毛泽东思想，反对革命群众掌握毛泽东思想：

刘少奇长期以来，抵制毛泽东思想的传播，抵制毛泽东选集的印行，害怕毛泽东思想一旦被群众所掌握，资本主义、修正主义就会死无葬身之地。正因为如此，刘少奇把工农兵学习毛著誣蔑为“教条主义”、“实用主义”，在八大会議上，竟然把党章中以毛泽东思想作为我党的指导思想这个最重要的一条砍掉了。

刘少奇所以疯狂攻击毛泽东思想，就是企图以刘少奇的修正主义代替毛泽东思想。一九六〇年毛选四卷发行之后，刘少奇便重新出版他的《論共产党員的修养》以相抗衡。一九六〇年正是我国处于暫时經济困难时期，资本主义、封建主义势力向党向社会主义猖狂进攻。而刘少奇的《論共产党員的修养》便为牛鬼蛇神提供了理論武器。一九六二年在吹捧孔子的孔子討論上，资产阶级反动学术权威說：“无产阶级、共产党人是祖国文化遺产最卓越最优秀最革命的继承者和发扬光大者。孔孟思想，現在已被批判吸收，重新塑造的无产阶级的、共产党人党性修养的重要組成部分之一。刘少奇同志在他的卓越理論著作《論共产党員的修养》里，非常杰出地完成了这一任务。”从这些反动文人的口里，我们可以看出，刘少奇企图以封建社会的旧思想、旧文化、旧道德，来改造党、改造无产阶级，使其为资本主义、修正主义复辟制造輿論准备，这就是刘少奇疯狂反对毛泽东思想的罪恶目的！

（二）在民主革命的关鍵时刻，妥协、动摇，向敌人退让。

一九四八年底在毛主席領导下的人民解放軍和蔣匪帮决战的关鍵

时刻，一些反动的民主个人主义者，热衷于第三条道路，就在这时，毛主席发出了“将革命进行到底”的伟大号召，但是刘少奇却对抗毛主席，他站在资产阶级立场上，采取机会主义态度，害怕中国人民把蔣家王朝尽快地打个稀巴烂，害怕无产阶级能很快地夺取政权，实行无产阶级专政，当时他胡說什么：“現在的革命形势发展很快，出乎我们預料之外，現在不是怕慢了，而是怕快了。太快，对我们困难很多，不如慢一点，我们可以从容准备。”

看，在这打倒蔣家王朝的关鍵时刻，刘少奇的机会主义嘴臉不是暴露的很清楚了嗎？！

在土改的伟大斗爭中，刘少奇又犯了“左”的和右的錯误。

如果按照刘少奇的机会主义路线，中国的民主革命不就要被葬送了嗎？

（三）保护城乡的资本主义經济，对抗毛主席亲自领导的所有制方面的社会主义革命。

在全国解放后，刘少奇拚命維护资本主义經济制度，全面地对抗毛主席关于所有制方面社会主义革命的一系列重要指示。

刘少奇認为：保存富农經济是长期的，直到遙远的将来。刘少奇如此起劲地保护富农經济，他的目的不就是要在农村长期保存资本主义制度，长期保存剝削制度，永不让貧下中农得到眞正翻身嗎？

在农业合作化运动中，毛主席一再批判了所谓先机械化才能合作化的反动謬論，但是刘少奇却公开对抗毛主席，他在一九五一年六月全国宣传工作会議上，胡說什么“有些同志認为农村可以靠互助組、合作社、代耕队实行农业集体化，这是不可能的。这是一种空想的农业社会主义，是錯误的。农村要实現社会主义，如果沒有工业的发展，不实現工业化，农业根本不能实現集体化。”看，刘少奇的反毛泽东思想的丑恶嘴脸不是很清楚了嗎？

在对待资本主义工商业改造方面，刘少奇又提出了自由竟爭的謬論。他攻击社会主义計划建設是呆板“一元化”，他鼓吹社会主义与资本主义互相钻空子，叫喊“要允許自由市场、地下工厂的存在以推动社会主义的发展”。一派胡言，荒謬絕倫。在这里，刘少奇和铁托之流的現代修正主义者不谋而合唱起完全相同的調子，这种理論，完全是为资本主义复辟鳴鑼开道的理論。

（四）刘少奇还与毛主席提出的社会主义时期的阶级、阶级斗爭理論唱反調，竭力宣扬“阶级斗爭熄灭論”，大肆鼓吹阶级合作。

一九五七年，毛主席就给我们指出：“在我国，虽然社会主义改造，在所有制方面說来，已經基本完成，但是阶级斗爭並没有結束，…社会主义和资本主义之間誰胜誰負的問題还没有真正解决。”刘少奇却針鋒相对的胡說什么：“改造生产资料私有制为社会主义公有制是个极其复杂和困难的历史任务，現在我国已經基本解决了，我国社会主义和资本主义誰胜誰負的問題已經解决了。”不仅如此，刘少奇唯恐阴谋不能得逞，到处做报告，发指示，說什么“资本家不存在了”。号召我们“要好好向这些‘自食其力’的资本家学习。”刘少奇高唱阶级斗爭熄灭論，高唱阶级合作：就是要模糊阶级界綫，麻痹群众思想，为资产阶级向无产阶级进攻施放烟幕，掩人耳目！

（五）一九六二年我国暫时困难时期，刘少奇又大刮右傾机会主义歪风。

一九六〇年到一九六二年，正是国外帝国主义和現代修正主义联合导演反华反共丑剧，掀起反华反共的歇斯蒂里大合唱的时候，国内的地富反坏右也磨刀霍霍，蠢蠢欲动。

以刘少奇为代表的资产阶级代表人物又与社会上的牛鬼蛇神相呼应，攻击三面紅旗，鼓吹“三自一包”；並为彭德怀的右傾机会主义辨护，反对以毛主席为首的革命派，对右傾机会主义的痛击。竟然誣蔑党内生活是“残酷斗爭，无情打击”。一股逆流，几股妖风，搞了个烏烟瘴气。終于在党的八屆十中全会上遭到了痛击。

（六）在社会主义教育运动中，制定一条形“左”实右的机会主义路线，用来同毛主席的革命路线相对抗，企图扼杀社教运动。

一九六三年，毛主席发动了轰轰烈烈的社会主义教育运动，並且亲自主持制定了指导社会主义教育运动的“前十条”。刘少奇却又另搞一套，在王光美桃园“蹲点”基础上，又搞出一个“后十条”形“左”实右，包庇党内走资本主义道路的当权派，把矛头指向群众，並錯误地提出全国三分之一的政权不在我们手中的論断，企图以此扼杀社会主义教育运动，扑灭毛主席燒起的群众革命的烈火。又是在关鍵时刻，毛主席主持制定了“二十三条”，才糾正了刘少奇的形“左”实右的錯误，挽救了社会主义教育运动。

所有这一切充分說明，刘少奇反对毛泽东思想，由来已久。在中国革命，尤其是整个社会主义革命时期，他们执行的是一条地地道道的不折不扣的修正主义路线，刘少奇就是中国的赫魯晓夫式的人物，刘少奇就是中国的修正主义总司令。

二、抗拒破坏无产阶级文化大革命　保护党内走资本主义道路的当权派

我们的伟大領袖毛主席早在民主革命时期就对文化革命作了綱

領性的指示。近几年来，毛主席又对文化革命作了許多英明的指示，积极准备发动一场意識形态領域中的大革命。1962年毛主席在八届十中全会上发出了“千万不要忘記阶级斗爭”的伟大号召，尖銳地指出“凡是要推翻一个政权，总要先造成輿論，总要先做意識形态方面的工作。革命的阶级是这样，反革命的阶级也是这样。”一九六三年毛主席指出文化部是资产阶级当权。毛主席这一系列英明指示被一小撮党內走资本主义道路的当权派、反革命修正主义分子彭眞、陆定一之流所抵抗，同样也遭到刘少奇、邓小平的疯狂抵制。

一九六四年初，刘少奇在中央作了一个鎭压文化大革命的黑报告，打着中央的旗号篡改毛主席指示，大讲特讲文化部門的“成績”，大捧特捧反革命修正主义黑帮干将周扬，报告第一句话就說：“周扬同志的意見很好”，尤其可恨的是猖狂压制左派，包庇右派，胡說什么“是反党的，要对他们进行批評，不过不要象反右派那样搞”。看，刘少奇不正是一切反党反社会主义反毛泽东思想的牛鬼蛇神的保护伞嗎？刘少奇不正是反对毛主席、反对文化大革命的黑司令嗎？

一九六五年十一月，在我们的伟大統帅毛主席的亲自布署下，姚文元同志发表了《評新編历史剧<海瑞罢官>》的文章，揭开了无产阶级文化大革命的序幕。刘少奇却誣蔑这是“打笔墨官司”。他批发了彭眞、陆定一大黑帮搞的反革命《二月提綱》，盗用中央名义发往全国，妄图破坏无产阶级文化大革命，把一场严重的政治斗爭引入“純学术討論”的邪路！

然而，毛泽东思想是不可战胜的！无产阶级文化大革命是破坏不了的！今年五月底，聂元梓等革命左派高举毛泽东思想伟大紅旗，写出了全国第一張馬列主义的大字报，这是二十世紀六十年代光輝的“北京公社”宣言。这时刘少奇暴跳如雷，一方面压迫康生等同志，同时急急忙忙派出他的急先鋒李雪峯到北大去鎮压，给聂元梓等同志扣上違反“党紀国法”的大帽子，妄图扑灭革命火种。

六月一日我们最最伟大的領袖毛主席下令广播了这篇伟大的宣言，广大革命群众群情振奋，文化大革命的烈火迅速燃遍全国，千百万革命群众高举毛泽东思想伟大紅旗，集中火力，集中目标，揪出一小撮党內走资本主义道路的当权派，横扫一切牛鬼蛇神，革命形势，排山倒海。

但是，面对着这场革命的大风暴，刘少奇、邓小平吓破了胆，他们从反动的资产阶级立场和世界观出发，适应资产阶级的政治需要，系統地提出了一条资产阶级反动路线，向全国拚命貫徹。他们不相信群众，不依靠群众，把群众当成“阿斗”，把自己封为“諸葛亮”，这是一条彻头彻尾的反对革命的路线。六月初，他们利用毛主席不在北京，大权在手的机会，盗用党中央、毛主席的名义，发出了资产阶级反动路线的第一个黑綱領——《中央八条》，恶毒地提出了要让本单位，学校領导和工作組来“領导”文化大革命，给革命群众划框框，定調子，胡說什么大字报“不要貼到街道上”，“內外要有区别”，限制斗争会只能“在学校开”，还說什么“不要上街，不要喊口号，不要游行”，“不要派很多人”去串連，别有用心地大讲什么“要注意坏人破坏”等等。刘少奇就是这样充当了派遣消防队，鎮压文化大革命的总指揮的可耻角色！

我们北京师范大学就是执行刘少奇反动路线的典型。六月初，刘少奇、李雪峯、薄一波派孙有余到我们学校来充当“消防队长”。

他们一到师大，就在资产阶级黑司令的直接支持操縱下，对抗毛主席的革命路线，鎮压革命左派，包庇党内走资本主义道路的当权派，让彭眞、陆定一大黑帮的亲信程今吾参加北京飯店的黑会，逃避群众斗爭，把斗爭的鋒芒指向了革命群众，围剿革命左派成了主要战场。許多革命同志根据毛主席的教导，貼大字报指出孙有余工作組的方向性、路线性錯误之后，孙有余把刘少奇扫除干扰的黑指示奉若圣旨，制造了駭人听聞的“六·二〇”鎮压革命派的反革命事件。孙有余疯狂叫嚣“橫扫一切”，提出“反对工作組就是反对新市委，反对新市委就是反对党中央”的荒謬邏輯。煽动一些被他蒙騙的群众围攻革命同学，把数百名革命同学打成“假左派，眞右派”，“赫鲁晓夫式的人物”，抓住革命同学的头发往墙上撞，並对他们进行监视，盯稍，围斗毒打，恣意摧残革命同志。許多人被逼疯逼死，造成革命队伍的严重分裂！令人不能容忍的是他们肆无忌憚地整关鋒、林杰同志的黑材料，狂吠什么要揪后台，把矛头指向陈伯达、康生等中央首长，妄图顚复我们无产阶级革命司令部！

是可忍，孰不可忍？！七月十六日中央文革罢了孙有余的官！七月二十七日，这是一个永远値得庆祝的日子，中央文革陈伯达、康生、江青等首长带着我们最最敬爱的伟大領袖毛主席的关怀和指示在师大召开万人大会，宣布取消工作組，搬开絆脚石，由革命群众自己解放自己。大长无产阶级革命派的志气，大灭资产阶级右派的威风，大大解放了革命群众的造反精神，明确了前进方向。这是我校文化大革命的轉折点。

正当无产阶级文化大革命由于刘少奇、邓小平机会主义的破坏发生了方向路线的錯误的严重关头，我们最最敬爱的領袖毛主席把稳了航船，端正了航向，撤走了工作組，召开了具有伟大历史意义的八屆十一中全会，徹底否定了资产阶级反动路线。这是毛泽东思想的伟大胜利！是毛主席革命路线的伟大胜利！

但是，资产阶级反动路线並不甘心自己失败，他们人还在，心不死。他们进行幕后指揮，組織文革籌委会。他们顛倒是非，混淆黑白，操縱一部分不明眞象的群众，拚命抵制毛主席的革命路线。

以李雪峯为首的新市委忠实貫徹执行了刘少奇的资产阶级反动路线，又派遣特派員在我校操縱文革籌委会，继續圍攻革命派，打击革命同学，八月二日夜譚厚兰等同志竟被圍攻八小时之久，通宵达旦。八月底，我们毛泽东思想紅卫兵井崗山战斗团成立，然而却被忠实貫徹执行资产阶级反动路线的校籌委会无理剝夺印刷权，广播权，大会发言权，甚至連貼大字报的权利也被剝夺了。

刘少奇、邓小平在无产阶级文化大革命中制定和推行了一条资产阶级反动路线，造成了文化大革命的大曲折。正如我们的伟大統帅毛主席所說的，他们站在反动的资产阶级立场上实行资产阶级专政，将无产阶级轰轰烈烈的文化大革命运动打下去，顛倒是非，混淆黑白，圍剿革命群众，压制不同意見，实行白色恐怖，自以为得意，长资产阶级威风，灭无产阶级志气，眞是何其毒也！

对于刘少奇、邓小平反对毛主席、对抗毛主席革命路线，破坏无产阶级文化大革命的罪行，我们必須继續进行徹底的揭发和批判，不获全胜，决不收兵！

三、徹底搗毀资产阶级司令部，把无产阶级文化大革命进行到底

无数铁的事实，不可辩駁地证明了，刘少奇、邓小平是伪君子，是中国最大的修正主义者，是毛主席身边的定时炸弹！

刘少奇的世界观是道道地地的资产阶级反动世界观。他的《論共产党員的修养》一书，特别是一九六〇年他同天津大资产阶级王光英王光美一家的談话、他给黄炎培的信，所宣扬的完全是资产阶级利己主义，是资产阶级的“生意經”，是同毛主席的光輝著作《老三篇》所提出的共产主义世界观針鋒相对的。在这里充分地暴露了刘少奇的资产阶级的丑恶灵魂。

刘少奇、邓小平一貫地反对毛泽东思想，执行一条与毛主席的革命路线相对抗的资产阶级反动路线。在解放以后的历次重大政治运动中，他们都在明里、暗里与我们最最敬爱的領袖毛主席唱对台戏。同党离心离德，给无产阶级革命事业带来了不可弥补的损失，对革命人民，犯下了不可饒恕的罪行！

史无前例的无产阶级文化大革命，是一场触及人们灵魂的大革命。亿万群众，奋起毛泽东思想的千鈞棒，横扫一切牛鬼蛇神。刘少奇之流終于被揪出来了，他们的假面具終于被撕下来了，他们的肮脏灵魂終于暴露在光天化日之下。

我们和刘、邓之流的矛盾，是无产阶级和资产阶级两个阶级、社会主义和资本主义两条道路的矛盾，这个斗争，是你死我活的阶级斗争！不是刘、邓之流失敗灭亡，就是千百万革命群众人头落地。

当前，无产阶级文化大革命，正在毛主席的革命路线的指引下，向更深入更广闊的方面发展，革命形势好得很！

但是，以刘少奇、邓小平为代表的资产阶级反动路线仍然蒙蔽着一部分人，控制着一部分人，严重地阻碍着运动的发展。党內一小撮走资本主义道路的当权派和极少数頑固坚持资产阶级反动路线的人，並不甘心自己的失败，他们还在改头换面，变动策略，采取新的形式对抗毛主席的革命路线，蒙蔽一部分群众，打击革命派，炮打无产阶级司令部。最近在北京以至在全国出現的一小股反革命逆流便是铁证。他们还在为刘少奇、邓小平的反动路线翻案，为它充当了反革命的打手。资产阶级反动路线的流毒还没有彻底清除，它的社会基础还没有摧毁，刘少奇、邓小平长期以来对抗毛主席，对抗毛泽东思想的罪行，还没有最后清算。

債未討，恨未消，我们能就此罢休嗎？我们能就此收兵嗎？不能！不能！絶不能！

不彻底批倒批臭刘少奇、邓小平的资产阶级反动路线，不彻底搗毁刘少奇、邓小平的资产阶级反革命司令部，不彻底搗毁它的社会基础，不彻底解放被蒙蔽的群众，不彻底孤立一小撮走资本主义道路的当权派，不夺取无产阶级文化大革命的最后胜利，我们就人不解甲，馬不停蹄！不达目的，誓不罢休！

毛泽东思想是当代馬克思列宁主义的頂峯，是反帝反修的強大武器，是革命人民克敌制胜的法宝，是暴露一切牛鬼蛇神的照妖鏡，是指导我们前进的望远鏡，是帮助我们分析、認識事物的显微鏡，我们必須在斗爭中，努力学习毛泽东思想，活学活用，用毛泽东思想之矢，射资产阶级反动路线之“的”。奋起毛泽东思想的千鈞棒，把刘少奇、邓小平为首的资产阶级司令部搗它个稀巴烂！

无产阶级革命派还必須在斗爭中，不断壮大革命队伍，团結一切愿意革命的人，团結那些曾經受蒙蔽的人，在毛泽东思想紅旗下，組織起一支浩浩蕩蕩的无产阶级文化革命的大軍，向着更新更大的胜利，前进！前进！

敌人不投降，就叫它灭亡！

彻底批判刘少奇、邓小平的资产阶级反动路线！

誓死捍卫以毛主席为代表的无产阶级革命路线！

战无不胜的、光芒万丈的毛泽东思想万岁！

最最敬爱的领袖毛主席万岁！万岁！万万岁！！

北京师范大学毛泽东思想紅卫兵井冈山战斗团

一九六六年十二月二十七日

打倒刘·邓路线

2/4

2 2 | 1·2 | 5 31 | 2 — | 3·5 32 | 3·5 32 | 1·2 57 | 6 — |

风雷滚 大地动，毛主席的革命路线乘东风。

红旗展 漫天红，毛主席的革命路线乘东风。

2 61 | 22 2 | 5 23 | 55 55 | 1·2 35 | 66 5 | 2 6 |

奋起千钧棒奋起千钧棒要扫除一切害人虫全无

奋起千钧棒，奋起千钧棒要砸烂刘邓反动路线造反到

5 55 | 55 55 | 66 5 | 5 23 | 1 0 || X X | XX X |

敌。要扫除一切害人虫全无敌。打倒刘少奇

底。要砸烂刘邓反动路线造反到底。

X X | XX X0 ||

打倒邓小平！

井冈山革命造反团（1.8.）

革命历史所转抄

刘邓反党言行种种

最 高 指 示

要特别警惕象赫鲁晓夫那样的个人野心家和阴謀家，防止这样的坏人篡夺党和国家的各級領导。

一、恶毒攻击毛主席

一切反动派都把攻击的矛头指向我們最敬爱的領袖毛主席。党內一小撮走資本主义道路的当权派也是这样。

一九六六年一月，彭眞在一次讲話中，恶毒地攻击毛主席有錯誤。說什么"当然不是說毛主席在任何具体問題上都沒有缺点，……錯误缺点人人皆有，大小形式不同。"

这样的一些話，邓早在1957年就讲过了。那年二月十八日，他对团省市委书記談話时就猖狂地說："毛主席从来也沒有說过，他不会犯錯误。"

邓是彭、罗、陆、楊的后台老板，是反党分子的祖师爷，鉄証如山！

二、盗用中央名义、反对宣传毛泽东思想

一九六四年六月，邓在共青团"九大"报告中說："在馬克思列宁主义大发展中，要充分估計到毛泽东思想的作用……这一点，我們还沒有公开宣传。但是，修正主义者給了我們一个机会，給了我們一个权利来讲这个問題。至于什么时候讲，中央还要考虑。"在这里，一方面邓如同他一貫反对宣传毛泽东思想所慣用的手法一样，企图把他貶低和反对宣传毛泽东思想的罪責，說成是国际条件，沒有給他权利。另一方面，不打自招，說什么"至于什么时候讲，

中央还要考虑。”这完全是在利用职权，盗用中央名义来反对宣传毛泽东思想。

三、刘、邓早就反对大民主

刘、邓都是反对大民主的。

早在一九五七年一月十六日，刘少奇在談团的‘三大’問題时就断定“在人民內部是用小民主，对頑固的官僚主义者，也可以用大民主，但不是經常的，是临时的，搞一下就收场。否則，損失的东西比得到的东西还多。”同年一月十二日邓小平在清华大学讲演时，对无产阶級专政下的大民主横加了一条莫須有的罪名。他宣称：“大民主是不能提倡的，不能贊扬的。一搞大民主，生产下降了，紀律性破坏了。我們不贊成大民主。因为这对工人阶級和劳动人民不利。”“大民主对人民內部来說是不可取的东西。”在談到“党內也有大民主、小民主的問題”时，邓小平更是忧心忡忡地說：“党內斗爭也是用小民主的好，不要用大民主。大民主可以在一个时候馬上收效，但是后患无穷，影响就很深很长。”他並且恶毒地誣蔑說：“所谓大民主就是一批人被打倒，另外一批人又起来，……这就破坏了党的民主集中制原則，党內被渙散，团結不起来。”

在无产阶級文化大革命中蓬勃发展起来的大民主，正在給予一切党內走資本主义道路的当权派以沉重打击，“要扫除一切害人虫，全无敌”。刘、邓之所以叫嚷要大民主“收场”，难道不正是由于他們害怕被“打倒”！？

四、資产阶級老爷和“青年娃娃”

把群众和青年当作“阿斗”，誣蔑紅卫兵是反动組織，对革命派进行围剿，这是刘少奇資产阶級反动立场在文化大革命中的大暴露。而这种目中无群众和与群众为敌的資产阶級老爷态度，刘少奇是一貫的。一九五二年六、七月他在同团中央常委談話时，就毒狠地教訓青年人說："决定方針政策，是党的責任，不能叫青年娃娃决定的。这不是你们的位置，你們程度还不夠……"

阶級斗爭的规律是不以人的意志为轉移的。刘少奇所谓的"程度还不夠"的"青年娃娃"，在文化大革命中成了勇敢的闖将。站在革命对立面的"刘少奇，一定要被拉下馬！

五、射向大跃进的毒箭
——"糟得很"，"浪費"，
"脫离群众"，"毛驴稳当"，
"汽車摔死人"

邓小平一貫反对轰轰烈烈的大跃进，同毛主席提出的"鼓足干劲、力爭上游，多、快、好、省地建設社会主义"的总路线大唱反調。

一九五七年二月十八日邓小平在接見团省市委书記时說："在座　的同志的汇报中，曾經提到去年的冬季生产没有一九五五年的积极性那样高。我看不能这么提，这不是事实。如果象一九五五年冬那样就糟了，比如打井，每年打那么多井，挑那么多土，就浪費了人力、財力。总之，現在不能象过去那样搞了，否則脫离群众了。"

看，邓小平对一九五五年冬广大农民群众的社会主义生产积极性是何等地痛恨！在这里，他以"糟得很"和"脫离群众"的罪名，不仅凶恶地否定了以前的成績，並且狂妄地企图阻挠以后的大跃进。

在这次讲話前一个多月，即同年一月十二日，邓在清华大学讲演时，还抛出一句更露骨更恶毒的反对加速社会主义建設的黑話："我們中国的毛驴就是慢，但是慢也有慢的好处，汽車开得很快，摔就摔死了，毛驴走时很慢，但却稳当。"

看！邓小平竟公然咒駡跃进要“摔死”，鼓吹毛驴式的“稳当”慢行！眞是何其毒也！

六、把大好形势說成一团漆黑

对我国經济暫时困难时期的形势怎样估計，也是两条路线斗爭的一个重要方面。刘、邓把当时的經济形势說得凄凄惨惨“处于非常时期”，攻击大跃进搞“大”了，“脫离了群众”。

毛主席在那年一直強調形势大好，在一九六一年还說过“現在困难已經到了沟底了。”刘、邓公开和毛主席唱反調。一九六二年，刘少奇說：“論大好形势，目前国民經济沒有什么大好形势，还是很有困难，經济上总的来讲是困难的形势。”“現在局面是打消耗战。……如果这样消耗下去，会吃垮会拖垮。”“对困难是否估計够？一般讲够了，但也可能出現意想不到的困难，对困难估計过了些头，沒关系，問題最怕困难估計不够。”刘还恶意地攻击毛主席提出的总路线，大跃进，說那是“懵懵懂懂往前闖”。（胡耀邦一九六二年五月十二日传达）一直到一九六四年七月，刘少奇在一次报告中还攻击“大跃进出了那么多毛病，那么多虛报浮夸，还发現的很慢，錯误拉得很长，造成損失，脫离了群众，群众不高兴。”

对此，邓小平也不落后，他在一九六一年十月廿三日在团中央工作会議上的讲話中說：“这几年总不能說是路线錯误就是了（按：这是“此地无銀三百两”，只不过是邓小平不敢这样說罢了。）但是我們有大量的缺点，应該說是这个教訓太严重了，太深刻了。”“很多話过去說得过份了，說滿了，說大了，运动有些搞左了。”

七、极力鼓吹阶級調和

刘少奇这个剝削阶級的孝子賢孙，一直反对毛主席关于社会主义革命时期的基本矛盾是无产阶級和資产阶級的矛盾这个英明論断。在一九五七年四月廿九日他在上海党員干部大会上的讲話中，就公然提出“公私合营以后，无产阶級和資产阶級的主要矛盾也解决了……，在公私合营以后，資本家已經把工厂交出来了，除开极少数的分子以外，他已經不愿意反抗社会主义了，有很多人已經接受社会主义了。在这种情况下，矛盾就轉化了。”

原来，对資产阶級的投降主义路线又是出自这个中国修正主义的祖师爷！难怪他要那样奴顏卑膝地給資本家老丈人去吊孝了！

八、公然宣扬阶級斗爭熄灭論

邓小平是一个阶級斗爭熄灭論者。一九五七年一月十二日他在清华大学讲演时宣称：“在苏联国内阶級已經消灭了，但是斯大林还是強調阶級斗爭，說阶級斗爭越来越尖銳了，結果在肃反問題上犯了错误。”

这眞是一派胡言！

明明斯大林的錯误在于忽视和放松阶級斗爭，邓小平却要說什么斯大林不应当強調阶級斗爭！

毛主席历次強調千万不要忘記阶級斗爭，邓小平当然一清二楚，邓小平在这里难道仅仅是讲外国的事情么？不！这也是他关于我国阶級斗爭形势的一个估計，也是他反对毛主席英明論断的一个罪証。

九、翻案风的幕后牵线人

一九五九年，毛主席領导全党对右傾机会主义分子的反党阴謀实行了反击，取得了伟大的胜利。对于这次反击中某些过了头的地方，毛主席和党中央提出要“甄别”、“平反”，这是非常正确的。

可是邓小平却借机反扑，主張“一风吹”。他恶意地說：“县以下，基本上采取一揽子解决問題的办法，先把几个标兵一树，錯的一风吹基本都錯了，留个尾巴干什么？”（胡耀邦一九六二年五月十二日传达）在一九六二年，全国刮起了一陣“翻案风”，牛鬼蛇神大批出籠，反党分子疯狂反扑。邓小平就是幕后的牵线人！

十、同毛主席的教育方針唱反調

毛主席教导說，我們的教育方針，应該使受教育者在德育、智育、体育几方面都得到发展，成为有社会主义覺悟的、有文化的劳动者。

邓小平反对教育与生产劳动相結合。一九五八年三月七日，邓說：“归根到底，要保証教育质量。适当地搞点劳动生产可以提高教育质量，但不宜太多。如一切搞起来了，但学习质量差，那不能算成功。”“大学更不要搞（勤工俭学），对他們进行劳动教育就可以了。”“总之，不急于一下子都去劳动生产，影响学习。”

看！邓小平的这些謬論，比陆定一反对主席的教育方針，簡直有过之无不及。

十一、原子弹拜物教的奴才相

毛主席教导說，帝国主义和一切反动派都是紙老虎，原子弹也是紙老虎。

邓小平却把苏美吹得神乎其神，把原子弹吹得神乎其神，长帝修的威风，灭我們的志气！

一九五七年一月十二日，邓小平在清华大学演讲时說：“苏联不为首，哪个还有資格呢？我們能夠为首嗎？不要吹牛吧。我們只有四百万吨鋼，在机械方面，最大的和最精密的我們还不能造，鋼材也只有几百种；人家有几千种，几万种。苏联一下子援助了几十亿芦布，我們拿得出来嗎？苏联有原子弹，它的用意何在呢？就是使帝国主义怕它。帝国主义怕不怕我們呢？我看不那么怕。”

“美国敢在台湾駐兵，当然是因为我們沒有原子弹，但是苏联有原子弹，如果苏联也沒有原子弹，那它就敢打我們。”

“美国为什么敢在台湾胡搞呢？就是因为我們沒有导弹，沒有原子弹。”

“总的形势是好的，世界大战打不起来。其道理就是世界上有两个有原子弹的国家。”

在邓小平看来，原子弹简直是万能的，决定一切的。苏联有原子弹，所以为首；我們沒有原子弹，就沒有为首的資格。苏联有原子弹，帝国主义怕它；我們沒有原子弹，帝国主义就不怕。美国霸占台湾，怪我們沒有原子弹，幸亏苏联有原子弹，这才保住帝国主义不打我們，連世界形势大好，也是因为美苏两家有原子弹哩！如此等等，只能是彻头彻尾的原子弹拜物教者，活画出他一付可鄙的奴才相！

十二、誣蔑大字报是“形式主义”

毛主席早在一九五八年就說过：“大字报是一种极其有用的新式武器。”“大字报把‘万馬齐瘖’的沉悶空气冲垮了。”可是，邓小平极端害怕群众运动，对大字报也怕的要死。他在一九六一年十月廿三日团中央工作会議上的讲話中說：“大字报是好形式，平时連大字报、中字报、小字报都沒有它，来个青年工人运动，万張大字报，每人写几十張，成績很大，就值得怀疑。”“当然並不排斥一个时期运动中集中搞一下，但那里有相当大的形式主义。”

这是公然反对毛主席！

这是对革命青年工人和革命的大字报的誣蔑！

十三、邓小平要搞全民团

大党閥彭眞歪曲“重在表現”的政策，反对党的阶級路线，总根子就是刘、邓。

邓小平在一九六一年十月十二日中央书記处会議上討論团的工作时說：“团結面窄，这实际上是一个‘左’的傾向。家庭出身看本人，对他們要做团結教育工作，不要不敢接近他們。”“不要怕沾边。这一句話，要热情对待，热情帮助。”強調“青年团要打破小圈子，要搞大圈子。”

一九六四年六月，邓在团的‘九大’报告中說得更加露骨：要“把所有的青年都組织起来。”

这是公然对抗馬列主义的阶級分析观点，主張大搞“全民团”的阶級投降路线！

十四、“意志性格”等妖风从何而来？

一九五六年、五七年，青年团刮起了一陣妖风：什么“提倡花衣服”啦，“意志性格”啦，“向科学进軍”啦，“干預生活”啦，等等。这股資产阶級思潮的倡导者，支持者，就是反革命修正主义分子邓小平。请看：

“穿花衣服应当宣传。”

“宣传花衣服多了一点，也没有什么了不起。”

“現在大家都在責备‘向科学进軍’这件事，向科学进軍是好事，不是坏事。……但在解释上总是有毛病的，如把消灭文盲也叫向科学文化进軍了，这就不妥当了。”（按：这里邓小平竭力迴避了引导青年向成名成家的資本主义方向）

“你們发了‘白司长到来以后’一文，也没有什么了不起，……将来中国青年报上会不会还出現‘白司长到来之后’一类的文章？还会不会出現，除非是不批評了，要批評就可能还会出現。現在中国青年报批評缺点比从前多了，（按：这时正是中国青年报开始大量放出反党毒草的时候。）这是好的，批評中有了缺点，就不敢批評了，不敢讲話了，又恢复到过去死气沉沉、沉沉悶悶的那个样子，那就更不好了，要接受前一段比較长时間的教訓，也要接受去年一年的教訓。”（以上見一九五七年一月十八日邓小平接見青年团省市委书記时的談話）

“无非是‘花衣服’‘意志性格’这些問題。这没有什么了不起。”“这些問題值不得花多少时間，有几句話，頂多用一个钟头就行了吧。”（一九五七年七月十二日党中央书記处会議上邓小平对团的工作的“指示”）邓小平不仅竭力維护胡耀邦、胡克实等人在团內坚持資本主义方向，一再說：“没有什么了不起。”而且公然号召青年团“要接受前一段比較长时期的“死气沉沉、沉沉悶悶”（按：这是青年团紧跟毛主席和党中央的反話）的“教訓”，继續把矛头指向我們伟大的党。

邓小平这个反革命修正主义的头目，实际上就是一个漏网的大右派！

十五、如此黑話——

“党是包文正，团是侠客”，要“咬紧牙根学习”他們的“好作风”。

一切反革命修正主义分子都是保护四旧的，都主張把四旧继承下来。刘少奇比他們中任何人都做得絕不逊色，他甚至鼓吹向“侠客”学习，把共产党比作“包文正”，胡說什么这些“好作风”、“好习惯”都应当“咬紧牙根学习！”

刘少奇的这些反革命黑話是一九四七年九月十八日在青年工作会議上的讲話，前后两段全文如下：

“过去中国农村中有过侠客，这些人虽是少数人，但不脫离群众，今天的共产党、青年团是侠客，但进步了，集体主义了，不是个人英雄主义，是群众的英雄主义。”

“一切好作风要接受起来。甚至侠客的好作风，也要接受。如包文正是党，宋主改为民主，人民是皇帝，問候人民如同見皇帝，青年团就是侠客。咬紧牙根学习好作风，坚持下去形成好习惯。”

十六、邓小平破公立私

在毛主席毫不利已专門利人的伟大教导哺育下，出現了多少可歌可泣的动人事蹟啊！踊跃参加建設社会主义的公益劳动，热情帮助阶級兄弟而不計报酬，就是我国青年共产主义精神高涨的一个重要标誌。

可是，邓小平却对这一体現共产主义精神的公益劳动大吹冷风。一九五七年一月十六日对团的‘三大’做“指示”时，他恶恨恨地斥責說：“公益劳动只能搞一点点，是象征性的。眞正的劳动是成年成月的，是要取报酬的，把两者並列是不适当的。”

公益劳动不过是“象征性”的！取报酬的才是“眞正的劳动”！邓小平的这种謬論难道不是明目張胆地在同毛主席毫不利已、专門利人的伟大教导相对抗么！？难道不是对于林彪同志倡导的破私立公的一个巨大的反动么！？

十七、刘少奇的“遺囑”

刘少奇在“組織工作会議上的讲話”中說：“現在要留下一个遺囑，一个作风，一个制度，留下一个办法，把問題說清楚，可以使我們的后代有所遵循，使他們知道前人对这个問題是怎么說的。这样可以好一点，就是保証不了，也可以引起注意。党的民主集中制，是一种保証，国家的民主集中制也是一种保証。这些是最好保証。”

刘少奇究竟要給后代留什么遺囑？他說的“民主集中制”是什么？戳穿了就是他一貫要人們盲目地无条件地做他的“馴服工具”，就是他疯狂地推行的奴隶主义和頂头上司主义！告訴你，刘少奇，革命后代执行的是毛泽东思想的政治原則和組織原則，絶不听你这一套修正主义謬論。

十八、資产阶級个人主义的哲学“訓話”

馮文彬犯了严重錯误，当然应該站在党的立场上，給以严肃的批評教育。可是，从任弼时同志逝世后，就主管青年工作的刘少奇，这位写过一本所谓《論共产党員的修养》的“大书”的党的高級負責人，却完全离开党的立场，无限关怀地替馮文彬的个人发展，个人前途着想，进行了一番資产阶級个人主义的哲学“訓話”。刘少奇在一九五二年六月七日是这样說的：“你这个人有些能力的，如組織能力、煽动能力，但因为你自私自利，就妨碍你的发展。”“你今后改正就好，不能改正，对你的前途是不好的。”

因小見大。即此一端，不已經把刘少奇灵魂深处的資产阶級王国赤裸裸地和盘托出来了么？！

十九、刘少奇要办《婚姻介紹所》

刘少奇在一九五七年一月十六日对团的“三大”作“指示”說：“我們对婚姻恋爱問題一般是不干涉的，但是有些人找不到（对象），有些人害羞，是否可以帮助一下，这个事情政府是不能搞的，是否在社会团体里設个介紹男女結婚的机构。婚姻介紹所不要收錢，要帮助調查，不要騙人。”

原来那几年有些地方团組織“号召”团干部爭当“紅娘”，搞“爱情晚会”，到处介紹“朋友”，其发明权也是出自刘少奇这个黑司令！堂堂的社会主义国家的一个党中央高級領导人，竟要效颦資本主义国家开办《婚姻介紹所》，真是无耻之尤，亏他說得出口！其卑劣的用心无非是在青年中推行“和平演变”，加速資本主义复辟！

二十、究竟誰腐化了

一九五七年三月，刘少奇在同一部分工会和团的干部談話时說：“有些群众耽心地說：共产党要腐化，我們这一輩子不会干多久了，你們的时間还长，就怕你們腐化了。”

看！刘少奇讲得多么漂亮！旣然你刘少奇没有腐化，为什么你总要让王光美穿奇装異服，戴上金玉項练，陪你一同出国，試問这不叫腐化又叫什么！你身为堂堂社会主义中国元首出国到印尼，肉麻地和苏加諾的小老婆哈蒂妮手挽着手，又让王光美去献媚地挽着苏加諾的手，走进宴会厅，这不是腐化又是什么？！难道你身上还有什么共产党員的味道嗎？！

刘少奇、邓小平是党內走資本主义道路的头号当权派！

打倒刘、邓！

伟大的战无不胜的毛泽东思想万岁！

伟大的导师、伟大的領袖、
伟大的統帅、伟大的舵手、毛主席万岁！万岁！万万岁！！！

共青团中央宣传部革命同志 67年1月5日

刘少奇的愛人穿奇装異服，
毛泽东的愛人是上海影界
大明星却穿軍装，王光美
应该向明星学习啊。
——歷史真是無情。
毛一死江就成
了階下囚。

誓死捍卫毛泽东思想
彻底清算刘少奇为代表的修正主义路线

最　高　指　示

修正主义，或者右倾机会主义，是一种资产阶级的思潮，它比教条主义有更大的危险性。修正主义者，右倾机会主义者，口头上也掛着馬克思主义，他们也在那里攻击“教条主义”。但是他们所攻击的正是馬克思主义的最根本的东西。他们反对或者歪曲唯物論和辩证法，反对或者企图削弱人民民主专政和共产党的领导，反对或者企图削弱社会主义改造和社会主义建設。

否定馬克思主义的基本原則，否定馬克思主义的普遍眞理，这就是修正主义。修正主义是一种资产阶级思想。修正主义者抹杀社会主义和资本主义的区别，抹杀无产阶级专政和资产阶级专政的区别。他们所主張的在实际上並不是社会主义路线，而是资本主义路线。在現在的情况下，修正主义是比教条主义更有害的东西。我们現在思想战线上的一个重要任务，就是开展对于修正主义的批判。

*　　　*　　　*

在毛主席亲自发动和领导的史无前例的无产阶级文化大革命中，刘少奇的問題暴露了。具有伟大历史意义的八届十一中全会批判了刘少奇的资产阶级反动路线。这是毛泽东思想的伟大胜利，是以毛主席为代表的无产阶级革命路线的胜利。这对提高全党的毛泽东思想水平进一步巩固毛泽东思想在全党和全国的統治地位，挖掉修正主义根子、防止资本主义复辟是有极为深远的伟大意义。

解放以来，我党就存在着两条路线的斗争。一条是以毛主席为代表的无产阶级革命路线，一条是以刘少奇为代表的资产阶级修正主义即右倾机会主义路线。十七年来，我国的社会主义革命和社会主义建設的伟大胜利，是毛主席的革命路线不断战胜刘少奇的反动路线的胜利。

現就我们手头所有的材料，将刘少奇所提出的修正主义路线——右倾机会主义路线，揭露如下：

第一，解放战爭时期，害怕革命，害怕胜利。

一九四八年下半年，是中国解放战爭轉折点，敌我双方力量对比，发生了根本变化。一九四八年十一月十四日毛主席提出：战爭进程，比原来預計，大約縮短。現在看來，只需一年左右时間，就可能将国民党反动政府打倒。在这样的形势下，毛主席一再教导全党全軍要再接再励、艰苦奋斗、不怕疲劳、不怕减員、不怕受冻、受饥，敢于胜利，爭取迅速胜利。

然而刘少奇在这样大好的革命战爭形势下，目瞪口呆，害怕胜利，一反常态。他在一九四八年十二月十四日对馬列主义学院第一期学員却說："現在的革命形势发展很快，出乎我们的意料之外。現在不是怕太慢了而是怕太快了。太快，对我们的困难很多，不如慢一点，我们可以从容工作。"

当时处在水深火热的中国人民，深受三座大山重重压迫和剝削，他们巴不得一下子推翻国民党反动的統治。而刘少奇在胜利面前惊慌了，企图拉住革命战爭的車輪不前进或緩慢前进。集中反映了资产阶级革命家的思想与情绪。

第二，在三大改造中，企图扭轉社会主义方向，幻想巩固新民主主义的秩序。

1.曲解社会主义过渡时期就是新民主主义时期。

一九四九年十月一日中华人民共和国成立，标志着我国革命与政权的根本轉变、标志着由资产阶级民主革命进入无产阶级社会主义革命阶段。毛主席把这个时期称作是从资本主义到共产主义的过渡时期。在这个时期里的基本矛盾，毛主席早在一九四九年三月党的七届二中全会上提出，是工人阶级与资产阶级的矛盾，工人阶级领导的国家政权，必须強化，把中国建成一个伟大的社会主义強国。

可是刘少奇不承認过渡时期是社会主义阶段，而把它歪曲成新民主主义时期。他在一九五一年六月中央全国宣传工作会議上讲：“現在是三年准备，十年建設的时期。待十年建設后，中国的面貌煥然一新。社会主义問题是将来的事情，現在提出过早。”一九五四年九月，中国正处在社会主义改造的高潮时期，党的过渡时期总路线早已提出来了。可是刘少奇在第一次全国人民代表大会上关于宪法草案的說明报告中，却公然說：“我国正处在建設社会主义的过渡时期，在我国这个时期，也叫做新民主主义时期。这个时期在經济上的特点，就是既有社会主义又有资本主义。”

在这里，刘少奇的思想是一目了然的。他公然宣传什么解放以后不是社会主义革命阶段，而是新民主主义时期，在这个时期里，既有社会主义又有资本主义；說什么在这个时期里，社会主义問题是将来的事情。这不是露骨的资产阶级思想又是什么？

2.主張保护富农經济，发展农村资本主义。

解放以后全国进入了一个土地改革的群众运动。为了恢复农村生产，毛主席在一九五〇年六月六日中央七届三中全会时报告中指出：我们对待富农的政策，由解放前征收富农多余土地財产的政策，改为保存富农經济的政策。这是毛主席的伟大策略思想。

然而，刘少奇却把保存富农經济看成是一个长期的政策。同毛主席的思想相对立。他在一九五〇年六月十四日政协委員会第二次会議上关于土改問題的报告中說：“我们采取的保护富农經济的政策，当然不是一种暂时的政策，而是一种长期的政策。这就是說，在整个新民主主义的阶段中，都要保存富农經济。只有到了这样一种条件成熟，以至在农村中可以大量地采用机器耕种組織集体农场，实行农村的社会主义改造时，富农經济的存在，才成为沒有必要的了。而这是要在相当长远的将来，才能做到的。”

在这里可以看出：一，他把过渡时期看成是新民主主义阶段；二，在“整个新民主主义阶段”也就是說在整个社会主义过渡时期，都要保存富农經济；三，在农业机械化之后，富农經济的存在才沒有必要；四，不是采取革命手段消灭富农經济，而是用机械化的方法，自然而然的代替富农經济。很清楚，刘少奇完全是农村资产阶级的代言人，积极主張在整个过渡时期保存富农經济，发展农村资本主义。这是彻头彻尾地违反毛泽东思想的。

3．反对三大改造运动，抵制社会主义革命。

土改以后，全国农村普遍出現了各种形式的农业生产互助組、合作社。毛主席对这些新的事物百倍爱护，积极帮助发展。一九五一年十二月中央做出决定要积极支持和領导农民，促进互助合作运动的发展，逐步实現农业集体化。可是刘少奇对这些新事物，却采取了老爷式的态度，大加指責批評，如他在一九五一年六月，全国宣传工作会議上說：“有些同志認为农村可以依靠互助組、合作社，代耕队实行农业集体化，实行农业社会主义化。这是不可能的。这是一种空想的农业社会主义，是错误的。”农村要实行社会主义，如没有工业的发展，不实现工业化，农业根本不可能实现集体化。又如他在一九五一年馬列学院第一期毕业学員会上指責报上报导山西省出现的初级社是社会主义的萌芽。他說：“几个合作社不能算合作社的萌芽。要合作化，必須象苏联一样，一大片一大片的。要搞合作化，条件不成熟。”在刘少奇看来，在旧中国殖民地半殖民地半封建基础上，在落后的几亿农业人口的中国要实行农业集体化，必須得先有社会主义工业化，农业机械化，没有机械化，不可能有农业集体化。这同毛主席的以农业为基础，工业为主导的先搞农业集体化，逐步实现农业机械化的思想是根本对立的。毛主席在一九五五年《关于农业合作化問題》的报告中批判了他的这种错误思想。毛主席說：“他们老是站在资产阶级、富农或者具有资本主义自发傾向的富裕中农的立场上替较少的人打主意，而没有站在工人阶级的立场上替整个国家和全体人民打主意。”

一九五四年以后，全国工商业的社会主义改造，逐漸进入高潮。然而正在这个时候，刘少奇于一九五四年九月如他在“宪法草案报告”中說：“把十条第一款改为国家依靠法律保护资本家的生产资料所有权和其他资本所有权。这一款里的其他资本，是指资本家的除生产资料以外的其他形式的资本，例如商业资本”。宪法规定，对资本主义工商业实行利用、限制和改造的政策。但他在宪法草案报告中却說：“国家对资本主义工商业的社会主义改造，将要經过一个相当长的时間，並通过各种不同形式的国家资本主义来逐步实现。”

4．积极推行所谓社会主义經济的灵活性，发展资本主义。

一九五六年，三大改造基本完成，刘少奇要想扭轉社会主义方向保持资本主义私有制的思想遭受了严重的打击。在这种情况下，他又借口苏联經济搞糟了是因为計划經济搞多了，而积极提倡在我国执行社会主义經济的灵活性，以发展资本主义。

一九五七年五月七日，他指示楊献珍、侯維煜，党校如何进行整风时說："苏联在这方面的教訓是值得我们注意的，他们只有社会主义經济的計划性，只讲究計划經济，因而搞的很呆板，沒有多样性、灵活性。""社会主义經济是各行各业多种多样的。只搞計划沒有灵活性，沒有多样性是不行的。""我们一定要比资本主义經济搞得更要多样，更要灵活。如果我们的經济还不如资本主义灵活性，多样性，而只有呆板的計划性，那还有什么社会主义的优越性呢？"

刘少奇怎样搞所谓社会主义經济的灵活性呢？他說："要利用、限制自由市场，私商钻社会主义的空子。不仅商业有自由市场；还有工业上的地下工厂。另外还要利用农业上的家庭付业、自留地。我们要允許有一部分资本主义商业、工业、地下工厂。要让他们钻空子，当它一钻空子的时候，我们社会主义經济就立即跟上去。你钻空子搞这一样，我跟上去搶一部分，也搞这一样。他钻几十万样，我们社会主义也跟上去，搞它几十万样。"他說："你们回去要大声疾呼地提倡大家注意这个問題，研究这个問題。"

在这里，刘少奇完全暴露了他的资产阶级思想的本质。他恶毒地攻击社会主义計划經济是呆板的；社会主义經济沒有资本主义經济的优越性大；他公开主張在社会主义国家里要允許保留一部分资本主义的商业、工业甚至允許保留投机倒把的地下工厂；他提倡社会主义經济同资本主义經济自由竞爭，自由发展。他的这一套，完全是反社会主义的，反毛泽东思想的。为已失掉生产资料所有权的资产阶级效劳，妄想恢复已失去的资本主义陣地。

第三，在所有制改造基本完成之后，竭力宣扬阶级斗爭熄灭論，积极主張阶级合作。

社会主义的三大改造运动，在毛主席亲自領导下，在較短的时間內取得了基本胜利。接着一九五七年二月二十七日毛主席在最高国务会議上发表"关于正确处理人民內部矛盾問題"的讲话，同年三月十二日又在中国共产党全国宣传工作会議上做了讲话，指出：革命时期的大规模的急风暴雨式的阶级斗爭已經基本結束。但阶级斗爭没有結束，无产阶级和资产阶级之間的阶级斗爭，各派政治力量之間的阶级斗爭，无产阶级和资产阶级在意識形态方面的阶级斗爭，还是长期的、曲折的，有时甚至是很激烈的。无产阶级要按照自己的世界观改造世界，资产阶级也要按照自己的世界观改造世界，在这一方面，社会主义和资本主义之間誰胜誰負的問題还没有眞正解决。历史的发展完全证明了毛主席的論断是正确的，可是刘少奇呢，完全同毛主席唱反調，反对毛泽东思想。

1．他認为三大改造以后，阶级斗爭不存在了，社会主义和资本主义的誰胜誰負的問題解决了。他在1956．9．5向党的第八次全国代表大会上所做的"政治报告"中說："改变生产资料私有制为社会主义公有制这个极其复杂和困难的历史任务，現在我国已經基本完成了，我国社会主义和资本主义誰胜誰負的問題，現在已經解决了。""在社会主义改造完成以前，阶级斗爭仍然继續存在，在社会主义改造完成以后，社会主义和资本主义的立场、观点和方法之間的斗爭还继續一个很长时間。

1957．4．27，他在上海党員干部大会上明确說："現在国內敌人已經基本被消灭，地主阶级早已被消灭了，资产阶级也基本上被消灭了，反革命也基本被消灭了。我们說国内的主要阶级的阶级斗爭已經基本結束了，那就是說敌我矛盾已經基本解决了。”“当革命没有胜利的时候，我们用革命斗爭来考验。以后革命斗爭没有了，社会主义改造没有了……那个阶级斗爭已經过去了，那些事情却用不着了。”

在这里，刘少奇完全违反毛主席的思想，他极力把毛主席关于社会主义社会阶级斗爭的观点歪曲和捏造成“社会主义和资本主义的立场、观点和方法的斗爭。”完全抹杀了无产阶级和资产阶级的阶级斗爭，抹杀了各派政治力量之間的阶级斗爭，抹杀了无产阶级和资产阶级在意識形态方面的阶级斗爭。其目的，不过說明社会主义社会不存在阶级斗爭就是了。

2．他認为在农业合作化运动中解决了农村的资本主义自发傾向。

毛主席一再指出：“农业合作化以后，在农村仍存在着社会主义和资本主义两条道路的斗爭，合作社建立了，还必須經过許多斗爭，才能使它巩固起来。巩固以后，只要一松劲，又可能垮台。”

然而，刘少奇認为：“由于党堅定不移地执行了联合中农的方針，由于中农看到了走资本主义道路无望，广大的中农在合作化的高潮中，終于防止动搖，积极地要求入社了。”（八大的政治报告）事情的发展完全与刘少奇的想法和提法背道而馳。农业合作化以后，农村的社会主义和资本主义两条道路的斗爭，不但继續存在，而且一起一伏，有时相当严重和尖銳。我党根据毛主席的指示，不断进行了农村的社会主义教育运动，不断地对农民进行政治思想工作，批判资本主义自发傾向，打击资本主义复辟活动，斗爭那些走资本主义道路的当权派，才逐渐巩固和发展了农村社会主义陣地。如根据刘少奇的想法，中农没有什么动搖了，一部分农民想走资本主义道路的想法不存在了，这样农村就万事大吉，不要搞什么阶级斗争，只抓生产就行了。如此下去，不要多久，农村就会变颜色，资本主义就要复辟。

3．他認为资产阶级本性改变了，号召向他们学习。毛主席指出：资产阶级的本性不会改变的，但只要我们采取正确的政策或者资产阶级接受这个政策，无产阶级同资产阶级的矛盾不会变成对抗性的矛盾。可是刘少奇則認为只要我们的政策正确，资产阶级同无产阶级就不会有矛盾，他会改造成为自食其力的劳动者，而根本看不到它的反社会主义改造的一面。他在八大的政治报告中說：“这个政策（利用、限制和改造的政策）和这些步驟，不但得到了广大群众的拥护，而且资本家也找不出任何一个站得住脚跟的理由来拒絕或反对，現在已經可以断定，除开个别的顽固分子想反抗以外，在經济上接受社会主义改造，並且逐步转变为名符其实的劳动者，是絕大多数的民族资产阶级分子能夠做到的。”刘少奇在政治报告中极力吹嘘资产阶级的殊长和对国家的貢献，說什么“资方人員，富有管理經验和技术知識，他们了解消費者的具体需要，熟悉市场的情況，善于精打細算。”說什么，“解放以后，他们接受了工人阶级和共产党的領导”，“接受了社会主义改造”，甚至說什么在过去几年里，“民族资产阶级参加了国民經济的恢复工作”，“参加了支持土地改革、鎮压反革命、抗美援朝的斗爭。”从而“孤立了敌人，增強了革命力量。”他在1957年4月向上海党員干部大讲：“公私合营以后，资本家已經把工厂交出来了，除了极少数分子以外，他们已經不愿意反抗社会主义，有很多人已經接受社会主义了……，今天的资本家是新式的资本家了。”因此，刘少奇号召党和工人阶级同资产阶级搞好“联盟”，搞好“关系”，要向他们学习。他在八大政治报告中說：“我们的工作，除开向他们进行教育以外，还必需認真地向他们学习。把他们有益的經验和知識，当作一分社会遺产继承下来”，“我们的任务是要继續和改进同他们的合作关系”，“通过这种联盟（即工人阶级同资产阶级的联盟），对他们继續团結、教育和改造的工作。”完全抹煞了工人阶级同资产阶级的根本对立，大讲团結合作，不讲阶级斗爭，放棄社会主义改造的思想陣地。

4。他認为“革命战爭”的任务已經結束了，現在是需要“完备的法制时代。”

刘少奇在八大政治报告中讲：“革命战爭时期和全国解放初期，斗爭的主要任务是从反动政治下解放人民，从旧的生产关系的束縛下，解放社会生产力，斗爭的主要方法，是人民群众的直接行动。現在革命的暴风雨时期已經过去了，新的生产关系已經建立起来了，斗爭的任务已經变为保护社会生产力的順利发展，因此，斗爭的方法，也就必需跟着改变，完备的法制就是完全必要的了。为了正常的社会生活和社会生产的利益，必需使全国每一个人都明了，並且确信，只要他没有違反法律，他的公民权就是有保障的，他就不会受任何机关和任何人的侵犯，如果有人非法地侵犯他，国家就必然地出来加以干涉。”

在这里，刘少奇完全断定了社会主义革命已經完全胜利，“革命斗爭任务已結束了”，“人民群众的直接行动不需要了”，“現在需要的是完备的法制”。阶级区別也不必要了，对待一切剝削阶级和劳动人民却一視同仁等等，这些思想实足表現了“全民国家”的腔調，取消革命，取消斗爭，取消人民群众运动。这同赫魯晓夫的全民国家毫无区別。

5·他主張要用“緩和”，“妥协的方法来解决人民内部矛盾”。

１９５７年毛主席发表了“关于正确处理人民内部矛盾問題”的光輝著作，創造性地发展了馬列主义关于无产阶级革命和无产阶级专政的理論，是进行无产阶级革命和社会主义建設的最新武器。然而刘少奇却歪曲和反对毛主席关于正确处理人民内部矛盾的思想。

毛主席指出：在我国大规模的急风暴雨式的群众阶级斗爭已經基本結束，但阶级斗爭却长期存在，大量存在的是人民内部矛盾，但还存在着敌我矛盾。在我们国家，资产阶级和工人阶级的阶级斗爭，一般地屬于人民内部的阶级斗爭，但也有可能发展为敌我矛盾的阶级斗爭。敌我矛盾和人民内部矛盾因性质不同，解决方法也不同，敌我矛盾采用专政的手段来解决，人民内部矛盾采取民主的方法，也就是采取民主集中制的方法解决。刘少奇有意歪曲主席的思想，１９５７年４月，他在上海党員干部会上讲话說：“处理敌我矛盾要強調斗爭性，使矛盾紧張起来，使斗爭激烈化，以致使矛盾的对方压倒消灭。如果我们处理人民内部矛盾不是強調同一性，而是強調斗爭性，使人民内部矛盾沒必要地紧張起来，激化起来，在人民内部造成紧張局面，那就是错误的，那就是处理人民内部矛盾的方針錯了。”“人民内部矛盾应該緩和，人民内部矛盾的事情应該妥协解决，处理的方針可以着重它的同一性，因为它自来就是同一性。”在同年五月，他同楊歕珍，侯維煜談话也提出：“处理对抗性矛盾、敌我矛盾，要采取你死我活的办法来解决，处理非对抗性矛盾、人民内部矛盾，就不要采取你死我活的办法来解决，可以用妥协的办法来解决。”

在这里，刘少奇根本违反了毛主席关于矛盾同一性和斗爭性的思想，割裂了矛盾的同一性和斗爭性的辩证关系，宣传处理敌我矛盾強調斗爭性，处理人民内部矛盾強調同一性，強調妥协。他这样讲的实质，就是否認人民內部有阶级矛盾，有阶级斗爭，宣扬阶级調和，阶级妥协，取消阶级斗爭，取消思想斗爭。馬克思主义的辨证法的本质是革命的、批判的。沒有斗爭就不成为矛盾，沒有斗爭性，就沒有同一性。解决任何矛盾都必须經过斗爭。刘少奇的解决人民內部矛盾用妥协办法的理論，是十足的修正主义理論。

第四、1962年抛出了右傾机会主义綱领，掀起了一股反党反社会主义反毛泽东思想的逆流。

在1960至1961年国内国际阶级敌人利用我们由于自然災害所造成的暂时困难，向党向社会主义发动了猖狂的进攻，阶级斗爭非常尖銳的时候，作为国家主席、党的付主席刘少奇，不是站在无产阶级的革命立场上向反党反社会主义的逆流进行坚决的斗爭，打退他们的进攻，相反，站在资产阶级立场上提出了一系列的修正主义政策和措施。从而支持和助长了这股反党反社会主义的逆流。

1961年9月在刘少奇的主持下，制定了一个"中央关于全党干部輪訓的决定"，这个决定歪曲了党內思想斗爭的原則，錯误地提倡什么自由思想，自由討論，"三不主义"而不讲思想斗爭，这样就为资产阶级思想大开綠灯，使那些对党不满分子，公开的、合法的肆无忌惮的向党向社会主义进攻。

1962年1月，刘少奇在中央召开的七千人大会上，又抛出了一篇修正主义的报告。他在这个报告里，大肆攻击三面紅旗，竭力夸大我们工作中的缺点錯误，他認为我国出现的暂时的經济困难，是由于我们工作中的錯误所造成的"三分天災七分人禍"，攻击59年反右傾斗爭是"过火了"，反右傾斗爭本身就是錯误的，为右傾机会主义分子翻案，誣蔑党內缺乏民主，党的生活是"残酷斗爭无情打击"，攻击了党中央和毛主席的正确領导。

接着他又在６２年５月批轉了一个更为錯误的“中央財經五人小組向中央的报告”，这个报告是竭力夸大我們工作中的缺点錯误，对形勢作了极为悲观的估計。

这些报告和文件在全党都做了認眞的传达和学习討論，影响很坏，造成了党內思想混乱，使不少同志一时迷失了方向，使右傾机会主义分子和一切牛鬼蛇神紛紛出籠，掀起了一股“单干风”和“翻案风”。高级党校的一小撮反党黑帮，楊獻珍、王从吾、侯維煜就是在刘少奇报告的号召下，大鬧“单干风”和“翻案风”，他们抓住刘少奇的报告，捧为至宝，組织学工人員花費一两个月的时間去反复学习討論提意見，为楊献珍鬧翻案，把高级党校鬧得烏烟瘴气，成为他们反党反社会主义反毛泽东思想的陣地。

１９６２年９月中央召开了党的八屆十中全会，伟大領袖毛主席适时地做了关于形势、矛盾和阶级斗爭的报告，揭开了当时存在的阶级斗爭的盖子，提出要在全国城乡开展两条道路的斗爭（进行社会主义教育运动，扭转了阶级斗争的形势，纠正了刘少奇的右倾机会主义路线。），在毛主席的正确思想指导下，阶级斗爭形势很快就起了变化，工农业生产迅速得到发展，再一次证明了毛泽东思想的光輝和英明伟大正确。

第五、提出“形左”实右的四清路线和毛主席的四清路线相对抗。

１９６３年５月，在毛主席亲自主持下制定“中央关于目前农村工作中若干問題的决定（草案）”正确提出了农村社会主义教育运动的根本路线和政策，它是我党在社会主义时期进行社会主义革命和阶级斗爭的根本綱領，是具有伟大历史意义的革命文献，全党全国人民在毛主席的領导下，在“決定（草案）”的精神指导下，全国农村蓬蓬勃勃地开展了社会主义教育运动，狠狠地打击了城乡的资本主义复辟活动，取得了重大的成績。

然而，正在这个时候，刘少奇做了一个“关于社会教育問題”的报告，于1964年9月炮制了一个“形左”实右的“农村社会主义的几项政策规定”（草案），同毛主席所制定的“决定”（草案）相对抗，这个报告和“规定”（草案）的精神是完全一致的，这个报告是一个彻头彻尾的反毛泽东思想的报告。

1．夸大阶级斗争的严重性，把农村形势說得漆黑一团。

毛主席在“决定”（草案）指出我国农村形势是越来越好，在大好形势下，存在着严重的尖銳的阶级斗争。

可是刘少奇对农村的阶级斗争形势却做出了极为錯误的估計，过分的夸大了阶级敌人的力量，他在报告里說：“领导权掌握在敌人手里的，我看在全国最少有三分之一。”“现在有的少数地区土改不彻底，华北有三分之一，西北几乎都是和平土改，地富統治並沒有真正打倒。有些单位敌人打进来，拉出去；有些单位领导人，同地富资本家搞在一起，搞和平演变”，他說，“你下去后，一开始优势在他们方面，不在我们方面，因为他们有組织准备。”“那一年，我到湖南去扎根串联，就被赶走过，……，我是国家主席，带着武装去的，他们还赶我，你们去会不赶嗎？”刘少奇完全抹煞了我党十五年来领导全国人民进行无产阶级革命和无产阶级专政的伟大成績，把社会主义国家描繪成敌人統治的天下，歪曲了客观事实。

刘少奇在报告中大肆吹捧敌人，贬低我们的干部和革命群众。他說：“过去多少次运动中，阶级敌人摸熟了我们有几套方法，甚至有的地方，阶级敌人研究党的方針、政策比我们党員还研究得好，記得熟”，“現在阶级敌人变聪明了，他们很会搞秘密工作，搞合法斗爭，他们比我们还会搞的”，相反，刘少奇对党领导下干部和工作都說得一无是处，他說：“我们过去的领导机关长期脫离群众，凭着听汇报看材料指导工作，这是很危險的。这种情况从中央到公社党委，如不改变，不要多长时間，我们的工作就会发生严重的問題。”“过去的四清五反取得了一些成績，但是搞的不深不透，有的根本没有入門，还在門外边。”

2．不是放手发动群众，相信群众自己解放自己，而是依靠少数人，搞神密化的工作路线。

毛主席指出：在四清运动中，要充分发动貧下中农，在斗爭中，发現和培养积极分子，逐步形成領导核心，要大胆放手发动群众，要逐步做到依靠群众和干部的大多数，逐步团結95%以上的干部和群众。把政策交给他们，不要冷冷清清，不要神密化，不要只在少数人当中活动。

然而，刘少奇由于对农村形势做了错误的估計，他不相信群众在党的长期領导下，絕大多数都是革命的，有覺悟的。各级組织和干部，多数是好的和比較好的，因此他一再強調，在四清运动中要采取解放前进行新解放区进行土改的办法，搞什么扎根串連，訪貧問苦，搞秘密工作，抛开原来所有干部，抛开一切原来的积极分子，从头做起，把四清运动在較长时間內搞的冷冷清清，只在少数人中秘密活动，結果使运动走了弯路，群众不能在运动中得到鍛炼，运动也必然搞不彻底。

3．错误地估計干部队伍的情况，扩大打击面，毛主席指出：对待干部要一分为二，絕大多数干部是好的和比較好的，問題多的和性质严重的只是极少数，运动的重点是整党内走资本主义道路的当权派，要注意团結95% 以上的干部。

然而，刘少奇却skills认为所有干部都有問題，許多人同阶级敌人混在一起，因此他主張把干部都应抛在一边，先发动群众。他認为只有团結95% 的群众，才能团結95% 的干部。在实际工作中，对待所有干部，不是爭取多数，反对少数，区别对待，而是一视同仁，一律“上楼”“下楼”，人人过关。在經济退賠上刘少奇也主張彻底退賠，从严退賠，不分具体情节，不予区别对待。結果形成运动后期在組織建設上的某些困难。

刘少奇的“形左”实右的机会主义路线给四清运动带来了严重的后果。1965年1月党中央在毛主席的领导下，召开了中央工作会議，总結了四清运动的經验、教訓，批判了刘少奇的“形左”实右的錯误路线；制定了“农村社会主义教育运动中目前提出的一些問題”（即23条）从而把全国四清运动引导到健康发展的道路上去。

第六、在文化大革命中推行资产阶级反动路线，企图抵制扼杀无产阶级文化大革命。

刘的修正主义路线在文化大革命中表現的更为突出更为严重，给文化大革命造成严重的損失。

1·妄图把批判“海瑞罢官”的政治斗爭引上“学术討論”的歧路上去。

这次文化大革命是以批判“海瑞罢官”問題开始的。毛主席早就指出“海瑞罢官”的要害是罢官問題，是一个政治斗爭問題，必須批判，但黑帮头子彭眞在刘少奇的支持下，搬出了一个“五人小組向中央汇报的提綱”对抗毛主席的指示，极力把这场政治斗爭納入学术討討論的轨道上，指出要鳖左派的风，打击压制左派的力量，这个汇报提綱成为文化大革命中资产阶级反动路线的綱領。

在这期間刘少奇也积极配合彭眞一伙把文化大革命的鋒芒指向学术研究上去，他說“写文章要愼重，要有高水平，要写出高明的东西，这是打笔墨官司不要辱駡”。

2·急忙派工作組，扑灭文化大革命的烈火。

1966年5月中央及时发現並批判了彭眞的“汇报提綱”，同时在毛主席的領导下，发出了关于开展文化大革命的“通知”，这个通知是毛主席領导无产阶级文化大革命的正确路线，在毛主席的領导下，全国掀起了一个轰轰烈烈的文化大革命的高潮，广大革命师生行动起来了，形势大好。刘少奇在这样一个波瀾壮闊的无产阶级文化大革命形势下，怕的要死，生怕革命烈火烧到党內走资本主义道路的当权派身上，于是匆匆忙忙决定派出工作組，占領各单位文化革命的領导崗位，企图把矛头指向革命群众身上，把群众运动引到资产阶级反动路线上去，以扑灭革命群众运动的烈火。同时刘少奇指示有的单位要保护那些反党分子說：“要斗也可以斗，但要有材料，要有布置”，“要爭取第二号人物起义”，指导工作組积极推行资产阶级反动路线。毛主席发动起来的轰轰烈烈的文化大革命运动一时被刘少奇压了下去，全国文化大革命又进入了低潮。

在这样一个紧要关头，又是毛主席发現並及时地糾正了以刘少奇为代表的资产阶级反动路线，下令撤消了一切工作組，同时发动群众，彻底批判这条资产阶级反动路线，又把无产阶级文化大革命推向了一个新的高潮。

这次无产阶级文化大革命，自始至終是在以毛主席为代表的无产阶级革命路线不断战胜以刘少奇为代表的资产阶级反动路线的斗争中前进的。

第七、反对毛泽东思想，同毛主席分庭抗礼。对待毛泽东思想的态度，是区分馬列主义与修正主义的分水岭，自七大以来刘少奇不是高举毛泽东思想紅旗的，他同毛泽东思想越来越背离，这是他走上修正主义道路堕落成资产阶级在党內代言人的总根子。

1。不承認毛泽东思想是当代創造性发展了馬列主义。毛泽东思想是在帝国主义走向全面崩潰，社会主义走向全世界胜利的时代的馬克思列宁主义。是我国社会主义革命和社会主义建設的指針，也是国际共产主义运动的指导方針，毛泽东思想是当代最高最活的馬列主义。

刘少奇不承認毛泽东思想是当代最高最活的馬列主义。1948年12月他对馬列学院的学員說："学习馬列主义就是学习外国的革命經验，世界的革命經验，馬恩列斯的书籍中論中国的只有1%，99%都是讲的外国话，讲的外国事，写的是外国材料，分析的是外国历史。既要有实际經验，更要有理論知識，旣要有中国經验，又要有外国經验，二者缺一不可。否則就是跛足的馬克思主义者，而經验主义者則是爬行的馬克思列宁主义者，看得不远，迷失方向……所以我们必須学习普遍眞理，把馬列主义普遍眞理同中国的实践相結合起来，有中国的經验，又有外国的經验，才有实际正确指导的可能。"在这里刘少奇把毛泽东思想把中国革命的經验都排除在馬列主义普遍眞理以外。这种錯误的观点，在他的許多讲话和文章中都有表現，如他在1961年6月30日的庆祝党的生日大会上讲话中这样說："全体党員和干部都应該認眞学习馬列主义关于社会主义革命和社会主义建設的基本原理，学习毛泽东同志根据馬列主义原理，所闡明的我国社会主义建設的理論和实际問題，学习党中央制定的社会主义建設的总路线和各项具体政策，学习苏联和其他兄弟国家的社会主义建設的經验。”

刘少奇更不承認毛主席天才地創造性地全面地继承，捍卫和发展了馬列主义，把馬列主义提高到一个嶄新的阶段。他認为世界各国的革命問題都由馬恩列斯解决了的。毛主席只是把馬列主义的普遍眞理在中国具体运用，沒有什么新发展。他在一九四八年十二月向馬列学院学員讲话这样說：“馬克思主义的內容，是有世界历史以来无比丰富的，世界上任何大的原則性問題均解决了；如民族問題，工人运动問題，秘密工作問題等等，中国有吃飯住房問題外国也有，甚至城市地皮問題，也可以参考苏联；参考馬恩列斯的經验。”在一九六一年庆祝中国共产党四十周年大会的讲话也这样認为。他說：“对农业社会主义改造我们运用列宁关于无产阶级专政下工农联盟的理論和农业合作社的理論，总結了我国革命根据地农业互助合作运动的經验”，“对民族资本主义工商业的社会主义改造；我们运用了馬克思关于无产阶级在一定条件下，可以对资产阶级采用贖买政策的思想；运用了列宁关于无产阶级专政下采取国家资本主义政策的思想”；“毛泽东同志和我们党中央运用了馬克思列宁主义关于社会主义建設的理論，吸取苏联和其它社会主义国家的建設經验；在我国执行了第一个五年計划的經验的基础上，制定了我国社会主义建設总路线。”如此等等，刘少奇从不讲我们伟大領袖毛主席对馬列主义理論的新发展和新貢献。刘少奇对毛泽东思想这种态度絶不是偶然的。

2．反对学习毛主席著作，积极鼓吹学习苏修

一九六四年九月，××省委第一书記×××给刘少奇一封信，信上告訴他，省委要求各地委、市委、县委，“在任何时候，任何問題

上，都必須認真学习中央毛主席及中央其他負責同志的指示，否則将犯更大的錯误。”这样做本来是正确的，应該的。但刘少奇在给他的复信中却批評說：“这些话不完全正确”。他借口要向一切有眞理的人学习来反对大学主席著作。他說：“这里联系到这样一个原則問題，就是我们应当向誰学习，是向党內和党外群众中一切有眞理的人学习，不管他们的职位高低，还是向职位高的人学习，不管他有沒有眞理。我们的原則，只向一切有眞理的人学习，不只是向职位高的人学习。”接着刘少奇更露骨地公开反对学习毛主席著作，攻击全党学习主席著作运动。他說：“我贊成当前干部和群众中学习毛主席著作的运动，特别贊成活学活用毛主席著作的口号（这难道只是贊成的嗎？在这里，刘少奇是言不由衷，是一种不滿情绪的流露）我不反对你号召干部学习第一个十条和毛主席有关讲话，在宣讀的时候，你可以加些解释，強調某些段落和語句並联系你们那里的实际，但不是你的創造。”“同不能把馬克思列宁的学說当成教条一样，也不能把毛泽东的著作和讲话当成教条”。接着又說：“現在已經不是你一个人犯这样的錯误，党內已有一部分干部犯同类性质的錯误。”刘少奇就是用学习馬列主义反对教条主义的方法来反对学习毛主席的著作。

刘少奇对毛主席著作采取如此态度，而对苏修却一貫強調学习再学习。当苏联修正主义集团的面目已經完全暴露的时候，刘少奇在一九六一年六月三十日中国共产党四十周年庆祝会上还大讲特讲苏联的經验，苏联的援助，苏联的科学技术，同时还要求全党“学习苏联和其它兄弟国家的社会主义建設經验”，要求发展同苏联的互助合作关系，我们不禁要問刘少奇：你在这样的时刻，大吹特吹苏修，大讲特讲学习苏修，目的何在？你叫我们向誰学习？走哪条路？引向什么方向？

3．貶低毛主席，同毛主席分庭抗礼

毛主席是当代最伟大的馬克思列宁主义者，是中国人民和世界人民的革命导师，天才的领袖。有了毛主席，中国革命和世界人民革命的胜利，就有了保证。有了毛主席，是中国人民和世界革命人民的最大幸福。

然而，刘少奇却不恰当地估計自己，把自己摆在同毛主席同等地位，分庭抗礼。有时，或明或暗地隐射、損伤、毁坏伟大領袖毛主席的声誉。如一九五六年九月他在八大政治报告中，完全否定了毛主席的天才和英明伟大。如何看待党的領袖，他叙述了在过去35年中为什么犯了四次严重的路线錯误，而从一九三五年一月遵义会議以来21年中以毛主席为領导的党中央为什么沒有犯过錯误？他說：“这不能仅仅用历史的长短，經验多少去解释，……也不能仅仅用某个时期領导者个人情况如何去解释。……党的經验多少和党的領导人选对于党是否犯錯误有重要关系，但是关系更重要的是各个时期广大党員首先是党的高级干部是否善于运用馬克思列宁主义的立场观点和方法去总結斗爭中的經验，坚持眞理，修正錯误。”在这里，刘少奇完全否认和抹杀了毛主席在中国革命历史中的伟大作用。

解放以后，特别是一九五九年以来，林彪同志一再号召全党全軍要大学毛主席著作，要当毛主席的好学生。然而，刘少奇一九六二年在修改补充他的《論共产党員的修养》一书中却仅提出：“做馬克思列宁的好学生”来同林彪同志提出的做毛主席的好学生相对立。

一九六六年七月二十九日，刘少奇在人民大会堂万人大会上讲话中，以保护少数为名，竟袒护写反革命标語的学生：“清华有一个学生，写了拥护党中央反对毛主席的标語，大家要斗他，工作組要保护

他。現在看来，說这个学生是反革命的結論，材料不充分”。在这里，我们要問刘少奇：你还要什么材料？誰反对我们最最敬爱的領袖毛主席誰就是反革命。当前，不論在国际和国內，拥护和反对毛主席，就是革命与反革命的試金石。誰反对毛主席，我们就和他拚到底。

結　束　語

根据以上簡要历史情况的分析，我们可以清楚地看到解放以来，刘少奇始終代表资产阶级利益的，貫徹着一条修正主义路线，每当革命轉折时期，刘少奇总是妄图在中国扭轉社会主义方向，把历史車輪拉向倒退，走资本主义道路。但是，在伟大的領袖毛主席面前，在战无不胜的毛泽东思想光輝照耀下，他的阴谋总是不能得逞。他在革命的各个阶段一时表现为右傾机会主义，一时又表現为形“左”实右，但其实质就是修正主义。解放十七年来，刘少奇一貫坚持资产阶级的世界观，坚持资产阶级革命家立场，他对毛主席对毛泽东思想，对党的革命左派，是越来越敌视，对社会主义越来越远，对反党反社会主义反毛泽东思想的右派分子也越来越近，对无产阶级革命也越来越抵触，从而在这场无产阶级文化大革命中，刘少奇的修正主义就不能不到穷途末路的时候了，我们的革命的同志要决心同刘少奇的修正主义路线进行不調和的斗爭，誓死保卫毛主席，誓死保卫毛泽东思想。

誓死保卫毛主席！

誓死保卫以毛主席为代表的党中央！

誓死保卫毛泽东思想！

誓死保卫以毛主席为代表的无产阶級革命路线！

伟大的导师、伟大的领袖、伟大的統帅、伟大的舵手毛主席万岁！万岁！万万岁！！！

中共中央党校　王　中　郭丕衡

1966年11月7日

刘少奇五十条罪状

最高指示

敌人是不会自行消灭的。无論是中国的反动派，或是美国帝国主义在中国的侵略势力，都不会自行退出历史舞台。

刘少奇是中国最大的反革命修正主义分子。是中国的赫鲁晓夫。刘长期以来，他表面上披着馬列主义外衣，实际是站在反动的資产阶級立场上，招降納叛，結成反革命的黑司令部，与毛主席为首的无产阶級革命司令部相对抗。他处心积虑的抵制、反对毛泽东思想，妄图在中国复辟資本主义。在文化大革命运动中，又妄图扑灭毛主席点燃起来的革命烈火，制定並推行了資产阶級路线。刘少奇在政治路线上[illegible]反党反社会主义、反毛泽东思想；在組织路线上他搞的是招降納叛、結党营私，任人唯亲搞独立王国；在他私人生活上是过着資产阶級糜烂透頂的腐朽生活。現将刘少奇的反党反社会主义反毛泽东思想的滔天罪行初步整理出刘少奇五十条罪状公布如下：

1、刘反对毛主席的正确領导。早在1935年遵义会議上，全党已确定了毛主席的正确領导。但刘少奇一直是反对的，他于1939年在延安馬列学院讲的《論共产党員的修养》中却只字不提毛主席思想，不提毛主席的正确領导。1962年他又再版他的《論共产党員的修养》黑书时，仍是只字不提"毛泽东思想"，只字不提"学习毛主席著作"，只字不提"作毛主席的好学生"。他再版这本黑书，其目的是公开反对林彪同志号召全軍活学活用毛主席著作，高举毛泽东思想伟大紅旗的。刘在他黑书中却无耻的号召人們按照孔子、孟子封建的唯心論的修养方式去“修行”。

2、刘少奇的篡党野心由来已久。早在1941年他在××党校讲授他的“战略和策略”时就暴露过，他說：“外国出了个馬克思，中国为什么就不能出个刘克思？”十八年后他在芦山会議上对彭德怀說：“与其你篡党，还不如我篡党。”刘在这里又一次赤裸裸的暴露了他的野心。

3、刘到处夸耀自己，别有用心的貶低毛主席，貶低毛泽东思想的巨大威力。早在1942年，刘作为党中央毛主席的代表去山东太行山等地检查工作，一路之上全是讲的他自己写的“党内斗爭”、“战略和策略等等。只字不提毛主席，不提毛主席的“战略和策略”，只字沒有提毛泽东思想。

4、刘在“七大”时，他起草“修改党章的报告”中，他写上了“无产阶級和半无产阶級是我們革命的领导。”刘在这里想篡改我們党的性质，混淆阶級阶限，也是公开反对毛主席指示的：“工业无产阶級是我們革命的领导力量，一切半无产阶級、小資产阶級是我們最接近的朋友。”刘少奇想篡改我們党的性质的阴謀提法，在討論中被大家識破給他否定了。

5、刘少奇是一个貪生怕死的逃跑主义者。1941年日本鬼子残酷地扫 蕩苏北解放区时，刘把陈毅同志留在苏北指揮作战，他棄下了軍队自己由苏北逃跑到安徽苟安。刘完全违背了毛主席：“下定决心，不怕牺牲，排除万难，去爭取胜利”的教导。从这一点来看刘也根本不夠一个共产党員的条件。

6、刘少奇是一个和平幻想主义者。在1946年他很贊扬国民党的政协会議。刘說：“政协会議付諸实現，中国就走向和平的新阶段”。散布了不少和平幻想，起了瓦解革命队伍革命斗志的破坏作用。

7、刘公开反对毛主席的战略方針。在1946年初，他公开支持了彭眞的錯误指导方針，而对毛主席的亲密战友林彪同志的正确指导方針实行压制並打击了林彪同志，結果造成东北战场上的很大損失，四平战役就是一个典型例子。

8、刘在1947年錯误地主持了土地会議。他完全違背了毛主席的政策思想和党的阶级路线。他当时沒有解决地主土地的分配問題，沒有糾正杀人过多和侵犯了中农利益問題。刘在会后紧接着还大搞了“搬石头”，許多地区出現了把农村干部“一脚踢开”分配土地又強調了絶对平均的錯误做法。

9、1948年毛主席提出“将革命进行到底”的伟大号召后，全国人民都欢欣鼓舞，但刘少奇则公开表示反对，他強調困难多，妄图开慢車。

10、刘竭力誣蔑毛主席。早在抗日战爭时期，刘就胡說什么“在中国馬列主义的伟大著作还沒有出現”。后来，在全国解放后又攻击学习毛主席著作，說什么“学习馬列主义就是学习外国的經验。”又說：“只注意中国經验不重视外国經验是跛足的馬克思主义者，”等等。

11、1960年以来全国人民都响应林彪同志的号召，开展了活学活用毛主席著作，就在这时刘又出来反对学习毛主席著作，說什么“我们应当向誰学习？……我们的原則是向一切有眞理的人学习”，等等，言下之意是很明显的，这眞是可恥极了。

１２、在１９４９年，刘对天津城市工作做了一次右倾机会主义错误的讲话，他根本沒有強調指出资产阶级和工人阶级的矛盾是一个历史时期的主要矛盾。他是完全违背了毛主席的关于阶级斗爭学說精神的。

１３、刘少奇竭力反对毛主席关于农业集体化的伟大思想。在１９５１年毛主席主張先搞农业集体化，逐步实現农业机械化的伟大思想。刘則公开反对說：“……这是不可能的这是一种空想的农业社会主义”等等。

１４、刘又错误的批評了山西省委关于把老区互助組提高一步組成农业合作社的决定，企图达到他不可告人的目的。

１５、刘在１９５５年伙同邓子恢一下子砍掉二十万个农业合作社。这是明目張胆地反对毛主席农业集体化的伟大思想的。

１６、刘在１９５６年反对毛主席提出的“社会主义和资本主义之間誰胜誰負的問題还沒有眞正解决”的英明論断，刘胡說什么“我国社会主义和资本主义誰胜誰負的問題，現在已經解决了”。他在这里針鋒相对的反对毛主席的英明論断和英明指示的。

１７、１９５７年毛主席在关于《正确处理人民內部矛盾的問題》和《在中国共产党全国宣传工作会議上的讲话》两篇重要文件中指出在我国“我们同资产阶级和小资产阶级的思想还要进行长期的斗爭”。刘則公开出来大唱反調，胡說什么：“現在国內敌人已經基本上消灭，地主阶级早已消灭了，资产阶级也基本上消灭了，反革命也算是基本上消灭了”。“公私合营后资本家已把工厂交出来了，……目前人民內部矛盾已經成为主要矛盾了”。还胡說什么：“敌人消灭的差不多了，资产阶级公私合营了，基本上解决了。今天的资本家已經是新的资本家了，……他们已經不愿意反对社会主义了”。刘在这里大量地散布了阶级調和与阶级熄灭論。

18、刘在1957年5月恶毒攻击我们社会主义制度說“不搞全民所有制就毕不了业，……反正因为你有錢我没有錢。可是实行社会主义全民所有制，誰也想多分一点，可是誰也不能多分。稍微分得不好就鬧起来了”。

19、刘在1957年4月，猖狂地誣蔑我们社会主义經济，宣扬发展资本主义經济。他胡說什么：“到资本主义国家什么都能买到，社会主义不如资本主义国家經济多样化”等等。

20、刘恶毒攻击毛主席，竭力反对公社化。我国公社化是在毛主席亲自领导和在伟大的毛泽东思想指导下发展和壮大起来的。在公社化时期出現过一些暂时問題，刘却借机反对毛主席，他别有用心的說：“人民公社化运动不是什么人喊一下就会出現的”。刘反对公社化的反动思想由来已久，他早在1950年就主張在整个过渡时期保留富农經济，发展农村资本主义。刘恬不知恥的說：“当然不是一种暂时的政策，而是一种长期的政策”等等。

21、我党早在“七大”时，全党公認毛泽东思想是当代最伟大的馬列主义，並明文写到党章上了。但刘少奇伙同邓小平在“八大”会議上借口反对“个人迷信”，就把学习毛泽东思想从党章上砍掉了。

22、苏修“20”大以后，刘經常吹捧“20”大好，羡慕苏修的土豆烧牛肉。鼓吹和籠統的提倡“向苏联学习”，他与赫秃子一鳴一和来反对我们伟大領袖毛主席，他企图在中国搞和平演变和复辟资本主义。

23、1962年刘在七千人大会上所作的报告把我们国内形势說成漆黑一团，他反对突出政治，鼓吹物质刺激，为右傾机会主义分子喝彩、撑腰，提出“包产到戶”“分田到戶”一即“三自一包”。刘在这次大会上反对了总路线妄图用他这些谎言来抵制毛主席对当时形势的正确看法。

24、刘为右傾机会主义分子翻案。刘在七千人大会召开前后，利用自己站在第一线上的大权，在全国大刮了一陣翻案风，他慫慂了邓拓、吳晗、周扬等牛鬼蛇神紛紛出籠，妄图反对毛主席和以毛主席为首的党中央，当时刘是唯恐天下不乱的煽风点火的人。

25、刘多年来是推行一条修正主义的教育路线，他主張向学生貫徹“成名”“成家”的教育，他曾向广大青年放毒，宣传“吃小亏占大便宜”的资产阶级人生哲学，以此来对抗毛主席的教育方針。

26、1962年2月刘主持的一次会議上討論了六二年財政予算发現了一些問題。因此，他就作出了錯误的估計处在非常时期，从而他支持和鼓动了各地“歪风出籠”，“单干风”，“否認三面紅旗”把积极分子搞得灰溜溜的，把不該下馬的建設项目也拉下馬了，企图以此来推迟我国經济建設速度。

27、刘是破坏农村四清的罪魁禍首。1964年他派出自己邦兇王光美到农村“蹲点”搞出一个形“左”实右的“桃园經验”，刘如获至宝，到处宣扬，先后向北京、向全国推广，流毒全国，企图破坏毛主席提出的农村社会主义教育方針。

28、在1964年4月1日毛主席亲自領导制定的农村社会主义教育的十条指示。刘少奇大不滿意，随后，他又伙同反革命修正主义分子彭眞等人搞出一个后“十条”片面夸大敌情，把农村說成一团黑，来与毛主席亲自制定的“十条”完全唱反調。

29、恶毒地誣蔑毛主席关于开調查会的方法“过时了”。刘在几次讲话中都強調“扎根串連”的“重要”作用。而否定毛主席會指示的調查会是了解情况“最簡单易行又最忠实可靠的方法”。刘少奇胡說：“現在开調查会的方法已經不行了”，“不适合了”。

30、在1964年刘到各地去片面強調領导干部到农村“蹲点”对农村干部犯的四不清問題估計过分，說什么“四清搞得不深不透，是“失敗的”。提出犯有四不清的干部要傾家蕩产彻底退賠的形“左”实右的錯误口号。

31、1964年刘在中央会議上，对于社会主义教育运动的性质問題，他說是“四清和四不清的矛盾”，是“党内外矛盾的交叉”。刘在这里根本沒有說明本质問題，不是馬列主义的。毛主席主持制定的“廿三条”规定了“这次运动的重点是整党内走资本主义道路的当权派”才把运动重点縮小到极少数人身上，从而糾正了刘的錯误路线。

32、刘是破坏文化大革命的罪魁禍首。早在1965年11月毛主席就提出了文化大革命的指示，姚文元同志也发表了文章，但刘少奇却置若罔聞按兵不动。

33、文化大革命初期，刘少奇伙同反革命修正主义头子彭眞盗用了中央名义向全党发出文件指示，企图把无产阶级文化大革命引向純学术討論，达到破坏文化大革命的目的。

34、刘少奇为了鎮压无产阶级文化大革命运动，他伙同邓小平等人乘着毛主席不在北京时机，制定了一条资产阶级反动路线，公开地鎮压了文化大革命运动，把許多革命者打成了“反革命”、

“假左派”、“眞右派”等等。

３５、反对了毛主席主張不派工作組的正确指示。刘是积极主張和支持大派工作組的，他还派出自己的妖婆王光美去清华“蹲点”搞出一套鎮压革命运动的反革命經验。给全国定出了基調，流毒全国。

３６、刘背着毛主席擅自批发了北大工作組的錯误作法（即所谓經验）把許多学生的革命行动作为反革命对待，造成了在各大、中学校里出現：“排除干扰”围攻了革命派，白色恐怖气氛非常浓厚。

３７、刘少奇在組织路线上，一直是搞他的招降納叛，結党营私，任人唯亲，重用坏人的干部政策。

早在１９３６年他負責北方局工作期間，他就背着毛主席、背着党中央，擅自指使他的亲信安子文、薄一波、楊献珍、刘瀾涛、徐冰、廖魯言、刘錫五等七十余人集体向敌自首叛党，发表了反共宣言。解放后这一批叛徒，竟被刘少奇提拔重用。

３８、刘为了結成一个反革命修正主义死党，他把邓、彭、罗、陆、楊、林楓等一伙坏东西有計划的糾集到中央，把持了要害部門軍政大权。阴谋搞资本主义复辟。

３９、刘为了搞阴谋政变，他把黑手伸进公安部門，把反革命修正主义者罗瑞卿安置到重要崗位，伙同罗阴谋搞警察独立，抓軍权，处心积虑地想夺軍权。

４０、刘一直是很鄙视軍队干部的，而对白区和他共同工作过的干部就特别亲近，搞宗派。他曾經很无耻的支持彭真、林楓等人，（所谓桃园三結义）来整林彪同志，他们想把林彪同志整垮了，夺其軍权。因为我们伟大領袖毛主席健在，他们才不敢罢了。

４１、刘一直很重视抓人权的，他把忠实于他的叛徒安子文提任組织部长，为他推行修正主义路线挑选“人才”和干将。

42、刘为了包庇坏人，想方設法控制了党的监察机关。他把反革命修正主义分子王从吾、李运昌、錢瑛还有叛徒刘錫五等人安插到中央监委会把持了要职。这就为他們重用和包庇坏人大开了方便之門。

43、刘少奇恶毒攻击毛主席不重视监察工作。刘曾經多次向錢瑛表示自己如何关心监察工作。他含沙射影地攻击毛主席，他說：“苏联十月革命后，列宁还兼工农监察院主席，是很重视监察工作的……”等。

44、刘把叛徒薄一波插到工交战线上，企图掌管我国国民經济命脈。看，刘少奇这个狠子野心之大。

45、刘少奇为了从理論上，思想上搞修正主义一套謬論来对抗毛泽东思想。刘把持了中央党校。十八年来他安插了自己亲信、党的叛徒楊献珍、林楓掌握了中央党校的大权，作为他們搞阴谋反对毛主席革命路线的一个理論陣地。刘还不断地为楊献珍推行修正主义一套有“功”而吹嘘說：“楊献珍的教学办法很好……”。

46、为坏人說话。1963年毛主席指出：文化部是阶级斗爭問題。但刘听了毛主席批評之后，不是去搞文化部問題，而是积极去为周扬等一伙人說话，开脫罪責。

47、为了保护反革命修正主义分子不被革命群众斗爭。在1966年7月份，刘少奇与邓小平、陶鑄、李雪峯等人谋划了一个措施，几乎把全北京市的主要反革命修正主义分子集中起来，送到世外桃园，不让革命群众直接斗爭，实质是起到了保护反革命修正主义者的作用。

48、刘少奇的思想是反动的、生活是糜烂透頂的，从他脚底到他头頂門是臭不可聞的。刘出身于一个地主家庭，他的资产阶级反动思想从未得到改造，他宣扬的“劳动是为了个人”、“吃小亏占大便宜”就是他的反动的人生哲学。刘宣扬这些反动哲学其目的是妄图贬低毛泽东思想伟大影响，对抗毛主席提出的“完全”“彻底”地为人民服务的教导。

49、刘少奇是一个大貪污犯。早在抗日战争年代他把一部份白区党的事业活动經費（也包括一部分党費）打了一个金皮带圈和一个金鞋拔子，貪污私用，至今也沒有交公。

50、刘少奇是一个西門庆式的花花公子，也是一个道德敗坏的大流氓。刘依仗自己权势，任意采用一些卑鄙手腕达到玩弄女同志之目的。他到目前为止已經正式結婚的竟达五个老婆。刘的这五个老婆是：賀宝珍、謝飞、王珍、王前、王光美。刘在娶王光美以前的四个老婆有的是比較好的革命同志，有的是长征干部革命意志坚強的好同志，但这几位女同志有一个共同特点：据說都不是大学生。有的被刘少奇看作“年龄大了”不“理想”，于是就經常換个年龄小的，“新鮮”夠了再換一个。刘把比他小27岁的王前同志騙到手結婚不久又离了婚。有的結婚不到九个月就把人家一脚踢开了。最后他挑选了一个臭味相投的资产阶级分子王光美結了婚。

王光美不仅仅是个资产阶级分子，而且是一个妲己式的人物，她是助紂为虐的人物，蠱惑刘少奇这个无道昏君，經常打击陷害革命同志。她是刘少奇搞资本主义复辟的帮兇。以刘少奇为首的这伙敗类，这一伙反革命修正主义分子，这一伙牛鬼蛇神已經到了他們彻底完蛋的时候了。我們要按照毛主席“宜将剩勇追穷寇，不可沽名学霸王”的教导，把以刘少奇为首的反革命修正主义分子彻底肃清，彻底打倒，把他們批倒批臭，使他們永世不得翻身。

彻底打倒刘少奇，邓小平，陶鑄！

彻底肃清刘、邓资产阶级反动路线流毒影响！

无产阶级文化大革命胜利万岁！

伟大的战无不胜的毛泽东思想万岁！

誓死保卫毛主席！

誓死保卫毛泽东思想！

伟大的领袖毛主席万岁！万万岁！

市监委扫除一切害人虫战斗队

1967·1·20

市监委紅旗革命造反队翻印

1967年1月23日

向中国的修正主义总根子刘少奇猛烈开火！

一、炮打修正主义司令官——刘少奇

随着文化大革命的深入，随着大量事实的揭发，人們自然而然地議論和思索着一个問題：刘少奇是一个什么样的人？

我們說，他是中国的最大的修正主义者，是資产阶級反动路线的制定者与总根子。他所执行的政策，是与以毛主席为代表的无产阶級革命路线針鋒相对的。他不是无产阶級的革命家，而是資产阶級在党內的政治代表，是資本主义在中国复辟的引路人。

于是，有人搖搖头說：“你們說的不見得正确吧！刘少奇、邓小平所以犯錯误，是因为‘老革命碰上了新問題’。”

我們說：不，应当說，“是新革命，老問題”！所谓新革命，这是因为中国社会主义革命已跨入了新阶段，跨入了无产阶級同資产阶級两个阶級，社会主义同資本主义两条道路斗爭的新阶段。

在这个新阶段里，于是有人被資产阶級的糖衣炮弹打中，也有的人如馬克思恩格斯所說：“无产阶級的运动必然要經过各种发展阶段，在每一阶段上都有一部分人停留下来，不再前进。”历史上象这样的事例多得很，普列汉諾夫曾是一个革命者，然而后来却成了孟什維克的首領；考茨基早年也曾經是一个馬克思主义者，但到后来却墮落为第二国际修正主义的头目。这已經是历史的老問題、老故事了。那种“老革命，新問題”的說法，不过是把政治問題、路线之爭化为認識問題的机会主义的手法，对此，我們必須予以揭穿。

还有人会說，“刘少奇、邓小平的問題，是党中央的事，我們管不了。”

我們說，不对！“莫談国事”是国民党反动派愚民政策的結果。我們今天生活在毛泽东时代，毛主席說：“你們要关心国家大事，要把无产阶級文化大革命进行到底。”我們是国家的主人，党中央的事，也就是整个国家的事，是整个无产阶級的大事，是世界革命的大事，我們不管誰管？我們不問誰問？《紅旗》十一期重新发表《人民日报》評論員的文章《欢呼北大的一張大字报》中指出：“对于无产阶級革命派来說，我們遵守的是中国共产党的紀律，我們无条件接受的是以毛主席为首的党中央的正确领导。对一切危害革命的錯误领导，不应当无条件接受，而应当坚决抵制。毛东东思想，是我們各項工作的最高指示。”

是时候了，我們要用毛泽东思想重新衡量一切，审查一切，只要是危害革命的，违反毛泽东思想的，不管是人是鬼，不管他职位多高，資格多老，“声望”多大，都要坚决抵制，坚决斗爭，一直到罢他的官、撤他的职为止！

二、文化大革命的扼杀者

在当前，在我們党和革命队伍內存在着两个司令部，一是以毛主席为领导的无产阶級革命司令部，与此对立的还存在着一个修正主义的司令部。炮打司修正义的司令官，就是要炮打刘少奇。

为什么要炮打刘少奇？这是因为刘少奇制定、推銷了一条与毛主席为代表的无产阶級革命路线相对立的資产阶級反动路线，修正主义路线。首先他是文化大革命的扼杀者。还是让鉄的事实来說話吧！

㈠抵制文化大革命的发动

毛主席早就想发动这场文化大革命，而刘少奇等却百般抵制。

全国即将解放前夕，毛主席在七届二中全会上即指出：中国革命在全国胜利並且解决了土地問題以后，国内的基本矛盾就是工人阶級和資产阶級的矛盾。全国解放后，在无产阶級专政的条件下，資产阶級用糖衣炮弹向党进攻，他們或钻进党内，或是在党内寻求代理人，以实現他們反革命的美梦。为了实現資本主义复辟，他們就要利用剥削阶級的旧思想、旧文化、旧风俗、旧习慣，来腐蚀群众征服人心。在一九六二年，党的八屆十中全会上，毛主席更进一步地闡明了这个阶級斗爭的规律和特点。毛主席指出："凡是要推翻一个政权，总要先造成輿論，总要先做意識形态方面的工作。革命的阶級是这样，反革命的阶級也是这样。"在会上，毛主席发出了千万不要忘記阶級斗爭的伟大号召，並提出有人用写小說反党。这是文化大革命发动的伟大号召。然而以刘少奇、邓小平为首的一批修正主义者，他們一方面否認我国存在着阶級斗爭，在經济上鼓励单干，大搞什么"三自一包"，胡說什么"不管白猫黑猫，抓住耗子就是好猫。"面对資产阶級的猖狂进攻，他們实行的是右倾机会主义政策。对待文化大革命，他們百般抵制，以故意的沉默来扼杀主席的革命政策。

一九六三年，毛主席批評文化部已成为帝王将相、才子佳人、洋人死人部。

一九六四年，又指出文联各协会已跌到修正主义边緣。

一九六三年春节座談会上，毛主席还指出，在社会主义可能有資产阶級式的学校，並再次提出半工半讀的号召。在此后的七．

三批示中，又提出学制要縮短、教育要革命的号召。这实际已是文化大革命的前奏。然而刘少奇等却提出針鋒相对的口号，以抵制文化大革命。毛主席提出半工半讀，学制需縮短，教育要革命，他們却提出两种教育制度 两种 劳 动 制。他們訒为实行半工半讀火箭上不了天。說什么五年試验，十年推广。江青同志領导戏剧界搞出《紅灯記》，他們便搞什么《恵嫂》以相抗衡。他們用阳奉阴违的两面手法，对主席的指示进行扼杀、歪曲、破坏，以阻止文化大革命的到来。《海瑞罢官》的討論，也是毛主席首先发动的。以刘少奇、邓小平为首的一小撮内走資本主义道路的当权派，他們更加疯狂地抵制破坏，致使毛主席不得不在南方的上海首先发动这场攻势。随着"三家村"黑帮的敗露，刘少奇手下的得力干将之一李雪峯經常假借毛主席之名，阻止群众深入批判"三家村"黑帮。当群众质問北京日报时，李雪峯說："主席不让这样搞"，"主席不让那样搞"，实际是刘少奇的意旨。他們假冒毛主席的名义，企图破坏文化大革命。然而人民群众的力量是不可阻挡的。

不久，以彭真为首的反革命修正主义集团彻底暴露了。他們抵制文化大革命的阴謀遂破产了。但他們不甘心自己的失敗，却又进一步阻止文化大革命的深入开展和进一步发动。

五月廿五日，聂元梓的大字报貼出之后，以毛主席为領导的无产阶級革命派欢呼这張大字报，訒为这是全国第一張馬克思列宁主义的大字报，毛主席給这張大字报以很高的評价。訒为这是廿世紀六十年代北京人民公社的宣言。但刘少奇等却对这張大字报組織了反革命围攻。李雪峯赶忙跑到北大，說什么"党有党紀、国有国法"，誣蔑聂元梓洩密，責令大家用批判邓拓的大字报盖起来，並說：

“大字报你可以貼，我也可以貼，可以反駁。”这实际上是布置反革命围攻。在这紧要关头，毛主席亲口指示康生同志，广播了聂元梓的大字报，党中央的革命派如康生同志等感到欢欣鼓舞，他們說：“聂元梓解放了，我也解放了”。而李雪峯却惊慌万状，失声叫道：“这下給了我一悶棍，就苦了我了。”一計不成，再施一計，刘少奇連忙下达指示，即李雪峯六月三日盗用中央名义传达的“中央八点指示。”进一步用框框条条束縛群众的手脚，为他們压制、围攻聂元梓大字报进行辯护。然而这一切都是蚍蜉撼大树，可笑不自量。无产阶級文化大革命的烈火，一經毛主席点燃起来之后，很快就燃成燎原之势，以其伟大的威力震动着全世界。所有抵制、阻止、甚至破坏文化大革命的阴謀，在伟大的毛泽东思想面前，不得不宣告彻底破产！

(二)制訂、推行資产阶級反动路线，以夺取文化大革命的領导权

六月一日广播了聂元梓的大字报，革命群众的革命热情立即象火山一样爆发了。广大群众炮打本单位的司令部，矛头直接指向党內走資本主义道路的当权派。刘少奇、邓小平、李雪峯等立即慌了手脚，他們向首都以及全国各大中学校派出工作組。王光美並带着刘少奇的指示来到清华。一方面保护黑帮分子蔣南翔，另一方面，阴謀通过在清华“蹲点”，搞出一套与毛主席相对抗的修正主义經验，以控制全国运动，夺取全国文化大革命的領导权。于此同时，他們把前市委机关的八十一名黑帮及其亲信秘密送到居庸关北的“反修堡”，进行所谓的“集訓”，躲在一个豪华的世外桃园，在这里黑帮头子刘仁就提出：“一不跑步出操，二要每天給安眠药，三不劳动。”黑帮分子廖沫沙公然介紹反革命經验：“紅卫兵一打，

我就使劲地叫，其实並不痛。”此犹不足，正当轰轰烈烈的群众运动开展的时刻，他們还把前市委主要干部、各大专院校党委正付书記、重点中学的支部书記等584人，全部召集到豪华的北京飯店。他們从5月23日起，一直开会到7月底。李雪峯並让这些人“異地革命”，等工作組給群众煞煞火气再回去領导运动。实际上是甩开了革命群众，躲进避风港和安乐窩，以逃避群众的批判和斗爭。

在这同时，他們派出的工作組却千方百計地束縛群众手脚，轉移主攻目标，一旦革命群众覚醒之后，他們便公开鎮压。继六・一八北京大学事件之后，师大六・二〇，清华蒯大富事件，接連发生。而尤以清华蒯大富事件为酷烈。这就証明刘少奇、邓小平他們派出工作組的目的不过是为了包庇、保护党內走資本主义道路的当权派。正当文化大革命处于紧急关头，一轰轰烈烈的大革命即将被窒息。此时，毛主席在武汉，首先指出北大六・一八赶工作組事件不是反革命事件而是革命事件。这实际上是否定了派工作組的路线，指明派工作組是一个方向、路线的錯误。然而刘少奇、邓小平等仍然坚持了这一錯误路线。他們推广北大工作組組长張承先鎮压革命群众的所谓六・一八經验，致使全国各地都普遍产生了鎮压革命群众的反革命事件。白色恐怖一时，弥漫全国各大中学校，对革命群众实行資产阶級专政。

七月中旬，我們伟大的領袖毛主席回到北京，派陈伯达、江青同志到北大进行調查，組織了为时四天的有关工作組的辯論。七月二十六日，毛主席下令撤消工作組，並指出派工作組是方向、路线的錯误。此时，刘少奇、邓小平、李雪峯等与毛主席、中央文革大唱对台戏，派出了由李雪峯两位秘书組成的所谓华北局調查組到北大，实际上是摸中央文革的底。刘少奇与李雪峯又跑到北京建筑工业学院去“蹲点”，明目張胆地与毛主席領导下的中央文革相抗衡。刘少奇在建筑工业学院的师生大会发表的讲話，一再为自己的資产阶級反动路线辯护，不承認派工作組是方向、路线錯误。

七月二十九日，由李雪峯出面，召集了北京文化大革命积极分子代表大会。这个大会公开为刘少奇的資产阶級反动路线辯护。邓小平說：“現在市委根据毛主席和党中央的指示，撤消工作組，这是因为經验証明，工作組的形式不适合于大中学校文化大革命的要求，必須加以改造。”接着又大談“老革命、新問題”。而刘少奇一唱一和，也把路线錯误归为認識問題，說什么“派工作队是中央决定的，中央同意的，現在根据客观形势，工作組不适合当前无产阶級文化大革命的需要，中央决定撤消，也就是撤退。”在这个会上，刘少奇公开与主席思想相对抗，提出革命人民的邏輯是：“犯些錯误就改正，再犯，再改正，沒有犯錯误，人家說你錯了，經过曲折，犯了錯误，改正了再革命。”同时，他还公开把保护少数而歪曲为保护反革命分子，並以清华为例，扩大所谓阴暗面——右派翻天。一方面为自己的資产阶級反动路线辯护，並直接攻击了我們伟大領袖毛主席，把自己說成沒有錯误。“人家說你錯了，經过曲折。”这不是对毛主席的疯狂攻击，这不是十足的誣蔑又是什么！

在毛泽东思想的照耀下，七月二十七到七月二十九日，北大、师大不少同学向資产阶級反动路线猛烈开火，他們貼出了“罢李雪峯的官”、“炮轰李雪峯”的大字报，批判李雪峯的修正主义路线。但在七月二十九日，刘少奇等表示中央是“信任新市委的，新市委是革命的”，並让李雪峯主持大会。此事一經传达，凡批判、炮轰李雪峯的都被打成了“反革命”。对資产阶級反动路线的痛击，受到刘少奇等人的鎮压。

紧接着，在八屆十一中全会和此后的中央工作会議上，刘少奇頑固坚持自己的資产阶級反动路线，不是諉过于人，就是攻击我們的伟大領袖毛主席，至今不公开向革命群众检查、承認他的方向路线錯误。至今，王光美在清华大学只承認工作組有缺点，並說：“我有我的看法，現在不說。”这实际代表了刘少奇的观点。

所有这些事实，証明刘少奇是文化大革命的扼杀者，是文化大革命的消防总队长和扑灭革命烈火的总指揮。因此，我們強烈要求：撤刘少奇的职，罢刘少奇的官。因为这样的人不可能代表中国人民的利益，不可能代表无产阶級的根本利益！

三、反毛泽东思想的黑主帅

(一)一笔勾銷了毛泽东思想

一九三五年遵义会議确立了毛主席在全党的領导地位。一九四五年中国共产党第七次代表大会上全党从革命的胜利与失敗，从血的教訓中認識到毛泽东思想的伟大意义。确認毛泽东思想为中国共产党的指导思想。随着国际、国内形势的发展变化，尤其是苏共二十大之后，苏联往資本主义大倒退，革命的中心已从西方移到东方，中国已成为世界革命中心，毛泽东同志是当代最伟大的馬克思列宁主义者。毛泽东同志天才地、創造性地、全面地継承、捍卫和发展了馬克思列宁主义，把馬克思列宁主义提高到一个嶄新的阶段。毛泽东思想是在帝国主义走向全面崩潰，社会主义走向全世界胜利的时代的馬克思列宁主义。”

以刘少奇、邓小平为首的一批人，他們适应帝国主义和現代修正主义的需要，在我們党內充当了反毛泽东思想的黑主帅。

一九五六年苏联共产党被一小撮修正主义纂夺了領导权，赫魯晓夫一上台便大反斯大林，他們借攻击“个人迷信”“个人崇拜”而全面修正与纂改馬克思列宁主义。这在当时的整个国际共产主义运动中刮起了修正主义歪风。修正主义思潮开始泛滥，配合着修正主义的进攻，我們看一看刘少奇、邓小平对待毛泽东思想的态度，其修正主义面目再清楚不过了。在党的七次代表会議上曾經歌頌过毛泽东思想的刘少奇在一九五六年九月十五日中国共产党第八次代表大会上所做的政治报告中，刘少奇大談經济建設，大談民族資产阶級在社会主义改造后可以变为劳动者，竟只字不提毛泽东思想，这同苏共二十大遥相呼应，十分耐人寻味，而与此同时，邓小平则与刘少奇在八大相互标榜，在邓小平所作的关于修改党章的报告中，不但一笔勾銷了毛泽东思想，反而大捧特捧苏共二十大，說什么“苏联共产党第二十次代表大会的一个主要功績，就是告訴我們，把个人神化会造成多么严重的恶果。”並且把矛头指向我們的党，在报告中含沙射影地說：“个人崇拜是一种有长远历史的社会現象，这种現象，也不会不在我們党的生活和社会生活中，有它的某些反映。”刘少奇、邓小平一方面反对个人崇拜，一方面又一笔勾銷毛泽东思想，他們是些什么人不是已經十分清楚了嗎？

㈡与毛泽东思想大唱对台戏

在他們一笔勾銷毛泽东思想的同时，他們便大肆販卖自己的一套修正主义的私貨。毛主席在一九五六年已經提出了我們的教育总方針。这就是：使受教育者在德、智、体諸方面全面发展，培养有社会主义覺悟有文化的劳动者。一九五八年一月毛主席在《工作方法六条》中提出了半工半讀。同年八月在天津，九月在湖北都提出了半工半讀。而刘少奇在报告中多次提到，他一九五八年在天津提出了半工半讀。

刘少奇在自己的讲話中很少甚至根本不提毛主席对教育工作的指示，而是把自己的主張直接和馬、恩、列、斯相提並論。刘少奇提出了“两种劳动制度两种教育制度”，提出了所谓四、四制，並且認为这是长期的，一直到共产主义社会也要存在的謬論。他用这套同毛主席提出的半工半讀的思想相对抗，与毛主席提出的“学生以学为主，兼学别样，即不但学文，也要学工、学农、学軍，也要批判資产阶級。学制要縮短，教育要革命，資产阶級知識分子統治我們学校的現象，再也不能继續下去了，”这一主張大唱对台戏。刘少奇为推行一套資产阶級也能接受得了的所谓“两种教育制度、两种劳动制度”，到处作报告，为了貫徹他的主張，还亲自組成了一个教育办公室，他还打算成立“第二教育部”“第二教育厅”，这样，他的反毛泽东思想的面目，也就昭然若揭了。

㈢修正主义建党理論和修正主义哲学观

刘少奇在党内长期以来是以理論家的姿态出現的。然而刘少奇的“理論”拆穿开来看，不过是修正主义的理論，而决不是什么馬克思列宁主义毛泽东思想的理論。今試举几例：

⑴把矛盾論庸俗化为生物学的观点，合二而一的建党謬論：

毛主席在矛盾論中指出：“一切事物中包含的矛盾的方面的相互依賴和相互斗爭，决定一切事物的生命，推动一切事物的发展。

没有什么事物是不包含矛盾的，没有矛盾就没有世界。”

而刘少奇認为，“党的組織結构是怎样的呢？这同其他事物一样，是矛盾的結构，是矛盾的統一体；即二个相反的东西結合在一起，成为一个新的东西而存在”，“一定要两个相反的矛盾的东西結合起来，才能成为一个新的东西。”什么样的东西才是相反、矛盾的东西呢？请看刘少奇的論述吧。他說：“相同的东西加起来只能有量的增加，不会有质的变化。例如一条牛加一条牛，仍是牛，一升米加一升米仍是米。但是一条牛加一条母牛就成了新的关系，一个男人加一个女人便成了夫妻关系。一切东西都必須是矛盾的統一体。”（見，刘少奇：論共产党員組織与紀律的修养）

刘少奇的这一观点的錯误在于：第一，列宁指出“群众是划分为阶級的；阶級通常是由政党来領导的。”无产阶級的政党是无产阶級革命的和战斗的指揮部。因此，它必須由无产阶級有覺悟的先进分子組成，党的組織必須在思想、行动上保持一致。至于党内斗爭、党内正确与錯误，先进与落后的斗爭則是党外阶級斗爭在党内的反映。党内沒有解决矛盾的斗爭，党的生命也就停止了。而刘少奇則歪曲为必須“两个相反的东西結合在一起，才能成为一新的东西”並且說党的組織結构也必須“两个相反的东西結合在一起，才能成为一个新的东西。”这是对党的性质的誣蔑。按照这种观点，共产党岂不是应当由两个对立、斗爭的阶級——无产阶級与資产阶級构成。这岂不是十足的“全民党”和修正主义的合二而一論嗎？难怪一九六〇年刘少奇与資本家的兄嫂王光英等談話时，認为資本家也可以入党。

第二，毛主席指出：“在各种阶級社会中，各阶級的社会成員，則又以各种不同的方式，結成一定的生产关系”，这就是說在阶級社会里人与人的关系，是阶級关系。但刘少奇却認为男人与男人没有关系，要有，也只能是量的关系，認为只有女人加男人才构成夫妻关系。这不是庸俗低級的生物学的观点，这不是十分荒唐的一千零二夜的天方夜談又是什么呢？刘少奇这个大理論家，拆穿来看，原来如此！

(2)以人性論代替阶級斗爭的观点：刘少奇在《論共产党員在組織与紀律上的修养》中在 談到如何做一个好党員时，首先強調要做一个好人，甚至做一个好爸爸、好丈夫、好朋友。这是十足的人性論。刘少奇說：“有一个人向我吹牛皮，說他自己会做人。但是他同他的父亲，同他的老婆，同他的弟兄，同他的朋友，都吵得一塌糊涂。我問他：“你是人家的儿子、丈夫、哥哥、朋友，你不会做一个好儿子、好丈夫、好哥哥、好朋友，你怎么能做一个好人呢？其实，他說会做人是空的。做一个好人不是空的，做一个好党員，也不是空的。”刘少奇不承認在阶級社会人与人的关系首先是阶級关系，而認为首先是家庭、亲屬关系，然后才是“好人”、“好党員”的关系。这种不分什么家庭、不分什么阶級而籠統地強調要先做一个“好爸爸、好丈夫、好哥哥、好朋友”，这不是十足的人性論又是什么呢？我們可以看到，刘少奇在一九六〇年实践这一观点时，对王光英一家，对資本家的少爷、小姐們一口一个大哥大嫂，亲曙非常。这是十足的阶級調和，这就是刘少奇修正主义观点的大暴露。刘少奇是一个地地道道的修正主义者，是一个不折不扣的人性論崇拜者！

四、刘少奇修正主义路线的形成与发展

刘少奇从来不肯以毛泽东思想的学生或战友自任，而是高踞于毛泽东思想之上的“伟大导师”。这一点不自今日始，在全国解放前夕，刘少奇在华中党校所做的一次题为“論共产党員在組織与紀律上的修养”中就把自己同馬克思、列宁並列。他在列举遵守民主集中制的模范时，第一个举的是馬克思，即馬克思关于巴黎公社起义的例子，第二个例子是列宁在簽訂布列斯特和約时的例子。第三个例子，却是吹嘘他自己。他說：“我个人也曾遇过这样的情形，那是在中国共产党成立初期，我受党的委托，在一个地方作工人运动。在那里我吸收了許多新党員，成立了一个工人支部，建立了工会組织，工人們斗爭情緒很高，大多数工人和支部中的党員都主張发动罢工，可是根据客观情况来分析，在这个时期发动罢工是一定要失敗的。……我怎么办呢？如果按照大家的意見去做，那么罢工一定要失敗，失敗后，这里的工人运动必然遭受損失；但是如果照我个人的意思去做呢？那么我就违犯了民主集中制，自己破坏了組织原則，而且造成了个人的孤立，脱离了支部和工人大众。因此，我决定照大家的意見发动了罢工，而且积极努力地领导了这一罢工；不过在发动罢工之前，我就向大家声明，这罢工要遭受失敗的，不过你們大多数都主張要罢，我就只好照你們的意思做。后来，罢工果然失敗了。但是幸而在我的領导下，我事先已有預防，所以損失不大。大多数同志在失敗后，想起了我事先的估計，因此对我更加信任了。同时我也在这次罢工中，做了一个服从組织的好榜样給全体同志看。”看，在这里，他根本不是以馬恩列斯和毛泽东同志的学生和战友自

居，而是以馬列主义大师，大理論家自居。这一切，不都説明他的反毛泽东思想的历史是由来已久的嗎？

一九四九年全国解放之后，我国进入了社会主义革命的新时期毛主席在七届二中全会指出，“中国革命在全国胜利，並且解决了土地問題以后，中国还存在着两种基本的矛盾。第一种是国内的，即工人阶級和資产阶級的矛盾，第二种是国外的，即中国和帝国主义国家的矛盾。”毛主席还闡明了解决这一矛盾的基本理論。毛主席在一九五六年社会主义所有制方面的社会主义改造基本完成后，指出：“在我国，虽然社会主义改造，在所有制方面說来，已經基本完成，革命时期的大规模的急风暴雨式的群众阶級斗爭已經基本結束，但是，被推翻的地主买办阶級的残余还是存在，資产阶級还是存在，小資产阶級刚刚在改造。阶級斗爭並沒有結束”。但是刘少奇公开对抗主席关于社会主义社会还存在阶級斗阶級斗爭的論断，同王光英一家人的談話中，要让資本家的兄嫂們“吃小亏占大便宜，並說資本家有几个入党也好么！”这是典型的“全民党”的翻版！在这种修正主义思想指导下，在一九六〇連續三年經济暫时困难时期，在資产阶級全面进攻面前，刘少奇、邓小平大刮单干风，鼓励“三自一包”，並且为資产阶級知識分子大摘帽子，認为他們“都是劳动人民的知識分子”。所有这些思想，在八屆十中全会都受到了以毛主席为代表的无产阶級革命派的彻底批判。但刘少奇等人仍然坚持其修正主义錯误。

也正是在这个时期，帝国主义、現代修正主义和各国反动派联合导演反华丑剧，赫魯晓夫修正主义者攻击我們党和我們伟大領袖毛主席是“教条主义，搞个人崇拜。”而刘少奇、邓小平等，一方面抵制《毛泽东选集》的印发。另一方面，正当毛选四卷出版不久，刘少奇則重新发表他的《論共产党員修养》这一小册子。刘少奇借口反对中国的教条主义代表人，攻击毛主席和林彪同志；借口反对现代教条主义，攻击毛泽东思想。其中提到：“过去某一个时期內，某些教条主义“代表人”（“代表人”三字是原著中没有的）就比上述的情形更坏。这种人根本不懂得馬克思列宁主义，而只是胡謅一些馬克思列宁的术語，自以为是中国的馬克思、列宁，装作馬克思列宁的姿态在党內出現，並且毫不知羞恥地要求我們党員象尊重馬克思、列宁那样去尊重他，拥护他为‘領袖’，报达他以忠心和热情。”这段攻击我們党的“教条主义代表人”的話，与赫魯晓夫的攻击我們党是“教条主义”其語言何其相似乃尔！

一九六二年以刘少奇为代表的右傾机会主义路线受到批判之后，一九六四年城乡社会主义教育运动在毛主席的指引下，开展起来之后，刘少奇等，又以极左的面目复活修正主义路线。一九六三年冬到一九六四年春，（王光美根据刘少奇的指示，到河北抚宁桃园大队去蹲点，）刘指示王光美一切从实际出发，不要有框框，从而否定了毛主席制定的前十条。根据王光美蹲点經验，刘少奇搞了一个后十条与前十条相对抗，这个十条，把社会主义时期两个阶級两条道路的斗争曲解为“四清与四不清的矛盾”，並轉移斗爭目标大搞什么“群众自我教育”，挑动群众斗群众，並根据刘少奇[illegible]全国[illegible]三分之一政权不在我們手中的錯误論断而让工作队扎根串连，以救世主的姿态出現，工作神密化，結果把运动搞得冷冷清清。所有这一切都是与毛主席的前十条相违背，与毛泽东思想相对抗的。因此，毛主席制訂了廿三条，糾正了这一形“左”而实右的错误路线，没有使伟大的四清运动走上邪路。

发展到今天，在无产阶級文化大革命中，刘少奇的修正主义面目彻底大暴露。他把形“左”实右的修正主义路线搬到文化大革命中来，使其修正主义路线达到了登峯造极的程度。但也正是这条修正主义路线受到了广大人民的唾棄，历史已經无情地嘲弄了这些愚蠢的人。

五、大地风雷起，正道是滄桑

以毛主席为代表的无产阶級革命路线，同以刘少奇为代表的資产阶級反动路线进行着尖銳的斗爭。这场斗爭，是关系到中国的命运的博斗，这场斗爭所要回答的問題是沿着以毛主席为代表的无产阶級革命路线把社会主义革命进行到底，还是沿着以刘少奇为代表的資产阶級反动路线把中国推入資本主义深渊。

我們必須关心国家大事，必須把对資产阶級反动路线的斗爭进行到底。

我們应当看到，要战胜以刘少奇为代表的資产阶級反动路线，必須从事艰苦的斗爭，进行許多复杂的工作。

这是因为資产阶級反动路线、修正主义是有其深刻的阶級根源与社会基础的。我們党任何一次錯误路线和正确路线之間的斗爭，实质上即是党外的阶級斗爭在党內的表演。毛主席指出：“几乎带普遍性的在許多地方存在着的阻碍广大的貧农和下中农群众走合作化道路的右傾机会主义分子，同社会上的資本主义势力互相呼应着。”以刘少奇为代表的資产阶級反动路线，修正主义路线是代表了資产阶級复辟的希望，最終代表了他們的利益。因此它的社会基础主要是資产阶級。他在党內有一定的市场。刘少奇多年以来抓党的工作，党内走資本主义道路的当权派，如彭真、陆定一、罗瑞卿、楊尚昆等支持他，党内那些世界观没有改造或没有改造好的糊涂人也在支持他。这就是刘少奇所制訂的修正主义路线，有一定市场，流毒甚广的原因，我们必须为彻底肃清流毒而斗爭。

有压迫，有剝削，也就必然有反抗、有斗爭，也就有革命。而无产阶級革命在发展的过程中也必然产生各种各样的机会主义。“一从大地起风雷，便有精生白骨堆”。革命风雷正在中国大地兴起，革命的对立物——刘少奇代表的資产阶級反动路线，修正主义路线既然已經产生，就要坚决与之斗爭。只有战胜了它，革命才能胜利，才能发展。毛主席教导我們：“历史告訴我們，正确的政治的和軍事的路线，不是自然地平安地产生和发展起来的，而是从斗爭中产生和发展起来的。一方面它要同“左”傾机会主义作斗爭，另一方面，它又要同右傾机会主义作斗爭。不同这些危害革命和革命战爭的有害傾向作斗爭，並且徹底的克服它們，正确路线的建設和革命战爭的胜利，是不可能的。”

八屆十一中全会，已經敲响了以刘少奇为代表的资产阶级反动路线的丧钟，此后，革命群众乘胜前进，以刘少奇为代表的資产阶級反动路线已彻底破产。毛泽东思想已取得巨大胜利。毛泽东思想已被广大群众所掌握，並且正轉化为巨大的物质力量。“人間正道是滄桑”，无产阶級文化大革命正沿着毛泽东思想的道路向前发展。以刘少奇为代表的修正主义路线，虽已破产，但其流毒还在，我們还要深刻揭露，彻底批判。我們“还要揪住不放”，追到底打到底。不如此，文化大革命就无法取得彻底胜利。

宜将剩勇追穷寇，不可沽名学霸王！

北京师大井崗山战斗团挺进支队 66·11·21·

砸烂资产阶级司令部　打倒刘少奇

最　高　指　示

你们要关心国家大事，要把无产阶级文化大革命进行到底！

前　　言

刘少奇究竟是什么样的人？

这个問題，不仅是判断刘少奇是一个馬列主义者还是反革命修正主义分子的問題，而且关系到无产阶级文化大革命究竟向何处去，是沿着毛泽东思想的大路把无产阶级文化大革命进行到底，还是让刘少奇提出的资产阶级反动路线的余毒泛滥，沿着刘少奇思想的道路实行资本主义复辟。这个問題，不仅关系到怎样認識刘少奇及刘少奇集团，他们是"老革命"遇到"新問題"，还是国际共产主义运动的叛徒和帝国主义的走狗，而且关系到怎样認識党内两条路线的斗爭，怎样認識党内的阶级斗爭，怎样認識社会主义时期无产阶级专政下的阶级斗爭的规律。正因为这样，这个問題不仅在中国范圍內，而且在世界范圍內已引起了一切阶级的巨大反映，一直在議論紛紛。

我们認为：刘少奇不是一个馬克思列宁主义者，而是一个不折不扣、彻头彻尾的反革命修正主义分子，是我国最大的走资本主义道路的当权派。刘少奇集团，背叛了毛主席，背叛了毛泽东思想，背叛了中国人民，是中国共产主义运动史上的最大叛徒，是帝国主义在中国一条最大的走狗。反革命修正主义分子刘少奇必須彻底斗倒斗垮斗臭，刘少奇反革命修正主义集团必須彻底砸烂，只有这样，在意識形态領域方面无产阶级同资产阶级之間的阶级斗爭才能得到眞正的、至少是基本的解决，无产阶级世界观的統治才能眞正战胜资产阶级的世界观。也只有这样，现代中国修正主义复辟的最大最根本的可能因素才能彻底被消灭。一句话，只有彻底斗倒、斗垮、斗臭反革命修正主义分子刘少奇，只有彻底砸烂刘家黑窝，才能永远树立毛泽东思想的眞正的絶对的权威，才能把我国建成一个铁打的江山，才能把无产阶级革命的胜利推向全世界。

最　高　指　示

在人类历史上，凡屬将要灭亡的反动势力，总是要向革命势力进行最后挣扎的，而有些革命的人们也往往在一个短期内被这种外強中干的現象所迷惑，看不出敌人快要消灭，自己快要胜利的实质。

（一）刘少奇是頑固地坚持资产阶级反动路线的总头目

1966年11月上旬起，北京市少数頑固的保守派打破了从紅旗十三期社論发表以来的沉默，突然活跃了起来。他们把矛头直接指向了以毛主席和林彪同志为首的无产阶级司令部，指向了以陈伯达、江青同志为首的无产阶级最高司令部的参谋部——中央文革小組。他们首先向三司及三司所屬的革命造反派开了刀。到十二月分，这一小撮人赤膊上陣，挺而走險，居然向我们敬爱的林付統帅，甚至我们最最敬爱的最高統帅毛主席射出了一支又一支的毒箭。

在这一段时期内，一条黑线，几股黑风在全国范围内扑了上来，大有烏云压城之势。代表垂死的资产阶级政治力量的保守派‘勇士’

们假借批判"形更左、实更右"的路线为名，假借"反对炮打无产阶级司令部"为名，打着"无产阶级大民主"的幌子，演出了一场令人难忘的全国性的全武行的丑剧。北京革命少数派被打死打伤屡屡出现，合肥11·15—11·17的大型武斗，重庆的12·4惨案，上海12月份工人赤卫队与工人造反队层出不穷的格斗，无锡的惨案事件……等等，都是震动全国的武斗事件，革命造反派被殴打的情况几乎在全国每一座城市里发生。

十二月黑风究竟来自何方？发源何地呢？俗語說得好："蛇无头不行"。这股黑风的漩涡中心就集中地表現在"刘少奇万岁!"这句反动口号上。

刘少奇伙同邓小平在无产阶级文化大革命中提出了一条何其毒也的资产阶级反动路线，在党的八届十一中全会上这条反动路线遭到了迎头痛击，十六条就是以毛主席为代表的无产阶级革命路线战胜资产阶级反动路线的产物。但是刘少奇及其刘家店伙計们並不甘心退出历史舞台，依然步步为营，負隅頑抗。继八届十一中全会之后的十月中央工作会議上，刘邓继續受到了严厉的批判。在強大的无产阶级文化大革命的压力下，刘少奇迫不得已地作了检查。事实证明，刘少奇的检查是很不象样子的。他根本不愿意向全国人民，向毛主席低头認罪，只是企图蒙混过关，以便伺机反攻倒算。为了彻底打倒刘少奇邓小平的资产阶级反动路线，十二月上旬又开了一个全国工交系統座談会，在会議的二十多天时間里，还开了中央政治局会議，林彪同志在会上严肃地指出："刘邓的錯误，不仅是五十天的問題，是十年、二十年的問題。刘主持中央工作有廿年，邓主持中央书記处工作十年……这十年二十年来，刘邓根本不高举毛泽东思想伟大紅旗，而是对宣传毛泽东思想干扰很大。薄一波不仅是错误路线，而且是两面派，明一套，暗一套，毛主席的指示从来不执行，再加上彭眞对运动危害极深，因此，……他们这一套必须在无产阶级文化大革命中彻底打垮。刘邓思想与毛泽东思想是根本对立的，是两种世界观、两条路线的斗爭，工交系統文化大革命必须肃清他们四人的影响……。”（非原文摘引，可能与原话在个别词句上有出入，但中心思想准确）

“紅旗”十五期社論中指出的那些错误地估計了形势还在玩耍新的花样，采取新的形式来欺騙群众，继續对抗以毛主席为代表的无产阶级革命路线的“党內一小撮走资本主义道路的当权派，极少数頑固坚持资产阶级反动路线的人”，就是刘少奇邓小平及其集团。正是这样，资产阶级反动路线一次又一次的猖狂反扑不但沒有压服革命群众，反而更加清楚地暴露了他们頑固坚持的反动资产阶级立场，暴露了他们仇视毛泽东思想，仇视文化大革命的丑恶嘴臉，暴露了他们垂死掙扎的虛弱本质。

最 高 指 示

党內不同思想的对立和斗爭是經常发生的，这是社会的阶级矛盾和新旧事物的矛盾在党內的反映。党內如果沒有矛盾和解決矛盾的思想斗爭，党的生命也就停止了。

* * * * *

阶级斗爭，一些阶级胜利了，一些阶级消灭了。这就是历史，这就是几千年的文明史。拿这个观点解释历史的就叫做历史的唯物主义，站在这个观点的反面的是历史的唯心主义。

（二）从陈独秀、張国燾到刘少奇：

列宁曾經説过：馬克思主义“在其生命的途程中每走一步都得經过战斗。”

伟大的毛泽东思想正是这样，毛泽东思想是当代馬列主义的頂峯，是最高最活的馬克思列宁主义。毛泽东思想是同国內外各种強大的敌人，同党內的形形色色的错误路线、反动路线的斗爭中发展起来的。毛主席早就给我们指出：“党內如果沒有矛盾和解决矛盾的思想斗爭，党的生命也就停止了。”同时又教导我们，我们必須用历史的唯物主义、即阶级矛盾、阶级斗爭的观点去解释阶级社会历史。

代表反动阶级政治力量的陈独秀、張国燾成了不齿于人类的狗屎堆之后，刘少奇終于粉墨登场，在历史舞台上張牙舞爪起来了。

一九三一年秋初，毛主席的亲密战友，当时的中共中央北方局书記蔡和森同志被捕以后不久，刘少奇接任了中央北方局书記职务。抗战时期，刘少奇回延安，安插了他的亲信、自首变节的大叛徒、反革命修正主义分子彭眞主持北方局的工作。

一九四一年一月皖南事变后，刘少奇到江苏任新四軍政治委員，並主持中央华东局（原名东南局）的工作。大致也就在这段时間內，形成了以刘少奇为首的反毛泽东思想，反毛主席革命路线，反 以毛主席为首的党中央的资产阶级司令部。

当时，陕甘宁一带是高崗、习仲勳、譚政、閆紅彥等；晋綏一带有烏兰夫、林楓、李井泉、李雪峯、楊植霖等；晋察冀地下工作系統則是彭眞、刘仁、刘瀾涛、胡錫奎、林铁、蔣南翔、楊述、李昌等；地上工作系統（也叫北方局）先后有楊尚昆、楊献珍、彭德怀等；晋冀魯豫則有邓小平、薄一波等；受过王明修正主义統治的长江局（华中局，設武汉）有罗迈（李維汉）、張聞天等。东南地区，刘少奇起用了饒漱石的老婆当他的秘书，一九四二年刘少奇回延安，則一手提拔了当时在新四軍里沒有絲毫威信的、给群众印象普遍不良的饒漱石，让这个“年紀輕輕的傢伙”（当时部队一些同志背后这样議論的）当上了新四軍的政治委員兼华东局书記。就在一九四一——一九四二年的短短时期內，刘少奇在部队里牽制了譚震林（新四軍付政委）、邓子恢（政治部主任）黃克誠（保卫以刘少奇为首的軍部的三师师长）、叶飞（新四軍一师一旅旅长）；在地方上則管轄了周小舟、舒同、譚启龙、陈丕显、曹荻秋及周扬——夏衍的文艺黑线。

一九四五年八月二十八日到一九四五年十月十一日，毛主席和周恩来、王若飞同志到重庆与蔣介石談判，刘少奇在延安主持中央工作。就在这期間左右，彭眞、伍修权、叶季壮等人到了东北，彭眞的晋察冀地区书記的大印則交到罗瑞卿手中。反革命修正主义分子彭眞到了东北后，拒不执行主席的“让开大路，占领两廂，放手发动群众建立巩固的根据地，逐步积蓄力量准备将来轉入反攻”的正确方針，相反，却遵从资产阶级司令部的旨意，起劲地反对一貫高举毛泽东思想伟大紅旗的林彪同志。

一九四七年三月分，毛主席率领了周恩来、任弼时等同志撤出了延安，輾轉陝甘宁，以刘少奇为首的中央工作委員会进駐彭眞的老巢晋察冀地区，这就是在西柏坡中央工作委員会的工作阶段，刘少奇、陈云、邓小平、彭眞、薄一波、李井泉等人的行列里又增加了陆定一这位"宣传鼓动家"。

誠然，我们並不認为上述那些被我们点了名的人統統是黑线人物（或者說是反革命修正主义分子），但是即使上述那些人与刘少奇沒有直接的組織联系（瞞着以毛主席为首的党中央的組織联系），那至少在资产阶级思潮方面是完全一致的，也就是說：是有思潮联系的。

每当阶级斗爭十分紧張，阶级关系发生剧烈的变化的时候，那些资产阶级司令部的野心家阴谋家们便会一个个地跳出来，妄图夺取党和国家的最高权力，实現资产阶级反革命的复辟。

中华人民共和国的成立，标志着我国进入了社会主义革命和无产阶级专政的新时代。但是阶级斗爭並沒有結束，它变得更隐蔽、更复杂、更曲折、更尖銳了。建国十七年以来，在我们党内以毛主席为首的党中央的馬列主义领导同以刘少奇为首的修正主义集团的三次大斗爭，集中地表現了国内外阶级敌人並不甘心于他们的失败和死亡。

老奸巨滑的刘少奇在前两次的大斗爭中似乎是滑了过去，但是他的作为高（崗）、饒（漱石）集团，彭（德怀）、黃（克誠）、張（聞天）、周（小舟）集团的总后台与总根子的罪責是逃脫不了的。

当年在东北反对林彪的不仅有彭眞、高崗，而且还有刘少奇的战友陈云，刘少奇的大媒人安子文，刘少奇的亲信秘书林楓。高崗的几篇类似于論共产党員修养的文章，都是經过刘少奇亲自修改过的。

高饒集团的另一首脑饒漱石，自１９４１—１９４２年期間与刘少奇建立起很微妙的关系之后，是紧紧跟着刘少奇的。１９５５年３月３１日通过的中国共产党全国代表会议关于高崗饒漱石反党联盟的决議中提到的：“他（指饒漱石——作者住）在华东工作期間在城市和农村中竭力采取向资本家、地主、富农投降的右傾政策”（見１９５６年人民手冊　頁７８）就是指饒漱石在解放初頒布的旨在保护富农經济、保护资本主义經济的十大政策布告及其他一些措施，这个右傾政策完完全全不折不扣地来源于刘少奇。刘少奇在１９５０、６、１４政协第二次会議的报告中就毫不隐晦地提出了这个右傾政策：“我们采取保护富农經济的政策，当然不是一种暂时的政策，而是一种长期的政策。这就是說，在整个新民主主义阶段，都是要保存富农經济的。只有到了这样一种条件成熟，以至在农村中可以大量地采取机器耕种，組織集体农场，实行农村中的社会主义改造之时，富农經济的存在，才成为没有必要了。”（１９５７初版《刘少奇关于土地改革問題的报告，中华人民共和国土地改革法》頁１３）这个問題毛主席早在１９４８年就指出：“大反攻后新解放的地区。这种地区，群众尚未发动，国民党和地主、富农的势力还很大，我们一切尚无基础。因此，不应当企图一下实行土地法，而应当分两个阶段实行土地法。第一阶段，中立富农，专門打击地主。在这个阶段中，又要分为宣传，做初步組織工作，分大地主浮財，分大、中地主土地和照顾小地主等项步驟，然后进到分配地主阶级的土地。在这个阶段中，应当組織貧农团，作为領导骨干，还可組織以貧农为主体的农会（可称为农民协会）。第二阶段将富农出租和多余的土地及其一部分財产拿来分配，並对前一阶段中分配地主土地尚不彻底的部分进行分配。第一阶段，大約須有两年時間；第二阶段，須有一年时間”。（毛选四卷頁1278）問題不是很清楚嗎？当时是1950年，全国大部分地区正进入第二阶段。刘少奇就是这样明目張胆地反对毛主席的正确路线。

一九五四年高饒集团被揪出来的时候，本来可以乘胜追击，直搗刘氏閻王殿。但是刘少奇这个形“左”而实右的专家玩弄了一套舍車馬保将帅的把戏，在1955年4月中国共产党的全国代表会議上，刘少奇的新搭挡邓小平给高饒集团定了調子。为了消灭口实，不久就把高崗给整死了。从这以后，邓小平就平步青云，从中共中央委員升到了中央政治局委員。

建国十七年以来第二次大斗争，彭黃張周集团充当了刘少奇的急先鋒，在1959年8月的庐山会議上赤膊上陣。他们在国外的赫鲁晓夫修正主义集团与国内的刘少奇修正主义集团的支持下抛出了一个彻头彻尾的修正主义綱领。以毛主席为首的党中央当时就给予这一小撮赤膊上陣的反革命修正主义分子以毁灭性的回击。但是资产阶级的本能，使得刘少奇賊心不死。他选择了1962年初我国暫时的經济困难，国内外一片反华大合唱到达高潮的时机，便亲自出馬。他在1962年由他主持召开的七千人大会上（即中央工作扩大会議或五级干部会），拾起了彭、黃、張、周的破烂，大肆攻击三面紅旗，极力夸大大跃进以来的工作中的錯误和缺点，混淆是非，颠倒黑白，妄图把錯误与缺点推到以毛主席为首的党中央。誣衊党内缺乏民主、党内生活是“残酷斗争”、“无情打击”，公然为彭、黃、張、周集团翻案，在全国范圍内刮起了一陣翻案黑风。

第三次大的斗争，就是当前蓬蓬勃勃开展的史无前例的无产阶级文化大革命。通过揭发彭、罗、陆、楊反革命修正主义集团，以刘少奇、邓小平为首的反革命最高司令部的反党反社会主义反毛泽东思想的丑恶嘴臉暴露在光天化日之下了。

刘少奇早从１９６３年文艺革命——无产阶级文化大革命的开端——以来，就在要弄花招，使用权术，极力混淆两个阶级两条路线的斗争，以保存自己。在姚文元同志批判“海瑞罢官”发表以后，又步步为营，节节頑抗，特别是在１９６６．６．１以后的五十多天时間里刘少奇及其集团“站在反动资产阶级立场上，执行了资产阶级专政，将无产阶级轰轰烈烈的文化大革命运动打下去，顚倒黑白，混淆是非，围剿革命派，压制革命派，实行白色恐怖，自以为得意，长资产阶级威风，灭无产阶级志气，又何其毒也。”刘少奇邓小平一伙出自他们反动的阶级本性，极力包庇彭眞反革命集团，制定了一套旨在反对毛主席，包庇党内走资本主义道路当权派，打击革命群众运动的反革命修正主义路线。不管刘少奇多么毒辣，多么阴险，多么狡猾，也不管他是多么頑固，多么不甘心退出历史舞台，多么企图垂死挣扎，在战无不胜的毛泽东思想这个照妖鏡下，在史无前例的无产阶级文化大革命的洪流中，在千百万用毛泽东思想武装起来的革命群众的众目睽睽之下，他们是絶对逃脱不了的，是一定要失敗的，历史必将给他们以无情的惩罰！

最高指示

否定馬克思主义的基本原則，否定馬克思主义的普遍眞理，这就是修正主义。修正主义是一种资产阶级思想。修正主义者抹杀社会主义和资本主义的区别，抹杀无产阶级专政和资产阶级专政的区別。他們所主張的，在实际上並不是社会主义路线，而是资本主义路线。在現在的情况下，修正主义是比教条主义更有害的东西。我們現在思想战线上的一个重要任务，就是要开展对于修正主义的批判。

（三）从铁托、赫魯晓夫到刘少奇

“同是天涯淪落人，相逢何必曾相識”。刘少奇与铁托和赫魯晓夫之流是千絲万縷，勾勾搭搭，一脈相承的。

早在1939年，刘少奇在延安馬列学院作讲演时，就引用了这样一段话：“苏联有位哲学家叫米丁的有下面一段话，說得很对，对于馬克思主义……理解的深度上的区别，本身还是有它的阶级原因的。在現在，在资本主义崩潰时代，任何一个资产阶级思想家，那怕他个人的天才如何伟大，他的創造活动，他底活动，他影响于現实发展底规律性的能力，終究被他的阶级性，被他代表的阶级的保守性所箝制住的。资产阶级沒有观察未来的眼光，这就决定了縮小了它的理論对于社会发展現象的了解程度，减少了他們对于这些現象的理解的深度，……”（《論共产党員修养》1949、8版頁28）众所周知，米丁是赫魯晓夫集团中与苏斯洛夫齐名的“理論权威”，馬列主义的大叛徒。物以类聚，人以群分，刘少奇贊扬米丁是无足为怪的。也可以順便說一說刘少奇所贊賞的米丁的这段话根本就是荒謬絶論的。因为资产阶级本性决定了它不可能也不愿意去接受与眞正理解馬克思主义因而根本談不上“理解的深度”。在1937．7．7．事变前后当时的中央华中局书記王明提出了一条以反对毛主席革命路线为目标的彻头彻尾的修正主义投降路线，他主張“一切通过統一战线”，“一切服从統一战线”显然，刘少奇是完全继承了这个目前还投靠在赫鲁晓夫集团怀抱里的修正主义分子的衣鉢的。

一九四五年八月毛主席周恩来同志等去重庆談判时，继承了王明衣鉢的刘少奇，則在延安一廂情愿地大做“和平过渡”的美梦，幻想蔣介石能夠发生善心和中国共产党一起建設一个“自由、民主、平等的新中国。”因此，刘少奇不去揭露也根本沒有想到要去揭露蔣介石假談判眞备战妄图用暴力消灭中国共产党的罪恶阴谋，相反，却一个劲儿搞軍队插花編制（即我軍与国民党軍統一編制。）全国解放后的初期，刘少奇在中央組織工作会議上又大談：“无产阶級和半无产阶级的领导”，实际上是削弱无产阶级的絶对領导地位，与赫鲁晓夫的全民党有異曲同工之妙。同时他又竭力主張社会主义經济与资本主义經济的和平共处。到１９５４。９月刘少奇在他的宪法草案报告中还說：“国家对资本主义工商业的社会主义改造，将經过一段相当长的时間並通过各种不同形式的国家资本主义来逐步实現。”言下之意，就是让社会主义經济与资本主义經济在“相当长的时間”內一齐存在和平共处。１９５５年全国农村合作化的高潮来到了。刘少奇感覚到心慌意乱，唯恐农村中资本主义經济被改造为社会主义經济，当时邓子恢做了刘少奇的馬前卒，在一旁喃喃咕咕怨天尤人。１９５５年7月31日毛主席在中共中央召集的省市区党委书記会議上就严厉批評了刘少奇邓子恢的这种反动思潮，“在全国农村中，新的社会主义群众运动的高潮，就要到来，我们的某些同志却象一个小脚女人，东摇西摆地在那里走路，老是埋怨旁人說：‘走快了，走快了’。过多的評头品足，不适当的埋怨，无穷的忧虑，数不尽的清规和戒律，以为这是指导农村中社会主义群众运动的正确方針。否，这不是正确的方針，这是錯误的方針。”

１９５６年継苏共２０大之后，中国共产党召开了第八次代表大会。刘少奇在这个大会上作的政治报告与赫魯晓夫臭名昭著的２０大报告同出一轍。他大力肯定苏共２０大“是具有世界意义的重大政治事件。它……决定了进一步发展社会主义事业的許多重大政策方針，批判了在党內曾經造成严重后果的个人崇拜現象，而且提出了进一步促进和平共处和国际合作的主張，对于世界紧張局势的和緩作出了显著的貢献”（中国共产党第八次代表大会文献１９５７・２第二版頁３６）大肆鼓吹阶级斗爭熄灭論，宣扬全民国家。无怪乎在听完刘少奇的报告之后，南斯拉夫铁托集团的代表团团长維塞林諾夫顿时眉飞色舞兴高采烈地說：他们“对于中国共产党今后每一个成就都会感到欢欣鼓舞。”（同上，頁９４４）

以后，刘少奇带着他的从铁托、赫魯晓夫那儿批发来的修正主义的私貨，加上他自己的創造，便在全国各地銷售起来，每到一处銷售一批，謬种流传，害人非浅。１９５９年４、５月間，刘少奇在上海就弹了一次阶级斗爭熄灭論的濫調，胡說什么“現在仗打完了，蔣介石打跑了，土改也改过了，过去干部在革命战爭中也鍛炼过了，……干部应該到劳动中去鍛炼”等等。

就在苏共２０大以后，在世界范圍內引起現代修正主义逆流大泛濫的时候，主席在５７年２、３月份，接連发表了两篇有划时代意义的光辉著作：《关于正确处理人民內部矛盾的問題》《在中国共产党全国宣传工作会議上的讲话》，更进一步地、更精辟地、更深刻地闡明了过渡时期阶级、阶级斗爭与无产阶级专政的学說。

１９６０年９月，刘少奇邓小平彭眞等率领代表团到莫斯科参加八十一国兄弟党会談。显然在刘少奇签署的声明中的一些观点，例如关于从资本主义向社会主义过渡有可能采取和平的形式，肯定２０大等等，根本不能代表以毛主席为首的中国共产党的观点。这些后来反而给苏联赫鲁晓夫現代修正主义集团落了口实的論述，事实上就是刘少奇本人及其集团的意見。由于毛泽东思想的巨大威力，在１９６０年的莫斯科会議的整个过程中貫穿了馬列主义与修正主义两条路线的斗爭，斗爭的結果是苏联赫鲁晓夫修正主义路线和观点基本被否定了，馬列主义毛泽东思想的路线取得了重大的胜利。至于刘少奇，在他怀着十分異样的心情在声明上签了字之后，就和他的患难兄弟赫鲁晓夫摟抱在一起，摄影留念了。当刘少奇离开莫斯科回中国的时候还念念有词，頂礼膜拜地說："苏联永远是我们的良师益友。"

１９６２年２月，經过了刘少奇的批示，陈云做了一个大肆攻击三面紅旗，因为暂时困难而对革命前途悲观失望的报告。說什么："国家元气伤了，２０亿財政赤字，五年也恢复不了。"刘少奇的传声筒邓子恢則抛出了"三自一包"的主張（多搞自由市场，多搞自負盈亏，多搞自留地，包产到戶）在刘少奇修正主义思潮的鼓励下，連三和一少的反动主張也被抬到了桌面上来，在二月份七千人的大会上以及他在五月份批轉的"中央財政五人小組向中央的报告"中，刘少奇本人直接吹了"单干风"，号召中国向资本主义倒退。並放手让"不同意見都发表"为牛鬼蛇神、毒草恶花的大批出籠开了綠灯，配合了国际上甚嚣尘上的反华大合唱，国内的资本主义势力猖獗一时。

直到１９６３年１１月刘少奇还眷恋着苏联赫鲁晓夫集团，他在科学院学部委員第四次扩大会議上大肆为苏修——其实也是为自己——

涂脂抹粉，胡說："苏美在基本問題上联合起来是不可能的"云云。矢口否認修正主义与帝国主义的阶级屬性是沒有什么差異的。

1966年3月，正值无产阶级文化大革命的前夕，刘少奇邓小平彭眞一伙，与一些国家的共产党进行了会談，差不多那时候起，这些国家的共产党有的就明显的向右轉了。

刘少奇从他的苏联、南斯拉夫的"良师益友"赫魯晓夫、铁托那儿系統地学来了"三和一少""三自一包"自己則开創了一整套形"左"实右的资产阶级反动路线（包括政治、經济、組織、文化教育各方面——这方面我们还将继續发表文章进行論述）一心一意地想把中国納入修正主义、资本主义复辟的轨道。然而伟大的毛泽东思想是不可抗拒的，伟大的中国人民終将徹底、干淨、全部地肃清其流毒，沿着不断、徹底革命的道路前进。

（四）刘少奇是混进党內的大流氓：

关于这方面的材料，我们本来是不想公布的。但是，为了本着对革命事业負責，为了让广大群众更清楚地認識反革命修正主义分子刘少奇的丑悪灵魂，我们还是把他们整理出来。这里先不談刘少奇主观主义的工作作风，不談他形而上学的思想方法，只是想揭露他生活方面的一些丑事。

1941年刘少奇到江苏新四軍部队工作，就在江苏省盐城县，当时已經四十二岁的刘少奇通过非法手段霸占了给他护理病情的一个十八岁的护士××（註王前）（在这以前，刘少奇至少娶了三房夫人，在××面前他謊报自己只有三十二岁），这件事当时在新四軍內部造成了非常不好的悪劣影响。为了挽回影响，刘少奇委托了他当时的秘书刘×作介紹，与女护士××結了婚。

1942年刘少奇回延安，就把还不滿十九岁的××带走了。在延安不到二年的时間里，喜新厌旧的刘少奇則大肆虐待××，又打又駡，以致逼使××在43年不得不提出离婚的要求，正中下怀的刘少奇自然同意了，並把她送到当时由彭真任付校长的延安中央党校。由于××当时已經怀了孕，同一年刘少奇不得不和××复婚。可是卑鄙无耻的刘少奇依然我行我素，依旧打駡虐待，到1947年3月，刘少奇終于把××抛棄了，並且把她送到由薄一波控制的晋冀魯豫地区。

継××之后，刘少奇又搞了一个。到了1948年，在反革命修正主义分子安子文的撮合下，王光美，——一个1947年毕业于燕京大学物理系研究生而徘徊于美国和延安之間的典型的资产阶级分子与刘少奇——一个滿嘴巴的仁义道德，滿肚子男盗女娼"修养"至高的"共产党員"高级干部匹配成婚了。这到眞是屎壳螂钻屎堆，臭味相投！

……　……　！！！

多么肮脏的灵魂啊！正是这个刘少奇，曾几何时，振振有词仪表堂堂地教訓别人："我们的党員，不但要在艰苦的、困难的，以至失败的革命实践中鍛炼自己，加紧自己的修养"。"我们的党員，不是什么普通的人，而是覺悟的无产阶级的先鋒战士。在我们的党內，党員的个人利益要服从党的利益，为了党的利益，还要求党員在必要的时候牺牲自己的个人利益"……云云。

正是这个刘少奇，曾几何时，大言不慚地嚷嚷："我们学到的，就必須做到，我们无产阶级革命家忠誠純洁，不能欺騙自己，欺騙人民，也不能欺騙古人。……”

說得多么动听，做得又何等可耻呵！

还是这个刘少奇，曾几何时，掩盖起內心的恐慌和仇视，象“圣人”似的指教别人“和一切腐化、墮落的現象进行不調和的斗爭，不断地从党內和国家机关中清洗那些已經腐化墮落的分子（不管这种分子是做了多大的官）而保持党和国家机关的純洁”（上述引語均摘自《論共产党員修养》）好吧！道貌岸然的“圣人”那就“請君入瓮”吧！

搬起石头砸自己的脚，这是反动势力的必然下场！

无产阶级的革命导师列宁說得好：“我不敢担保那些把私人的恋爱故事同政治糾纏在一起的妇女会在斗爭中表現出可靠的坚忍不拔的品质，也不敢担保那些失魂落魄地追求任何妇女並让自己给每一个年輕女郎弄得神昏顚倒的男子。”（《回忆列宁》，斯大林、高尔基等著）

正是这样！一貫反对毛泽东思想的罪行是和他肮脏的灵魂有密切联系的。在这场触及灵魂的无产阶级文化大革命中，象刘少奇这样灵魂肮脏混进党內的“高级”大流氓怎么能逃脫得了呢？！我们又怎么能容忍这个大流氓留在党中央？！又怎能不把他们一伙斗垮、斗倒、斗臭？！又怎么能不将无产阶级文化大革命进行到底？！

“金猴奋起千鈞棒，玉宇澄清万里埃。”让刘少奇及其死心塌地追随者们見鬼去吧！

最高指示

领导我们事业的核心力量是中国共产党，

指导我们思想的理論基础是馬克思列宁主义。

——中共十八大以後不提了.

（五）不是結束語：

……。长期以来，特别是建国17年以来，以刘少奇为首的资产阶级司令部给我们党、给我们国家的无产阶级革命事业，给国际共产主义运动带来了难以估量的损失。刘少奇及其一伙给中国人民、世界人民所欠下的賬一定要清算，必須要清算。不彻底清算，不坚决打倒刘少奇反动资产阶级政治路线、經济路线、思想路线、組织路线、文化教育路线，就不能树立毛泽东思想的絶对权威，就不能树立以毛主席为代表的无产阶级革命路线的絶对权威，也就不能解决中国变不变顏色的大問題。

眞正树立起毛泽东思想的絶对权威，让毛泽东思想作为我们一切工作一切行动的最高指南，这还是一件长期的艰巨的任务。也是我们每一个革命的紅卫兵，革命的学生，每一个革命者华生应該也必須为之奋斗的伟大历史使命。同学们，为了完成这个伟大的历史使命，把我们的青春热血生命都毫无保留地貢献出来吧！

今天我们伟大的中华人民共和国，以我们伟大的领袖毛主席为首的中国共产党，我们伟大的中国人民，在批判刘邓反动路线的阶级斗爭中已經变得並且将继續变得比过去任何时候都要強大。

……

最后让充滿信心和决心的我们——毛主席最忠实的紅小兵——再重复一遍：彻底砸烂资产阶级司令部！打倒刘少奇！坚决彻底批判刘邓资产阶级反动路线！誓死保卫毛主席！誓死保卫以毛主席为首的党中央！誓死树立毛泽东思想的絶对权威！……毛主席万岁！万万岁！！

清华井岡山兵团《雄关漫道》大字报

《8·18战斗队》翻印

1967·1·6·

炮轰資产阶級司令部火烧刘少奇

最　高　指　示

革命和反革命陣线都要有一个作主的，都要有一个指揮官。

——《在延安各界庆祝斯大林六十寿辰大会上的讲話》

～～*～*～*～*～*～*～*～*～*～*～*～*～*～*

前　言

当前，无产阶級革命路线和資产阶級反动路线正在进行着一场决战。

这场决战，关系到中国革命的前途和命运！关系到世界的前途和命运！关系到人类的前途和命运！

历史証明，社会上革命的、反动的思潮，正确的、錯误的路线都有其代表人物。国际共产主义运动史上，第一国际的革命路线的代表是世界革命的导师和先驅馬克思、恩格斯；反革命机会主义的的头儿是巴枯宁、普魯东、布朗基、拉薩尔之流。第二国际中，馬克思主义路线的典型代表是当时处于少数的伟大的列宁；而修正主义路线的反动人物的代表則是臭名昭著的伯恩斯坦和考茨基。当代世界革命的伟大旗手是我們伟大的领袖毛主席；而修正主义的代表則是已被抛进历史垃圾堆的赫魯晓夫。

在我国革命历史上，我們伟大的导师、伟大的領袖、伟大的統帅、伟大的舵手毛主席領导着中国共产党和中国人民駕駛着革命的航船經历了世界历史上从来未有过的千难万苦，在大风大浪中經过了无数的暗礁险滩，从一个胜利走向一个胜利。毛主席过去是，现在是，将来也永远是我党无产阶級革命路线的最最杰出的代表。而形形色色的机会主义路线、資产阶級反动路线的代表是陈独秀、王明等等。（如第一次国内革命战爭时期的投降主义思潮和右傾机会主义思潮；第三次左傾机会主义路线等等。）

今天，在无产阶級文化大革命的惊涛駭浪中，向我們伟大的舵手毛主席提出挑战，企图扭轉革命航船正确方向，頑固地推行資产阶級反动路线的代表人物是刘少奇。

事实証明，近年来，在党内一直存在着一个和以毛主席为首的无产阶級司令部唱对台戏的資产阶級司令部，刘少奇就是这个反动司令部的最高司令。

最　高　指　示

阶級斗爭，一些阶級胜利了，一些阶級消灭了。这就是历史，这就是几千年来的文明史。拿这个观点解释历史的就叫做历史的唯物主义，站在这个观点的反面的是历史的唯心主义。

——《丢掉幻想，准备斗爭》

一、清华园内两条路线斗爭所反映的問題

“莫道昆明池水线，观魚胜过富春江”。清华园虽小，但将近五个月以来的运动却始終反映着党内两条路线的斗爭。

斗爭的一方是清华大学广大师生，井崗山紅卫兵、毛泽东思想

紅卫兵等革命紅卫兵組織。在毛泽东思想的光輝照耀下，他們发扬了敢想、敢說、敢闖、敢革命、敢造反的大无畏精神，扫除害人虫，踢开絆脚石，把斗爭的矛头对准了钻进党內的走資本主义道路的当权派蔣南翔黑帮以及推行資产阶級反动路线的王光美——葉林工作組，无所顾忌，猛冲猛打。他們坚决貫徹以毛主席为代表的无产阶級革命路线。

斗爭的另一方是以高教部部长，清华大学党委书記兼校长蔣南翔为首的黑帮，以王光美、葉林为首的工作組及其一手泡制的临时筹委会，还有清华大学紅卫兵总部。

无产阶級文化大革命敲响了蔣黑帮的丧钟。他們采取群众斗群众的形式做了垂死的掙扎，結果被揪了出来。

急匆匆代之而来的是王光美、葉林工作組。他們进校不久就顚倒是非，混淆黑白，执行了一条不折不扣的資产阶級反动路线，对黑帮体貼入微、关怀备至，对革命派則残酷打击，无情斗爭，把成百成百的学生打成反革命，造成了二十多天的白色恐怖。結果这块絆脚石也被用毛泽东思想武装起来的广大革命师生踢开了。

在工作組犯了严重的方向性 錯 误 而撤离以后，由工作組非法指定产生的临时筹委会以及在他們控制下的清华大学紅卫兵总部继承了王光美、葉林的衣鉢仍旧企图把轰轰烈烈的群众运动打下去，他們同样也执行了一条資产阶級反动路线。

工作組的主要負責人王光美、葉林，临时筹委会和清华大学紅卫兵的主要負責人之所以站在群众的对立面，絕对不仅仅是因为他們不信任群众，群众观点差，或者革 命新問題。而是他們和蔣南翔黑帮是一条藤上的瓜，他們在政治上、思想上、組織上乃至感

情上是一脈相承的。这条根，这个脈，就是刘少奇

人們知道，蔣南翔是靠学生运动起家的，他是刘少奇和彭真的老部下。一九六四年以来，教育战线上一直貫穿着一条与毛泽东思想背道而馳的刘少奇——彭真——陆定——蔣南翔黑线。蔣南翔是刘少奇在教育战线上推行修正主义教育路线的得力助手之一。(这方面材料可参考高教部赵秀山等四同志給主席和林彪同志的信)

无产阶級文化大革命的号角吹响了。蔣南翔被揪出是势在必然。六月上旬，蔣南翔的反革命修正主义面目就暴露在光天化日下了。可是王光美在七月份先后与林梅梅（黑帮分子林枫的女儿，我校工物系学生）和化九〇二班同学說蔣南翔的問題性质还沒有定。显然，这就是刘少奇的意思。作为一名普通的中央办公厅工作人員，小小十四級干部王光美只不过起了一个传声筒的作用。

九月十七日，全校开了第一次斗爭蔣南翔大会，但这个会很不成功。在斗爭会上，蔣南翔极不老实，腰板很“硬”，上推下卸，矢口否認自己的滔天罪行，如果蔣南翔的腰板上沒有刘少奇这样的“紅”伞，那是絶对沒有这个胆量的。

蔣南翔在六月上旬就倒台了，但刘少奇的資产阶級反动路线却在清华园內变本加厉地推行着。下面排一張时間表，供同志們找出线索。

六月二日以后，刘少奇的女儿，自控系学生刘涛多次回家，并抛出了几份內容无足輕重的大字报，为她以革命左派的身分进入临时筹委会——夺权——作了輿論准备。

六月九日，刘少奇的老部下葉林挂帅率領工作組来到清华大学。

六月二十一日，刘少奇的夫人，奉刘少奇的旨意来清华坐鎮，

做了清华大学工作組的顾問和“太上的組长”，上通下达，发号施令，伙同葉林血腥鎮压了清华的无产阶級文化大革命。著名的“反蒯斗争”就是她一手炮制和策划的。

七月十八日，王光美取得天机，一看形势不妙，急忙下令，“反蒯”急刹車，立即轉入“斗黑帮”，所有“反蒯”时期的大字报要全部貼掉，不露痕迹。

七月二十一日，刘少奇御駕亲征，到清华园深夜冒雨“视察”。

七月二十九日，正当与工作組的辯論方兴未艾时，在一个多月时間里完全隐名匿姓从不露面的王光美突兀而出，先在职工食堂，后在礼堂，口口声声說，她是刘少奇派来的，并說工作組有成績，也有缺点，又神乎其神的說：“我有我的看法但現在不說。”給工作組定調子，給群众划了框框，再度变相鎮压群众。

同一天，刘少奇在人民大会堂作报告时，大讲清华的李世权事件和薛恐的例子，这証明刘少奇对王光美所領导的清华的工作是了如指掌的。

七月三十日之后，王光美裝模作样地参加了几次食堂服务，頓时获得了当时还不明眞相的一部分群众的歌功頌德声。这类大字报盖上了許多批判工作組的大字报，有一張肉麻吹捧的大字报还貼到了繁华的王府井大街上，給站在資产阶級反动立场上的王光美葉林工作組造就了一片“美妙”的离奇的輿論，几乎扑灭了革命造反的火种——关于工作組的大辯論。

工作組撤走后，以刘涛等人为首的非法組成的临时筹委会和在这以后成立的清华大学紅卫兵总部继續执行了沒有工作組的工作組路线，在反动的資产阶級軌道上前进。和譚力夫同出一轍，以新的形式，諸如“大讲阶級路线”等作幌子継續挑动群众斗群众，压制革命造反精神，践踏十六条，使清华大学的运动又一次濒临危机。这中間，“八·一九”、“八·二四”事件使这条反动路线达到了高潮。必須再一次強調的是，刘少奇的女儿刘涛是当时学校的掌权者。

从上面一条线，我們不难看到，自无产阶級文化大革命以来，刘少奇步步为营，节节顽抗，妄图“吃透兩头”。一方面，他通过他的嫡系，把黑手伸向了在高校运动中占有相当重要一席地位的清华大学，揮舞指揮棒，运动群众，把矛头直指向革命群众，制造思想混乱，将运动引入歧途；另一方面，他在中央內为反党反社会主义分子，他的馬前卒蔣南翔撑腰，和毛主席分庭抗礼。

这样，在前一段时間，清华园內的一个疑难問題也就迎刃而解了：为什么七月二十九日毛主席派周总理来过問清华大学的文化大革命？很明显，刘少奇把清华的运动引入了歧途。

东方紅、太阳升。毛主席驅散了迷雾，拨正了无产阶級文化大革命的航向，他老人家发現了刘少奇要的阴謀，所以派周总理来到清华园，从清华这个典型来了解刘少奇的活动。

我們認为，这场表現在清华大学的严重的阶級斗爭，决不只是学校內部的問題，而是以毛主席为代表的无产阶級革命路线和以刘少奇为首的資产阶級反动路线的一场殊死斗爭。

最　高　指　示

无产阶級要按照自己的世界观改造世界，資产阶級也要按照自己的世界观改造世界。在这方面，社会主义和資本主义之間誰胜誰負的問題还沒有眞正解决。

——《关于正确处理人民內部矛盾的問題》

二、原北方局的严重問題

用毛泽东思想武装起来的广大革命群众，在这场史无前例的文化大革命中，砸烂了“三家村”，搗毀了“四家店”，揪出了以前北京市委修正主义集团为主体的黑帮集团。在毛主席亲自領导下，轰轰烈烈的群众运动在全国范围內蓬蓬勃勃地开展了起来，其势如排山倒海，銳不可当。

在首都，在全国文教系統、西北、西南地区的斗爭，相对于其他地方和系統来說，尤其尖銳，尤其曲折。

这到底是为什么呢？

无独有偶的是，这些地方、这些单位的某些主要負責人都是原中共中央北方局的人員，或者是与之有密切联系的，如彭眞、林枫、蔣南翔、陆平、李昌、楊述、許立群、胡耀邦、周扬、李井泉、刘瀾濤、任白戈等一批三、四类干部。而原北方局的領导人就是刘少奇！

我們不避形而上学、简单化之嫌，要打破砂鍋問到底，如此无情的事实究竟說明了什么？

彭眞集团是我党历史上一个最阴险狡猾、最隐蔽危险的反党集团。这个集团头子彭眞从来就是刘少奇最亲密的“战友”和最得力的大将，特别是近年来，彭眞飞黄腾达，成了“风云人物”，除了刘少奇以外，还有誰能不遺力地提拔他？可以說，刘少奇和这个反党集团有不可分割的联系，是这个集团的后台老板。

长期以来，特别是从1962年以来，这个集团一直为他們的阴謀复辟作輿論准备，他們利用他們旣得的地位以及所控制的宣传机器，一方面竭力反对和貶低毛泽东思想，揮舞“形而上学”、“简单化”等大棒，抵制群众性活学活用毛泽东思想，一听到毛泽东思想就反感、就罵街、就暴跳如雷。“三家村”黑店便是这个集团的头号打手。另一方面，他們又肆无忌憚地另立牌号、自成系統、别有用心地抬高原北方局的地位。各自为陣，抬高刘少奇和彭眞的地位，与毛主席为首的党中央分庭抗礼。这在1965年首都紀念“一二·九”运动三十周年的大会上达到了頂峰，黑帮分子蔣南翔赤膊上陣，在这个会上大肆吹捧原北方局刘少奇和彭眞的“正确領导”，而对我們伟大領袖毛主席只是迫不得已的走过场式地提了一提。

必須指出，恰恰是一个月前，1965年11月10日姚文元同志的《評新編历史剧〈海瑞罢官〉》一文巳經发表，无产阶級文化大革命的前哨战巳經打开。紀念“一二·九”运动三十周年的大会上云集了以彭眞为首的大批原北方局的黑线人物。他們拚命給自己涂脂抹粉，評功摆好，目的就是扩大影响，为自己捞取資本，抗拒无产阶級文化大革命。

《解放軍报》社論指出：“对毛泽东思想采取什么态度，是承認还是抵制，是拥护还是反对，是热爱还是仇视，这是眞革命和假革命，革命和反革命，馬克思列宁主义和修正主义的分水岭和試金石”。钻进党內的走資本主义道路的当权派、資产阶級“权威”老爷們和一切牛鬼蛇神最大的政治特点就是貶低、歪曲、抵制、攻击反对、害怕毛泽东思想。我們知道，刘少奇在解放后的十七年中，一貫自立牌号、另搞一套，而不是象林彪同志那样，高举毛泽东思想伟大紅旗，提出用毛泽东思想作为全国七亿人民的統一思想。特別是近四年来，刘少奇在修正主义的泥坑里愈陷愈深，愈来愈明目張胆地和毛主席相对抗，以至在7月29日（今年）讲話中放肆地把自己和我們最敬爱的伟大領袖相提並論，並借用反革命分子李世权的話指名攻击毛主席。北方局的黑线人物除了这个根本特点外，还有一个特点，那就是利用他們既得条件吹捧刘少奇，並秉承刘少奇的旨意行事。这方面，在那个紀念“一二·九”三十周年的大会上发展到了頂峰。

最　高　指　示

在拿枪的敌人被消灭以后，不拿枪的敌人依然存在，他們必然地要和我們作拚死的斗争，我們决不可以輕視这些敌人。如果我們現在不是这样地提出問題和認識問題，我們就要犯极大的錯误。

——《在中国共产党第七屆中央委員会第二次全体会議上的报告》

列　宁　語　录

“从資本主义过渡到共产主义是一整个历史时代。只要这个时代沒有結束，剝削者就必然存在着复辟希望，並把这种希望变为复辟行动”。

“消灭阶級要經过长期的、艰难的、頑強的阶級斗爭。在推翻資产阶級政权以后，在破坏資产阶級国家以后，在建立无产阶級专政以后，阶級斗爭並不是消失（如旧社会主义和旧社会民主党中的庸人所想象的那样），而只是改变它的形式，在許多方面变得更加残酷”。

（三）回顾十年來的历史

中国共产党的历史，是一部以毛主席为代表的革命路线同形形色色的“左”、右傾机会主义路线的斗爭史，是一个最集中最典型的阶級斗爭史。这是国內激烈的阶級斗爭在党內不可避免的反映。

两条路线的斗爭，近十年來，是特別值得人們深思的。

1956年，在国际共产主义运动史上留下了沉痛的一頁。这一年，苏联共产党召开了第二十次代表大会，苏联领导开始全面地系統地走上修正主义道路。

由于苏共二十大的召开，給国际共运带来了极其严重的恶果。当时，帝国主义和各国反动派气焰高涨，在全世界掀起了反共、反人民的高潮。美帝国主义把赫魯晓夫大反斯大林看作是“空前未有的合乎我們目的”的举动。乘机鼓吹促进苏联及社会主义国家的“和平演变”。鉄托集团也不甘美帝国主义之后，他們打着“反斯大林主义”的反动口号，疯狂地攻击无产阶級专政和社会主义制度。当时正处于絶境的共产主义敌人托洛斯基分子也大肆活动，大放厥詞。

苏共二十大的严重错误在国际共运内部也引起了的思想混乱，修正主义思潮大为泛滥起来。許多国家的共产党內部的叛徒跟着帝国主义、反动派和鉄托集团，向馬列主义大举进攻，向国际共运大举进攻。在世界历史上应当永远引以为鉴的匈牙利反革命暴乱事件和苏波关系事件是这期間发生的最突出的事件。

国际上极其尖銳的阶級斗爭必然反映到我党我国来。

同年九月，中国共产党召开了第八次全国代表大会。刘少奇向大会作了报告。在这个报告中，刘少奇大力鼓吹阶級熄灭論，肯定了社会主义已經战胜了資本主义，直接违背了毛主席关于社会主义时期阶級、阶級斗爭的学說。刘少奇說什么："……我国社会主义和資本主义誰战胜誰的問題，現在已經解决了。"就在差不多同一时期，毛主席发表了光輝的著作《关于正确处理人民內部矛盾的問題》。在这篇文章中，主席指出："在我国，虽然社会主义改造，在所有制方面說来，已經基本完成，革命时期的大规模的急风暴雨式的群众阶級斗爭已經基本結束，但是，被推翻的地主买办阶級的残余还是存在，資产阶級还是存在，小資产阶級刚刚在改造。阶級斗爭並沒有結束。无产阶級和資产阶級之間的阶級斗爭，各派政治力量之間的阶級斗爭，无产阶級和資产阶級之間在意識形态方面的阶級斗爭，还是长时期的，曲折的，有时甚至是很激烈的。无产阶級要按照自己的世界观改造世界，資产阶級也要按照自己的世界观改造世界。在这方面，社会主义和資本主义之間誰胜誰負的問題还没有眞正解决。"而刘少奇却在他的政治报告中，口口声声地強調："外国帝国主义的工具——官僚买办阶級，已經在中国大陆上消灭了，封建地主阶級除个别地区外，也已經消灭了，富农阶級也正在消灭中。原来剝削农民的地主和富农正在改造成为自食其力的新人。民族資产阶級分子正处在由剝削者变为劳动者的轉变过程中。”

“广大的农民和其他个体劳动者已經变为社会主义集体劳动者。

工人阶級已經成为国家的領导阶級。它的队伍扩大了，它的覺悟程度和文化技术水平大大提高了。

知識界已經改变了原来的面貌，組成了一支为社会主义服务的队伍。

国内各民族已經組成为一个团結友好的民族大家庭。”

………

閉口不談阶級斗爭，无产阶級革命和无产阶級专政。

刘少奇还非常热心于向資本家学习，（刘少奇的夫人王光美就是大資本家出身）在报告中，刘少奇說什么：“資方人員很多是富有管理經验和技术知識的，他們了解消費者的具体需要，熟悉市场情况，善于精打細算。因此，我們的工作人員除开向他們进行教育以外，还必須認眞地向他們学习，把他們的有益經验和知識当作一份社会遺产继承下来。”

现实无情地粉碎了刘少奇一派歌舞昇平的臆想。刘少奇的报告音犹震耳，資产阶級右派就向党向社会主义发动了猖狂进攻，企图明目張胆地篡夺我們国家的領导权，顚复无产阶級专政，企图实现他們的所谓“輪流坐庄”，建立反革命专政的阴謀。应該說，章——罗联盟受到了刘少奇的右傾思潮的鼓励，配合美帝国主义、現代修正主义和各国反动派甚囂尘上的反华大合唱。

苏共二十大的許多修正主义观点，适应了刘少奇的需要。刘少奇就在这个报告中大力肯定了苏共二十大是“具有世界意义的重大政治事件。它不仅制訂了规模宏伟的第六个五年計划，决定了进一步建設社会主义事业的許多重大政策、方針，批判了在党内的曾經造成严重后果的个人崇拜現象，而且提出了进一步促进和平共处和国际合作的主張，对于世界緊張局势和緩作出了显著的貢献。”

与苏共領导一样，刘少奇認为在世界人民的死敌美帝主义統治集团内部也有“明智派”，他說什么：“就是在美国統治集团内部，也有一些头脑比較清醒的人逐漸認識到战爭政策未必对美国有利。”

在国外修正主义思潮的进攻下，党章的灵魂和核心被修改掉了。这是一个明显的轉折点。

在“八大”党章的总綱中，关于党的領导思想被修改成：“中国共产党以馬列主义作为自己行动的指南。”把“毛泽东思想作为我們党一切工作的指針”給刪掉了。

从那时候起，刘少奇就几乎再也不提毛泽东思想，不提学习毛主席著作了，不呼“毛泽东思想万岁”，甚至几乎不喊“毛主席万岁”等口号了。

与苏共領导一样，刘少奇也开始全面地、系統地走上了修正主义道路。

1959——1962年經济困难时期，帝国主义、現代修正主义、各国反动派掀起了囂張一时的反华大合唱，1961年8月召开的苏共二十二大上，赫魯晓夫把他們从苏共二十大开始逐步完全起来的修正主义路线形成完整体系，进一步推行分裂国际共运和复辟資本主义的修正主义政治路线。在美帝国主义策动下，蔣介石集团蠢蠢欲动，疯狂叫囂“反攻大陆”。

国内，企图复辟的反动阶級和其在党内的代表人物，利用我們連續几年遭受的严重的自然災害，掀起了一陣又一陣的黑浪，刮起了一股又一股的妖风，在政治、經济、文化各个領域中，有計划、有組織、有步驟地向以毛主席为首的党中央发动了全面的进攻。

在意識形态領域中“三家村”集团是这股逆流的急先鋒。他們从《海瑞罢官》破門而出到61年7月（适值中国共产党成立四十周年）已經咬牙切齿地“要用一根特制的棍棒”把我們党打成“休克”了。

“今日欢呼孙大圣，只緣妖雾又重来”。我們伟大領袖在当时发表的詩里一針見血地指出了当时阶級斗爭的現实。

国内这股逆流的总指揮，我国現代修正主义的祖师爷刘少奇，以为舆論业已就緒，时机已經成熟，于是在1962年初他主持的中央扩大工作会議上，即五級干部会議（中央局、省、市、地、县）上，向毛主席为首的党中央发动总攻击，全国性的反革命复辟下了总动員令。

在这次会議上，刘少奇以总結为名，大肆攻击三面紅旗，想把三面紅旗当成历史教訓来总結，說什么我們現在来总結前几年的工作，恐怕总結不完，我們后代还要进行总結（大意）云云。眞是何其毒也。

刘少奇在这次会上还别有用心地提出了所谓“甄别”問題，明目張胆地为右傾机会主义者翻案，並把矛头直接指向毛主席，提出“反对毛主席，只是反对个人”，“和彭德怀有相同观点的，只要不里通外国的就可以翻案”，“在党的会議上讲的就不定罪”等黑标准，並說：“只要本人提出申訴，領导和其他同志認为有必要，就可以翻案”的黑指示。

在这次会議上，有些地区竟然发下攻击毛主席的亲密战友林彪同志和东北某工厂提出的今后不要搞政治运动，只要搞生产和学习运动等反动文件与会者討論。

就在这以后，全面范围内"翻案风""单干风"陣陣刮起，地富反坏右牛鬼蛇神紛紛出籠，而一些坚决捍卫毛泽东思想、坚持原則、抵制这股黑风黑雨的革命同志則遭到迫害和打击。一时，天空烏云乱滚。三家村的黑掌柜邓拓掩飾不住内心的話，赤裸裸地說："大地很快就要解冻了"。

在这种形势下，1962年8月份，刘少奇的《論共产党員的修养》在紅旗杂志上重新刊登，9月份再版了刘少奇的这本杰作。（要知道，在那时《毛泽东选集》是很难买到的）刘少奇的这一步驟的目的是，第一，处心积虑地抬高自己的身价，同时配合了他们的防空洞里刮出来的阴风，什么"三天不学习，赶不上刘少奇"等反动謠言，千方百計地为刘少奇篡党篡政制造輿論基础。第二，制造反革命复辟的理論根据，对坚决捍卫毛泽东思想，並且和"翻案风"作坚决斗爭的革命同志軟硬兼施。一方面，刘少奇拚命誣蔑这些同志是"党内的'左'傾机会主义"，"似乎疯癫人"，是在无中生有地"'搜索'斗爭对象"。（见《論共产党員的修养　》1962年9月版）另一方面，又要这些受迫害和打击的革命同志要有"修养"，要經得起"批評"、"打击"，受得住"委屈"、"寃枉"（73頁），叫他們銘記两句腐朽的封建諺語："誰人背后无人說，那个人前不說人？""任从风浪起，穩坐釣魚船"，而"不要介入无原則的斗爭"（5），即不要卷入反击右傾机会主义想翻案的斗爭。

就在这阶級斗爭极其剧烈的时候，1962年9月24日——27日毛主席亲自主持了八届十中全会，毛主席在这次会議上向党和全国人民发出了“千万不要忘記阶級斗爭”的伟大号召。这次具有伟大历史意义的会議高举毛泽东思想伟大紅旗，响亮地吹起了向企图复辟的资本主义势力和封建势力进行坚决斗爭的战斗号角，並指出：“这种阶級斗爭，不可避免地要反映到党内来”。“凡是要推翻一个政权，总要先造成輿論，总要先做意識形态方面的工作。革命的阶級是这样，反革命的阶級也是这样。

一九六三年，轰轰烈烈的城乡社会主义教育运动开始了。无产阶級向企图复辟资本主义的反动势力及其在党内的代表人物全面宣战，阶級敌人不甘心自己的失败命运，他們千方百計地抵制和破坏四清运动，企图把这场史无前例的社会主义教育运动扼杀在摇籃里，刘少奇站在资产阶級产阶級立场上，充当了这些阶級敌人的大紅伞。

一九六三年五月二十日，中央颁布了《中共中央关于目前农村中若干問題的决定》草案，正确指出农村四清运动的方向。刘少奇怕四清运动摧毁了资本主义复辟的社会基础，就急急忙忙派出王光美到“桃园”“蹲点”，大搞“扎根串连”，“人海战术”，看上去轰轰烈烈，实际上不信任群众，不发动群众，靠工作組包办代替。看上去很“左”实际上大整群众，形“左”实右。王光美蹲点回来，作了洋洋数万言的总結，到处吹嘘，刘少奇根据这个总結制定了后十条来与毛主席的前十条对抗，妄图扭转四清运动的方向，把四清运动納入他們所預想的——修正主义軌道。他們对抗毛主席和党中央关于城乡社会主义教育运动的方針，反对放手发动群众运动揭开阶級斗爭的盖子，保护城乡基层那些走资本主义道路的当权派，保护地、富、反、坏、右。当城乡社会主义教育运动深入发展的时候，他們迫不及待地要“刹車”，並且要大搞翻案活动，为地、富反、坏、右撑腰，打击貧、下中农和革命的积极分子，进行有組織有計划的反攻倒算。就在刘少奇及其一伙的庇护下，牛鬼蛇神依旧嚣張地进行复辟活动。根据无产阶級专政的历史經验，毛主席在65年5月9日天才地指出：“阶级斗争、生产斗争和科学实验，是建設社会主义强大国家的三项伟大革命运动，是使共产党人免除官僚主义，避免修正主义和教条主义，永远立于不败之地的确实保証，是使无产阶级能夠和广大劳动群众联合起来，实行民主专政的可靠保证。不然的话，让地、富、反、坏、牛鬼蛇神一起跑了出来，而我们的干部则不聞不問，有許多人甚至敌我不分，互相勾結，被敌人腐蝕侵袭，分化瓦解，拉出去，打进来，許多工人、农民和知識分子也被敌人軟硬兼施，照此办理，那就不要很多时間，少則几年十几年，多則几十年，就不可避免地要出现全国性的反革命复辟，馬列主义的党就一定会变成修正主义的党，变成法西斯党，整个中国就要改变顏色了。”

直到一九六四年一月，二十三条公布以后，一些地方的领导还自搞一套，不按二十三条办事，明目張胆地对抗以毛主席为首的党中央。

两条路线的斗爭，在四清运动中同样在尖鋭地进行着。

无产阶级文化大革命是城乡社会主义教育运动的继續和发展，是我国社会主义革命的一个更深入更广闊的新阶段。我们伟大的領袖亲自点燃了这场无产阶级文化大革命的熊熊烈火。以刘少奇为首的一小撮人，在革命风暴面前吓得发抖，不知所措，而当他们惊魂稍定的时候，就迫不及待地要把运动推向后轉，刘少奇乘毛主席不在北京赶紧派了工作組，实行资产阶级专政，围剿革命派，压制革命派，造成了全国性的白色恐怖。眼看无产阶级文化大革命的烈火就要被扑灭，就在这关鍵时刻，我们最最敬爱的領袖毛主席发現並解决了这个问題。工作組撤走了，广大受压制的革命师生解放了，八月八日中共中央公布了十六条，十六条是无产阶级文化大革命的綱領性文件，是以毛主席为代表的无产阶级革命路线戰胜资产阶級反动路线的产物。十六条的公布为无产阶级文化大革命指出了正确方向。但是，正如毛主席指出的那样"凡是反动的东西，你不打他就不倒"。反动阶级总是不甘心自行退出历史舞台的，资产阶级反动路线还在全国相当广泛的范圍內改头換面地推行着。对资产阶級反动路线，必须彻底批判。只有彻底批判它，肅清它的影响，才能貫徹执行无产阶级的十六条，才能在正确路线指导下进行社会上的、学校的以及其他文化部門的斗批改，才能明确斗什么，批什么，改什么，才能明确依靠誰来斗，誰来批，誰来改，才能胜利完成一斗二批三改的任务。要真正批判资产阶级反动路线，就必須清算刘少奇的錯误影响。

十年来活生生的事实說明，两条路线的斗爭始終沒有停止过。

最 高 指 示

在阶级社会中，每一个人都在一定的阶级地位中生活，各种思想无不打上阶级的烙印。

——《实践論》

党內不同思想的对立和斗爭是經常发生的，这是社会的阶级矛盾和新旧事物的矛盾在党內的反映。党內如果沒有矛盾和解决矛盾的思想斗爭，党的生命也就停止了。

——《矛盾論》

四、两条路线斗爭的历史和社会根源

最后，有些好心肠的同志一定还会提出这样一个问题："刘少奇已是具有这样高的声望，这样老的资格的老革命了，他在无产阶级文化大革命中犯了錯误，但是老革命遇到新问题。說他是現代修正主义的祖师爷，是资产阶级司令部的最高司令，我总有点想不通。"

我们說：同志，你把阶级斗爭这条綱给忘了！！！

自从劳动創造了世界以来，从原始社会开始，人类經历了奴隶社会封建社会资本主义社会，有了几千年的历史。几千年来一切剝削阶级的旧思想、旧文化、旧风俗、旧习惯一直在腐蚀、毒害和毒害着广大人民群众，在人们的思想上打上了很深的阶级烙印。一八四八年，无产阶级的革命导师和先驅馬克思、恩格斯发表了划时代的光辉著作《共产党宣言》为无产阶级夺取政权开始了輿論准备。但是，无产阶级眞正掌握政权还不到半个世紀，在我国則仅仅有短短的十七年时間

在无产阶级作为統治阶级的社会主义社会中，剝削阶级的經济基础是被推翻，但其上层建筑未被我们彻底消灭。毛主席教导我们：

"我们承認总的历史发展中是物质的东西决定精神的东西，是社会的存在决定社会的意識；但是同时又承認而且必須承認精神的东西的反作用，社会意識对于社会存在的反作用，上层建筑对于經济基础的反作用。"一方面，由无产阶级特定地位所决定的彻底革命的世界观不断地促进历史的車輪滚滚向前，另一方面，从漫长的旧社会过来的剝削阶级的意識形态不断地对社会主义社会起着与前者截然相反的作用妄图把社会主义社会拉回到资本主义社会去。

这就是两条路线斗爭的历史根源。

国际资本主义的包围，帝国主义武装干涉的威胁以及和平瓦解的

的其活动，是社会主义国家里阶级斗争继续存在的外部根源。国内被推翻的反动阶级不甘心于灭亡，千方百計地在党内寻找他们的代理人，时刻企图复辟，这是内部的社会根源。

因此，毛主席他老人家总是諄諄告誡我们，要念念不忘阶级斗争，念念不忘无产阶级专政。

社会主义革命是人类历史上最伟大、也是最艰苦卓絶的革命。

早在民主革命时期，刘少奇就不是一个无产阶级革命家，他的世界观就没有得到彻底的改造。一九三九年七月，刘少奇在延安馬列主义学院以《論共产党員的修养》为名作了一篇演說，这篇演讲集中而典型地反映了刘少奇不是以对立統一規律去观察分析社會及党內的矛盾，是能夠从事物的发展的、联系的状态去看待事物的；另外一部分人，却习慣于从事物的靜止的、孤立的状态去看事物。前一部分人能夠全面地客观地認識事物，从而得出正确的結論，作为我们行动的正确向导。后一部分人中有些人只看見或夸大事物的这一方面，另外有些人就只看見或夸大事物的那一方面，就是說，他们都不是按照客观事物的发展和联系的规律，全面地客观地去看问题，而是片面地主观地看问题。所以他们不能得出正确的結論，不能提出指导我们行动的正确方向。”

“因为各种党員看問題的方法不同，就使他們处理問題的方法也各不相同，就引起党內許多不同意見、不同主張的分歧和爭論，就引起党內的斗爭。特別是在革命的轉变关头，在每一次革命斗爭加剧和困难增多的情况下，在剝削阶級和剝削阶級思想的影响下，这种分歧和爭論也就必然更加激烈起来。”（62—63頁）

这样，刘少奇就把党內斗爭仅仅归納为是“看問題的方法不同”直接违背了主席所說的：党內不同思想的对立和斗爭是社会的阶級矛盾和新旧事物的矛盾在党內的反映。

而这篇著作是在一九六二年的特定历史时期重新发表，更成了反革命修正主义的理論基础，因为它直接否定了毛主席关于社会主义时期阶級、阶級矛盾和阶級斗爭学說，抹杀了当时的右傾机会主义者的阶級屬性。帝国主义竭力想使共产党蛻化变質为修正主义政党；国內反动阶級千方百計地在党內寻找自己的代理人。刘少奇却否定了因此引起的党內矛盾的可能性和現实性。六二年的阶級斗爭如此尖銳复杂，刘少奇却下意識地把社会主义革命說得如此简单，反对彻底革命的方法，而不断地扫清党內的反革命修正主义分子，而代之以改良主义的方法，要大伙儿具有抽象的“应有的鍛煉和修养”，使党內“意見統一”，“消除爭論”，从而保护走資本主义道路的当权派。在国际上，这种理論迎合了苏修的“和平共处”“和平过渡”的修正主义观点。

解放后，刘少奇逐步地离开了毛泽东思想。从他离开了战无不胜的毛泽东思想那一天起，他也就离开了中国革命唯一正确的道路，滑到了修正主义的泥坑。

一九五六年，国际修正主义气候立竿見影地在刘少奇身上得到了反映。

列宁曾在《国家与革命》一书中針对考茨基說过这样一段話："当伟大的革命家在世时，压迫阶級总是不断地迫害他說，以最恶毒的敌意、最疯狂的仇恨，最放肆的誹謗对待他們的学說"。

一九六二年的刘少奇已經深深地陷入修正主义的泥坑，同当年的考茨基一样，在六二年的特定历史时刻，刘少奇借口反对教条主义，大反毛泽东思想，借口反对"中国的馬克思、列宁"，放肆攻击毛主席。他以赫魯晓夫式的口吻咒駡道："在过去某一时期內，某些教条主义的代表人，就比上述的情形更坏。这种人根本不懂得馬克思列宁主义，而只是胡謅一些馬克思列宁主义的术語，自以为是'中国的馬克思、列宁'，裝作馬克思、列宁的姿态在党內出現，並且毫不知恥地要求我們的党員象尊重馬克思、列宁那样去尊重他，拥护他为'領袖'，报答他以忠心和热情。他也可以不待別人推举，径自封为'領袖'，自己爬到負責的位置上，家长式地在党內发号施令，企图教訓我們党，責駡党內的一切，任意打击、处罰和摆布我們的党員。这种人不是眞心学习馬克思列宁主义，不是眞心为共产主义的实現而斗爭，而是党內的投机分子，共产主义运动中的蠹贼！"（《論共产党員的修养》頁12）

但是，历史是无情的，"小小寰球，有几个蒼蝇碰壁。嗡嗡叫，几声凄厉，几声抽泣"。一切反对毛泽东思想的人終将被无产阶級革命的鉄拳打得头破血流！

我們最最敬爱的伟大領袖毛主席——当代的列宁，在过去主宰了中国革命的沉浮，現在和将来也将永远主宰世界革命的沉浮。

“四海翻騰云水怒，五州震蕩风雷激。要扫除一切害人虫，全无敌”。毛主席永远是世界革命人民心中最紅最紅的紅太阳。

結　束　語

从八大到現在过去十年，在这短短的历史时期內，刘少奇給我国革命事业造成的損失是夠大的了，夠严重的了。

是时候了，是批判和清算刘少奇修正主义的时候了！

在这里我們奉劝刘少奇，过去的考茨基、赫魯晓夫、陈独秀、張国燾統統被丢进了历史的垃圾堆，你难道要步他們的后尘嗎！？我們的确不希望你走这条絶路。

悬崖勒馬，为时不晚。刘少奇，希望你拋棄反动的資产阶級立场，回到正确的无产阶級立场上来。否則，历史是无情的！！

誓死保卫毛主席！

誓死保卫毛主席为首的党中央！

彻底打倒資产阶級反动路线！

誓死保卫以毛主席为代表的无产阶級革命路线！

誓死保卫《十六条》！

誰反对毛主席我們就打倒誰！

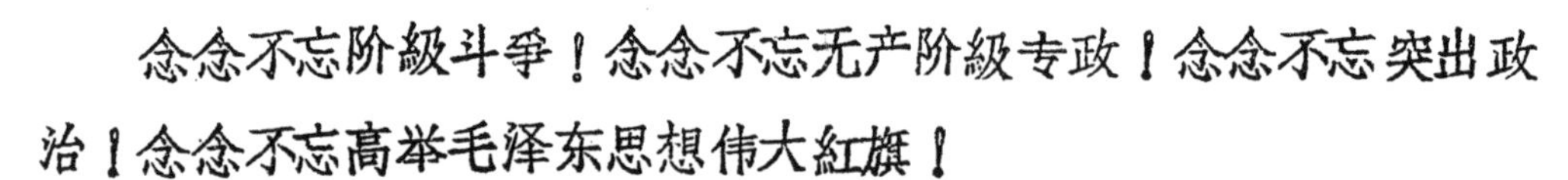

念念不忘阶級斗爭！念念不忘无产阶級专政！念念不忘突出政治！念念不忘高举毛泽东思想伟大紅旗！

无产阶級文化大革命万岁！

伟大、光荣、正确的中国共产党万岁！

我們伟大的导师、伟大的领袖、伟大的統帅、伟大的舵手毛主席万岁！万岁！万万岁！！！

初稿　清华大学　井岡山紅卫兵《雄关漫道》1966年11。2

再稿　清华大学　井岡山紅卫兵宣传队 1966年11月17日

你们要关心国家大
事，要把无产阶级文化
大革命进行到底！
毛泽东
红卫兵
无产阶级文化大革命胜利万岁
毛主席万岁
武汉钢工总美术兵团木刻画

炮打党內走資本主义道路的最大当权派刘少奇

最 高 指 示

“凡是反动的东西，你不打，他就不倒。这也和扫地一样，扫帚不到，灰尘照例不会自己跑掉”。

“凡是错误的思想，凡是毒草，凡是牛鬼蛇神，都应該进行批判、决不能让它們自由泛滥”。

* * *

刘少奇是党內最大的走資本主义道路的当权派，是反革命修正主义分子的祖师爷，是长期以来埋在毛主席身边的定时炸弹。多少年来他一直頑固地站在地主、資产阶級立场，用地主、資本家的那套反动思想妄想改变我們国家的顏色，千方百計地为地主、資本家服务，当他們的后台，梦想搞資本主义复辟。他在占据党中央领导职位的时候，想利用职权，背着毛主席和中央，招集坏人，組织私党，搞他的独立王国。他一貫反对我們最最敬爱的伟大领袖毛主席，攻击毛泽东思想。

刘少奇的路线完全是一条彻头彻尾，彻里彻外的資产阶級反动路线，是我們国家資本主义复辟活动的总根子。我們广大貧下中农和一切革命同志一道，为了誓死保卫毛主席，保卫毛泽东思想，保卫我們的社会主义江山，就必須彻底干淨地挖掉刘少奇这个大禍根。

我們最最敬爱的伟大領袖毛主席，他老人家亲自发动和領导了这次伟大的无产阶級文化大革命。在伟大的无产阶級文化大革命斗爭中，刘少奇的反动尾巴藏不住了。他的反动面目暴露出来了，更加彻底地暴露出来了，刘少奇过去在我們宁乡地区的反动路线的流毒，根[illegible]蒂固的巨大坏影响，正在开始大揭发的时候，刘少奇在我們宁乡地区犯下的滔天罪行就更加暴露出来了。这是大快人心的大好事！这个胜利是毛泽东思想的伟大胜利，是无产阶級文化大革命运动的伟大胜利，也是我們宁乡貧下中农和一切革命派的胜利。

可是，我們的斗爭胜利还只是开始。在我們宁乡地区还需要进一步把广大群众都发动起来，掌握这个斗爭的最大的大方向，把刘少奇在我們宁乡地区犯的罪恶进行更彻底地揭发，彻底地批判，彻底地清算，才能得到斗爭的最大胜利。毛主席教导我們說："凡是反动的东西，你不打，他就不倒。"我們貧下中农最听毛主席的話，我們要牢記毛主席的教导，用毛主席的思想武装我們的头脑，活学活用毛主席著作，大家共同向反革命修正主义头子——刘少奇开炮，坚决把他斗倒、斗垮、斗臭！坚决把刘少奇在全国各地和湖南宁乡貫穿何[illegible]張平化、郭建貴所执行的資产阶級反动路线的流毒，彻底剷除乾淨。

在下面我就根据已經揭发的刘少奇的报告及讲話材料，以我看出来的問題进行揭发批判：

一、刘少奇反对毛主席、反对毛泽东思想的罪行

毛主席是我們最最敬爱的領袖，是我們貧下中农心里最紅最紅

的紅太阳，毛泽东思想是我們的指路明灯，是我們的命根子。誰要反对毛主席，反对毛泽东思想，我們貧下中农和一切紅色造反者就要和他拚命，就要砸烂他的狗头。

打倒刘少奇！

誓死保卫毛主席！

誓死保卫毛泽东思想！

1961年元月，刘少奇曾說过：反对毛主席只是反对个人，他就鼓励阶級敌人公开攻击毛主席。这次文化大革命运动中，在清华大学有个反动分子写了一条反动标語："拥护党中央，反对毛主席"。他就說要保护那个写反动标語的反动分子的自由，說要让他多活动，多写几条反动标語，多发表一些反动言论来攻击我們最敬爱的毛主席。刘少奇支持反动活动反对毛主席。他就是这样一貫地要反对毛主席，公开叫喊可以反对毛主席，鼓励和支持敌人去反对毛主席。刘少奇就是反毛主席，反毛泽东思想的大头子

过去他曾指桑駡槐的駡毛主席，說："世界上沒有十全十美的領导者，今古中外都沒有，如有，那就是裝腔作势，猪鼻子里插葱裝象"。就是指着駡毛主席是裝腔作势，裝象，是自封的优秀領袖，最伟大的馬克思主义者，並否認毛主席是我們的最高統帅。

相反，他却到处吹捧抬高自己，說："外国出了个馬克思，中国为什么不能出个刘克思"？自封自己是中国的馬克思，要搶毛主席的地位，降低毛主席的威信，否認毛主席是当代最伟大的馬克思主义者。

批判彭德怀时，他还說："要你篡党，还不如我篡党"，妄图篡党篡軍篡政，搞垮毛主席。这証明刘少奇的野心多大！我們一定要打倒

这个大野心家刘少奇！

刘少奇是个反对毛泽东思想的大头子，是一个大反革命修正主义分子。在八大修改党章时他就伙同邓小平，把以“毛泽东思想作为自己一切工作的指针”砍掉了。共产党員同志們，革命的同志們，你們只要翻开党章一看，就可以看到刘、邓反毛泽东思想是多么厉害！

他过去公开說：“馬克思列宁主义、毛泽东思想，到底是‘是’，还是‘非’，要研究一番才知道，沒有学习，沒有研究，就沒有发言权。”他就是要煽动别人去怀疑毛主席思想。

当着在林彪同志号召活学活用毛泽东思想的时候，他就說：“現在学习《毛选》出現了一种形式主义，这样搞下去会弄虛作假。”說：“学习主席著作，……千万不要宣传”。“不能把毛泽东的著作和讲話当成教条”。“党員課本要通俗一点，不要摘引毛主席的話就当課本上的話說。”他用反对“教条主义”去反对毛泽东思想，用“学馬列主义”去代替学习毛泽东思想，反对在群众中普遍广泛地开展学习毛主席著作的群众运动。

刘少奇，你这个反革命修正主义头子，你这个赫鲁晓夫一样的野心家，你敢有这样大的狗胆反对毛主席、反对毛泽东思想，你就是我們貧下中农和一切革命派的死对头。你要反对，我們就誓死保卫毛主席、保卫毛泽东思想，誓死捍卫最高指示，努力学习和宣传最高指示，彻底活用最高指示，坚决和你刘少奇斗到底，彻底打倒你刘少奇！

二、一貫对抗毛主席的革命路线，顽固坚持走资本主义道路

在打败了日本帝国主义后，毛主席提出来要与卖国贼蒋介石斗争到底，要打倒蒋介石解放全中国。可是刘少奇却公开說：中国将走上和平民主的新阶段了。他要同敌人搞妥协。以后在东北打起仗来后，他又与彭真一伙共同抵制毛主席的指示，反对林彪同志的作战方針。

在老解放区搞土改时，刘少奇又反对毛主席的政策，強调要打乱土地，平分土地，彻底平分土地，将一些中农也打击了，还提倡乱打乱杀。以后就又提出要保护富农經济，要在农村发展資本主义。

当解放战争快要胜利时，毛主席提出要把革命进行到底，使我们国家很快过渡到社会主义去，可是刘少奇却怕太快了，希望慢慢进行革命（实际上是害怕革命，不要革命）。

全国解放后，我們国家开始了过渡到社会主义，但刘少奇却不高兴，提出要巩固新民主主义社会，說："社会主义是将来的事情，现在提得过早"。"将来我們是要搞社会主义的，但是现在不搞，而且在最近十年內是不搞的"。还說"在新民主主义經济下，在劳資两利的条件下，还让資本家存在和发展几十年。"他就是这样喜欢資本主义，积极顽固坚持走資本主义道路，使劲的反对走社会主义道路。

还有在1951年，山西有一些老区互助組要发展成农业合作社，刘少奇就下指示，批評山西省委，說那样決定是錯误的，不准搞合作社。1955年合作社大发展时，他又批准了邓子恢砍掉了二十万个合作社。但刘少奇被毛主席的革命路线粉碎了，毛主席的革命路线取得了伟大胜利，农业合作化在全国农村取得了伟大胜利。

1962年，毛主席不在北京的时候，刘少奇背着毛主席，鼓励包产到戶，三和一少，並鼓动要大家多发表不同意見，支持那些反对三面紅旗的右傾机会主义分子，鼓励大刮黑风。同时他还把重点的三线建設也下了馬。他带头尽量把一九五八年以来的大跃进說得一团漆黑。把矛头对准以毛主席为首的党中央。

1964年毛主席亲自制定了前十条后，在刘少奇的支持下搞了一个后十条来与毛主席相对抗，並到处讲要下去蹲点，說誰不去蹲点就没有发言权。意思是毛主席沒下去蹲点，要剝夺毛主席的发言权，对准毛主席进行进攻。

1966年在毛主席亲自发动了无产阶級文化大革命运动后，反革命修正主义头目彭眞、陆定一就在刘少奇家，討論通过了一个所谓"汇报提綱"，由刘少奇盗用中央名义发到全国，梦想破坏轰轰烈烈的无产阶級文化大革命，后来是毛主席发现才将它取締。但是他們並不死心，接着又趁毛主席不在北京的时候，大量派出鎮压革命运动的工作組，並分派亲信到各学校及重要部門；王光美去清华就是最有名的例子。刘少奇則在幕后指揮，残暴鎮压革命左派，包庇右派，制造白色恐怖，将轰轰烈烈的文化大革命运动打了下去，这是何其毒也。

* * *

刘少奇执行的完全是一条对抗毛主席革命路线的資产阶級反动路线，走的是資本主义道路。最近几年回到宁乡，直接支持地富的反动气焰，还通过他穿的那条黑线——張平化、郭連貴等人間接支持資本主义势力和封建势力。这些我們都要統統揭发。一切革命的同志，要站在毛主席一边来，大胆积极地揭发，批判刘少奇，把刘少奇斗倒、斗垮、斗臭！只有这样才能彻底粉碎資产阶級反动路线，挖掉反革命修正主义的根子，才能保卫毛主席，保卫毛泽东思想，保卫和巩固我們无产阶級的鉄打江山。

最后让我們高呼：

革命无罪、造反有理！

打倒党内走資本主义道路的当权派刘少奇！

打倒反革命修正主义分子刘少奇！

伟大的无产阶級文化大革命万岁！

战无不胜的毛泽东思想万岁！

伟大的中国共产党万岁！

伟大的导师、伟大的领袖、
伟大的統帅、伟大的舵手、毛主席万岁！万岁！万万岁！

湖南省宁乡县貧下中农文革筹委会

貧下中农革命造反 总司令部

1967年2月2日

修正主义在中国的失败

任何人，不管他的职位多高，资格多老，"声望"多大，只要他不按照毛泽东思想办事，反对毛泽东思想，就要对他的错误主张进行坚决的抵制，就要对他进行坚决的斗争，一直到罢他的官，撤他的职

——《红旗》一九六六年第十一期社论

毛主席教导我们："党内不同思想的对立和斗争是经常发生的。这是社会的阶级矛盾和新旧事物的矛盾在党内的反映。党内如果没有矛盾和解决矛盾的思想斗争，它的生命也就停止了。"

"在有阶级的社会中，阶级斗争是不以人的意志为转移地客观存在，阶级斗争也必然要反映到党内，所以党内斗争的实质就是阶级斗争"。翻开国际共产主义运动的历史看看，任何一个马列主义政党总是在同各式各样的叛徒、工贼、混入党内的资产阶级代表人物的斗争中成长、壮大起来的。马列主义的理论也是在同各种机会主义思潮的斗争中发展起来的。正如列宁所说的："在其生命的途程中，每走一步都得经过战斗。"

苏联共产党的历史是一个教训。列宁领导的布尔什维克曾经同国际上的老修正主义分子伯恩施坦、叛徒考茨基、同国内的修正主义分子普列汉诺夫、叛徒季诺维也夫分子作过尖锐的斗争，使布尔什维克得到巩固和发展。斯大林领导的共产党也曾同托洛茨基分子、布哈林分子作过坚决的斗争，但是斯大林同志并没有认识到社会主义制度下资本主义复辟的可能性，没有在社会上、在党内彻底挖掉修正主义根子，以至于最后被混进党内的个人野心家、叛徒、修正主义分子赫鲁晓夫篡夺了领导权，使苏联共产党变成修正主义的党，法西斯党。

中国共产党至今经历的四十五年历史，也是以毛主席为代表的无产阶级革命路线同党内各种机会主义路线斗争的历史。从21年—35年，十四年间，我党就出现过三次'左'倾，两次'右'倾机会主义路线的统治。以毛主席为代表的正确路线同这些机会主义路线展开了顽强的，不屈不挠的斗争，直到推翻他们的统治，确立了毛主席的正确领导，使毛泽东思想在全党中占统治地位，使中国革命一步步引向胜利，直到解放全中国。但是，党内斗争并没有因此完结，也绝不会因此完结。建国十六年来，以毛主席为首的党中央又同反党修正主义集团进行了三次大斗争。

第一次大斗争是同高岗、饶漱石反党联盟的斗争，这场斗

争粉碎了高饶妄图夺取党和国家最高权力，实现资产阶级反革命复辟的阴谋。

第二次大斗争是五九年同彭德怀、黄克诚、张闻天、周小舟右倾机会主义这一小撮即修正主义反党集团的斗争。这次斗争在毛主席的领导下，取得了彻底胜利，保卫了以毛主席为首的党中央的正确领导，保卫了三面红旗。

第三次大斗争是同文化大革命中被揭发出来的彭真、陆定一、罗瑞卿、杨尚昆反革命"四家店"的斗争，这样一场斗争还在继续，还要追根，要追彻底！

毛主席向全党全国人民发出伟大号召："你们要关心国家大事，要把无产阶级文化大革命进行到底。"在毛泽东思想光辉下，在毛主席革命路线的指引下，使我们认真地思考文化大革命以来发生的事情，联系国际共产主义运动的历史教训，联系到建国以来国内外阶级斗争在党内的反映，真是可以令人深省！

大家都很清楚，我党在三次同反党集团斗争中揪出来的个人野心家、反革命修正主义分子，象高岗、饶漱石、彭真、杨尚昆、林枫、蒋南翔之类都是以前在北方局工作过的，为什么事情竟是如此之凑巧？作为前北方局负责人的刘少奇在这样的一条黑线中又是处于一种什么样的地位呢！让我们回顾一下建国以来的历史就比较可以理解了。

一九五四——五五年，我们农村社会主义改造正在出现一个高潮，五亿农民按照毛主席指引的方向，走社会主义道路，一下子发展了几十万个农业合作社，鸡毛飞上天了。就在这时候，有人惊惶失措了，跳出来重犯五三年大批解散农业合作社的错误，来一个"坚决收缩"。他们大喊什么"冒进"、"太快了"。在这个关键的时刻，毛主席发表了《关于农业合作化问题》（五五、七、三十一）的文章和《中国农村的社会主义高潮》按语，毛主席同群众一道满腔热情地赞颂我国农村出现的社会主义高潮，纠正了这一股右倾思想，使农村社会主义改造以空前未有的速度大踏步前进。毛主席曾辛辣地讽刺那些在群众运动高潮到来的时候，只会按常规走路的老爷们"象小脚女人"东摇西摆地在那里走路，老是埋怨别人说走快了，走快了。

事隔一年，我国农村的社会主义改造已基本完成，刘少奇还在党的八次大会上以先知面孔出现，闪烁其词地说："事实证明，我们党采取这种逐步前进的办法是适当的。因为这使得农民在合作化运动中不断地得到好处逐渐地习惯于集体生产的方式。可以比较自然地、比较顺利地脱离土地和其他主要生产资料的私人所有制，接受集体所有制，从而避免了或者大大减少了由于突然变化所可能引起的种种损失。"

一九五六年是国际共产主义运动史上经受一场暴风雨的一年，

赫鲁晓夫修正主义者篡夺了党政领导权，与南斯拉夫修正主义、美帝国主义紧密合作，利用苏共二十大的讲台，借着反对个人迷信的招牌，大肆诬蔑斯大林，攻击所谓教条主义，在世界上刮起了一阵阴风。这样一股阴风也刮到了中国，刮到了我们党内来，刮到我们党的第八次代表大会上来。他们打着反对个人迷信的旗号，抵制和反对毛主席的领导，抵制和反对毛泽东思想的领导。

在新修改的党章中，把原来七大通过的党章总纲中的一段："中国共产党以马克思列宁主义的理论与中国革命的实践之统一思想——毛泽东思想作为自己一切工作的指针。"改为"中国共产党以马克思列宁主义作为自己的行动指南"，删去了五个金光闪闪的大字——"毛泽东思想"。

刘少奇在这个会上作了一个政治报告。在他"简单回顾一下在党的历史上正确路线怎样有效地克服错误路线的基本经验"的一整段中：把过去出现的几次'左'、右倾机会主义路线错误的原因归根为重要的关系"是各个时期广大党员首先是党的高级干部是否善于用马克思列宁主义的立场、观点和方法去总结斗争中的经验，坚决真理，修正错误"。

更加恶劣的是他把早在一九四五年四月六届七中全会通过的《关于若干历史问题的决议》中已经指出的，三五年一月的遵义会议是"开始了以毛泽东同志为首的党中央的新的领导，是中国党内最有历史意义的转变"说成是"党在一九三五年的转变，基本上就是党的高级干部的多数从失败中得到了经验，提高了觉悟的结果"。完全否定了毛主席挽救了全党全国的伟大功绩。

刘少奇还在这篇报告中大捧苏共二十大是"具有世界意义的重大政治事件。它不仅制定了规模宏大的第六个五年计划，决定了进一步发展社会主义事业的许多重大的政策方针，批判了在党内曾经造成严重后果的个人崇拜现象，而且提出了进一步促进和平和处的国际合作的主张，对于世界紧张局势的缓和作了显著的贡献。"

而在这以前（五四年四月九日），即使是在人民日报发表的《关于无产阶级专政的历史经验》一文中也是简单地提到二十大"总结了国际关系和国内建设的新经验""作出了………一系列决定"，而且，这是一个很明显的对照。

刘少奇还提出了修正主义的"阶级斗争熄灭论"的观点。他说："封建地主阶级，除个别地区以外，也已经消灭了，富农阶级正在消灭中，原来剥削农民的地主和富农，正在被改造成为自食其力的新人，民族资产阶级分子正在由剥削者转变为劳动者的转变过程中。""知识界也改变了原来的面貌，组成了一支为社会主义服务的队伍。”胡说什么“在社会主义改造完成以后，民族资产阶级和上层小资产阶级成员将变成社会主义劳动者的一部分，如民主党派就将变成这部分劳动者的政党。”

他因而得出结论：“在社会主义改造完成以前，阶级斗争仍然继续存在。因此，在社会主义改造完成以后，”会主义和资本主义的立场、观点和方法之间的斗争，还会继续一个很长时间。”（注：五六年我国社会主义改造已基本完成）他和国际上的修正主义分子同出一辙，大声嚷々，为阶级调和论的论调鸣锣开道。他说：“对于民族资产阶级的大多数人，我们的任务是要继续和改进同他们的合作关系，使他们的政治待遇和生活水平不断提高，并且说服人民群众同他们长期合作。”

刘少奇讲话五个月后，毛主席就发表了光辉的论著《关于正确处理人民内部矛盾的问题》。毛主席尖锐地提出：“在我国，虽然社会主义改造，在所有制方面说来，已经基本完成，革命时期的大规模的急风暴雨式的群众阶级斗争已经基本结束，但是，被推翻的地主买办阶级的残余还是存在，资产阶级还是存在，小资产阶级刚刚在改造。阶级斗争并没有结束。无产阶级和资产阶级之间的阶级斗争，各派政治力量之间的阶级斗争，无产阶级和资产阶级之间在意识形态方面的阶级斗争，还是长期的，曲折的，有时甚至是很激烈的。”

三月十二日，毛主席在中国共产党全国宣传工作会议上的讲话中又再一次指出：“在我国，巩固社会主义制度的斗争，社会主义和资本主义谁战胜谁的斗争，还要经过一个很长的历史时期。”毛主席这些伟大的论断是给刘少奇的修正主义货色的当头一棒，拨开层々云雾，让革命人民看到马列主义的真理，看到毛泽东思想的阳光。

但是，修正主义者是不会自行退出历史舞台的，他们必定要顽强地表现出来，毛主席的文章发表不到两个月，刘少奇又抛出他一篇反毛泽东思想的大毒草：四二七讲话，公然和毛主席唱对台戏。

当时，我国所有制的社会主义改造已经基本完成，但是，一些资产阶级右派不甘心于自己的灭亡，他们正在密谋策划，正在蓄谋向党向社会主义发动进攻。就在这时候，刘少奇公然继续宣扬资产阶级基本消灭了，资产阶级和无产阶级的主要矛盾也基本解决了。他说：“现在国内敌人已经基本上消灭了。”“公私合营以后，无产阶级与资产阶级主要矛盾也解决了。”

敌人磨刀霍々，他却在那里大喊资产阶级本性已经改变，他说：“今天的农民是新的农民了，今天的资本家也是新的资本家了。”“公私合营以后，资本家已经把工厂交出来了，除开极少数分子以外，他们已经不愿反对社会主义了。”

阶级斗争风暴就要来临，他却在大力贩卖现代修正主义的阶级过时论，他说："现在阶级斗争已经过去了，那些事情已经用不着了，那些经验闲起来了，有那个本事，可是没有用了，英雄无用武之地了。现在再没地主阶级，资产阶级给我们消灭了。"

他荒谬地提出分配问题和官僚主义的问题是当前主要矛盾，他狂妄地说："现在，应该讲人民内部矛盾已经成为主要矛盾。已经有同志提出这个问题，我看可以这样说"。"人民内部矛盾大量表现在分配问题上，大量表现在人民群众同领导者之间的矛盾问题上。"

因此，"如果领导机关不犯官僚主义，这个问题就可以解决了，他就可以不闹了"。"如果按劳取酬贯彻得比较好，分配得比较公平合理，大家满意，就促进生产的发展。"这就是要我们放弃阶级斗争，使我们许多同志在资产阶级右派的进攻面前措手不及这就是在明目張胆地反对《关于正确处理人民内部矛盾的问题》！

刘少奇的讲话余音未消，资产阶级右派向党向社会主义发动了猖狂进攻，反革命的观点、反革命的政纲、反革命的大毒草纷纷出笼。

中国人民在以毛主席为首的党中央的英明领导下，打退了资产阶级右派的猖狂进攻，在政治战线和思想战线上取得了重大胜利。

毛主席的胜利，毛泽东思想的胜利，中国人民的胜利给刘少奇一个响亮的耳光。

每当国际上出现乌云，就必然地要在中国刮起一陣狂风。在中国历史上的每一次風暴中，总是毛主席起来把住航向，引导中国人民绕过一个个的暗礁，夺取一个个的胜利。毛泽东思想是革命人民的指路明灯。

一九六一年——一九六二年，正是国际共产主义运动一个惊涛骇浪的时期，美帝国主义和赫鲁晓夫修正主义狼狈为奸，掀起一股反华反共的逆流。国内的阶级敌人也活跃起来，推波助澜，刮起了"三自一包"、"三和一少"、"单干"、"翻案"几股黑风。阶级敌人把矛头直对我国的内外政策，攻击我们伟大的统帅毛主席和伟大的毛泽东思想。这样一股风不是偶然的，而是自上而下贯穿着的。

刘少奇在六一年七月发表了一篇《在庆祝中国共产党成立四十周年大会上的讲话》，在这篇讲话中，不但通篇不谈阶级斗争，不提毛泽东思想，而且还硬塞进去许多修正主义的私货。

民族资产阶级从来就有两面性，在社会主义时期，它有剥削的一面，也有愿意接受社会主义改造的一面。一批没有改造好的资产阶级分子，趁我国遭受暂时困难之机，跳出来疯狂反对社会主义制度，反对三面红旗，挖社会主义墙角。可是刘少奇却说：

“我国的民族資产阶级分子，在经过生产資料所有制的社会主义改造以后，在政治思想自我教育和自我改造中有了新的进步，应该帮助他们，继续进行根本改造，使他们成为自觉的社会主义劳动者。”他只强调民族資产阶级接受改造的一面，而闭口不提剥削的一面。

这个时候，在知识界，資产阶级代表人物极力地对抗毛主席的正确路线，散发大批的毒草，有指挥有组织、有计划的、有目的的为复辟資本主义推翻无产阶级专政作舆论准备。就在这个时刻，刘少奇却不分哪个阶级的知识分子，笼统地说：“知识分子是我国社会主义建設事业取得胜利的不可缺少的重要力量。”他不提培养“有社会主义觉悟、有文化的劳动者，”而说什么，“我们要继续扩大知识分子的队伍”。这完全抹杀了知识分子的阶级性，抵制了毛主席的教育方針。他的这些论调，就是与社会上的几股黑风紧密配合着。

就在这革命的关键时刻，六二年九月毛主席主持召开了八届十中全会，在会上毛主席作了形势、矛盾、阶级和阶级斗争的讲话，批判了資产阶级和它在党内代表人物刮起来的单干风，给資产阶级代表人物以迎头痛击，给中国人民指出了坚定的方向。

偉大的毛泽东思想是一切反党集团阴谋搞反革命政变的最大障碍。因此，他们总把攻击的矛头指向毛泽东思想。他们和帝国主义者，和赫鲁曉夫修正主义者一样，一提到毛泽东思想，就反感，就骂街，就跳起来歇斯底里大发作。谁拥护毛泽东思想，提倡学习毛泽东思想，他们就反对谁，就攻击谁，造谣污蔑，什么手段都使出来，什么坏事都干得出来。”（《人民日報》六六年七月一日社论）

林彪同志早在一九六〇年就发出了开展活学活用主席著作群众运动的偉大号召，毛泽东思想就象一輪光芒四射的红日照亮了全中国、全世界人民前进的道路。

那些資产阶级代表人物，那些右傾机会主义者，为了挽救他们失败的命运，就会以种々办法跳出来反对毛主席，反对毛泽东思想，反对革命人民掌握毛泽东思想。

就在八届十中全会召开的同月中，刘少奇经过较大的修改和补充，别有用心地重新抛出他在三九年写的小册子《论共产党员的修养》，企图利用这个小册子对抗毛主席，抵消毛泽东思想的影响。

周楊黑帮把持了文艺界、出版界，他们死抱着刘少奇这条粗线，毛主席著作出版得很少，但这本小册子却塞满书店。有不少地區，不少单位出现了一度学习这本小册子的歪风，把活学活用毛主席著作的热潮压下去。

林彪同志提出作毛主席的好战士、好学生，刘少奇却只提做马克思列宁的好学生，他的目的不是很显然吗！

这本小册子有这么一段话，"在过去某一时期内，某些教条主义的代表人就比上述的情况更坏，这种人根本就不懂马克思列宁主义，而只是胡诌些马克思列宁主义的术语，自以为是中国的马克思列宁，装作马克思列宁的姿态在党内出现，并且毫不知耻地要求我们的党员象尊敬马克思列宁那样去尊重他，拥护他为领袖，自己爬到负责的位置上，家长式地在党内发号施令，企图教训我们的党，责骂党内的一切，任意打击、处罚和摆布我们的党员，这种人不是为共产主义实现而奋斗，而是在党内的投机分子，共产主义运动中的蟊贼。"

这些话同赫鲁晓夫修正主义攻击毛主席，同彭德怀骂街，同彭真、吴晗之流指桑骂槐的黑话是何等的相似，用心何其毒也！

他们打着攻击"教条主义"的旗号攻击毛泽东思想，打着反对"某些教条主义的代表人""中国的马克思列宁"的招牌攻击毛主席。狼子野心不是昭然若揭了吗？

八届十中全会以后，在毛主席亲自领导下，开展了城乡社会主义教育运动，即"四清"运动。这是无产阶级专政条件下，无产阶级对资产阶级革命的阶级斗争，这场斗争必然要受到阶级敌人，各种资产阶级代表人物的拚死对抗。一九六四年党内出现了形"左"实右的错误路线，这条路线的代表人物就是刘少奇。

他一手泡制的"后十条"，以及他所批示的，肯定王光美反毛泽东思想的桃园四清总结，就是他们的理论基础。他们把矛头指向群众，搞人人过关，人人洗澡，从而打击了群众，包庇党内走资本主义道路的当权派。企图把四清运动引入歧途，有些地方甚至搞成为修正主义复辟的"黑四清"。

以毛主席为代表的无产阶级革命路线与刘少奇为代表的形"左"实右的机会主义路线进行了针锋相对的斗争，毛主席亲自主持制定了《二十三条》保证了四清运动在正确的轨道上前进。

正当伟大的社会主义教育运动在毛泽东思想的光辉照耀下蓬勃开展的时候，刘少奇眼看时机已到，就摘桃子来了。他厚颜无耻地把自己的形"左"实右的路线抛到一边，以高姿态出现，提出了所谓防修三项措施，即：社会主义教育运动，干部参加劳动制度及两种教育制度和两种劳动制度，把革命成果据为己有。毛主席早就指出："阶级斗争、生产斗争和科学实验，是建设社会主义强大国家的三项伟大革命运动，是使共产党人免除官僚主义，避免修正主义和教条主义，永远立于不败之地的确实保证。是使无产阶级能够和广大劳动群众联合起来，实行民主专政的可靠保证。刘少奇别出心裁提出三项措施不是明明在和毛主席三大革命运动的指示相对抗吗？

让我们来剖析一下刘少奇的三项防修措施吧！刘少奇的所谓

社会主义教育运动是什么货色已经很清楚了。干部参加劳动制度是毛主席早就提出并积极实行的。六三年五月毛主席亲自为《浙江省七个关于干部参加劳动的好材料》写上按语。刘少奇恬不知耻把它列为自己的"发明"。至于两种教育制度则是刘少奇反毛泽东思想的又一大罪证。毛主席早在一九五八年视察天津大学、武汉大学时就提出半工半读教育的发展方向。但是刘少奇却鼓吹什么半工半读教育和全日制教育相结合，同时并举的方针，用以抵制毛主席的教育思想。他通过黑帮头目彭真、陆定一、蒋南翔等控制了教育部，打击革命左派，压制群众，竭力推行他的修正主义教育制度，甚至阴谋策划成立第二教育部。他是想培养无产阶级革命事业的接班人吗？绝对不是！他的全日制教育不过是资产阶级统治我们学校的老一套。他的半工半读教育，则是把学生当作学徒工，当作廉价劳动力，让学生为他们卖命，捞取他们向党向人民讨价还价的本钱。他的两种教育制度实际上是只读不工和只工不读的制度。刘少奇就是这样打着"红旗"反红旗，打着两种教育制度的招牌反对实行半工半读的教育制度

更加令人气愤的是，他的一小撮人为了吹捧他，抬高他甚至到了不择手段的地步，他们把大庆油田职工靠《矛盾论》《实践论》起家创造出来的成绩，把毛泽东思想的这一伟大胜利，颠倒黑白地归功于刘少奇，归功于刘少奇提出的两种教育制度，并美成展览流毒全国。这种卑鄙的手段是全体大庆职工、全中国人民所不能容忍的。毛泽东思想的光辉是任何人掩盖不住的，毛泽东思想的威力是任何人抹杀不掉的！

两种劳动制度

培养无产阶级革命事业接班人的问题，是一个百年大计、千年大计、万年大计的问题。刘少奇深知这一点，他拼命和我们毛主席为首的无产阶级革命派争夺下一代。特别在青年学生中树立他的威信。毛主席发出了伟大的七·三指示。他所控制的教育部根本不向下传达，两个月以后，刘少奇作了一个"教育改革"的报告，则很快传达下去，执行下去了。这完全是破坏毛主席的威信，和毛主席争夺领导权。教育界在这场文化大革命中揭发出了许多反革命修正主义分子，他们都是刘少奇教育路线的忠实执行者，是他的爪牙。刘少奇就是通过这些爪牙来毒害革命的下一代，树立他的权威！

但是，资产阶级统治学校，统治文化的现象绝不能再继续下去了。由我们最敬爱的伟大统帅毛主席亲自发动，亲自领导的无产阶级文化大革命就是要结束资产阶级统治学校，统治文化的现象，就是要在中国彻底挖掉修正主义根子。因此，它必然会遭到资产阶级和党内各种修正主义分子的顽强抵抗。

一九六六年五月二十五日，北大出现了一张马列主义的

大字报，这是具有历史意义的北京公社"宣言"，一切革命者都为之欢呼，而刘少奇却站在资产阶级反动立场上，反对、压制这张大字报，并且打击党中央里面坚决支持这张大字报的康生同志。乌云遮不住太阳，伟大统帅毛主席一声令下，中央人民广播电台广播了聂元梓的大字报，象一声春雷，唤起千万革命群众，顿时群众运动如暴风骤雨，横扫一切牛鬼蛇神。直炮轰党内走资本主义道路的当权派，革命烈火燃遍全国，革命群众扬眉吐气，革命气势何等磅礴！

但是文化革命遭到了反革命疯狂的反扑，在此后五十多天里，从中央到地方某些领导同志却反其道而行之，站在资产阶级反动立场上，执行资产阶级专政，颠倒黑白，混淆是非，围剿革命派，镇压革命派，实行白色恐怖，将轰轰烈烈的无产阶级文化大革命打下去。

资产阶级反动路线的总头目是谁？就是刘少奇！他是当时在京中央常委的负责人，是他违背毛主席的指示，派出工作组，来扑灭文化大革命的烈火。是他推行资产阶级反动路线把无产阶级文化大革命引入歧途。他反对群众自己教育自己，自己解放自己，他们搬出国民党的"训政"来对付群众，把群众当成阿斗，把自己当成诸葛亮，他们压制群众，扼杀群众的首创精神，他们转移斗争目标，把矛头指向革命群众，把革命群众打成"反革命"、"反党分子"、"右派分子"、"假左派、真右派"。

王光美，这个清华园第一号政治扒手，就是他派到清华来镇压革命的。全国各地对革命群众施行的资产阶级专政都是他同意和赞助的。反革命气焰一时飞扬跋扈。白色恐怖笼罩清华园，笼罩全国的很多地方。

然而苍茫大地，谁主沉浮！在资产阶级反动路线不可一世的时候，革命的人民发扬了大无畏的无产阶级革命造反精神，同这条反动路线展开了不屈不挠的斗争，"头可断，血可流，毛泽东思想不可丢；可挨饿，可挨斗，不可低下革命头"这是我们的决心。

毛主席回来了，毛主席回到北京来了！中央文革小组的同志来到我们的身边。毛主席的关怀给予我们巨大的力量，冲破一切阻力，搬掉一切绊脚石，彻底闹革命！

七月二十九日在人民大会堂召开了北京大中学校文化大革命积极分子代表大会，这是八届十一中全会前夕党内两条路线斗争的前奏。

在这次大会上，刘少奇又放出了一篇反毛泽东思想、反毛主席的大毒草！他借口保护少数，包庇清华大学的反革命分子李世权，甚至喊出了李世权的反动口号"拥护党中央，反对毛主席"还说这口号前一半是对的，后一半是错的，是不是反革命还有待揭发，这是多么恶毒呀！这是在八届十一中全会前刘少奇的绝望挣扎，也是反对毛主席的新高峰。他提出保护少数，实际上就是要保护一小撮走资本主义道路的当权派，一小撮資产阶级反动路线的代表人物，也就是保护自己，以便坚持反动立场，伺机东山再起，进行反扑！但是，我们伟大领袖毛主席来到大会，万众欢腾，高呼"毛主席万岁！""毛主席万万岁！"在周恩来总理的指挥下高唱"大海航行靠舵手"，表达了全国人民对伟大领袖的无限热爱、无限崇拜。刘少奇只好靠边站了。

接着，具有伟大世界意义的八届十一中全会在北京举行，以毛主席为代表的无产阶级革命路线战胜了以刘少奇为代表的資产阶级反动路线，毛主席亲自主持制定了《十六条》，毛主席思想的阳光照亮了文化大革命的道路！

是我们伟大领袖、伟大导师、伟大统帅、伟大舵手毛主席驱散迷雾，拨正航向，挽救了我党我国命运和世界前途的无产阶级文化大革命！在那资产阶级反动路线造成的白色恐怖的日子里，千千万万遭受迫害和打击的革命青年们，哪个不日夜想往毛主席，哪个不渴望听到毛主席的声音。当我们听到《十六条》，看到毛主席登上天安门的时候，我们眼里热泪纵横，心里千言万语集成一个最洪亮的声音，我们最敬爱的伟大领袖毛主席万岁！万岁！万万岁！让刘少奇靠边站吧！

"敌人是不会自行消灭的。无论是中国的反动派，或者是美国帝国主义在中国的侵略势力，都不会自行退出历史舞台。"一年来阶级斗争的事实，充分证明了毛主席这一英明论断。

资产阶级反动路线阴魂不散，仍然在负隅顽抗，他们采用新的形式对抗十六条，对抗毛泽东思想，继续镇压革命、镇压人民。他们避免公开出面，组织假红卫兵，假文革，企图利用群众中旧的习惯势力蒙蔽一部分群众去斗另一部分群众，披上"左"的外衣攻击无产阶级革命路线，坚持資产阶级反动路线。北工大谭力夫的"发言"，就是資产阶级反动路线改头换面，东山再起的代表作。它攻击毛主席，抬高刘少奇，攻击革命群众和中央文革小组，吹捧工作组，抵制毛泽东思想，挑动群众斗群众，其实就是炮打无产阶级司令部。

谭力夫自我"根子很硬"，他的根子就是刘少奇！

正如毛主席所说的，一切反动派都是纸老虎！資产阶级反动路线的丧钟敲响了，十月一日林彪同志在天安门广场向全中国人民，向全世界人民宣告了这一小撮資产阶级代表人物失败的命运。林彪同志说："那些坚持错误路线的人，只是一小撮人，他们脱离人民，反对人民，反对毛泽东思想，这就注定他们一定要失败。"

《红旗》十三期社论发表了，全国人民欢欣[illegible]了一个向資产阶级反动路线猛烈开火的高潮。"谁热爱毛泽东思想就和他亲，谁反对毛泽东思想就和他拼。"这是全中国人民鲜明的阶级立场。

中央召开了工作会议，在毛主席的领导下，对那一小撮继续坚持资产阶级反动路线的代表人物痛加批判，痛打落水狗，以毛主席为代表的无产阶级革命路线又一次取得了胜利。

一切革命的同志们，让我们满怀对伟大统帅毛主席的热爱，以百倍的革命警惕性，识破敌人的一切阴谋诡计，坚决打倒这条资产阶级反动路线，彻底解放被压制被打击的革命群众，为保卫文化大革命斗争到底吧！

我们希望被蒙蔽的革命群众迅速觉悟起来，坚决站到人民的立场上来，站到毛主席一边来。现在只有两个立场，一个是人民的立场，毛主席的立场；一个是反人民的立场，刘少奇的立场。一切革命同志都要迅速作出选择。这里没有折衷立场，不能搞调和主义，谁要是在革命和反革命中间搞折衷主义，谁就会不可避免地滑到修正主义的泥坑中去。

我们劝告那些执行资产阶级反动路线的人悬崖勒马，迅速回到人民的立场上来，不要发展到同党同人民对抗的地步，否则将自绝于人民！

我们警告那些走资本主义道路的当权派和牛鬼蛇神，你们休想从我们这里捞到半根稻草，我们彻底揭发批判资产阶级反动路线，就是为了保卫党中央，保卫毛主席。就是要挖掉你们的根子推倒你们的靠山，巩固人民民主专政，更广泛更深入地发动人民来专你们的政！

革命的洪流滚滚向前，历史在前进，人民在前进！让那些资产阶级代表人物在文化大革命的风暴面前发抖吧！那些企图把历史拉向后退的反动派必定被历史的车轮碾得粉碎！我们的国家，我们的党，我们的人民，我们的军队经过这场斗争的洗礼，彻底地铲除修正主义祸根，必定更加巩固，更加强大，更加团结，在伟大的领袖毛主席的领导下，我们的国家骄傲地屹立在世界上，发出了万丈光芒，让我们带着无限激情高呼：

让毛泽东思想指引下的人民革命胜利前进！

伟大的中国共产党万岁！

伟大的毛泽东思想万岁！

伟大的导师、伟大的领袖、伟大的统帅、伟大的舵手毛主席万岁！万岁！万万岁！

首都大专院校红卫兵革命造反司令部
清华大学井冈山《哥兵》战斗队
一九六六年十一月十九日
军工红色造反团《旭日》战斗队翻印
一九六七年元旦

邓小平是党内走资本主义道路的当权派

政权問題是革命的首要問題，无产阶级文化大革命也不例外。有了政权，我们就有一切，失去政权，也就失去一切。要使我们的政权成为无产阶级的铁打江山，千秋万代永不变色，就必須坚决执行最高指示："要关心国家大事，要把无产阶级文化大革命进行到底"。

党内走资本主义道路的当权派，是我们当前最危險的敌人，而且地位愈高者危險性愈大。

我们認为，我国党内头号走資本主义道路的当权派是刘少奇，二号人物就是邓小平。

邓小平的罪恶活动由来已久。早在一九五六年，在他的《关于修改党章的报告》中，就公开推銷赫魯晓夫集团的反动黑貨，大肆吹捧苏共二十大，大反所谓个人崇拜。說什么"反对个人崇拜的重要意义，苏联共产党第廿次代表大会作了有力的闡明，这些闡明不仅对于苏联共产党，而且对于全世界其他各国共产党，都产生了巨大影响。"在談到关于领袖对党的作用时，非但閉口不談没有毛主席就没有我们的党，却大反所谓对于个人的神化。說什么"苏联共产党第廿次代表大会的一个重要功績，就是告訴我们把个人神化会造成多么严重的恶果。"最后則赤裸裸地反对我们对我们毛主席无限热爱、无限敬仰、无限崇拜的心情。說什么"个人崇拜是有长远历史的社会现象，也不会不在我们党的生活和社会生活中，有它的某些反映。我们的任务是，継續坚定地执行中央反对把个人突出，反对对个人歌功頌德的方針。"

一九六二年，当我国由于苏修的破坏和天災的袭击，使經济发生了暂时困难，邓小平便趁机带头大刮资本主义黑风。他在团中央的一次会上，公开鼓吹在农村恢复单干，說什么“不管黑猫白猫，能逮耗子的就是好猫。”

在毛主席亲自发动下，一九六四年我国文化领域內，开展了批判资产阶级反动学术“权威”的斗爭。由于周扬之流的从中破坏，运动搞得极不彻底。可是，就是这样，也大大激怒了邓小平，他用最恶毒的語言，漫駡革命派对资产阶级老爷们的討伐，公开反对文化革命。据黑帮分子万里在一九六五年第一次国际飯店会議上透露：在邓小平主持的中央书記处会上，曾对当时的文化革命作了这样的描繪：現在有人不敢写文章了，新华社每天只收到两篇稿子。演戏只演兵，只演打仗的。电影哪有那么完善的？！这个不让演，那个也不让演！邓小平自己則誣蔑革命派說：“有些人，就是想靠批判别人出名，踩着別人的肩膀自己上台，对人家一知半解，抓着个小辮子就批判半天，好自己出名。”邓还說什么，“学术观点，教育观点不一致不要紧，各种观点可以长期共存。”

邓小平反对社会主义革命更有甚者是破坏四清运动。对北大社教运动的扼杀，是一个典型事例。

彭眞是扼杀北大社教运动的罪魁禍首，这已是人所共知的。然而何止一个彭眞。彭眞只是一帅，帅上还有一帅，这就是彭眞后台之一邓小平。

市委召开了一次

一九六五年一月底至二月初，在彭眞亲自指挥下，前北京市委扩大会。会上以貫徹二十三条为名，大行反攻倒算之实。陆平、彭珮云在会上对北大的社教运动疯狂反扑。陆平的反革命言論传到北大后，遭到了革命派的憤怒反击，正在陆平处于老鼠过街，人人喊打的絶境时，这时一方面彭眞出坊，以中央书記处名义，下令停止爭論，即所谓“泄两肚子气”；另一方面邓小平則說他“欣賞彭珮云的发言”；夸奖陆平的反革命言論“态度是好的，意見是正确的”。

继之就由邓小平召集了所谓三月三日中央书記处会議。邓小平一面自称他看了北大社教运动的全部簡报，但同时却顚倒黑白地为北大社教运动捏造了三条罪名：一曰把問題的性质搞錯了。一开始就以烂掉了的單位对待，搞了夺权斗爭；二曰沒有实行三結合（即未与陆平黑帮同流合污）；三曰斗爭方法上有严重毛病（即所谓对陆平黑帮搞了过火斗爭）。为了嘉奖陆平彭珮云的反革命“功績”，会上决定让这两个家伙参加工作队的八人領导小組。同时还委托万里这个黑帮分子，召开反革命的第一次国际飯店会議。万里在会上动輒就是总书記如何如何說的，以此来给革命派施加压力。

在三月三日的所谓中央书記处的会上，邓小平还明目張胆地篡改毛主席亲自主持制定的《廿三条》。《廿三条》中明文规定：“逐步做到……实行群众、干部、工作队三結合”，但邓小平却擅自决定机关、厂矿、学校的四清，工作队要一进門就与干部結合起来（实际上就是与那些走资本主义道路的当权派也要結合起来）。这里不仅把“逐步”改成了“立刻”，而且实际上“三結合”也给改成“二結合”了。象陆平之流的黑帮分子，如果工作队一开始就与之結合，試想，群众又如何发动得起来？結合起来，除了搞反革命，还会搞出别的名堂嗎？可見，邓小平破坏社会主义革命，其用心何其毒也！

一九六五年三月九日至十九日，第一次国际飯店的反革命会議，尽管召开了，陆平黑帮被打散了的反革命阶级队伍也算重新拼凑起来了，但工作队的領导权还操在革命派手里。因此，要彻底鎮压北大的社教运动，就必須夺取工作队的領导权。于是邓小平就利用出卖北大社教运动的头号叛徒常溪萍的告密书，下令召开了鎮压工作队革命派的民族飯店黑会。撤了队长張磐石同志，換上了黑帮分子許立群，常溪萍也被塞进了工作队的九人領导小組，革命的工作队于是成了反革命的还乡团。一九六五年我国的一个极其严重的反革命事件，随之就在我校发生了。常溪萍至今还有恃无恐，恃的就是邓小平。

在这一次无产阶级文化大革命中，邓小平又与刘少奇一起，制定了一条资产阶级反动路线，眞是罪上加罪，罪莫大焉！

邓小平反毛主席反毛泽东思想，反对社会主义革命是铁证如山的。他是不折不扣的走资本主义道路的当权派。他所参与制定的资产阶级反动路线虽已破产，但我们还必須痛打落水狗，把他的反动面目予以充分揭露，彻底清算他的罪行，肃清他的影响。

誰反对毛主席，誰就是我们的敌人，我们就要把他打倒，使他永世不得翻身。

誓死保卫毛主席！

誓死捍卫毛泽东思想！

毛主席万岁！万万岁！

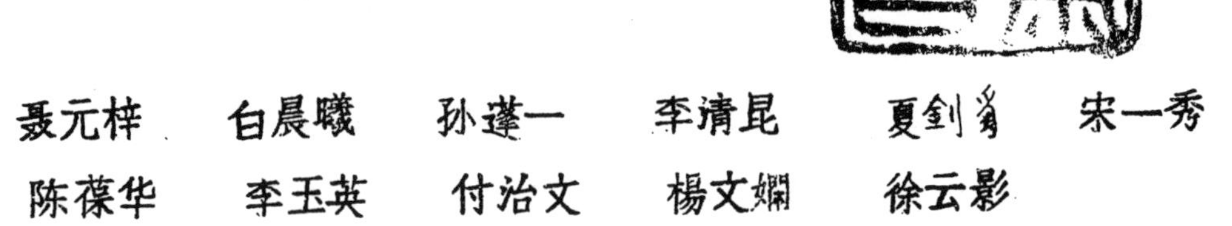

聂元梓　白晨曦　孙蓬一　李清昆　夏剑豸　宋一秀

陈葆华　李玉英　付治文　楊文娴　徐云影

一九六六年十一月八日

彻底清算邓小平反党反社会主义反毛泽东思想的滔天罪行

邓小平是党内走资本主义道路当权派的第二号头目，是资产阶级在我们党内的代理人。

邓小平身为中共中央总书記，长期以来，他同刘少奇一起，背着毛主席，利用职权，独断独行，搞独立王国，猖狂反对毛主席，顽固推行资产阶级反动路线，妄图用资产阶级世界观改造我们的党，改造我们的国家，复辟资本主义。

一、大反毛主席，大捧刘少奇

毛主席是当代最伟大的馬克思列宁主义者，是中国人民世界人民最伟大的領袖。一切革命人民对毛主席无限热爱、无限信仰、无限崇拜、无限忠誠。

反革命修正主义分子邓小平却猖狂地反对毛主席。一九五六年他在党的第八次代表大会上大肆吹捧苏共二十大，积极宣扬赫鲁晓夫修正主义集团的所谓反对个人崇拜，借以攻击我们伟大的領袖毛主席。他說："关于坚持集体領导和反对个人崇拜的重要意义，苏联共产党第二十次代表大会作出了有力的闡明，这些闡明不仅对于苏联共产党，而且对于全世界各国共产党，都产生了巨大的影响"。"把个人神化会造成多么严重的恶果"。又說："当然，个人崇拜……这种现象不会不在我们党的生活和社会生活中，有它的影响。我们的任务是，继續坚定执行反对把个人突出，反对对个人歌功頌德的方針。"

一九五八年在成都会议上，邓小平公开煽动反对毛主席，他說："对主席可否有不同意見呢？可以！"一九六二年，邓小平又在中央組織工作、全国监察会議上，声嘶力竭地叫嚣："有人公开提，要打倒毛主席，讲出来知道有人要打倒毛主席，有什么坏处？"这就彻底暴露了邓小平仇视毛主席的反动本质。

相反，邓小平对党内头号走资本主义道路的当权派刘少奇则毕恭毕敬，大加頌扬，把刘少奇和毛主席說成"都是創办我们党的同志"在一九五一年"七一"报告会上，他把资产阶级野心家刘少奇吹捧成"純粹"的人，說什么"（刘少奇）一开始就拿馬列主义武装自己，改造自己，抛棄了小资产阶级的个人主义和利己主义"，这就是刘少奇"能夠担当領导中国人民的責任"的原因。

长期以来，邓小平和刘少奇一起利用領导职权，大搞"独立王国"，同毛主席分庭抗礼。他一貫对毛主席，不請示、不报告，擅自决定全党全国的重大問題，发号施令。对此，毛主席曾多次提出过批評，但邓小平却一意孤行，和刘少奇結成资产阶级司令部，同毛主席的无产阶级司令部相对抗，頑固推行资产阶级反动路线，反对我们伟大的領袖毛主席。

二、猖狂反对毛泽东思想，反对学习毛主席著作

毛泽东思想是当代馬克思列宁主义的頂峯，是在帝国主义走向全面崩潰，社会主义走向全世界胜利的时代的馬克思列宁主义。早在一

九四五年党的七大通过的党章中就规定了，以毛泽东思想“作为我们党的一切工作的指針”。

一九五六年邓小平和刘少奇却利用修改党章的机会，公然删掉了毛泽东思想为我党一切工作的指針这一根本规定。

邓小平极力贬低毛泽东思想，說什么毛泽东思想只是“好的領导思想”。他誣蔑毛主席的經济理論“不系統”，还要“加工”。胡說什么：“农业的重要性，馬恩都提过，列宁也提过，我们是根据国际經验提的。”他用“古已有之”的手法，贬低毛主席“以农业为基础，以工业为主导”的光輝思想。一九五九年他给苏修写的《中国人民大团結和世界人民大团結》的文章中，只抽象地提中国革命和建設的胜利“是馬列主义的新胜利”，而根本不提毛泽东思想，不提毛主席对馬列主义的重大发展，不讲毛泽东思想对中国革命和世界革命的巨大意义。

一九六〇年，中央軍委扩大会議明确指出：毛泽东思想是当代馬列主义的顶峯。而邓小平一九六二年在中央組织工作、监察工作会議上，却說：“中国革命的胜利，就是因为有馬克思列宁主义的普遍眞理同中国革命的实践相結合的党。”这种只讲“結合”，只讲“运用”，根本不讲毛主席对馬克思列宁主义的重大发展，是邓小平和刘少奇一伙反革命修正主义分子，反对毛泽东思想的一个共同手法。

林彪同志一再強調活学活用毛主席著作，把毛泽东思想学到手。而邓小平却竭力反对学习毛主席著作，說什么“要看得远一点，提倡独立思考，古也要一点，今也要一点”，“主席著作是解决当前的主要問題”的，是“今”，所以要讀一点。他跟林彪同志的指示唱对台戏，把学习毛主席著作看作可有可无。

对待毛泽东思想的态度是区分眞革命、假革命或反革命的試金石。邓小平猖狂反对毛泽东思想，反对学习毛主席著作，这就彻底暴露了他的反革命修正主义的眞面目。

三、反对毛主席的阶级斗爭学說，竭力鼓吹阶级斗爭熄灭論

一九四九年，毛主席在七届二中全会上就指出，全国解放后，“无产阶级和资产阶级之間的矛盾，是我国的主要矛盾”。一九五七年，毛主席又教导我们：“在我国，虽然社会主义改造，在所有制方面說来，已經基本完成……但是，被推翻的地主买办阶级的残余还是存在，资产阶级还是存在，小资产阶级刚刚在改造。阶级斗爭並沒有結束。”

但邓小平却公然反对毛主席关于社会主义时期阶级斗爭的学說，他在一九五六年修改党章报告中竭力鼓吹阶级斗爭熄灭論，叫喊阶级成分的区别“已經正在失去原来的意义了。”他說：“在第七次大会以前和以后的相当时期內，由于不同的社会成分规定不同入党手續，是必要的，起了良好的作用的。但是，在最近时期，情况已經发生根本变化，工人和职員只是一个阶级内部的分工；……貧农和中农現在都已經成为农业生产合作社的社員，他们之間的区别很快只有历史意义；革命士兵由于征兵制度的实行，已經成为单一的社会成分；知識分子的絕大多数在政治上已經站在工人阶级方面……”。显然，在邓小平看来，我国的阶级差别已經不存在了，所有

的仅仅是“分工不同”而已，这同赫鲁晓夫“全民国家”、“全民党”的修正主义謬論，完全是一个腔調。

一九五七年，邓小平在关于反右派斗爭的报告中，把我们反击向党向社会主义猖狂进攻的资产阶级右派这场严重的尖銳的阶级斗爭，輕描淡写地說成是“思想斗爭”，並且十分肯定地說：“资产阶级本錢不大，財产交出来就完了”，公然宣扬阶级斗爭熄灭論。同年，他在给清华大学学生讲话时，竭力鼓吹资产阶级思想自由化，他說：“現在（民主）可以放寬些，……思想战线上可以讲唯心論，大家爭鳴，使思想不僵化”。这是要我们放棄政治思想战线上的阶级斗爭，为资产阶级思想自由泛濫大开綠灯，为资本主义复辟制造輿論。

邓小平在一九五八年还反复地讲：“現在我国还存在两条路线的斗爭，但主要是两种方法的斗爭”。又說，这种斗爭的性质“並非是社会主义还是资本主义的道路問題。”一九六〇年他在传达天津会議精神时，也說：“党内两条路线的斗爭，即建設社会主义快与慢的問題。”邓小平完全抹煞社会主义时期两条路线斗爭的实质就是两个阶级、两条道路的斗爭。

四、猖狂反对三面紅旗，妄图复辟资本主义

邓小平打着“紅旗”反紅旗，慣于用抽象肯定、具体否定的手法，大肆攻击三面紅旗。

一九五九年他在上海工业工作会議上，打着反“浮夸”的旗号，疯狂地誣蔑大跃进，他恶毒地咒駡我们“去年下半年，謙虛打掉三

分之二”，“放卫星是假的，是美国卫星”，是“吹牛皮”。誣蔑我们宣传大跃进是“搽了很多粉，人家看起来不信”，“搽粉一尺厚，本来漂亮，也就不漂亮”了。

邓小平反对提倡共产主义风格，說什么“关于共产主义风格問題，今后主要讲社会主义好了。”还說什么“热情是好的，但过分地夸大主观能动性，也会犯錯误”，“我们要比較充分認識客观可能性，才能发挥主观能动性”。直接同毛主席关于物质变精神，精神变物质，人的因素第一的伟大思想相对抗。

邓小平攻击人民公社也是不遺余力的。一九六一年正当国内外反动派掀起一股反共反华的逆流时，邓小平在广州会議上則誣蔑人民公社搞早了。他說：“合作化从互助組到初级社、高级社都是有规律的。工商业改造虽然也是敲鑼打鼓，但那會經过事先調查酝釀的，工作有步驟，較稳当。但是搞公社，步子就迈的太快了。”邓小平还跟赫魯晓夫互相呼应，攻击人民公社。赫魯晓夫說：“社会不能不經过社会主义阶段，从资本主义跳入共产主义”，邓小平則馬上帮腔說：“我们就是超越了阶段”。

邓小平在竭力攻击三面紅旗、反对社会主义的同时，积极宣扬资本主义，鼓吹单干。

一九六二年他在给共青团中央作报告时，极力鼓吹单干风，主張不要社会主义方向，只要有粮食就行，說什么“不管白猫、黑猫，逮住耗子就是好猫”。在邓小平一伙反革命修正主义分子积极鼓吹下，进一步在全国掀起了单干风。邓小平反对政治掛帅，認为只有物质刺激才能提高群众积极性，巩固人民公社。一九五九年他說：“公社包产指标一般要比实际指标低百分之二十左右，使社員在超产中得到实惠，刺激群众的积极性。”一九六一年又說：“只有增加商品生产，公社收入才能增加，才能发得起工资，这对巩固人民公 社 是非常重要的。”

五、攻击历次政治运动，大刮翻案风

我们党的历次运动，在我们伟大领袖毛主席的英明领导下，取得了伟大的胜利，有力地推动了我国的社会主义革命和社会主义建設。

但邓小平却疯狂地誣衊党的历次政治运动，攻击毛主席的正确领导。他在一九五七年說：“过去的思想改造是东风压倒西风，是压倒的。”一九五九年，他談到资产阶级和资产阶级知識分子改造时，說：“天天弄得那么紧張，就能改造好，那是幻想，办不到的！”一九六二年，正当牛鬼蛇神紛紛出籠，出現了一股资产阶级反动逆流时，邓小平同刘少奇紧密配合阶级敌人的进攻，在扩大的中央工作会議上大肆攻击党的政治生活，胡說什么“目前我们党的生活上有严重缺陷的”“少数人或个人独断独行的現象却是十分严重的”；还恶毒地說：“这几年我们搞了許多大运动，甚至于差不多把大运动当作我们群众路线的唯一形式，天天运动是不好的”，“这几年确实不通气（上下不通气）了”。他把我们党团結、紧張、严肃、活泼的政治生活，描繪成漆黑一团。

一九六一年，他和刘少奇大肆攻击我们党犯了“残酷斗争，无情打击”的錯误，說什么在几次大运动中“有相当数量的干部处理不适当”，“损伤了一部分干部”等。

一九六一年在刘少奇和邓小平主持下制訂了一个中央輪訓干部的

决定，明文规定要“自由思想”、“自由討論”和不抓辮子、不戴帽子、不打棍子的“三不主义”，鼓动坚持錯误的人和牛鬼蛇神“出气並为他们“平反”；甚至提出右派分子也可以“平反”。在国內外阶级敌人向党猖狂进攻的时候，他们別有用心地提出这个修正主义的方針，这就是只准牛鬼蛇神放毒，不准革命群众反击，积极支持右派翻天，在全国刮起翻案风。刘少奇、邓小平是一九六二年翻案风的罪魁禍首。

一九六二年九月党的八届十中全会，击退了资产阶级的反革命逆流。同年十一月，邓小平还在中央組織工作和监察工作会議上大讲“三不”，說：“在輪訓中，‘三不’还要不要？……三不还是三不。輪訓指示，继續貫彻，沒有坏处”。“过去不拥护三面紅旗的能‘三不’，而拥护三面紅旗的但有缺点的，为什么不能‘三不’？应当都‘三不’”，“現在不能說大家都敢讲话了”。邓小平公然抗拒党的八届十中全会，继續鼓动牛鬼蛇神向党进行反扑。

六、大肆吹捧苏修，販卖修正主义貨色

邓小平是赫魯晓夫式的人物，是赫魯晓夫修正主义在中国的代理人，是一个彻头彻尾的修正主义分子。他反对毛泽东思想，反对毛主席革命路线，吹捧苏联修正主义集团，宣扬和推行修正主义路线，並极力抵制反修斗爭。

苏共二十大，在赫魯晓夫集团的操縱下，全盘否定斯大林，反对无产阶级专政，提出了“三和”（和平共处、和平竞賽、和平过渡）路线。我们党严肃地批判了苏共領导的修正主义，而邓小平却吹捧苏

共二十大有“重要的功績”，“对全世界其他各国共产党都产生了巨大的影响”，並一再吹嘘苏共二十大“破除了迷信”，“解放了思想”“提出了思想僵化的危險是多么严重的教訓”等。一九五九年初，中苏簽訂了一项經济协定，他欣喜若狂地宣传說：“我们相互团結、相互配合、相互帮助，表現出我们是一个社会主义大家庭”。

随着苏联修正主义的发展，邓小平吹捧苏修集团的調子越来越高。一九五九年苏共二十一大，对我国的三面紅旗大肆攻击，誣蔑我们党是超越了历史阶段，搶先进入共产主义。但邓小平却硬說表現了社会主义国家的团結。他还說：“最近苏联二十一次党代表大会开得好，差不多各方面的論点我们都是贊成的，同我们的看法是一致的。”这就清楚地表現了他是一个彻头彻尾的修正主义分子。

邓小平长期以来一直积极宣扬和推行苏联的修正主义路线。苏共二十大以后，他一再按照苏共領导的調子大肆宣扬“和平共处”、“和平竞賽”。一九五七年一月他在清华大学讲话說：“我们希望目前世界上这三种主义——社会主义、帝国主义、民族主义的国家和平竞賽，从易北河到十七度，从十七度到三八线，来个‘黄河为界’，人不犯我，我不犯人”。一九五九年二月他在上海市委工业会議上又鼓吹說：“在經济上竞賽，远远把资本主义抛在后面”。他和赫魯曉夫一样，妄想以什么“和平共处”、“和平竞賽”代替国际的阶级斗争。

邓小平多次散布崇修論調，說什么：“我们很穷”，而“苏联現有物质基础比我们雄厚得多”。一九五七年他在清华大学讲话又說：“要以苏联为中心，不以它为中心誰为中心呢？我们沒有资格，只有四百万吨鋼，造不出重型机器来。我们很穷，沒有本事拿出更多錢来帮助人家。……”这完全暴露了邓小平拜倒在苏修脚下的奴才相。

在經营管理制度方面，邓小平极力反对加強党的領导，实行政治掛帅的正确方針。一九五七年他吹嘘苏联的“一长制”，並說南斯拉夫的“工厂管理委員会”，也是“一种方法”。他对我国工厂实行的党委制却大加攻击說，“拿到别的国家去不見得合适。牛皮吹不得，吹牛不是馬克思主义者。我們不要硬把党委制販卖到外国，否認别国經验”。这就再一次暴露了邓小平媚外崇修的丑恶嘴脸。

七、招降納叛，結党营私，推行修正主义的組织路线

邓小平和刘少奇独断独行，背着毛主席、党中央，同彭、罗、陆、杨等反革命修正主义分子大搞独立王国，妄图一旦时机成熟，就篡党、篡軍、篡政，实行资本主义复辟。

邓小平在党的“八大”会上就打着反官僚主义的幌子，竭力宣扬分散主义，反对党的集中領导，說：“分散主义的偏向，就只在个别的范围內还有它的残余”，应当着重解决的問題是所谓“不适当的过分的中央集权”，攻击毛主席和党中央的正确領导。

邓小平同刘少奇培植私人势力，招降納叛，結党营私，实行任人唯亲的干部路线，包庇和重用叛徒、反革命修正主义分子和其他牛鬼蛇神。例如，《三家村》的头目邓拓，早已查明是罪恶累累的大叛徒，邓小平却大力包庇，指示他的亲信張子意“不必给邓拓作結論”。常溪萍是破坏北京大学社会主义教育运动的禍首，邓小平对常大加贊賞，破格提拔重用。張子意是中宣部的党內走资本主义

道路的当权派，邓小平多方包庇，企图继續委任張子意为新中宣部的付部长。中央党校反革命修正主义分子楊献珍、王从吾、林楓等人都在刘少奇、邓小平等人的庇护下，长期窃踞党校校长职务，肆无忌惮地进行反党反社会主义反毛泽东思想的罪恶活动。

特別严重的是，邓小平和刘少奇一起，长期包庇和重用一九三六年公开发表《反共启事》叛变自首的大叛徒薄一波、安子文、刘瀾涛、楊献珍、胡錫奎等数十人，让他们窃踞国家的要职。

八、在中央党校积极推行修正主义教育路线

邓小平和刘少奇是中央党校反革命修正主义分子楊献珍、王从吾、林楓等人猖狂反对毛泽东思想、积极推行修正主义教学路线的总根子。他们反对学习毛主席著作，反对以毛泽东思想为指导的办校方針。

一九五三年反革命修正主义分子楊献珍、侯維煜等人泡制了一个所谓“学习理論、提高認識、联系实际、改造思想”的教学方針。这个方針是直接对抗毛主席的干部教育方針的。楊献珍等人利用了这个方針，积极販卖修正主义貨色，猖狂反对毛泽东思想，多次遭到了中央的批評；但身为党的总书記的邓小平，却竭力为楊献珍辩护，說：“高级党校有缺点，但主要的是好的”，“至少在党校学习长了不少知識”。肯定楊献珍等人推行的反毛泽东思想的教学路线是正确的。

邓小平积极支持楊献珍等人的所谓学习馬、恩、列、斯的經典

著作，来抵制和反对学习毛主席著作。他在一九五八年六月中央书記处会議上讲：“經典著作，《唯物論与經验批判論》、《費尔巴哈論》也要讀一下。两年半的（班）应更加多些，否則回去教不了課。”又說：“中央的东西，也不是一切都学”。楊献珍就是根据邓小平和刘少奇的旨意大讲黑（格尔）、费（尔巴哈）、老（子）、方（以智），以此来抵制学习毛主席著作。

邓小平积极反对毛主席提出的“以研究中国革命实际問題为中心，以馬克思列宁主义基本原則为指导的方針”，五八年六月中央书記处会議上，反复強調学員到党校就是要死讀书，他說：“重点是搞点理論，把思想条理化”，“打个基础，养成看书习慣，重视理論的空气”。他認为理論結合实际，就是“把本地方的文件报紙讀一讀，不脱离本地的发展”就行了。

在一九六〇年林彪同志就号召大学毛主席著作，要“带着問題学，活学活用，学用結合，急用先学，立竿見影”，但邓小平在一九六二年全国組织工作会議上，仍然大讲：“党校与輪訓班要分开，党校是长期的，系統地讀点书，輪訓是短期的”，“党校一期搞二三年，五、六年，入学的，要是眞正能讀进书的。”根本不讲学习毛主席著作，不讲学用結合，更不讲思想改造。

邓小平和刘少奇是中央党校推行修正主义教学路线，大反毛泽东思想的总根子。要眞正确立起用毛泽东思想教育全党干部的教育方針，就必須彻底清算刘少奇、邓小平所散布的毒素和影响。

九、提出资产阶级反动路线，破坏无产阶级文化大革命

我们的伟大领袖毛主席亲自发动和领导的无产阶级文化大革命，是我国社会主义革命发展的新阶段，在国际共产主义运动的历史上开辟了一个新紀元。

邓小平、刘少奇站在资产阶级反动立场，仇视无产阶级文化大革命，提出资产阶级反动路线，与毛主席的革命路线相对抗。

一九六五年，毛主席亲自发动了批判反党反社会主义的《海瑞罢官》的斗争以后，邓小平、刘少奇抗拒毛主席关于《海瑞罢官》的要害是“罢官”的重要指示，却批轉了彭真炮制的反革命修正主义《汇报提綱》，妄图把这场严重的阶级斗争引入純学术討論的歧途，鼓吹资产阶级自由化，包庇右派，打击、压制革命左派。他们还用职权庇护《三家村》反革命集团和旧北京市委反革命修正主义的领导人。

一九六六年五月下旬，邓小平、刘少奇扣压了北京大学聂元梓等同志的革命大字报，不准发表，宣布束縛革命群众运动的种种清规戒律，妄图阻挡无产阶级文化大革命的洪流。

六月一日，毛主席决定发表聂元梓等同志的全国第一張馬列主义的大字报，点燃了无产阶级文化大革命的熊熊烈火。邓小平、刘少奇乘毛主席不在北京的机会，派出了大批工作組，压制革命运动，以排除‘干扰’为名，发动了一个鋒芒指向革命群众的所谓“反右斗爭”。在五十多天的时間內，一大批革命群众和革命左派被打成“反革命”、“黑帮分子”、“右派分子”，顿时把轰轰烈烈的文化大革命搞得冷冷清清，死气沉沉。

七月中旬，我們的伟大領袖毛主席决定撤銷工作組，邓小平在一次万人大会上公然进行辩解，說什么派工作組“責任在中央”。

他調兵遣将，組織变相工作組，继續压制群众，挑动群众斗群众，变本加厉地推行资产阶级反动路线。他给人民大学付校长郭影秋打保票說：“郭影秋不是黑帮。”革命群众批判張际春的资产阶级反动路线时，邓小平对張际春撑腰打气說：“我保证你是左派”

八月初，毛主席亲自主持召开了党的八屆十一中全会，制定了无产阶级文化大革命的伟大綱領——《十六条》，炮打了刘少奇、邓小平的资产阶级司令部，宣告了毛主席的革命路线的胜利，资产阶级反动路线的破产，把无产阶级文化大革命引到正确的軌道上来。

以刘少奇、邓小平为代表的一小撮坚持资产阶级反动路线的人，仍然負隅頑抗，极力抵制党的八屆十一中全会。八月二十日，邓小平接見国际关系学院革命师生时，猖狂地攻击群众中的大辯論說：“各方面要冷淨下来，你们冷静下来就好办了，要不，战国春秋，春秋战国，搞他几十年，嗚呼哀哉！”这充分暴露了他极其仇视无产阶级文化大革命的反动本质。

在毛主席的革命路线指引下，广大的革命群众展开了彻底批判资产阶级反动路线，彻底粉碎资产阶级反革命逆流的斗爭。揪出了邓小平这个党内二号走资本主义道路的当权派，这是无产阶级文化大革命的伟大胜利，是毛泽东思想的伟大胜利。但是，刘、邓並不甘心他们的失敗，两条路线的斗爭並没有結束。我们必須高举毛泽东思想伟大紅旗，彻底揭发和清算邓小平反党反社会主义反毛泽东思想的滔天罪行，把邓小平斗倒斗垮斗臭，彻底粉碎刘、邓的资产阶级反动路线，彻底清除它的恶劣影响，将无产阶级文化大革命进行到底！

打倒党内走资本主义道路当权派邓小平！

坚决把无产阶级文化大革命进行到底！

无产阶级专政万岁！

伟大的战无不胜的毛泽东思想万岁！

伟大的、光荣的、正确的中国共产党万岁！

我们伟大的导师、伟大的領袖、伟大的統帅、伟大的舵手毛主席万岁！万岁！万万岁！

中共中央党校 紅旗战斗队
紅色联絡站

一九六七年一月十日

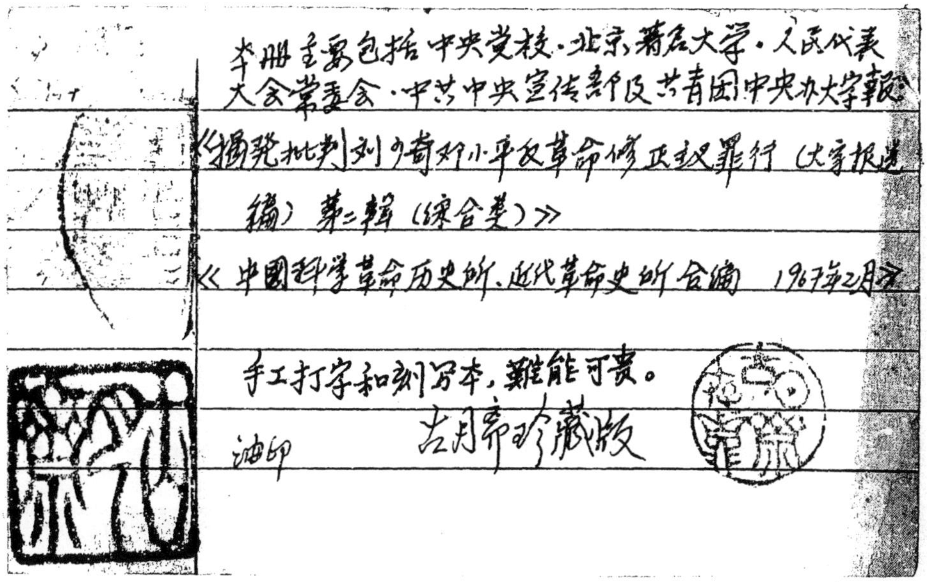

本册主要包括中央党校、北京清华大学、人民代表大会常委会、中共中央宣传部及共青团中央的大字報

《揭發批判刘少奇邓小平反革命修正主义罪行（大字报选编）第二辑（综合类）》

《中国科学革命历史所、近代革命史所合编 1967年2月》

手工打字和刻写本，難能可貴。

油印

古月帝珍藏版

邓小平言行录

（一）攻击毛主席，反对毛泽东思想

"毛泽东思想是当代馬克思列宁主义的頂峯，是当代最高最活的馬克思列宁主义。毛泽东同志的理論和实践，如日月經天，江河行地。毛泽东同志的著作，是我们各项工作的最高指示。是拥护毛泽东思想，照毛泽东思想办事，还是抵制毛泽东思想，反对照毛泽东思想办事，这是馬克思列宁主义和修正主义的分水岭，这是革命和反革命的分水岭。"

（《紅旗》一九六六年第八期社論《无产阶级文化大革命万岁！》）

从邓小平对待毛主席，对待毛泽东思想的态度，可以清楚地看出邓小平到底是什么货色。

1、猖狂地攻击我们伟大的领袖毛主席：

1956年9月邓小平在八大上所作的《关于修改党的章程的报告》中，大肆吹捧苏共二十大，借口反对个人迷信，含沙射影地攻击我们的伟大领袖毛主席。他說：苏共二十大反对个人迷信"不但对于苏联共产党，而且对于全世界其他各国共产党都产生了巨大的影响。"他还說："苏联共产党第二十次代表大会的一个重要的功績，就是告訴我们把个人神化，造成多么严重的恶果。""对于领袖的爱护——本质上是表現在对于党的利益、阶级的利益、人民的利益的爱护，而不是对个人的神化。"

接着他更加露骨地把矛头指向毛主席，說什么"我们党也厌棄对于个人的神化。""个人崇拜是一种有长远历史的社会現象，这种現象也不会不在我们党的生活和社会生活中有它的某些反映。”“我们的任务是继續坚决执行中央反对把个人突出，反对对个人歌功頌德的方針。”

在同一篇报告中，他还借口反对所谓“不适当的，过分的中央集权”来反对毛主席的正确領导，說什么“以集体領导的外衣掩盖个人专断的实质的办法。”“主观主义者滥用党的威信，继續一意孤行。”“他们的錯误和失敗愈来愈严重。”

1957年2月18日在青年团的省、市委书記会議上，邓小平更恶毒地說：“毛主席从来沒有說过他不会犯錯误。”

在另一次中央召开的会議上，他又恶意地說：“人人都有主观主义，毛主席也有。大家不同意他去游泳（横渡长江），他非要去。”

1957年1月12日，邓小平在清华大学的一次讲话中說：“对‘再論’（按：指《再論无产阶级专政的历史經验》）的作用不要迷信，不要太夸張，不能希望把所有的人說服。……不要以为我们这篇文章一出去，在国际上就会起了不起的作用。”“我们有了經验，但对别国不一定合适，不要太夸張，我们經验不足，应检查糾正，……在討論中有人认为中国不錯，沒有犯过这个錯误（按：指个人崇拜），实际上我们錯误也不少……不可吹牛。”在这里邓小平实际上是在說我们党有严重的“个人崇拜”的錯误，並公开貶低毛泽东思想的伟大作用。

1961年7月21日，邓小平在黑龙江省委的一次会議上，在对人民公社进行了恶毒的攻击之后，明目張胆地把矛头指向毛主席，他說：“凡是办不到的，不管是哪个人說的，站不住就改，顾面子是顾不住的，今天顾住了，明天就顾不住。”

1961年10月23日，邓小平在接見参加共青团中央工作会议的省、市委书記时說："我们的事业总是精雕細刻，沒有一件事情不是一点一滴积累起来的。难道我们的事业就是几个发明創造的人搞起来的嗎？"

1963年六、七月間，薄一波向修正主义总头目刘少奇邓小平汇报工交系統的工作，当談到干部工作的时候，刘少奇和邓小平一唱一和煞有介事地說："老的不行嘛！不要占着茅房不拉屎，要下台，要让位，不能摆老资格。我们不是青、紅帮。青、紅帮还很开明嘛！上海的大青紅帮头子是黃金荣。他的徒弟是蔣介石。黃金荣老了，主动把坐位让给了蔣介石。'青出于蓝而胜于蓝"嘛，我们为什么不行呢！？"

这更加明显的暴露了刘、邓之流攻击毛主席、企图篡夺领导权的野心。

1966年在北京搞了个"大庆展览館"。"大庆展览館"攻击毛主席，否定毛泽东思想，大树刘少奇和邓小平这些修正主义分子的"权威"，刘少奇、邓小平的照片竟比毛主席的还大。吹捧刘、邓制定的"后十条"，吹捧刘少奇的两种教育制度。邓小平就是"大庆展览館"这樣反毛泽东思想大毒草的后台老板。他亲自"审查"批准了这个"展览"在首都和全国长期放毒，尤其恶毒的是在八屆十一中全会召开后，还大肆放毒两个月。

2、反对毛主席的領导，大搞独立王国：

邓小平大搞独立王国，对抗党中央，对抗毛主席，从1949年到現在他什么事情也不找主席商量，私自乱决定問題，如土地会议，天津讲话，山西合作社，否定調查研究，大捧王光美等。1961年起草人民公社六十条时，搞南三区北三区，也不請示毛主席。

主席批評两个独立王国，一个是前北京市委，一个就是邓小平的书記处。主席64年底就批評过邓小平，但他仍頑固不化。

3、攻击、反对毛主席的指示：

1961年7月21日，邓小平在黑龙江省委的一次会議上公开叫嚷說："关于共产主义风格問題，今后主要讲社会主义好了，按照馬克思的說法，我们就是超越了阶段。一切都要按社会主义原則办事。不要再照顾原来說过的话，办过的事，那是照顾不住的。'六十条'将来一公布，农村公社就是社会主义的联社了。我们在社会主义阶段，不能搞这样高的，再高就不好。"就在这篇讲话中，邓小平还針对毛主席提出的"提倡共产主义风格"的伟大号召，主張今后"主要讲社会主义"，公开与毛主席唱反調。

1964年邓小平是刘少奇执行四清运动形"左"实右反动路线的付司令，他与刘少奇一道搞"后十条"，並在全国大力宣扬形"左"实右的王光美报告，与毛主席亲自制定的"前十条"相对抗，破坏了四清运动。

1965年反革命修正主义分子安子文曾传达邓小平的意見：不是貧下中农的党員可以参加貧协，公开反对毛主席的指示。

1965年8月，在团中央社教会議上，邓小平胡說："現在，並不是没有有能力的分子，就是都頂住了。长期以来，就是这样，农村並不是没有文化，要把一些青年放在领导崗位上。不把这些人放在领导崗位上，接班如何接法？"这是邓小平在提拔干部問題上的"年輕有文化論"，是修正主义路线，是直接反对毛主席提出的无产阶级革命接班人五项条件的。

4、极力反对和誣蔑活学活用毛主席著作的群众运动：

1956年9月，邓小平在八大所作的《关于修改党的章程的报告》是一株攻击毛主席，反对毛泽东思想的大毒草。八大通过的党章把七大党章中“毛泽东思想做为我党一切工作的指針”这一段话从总綱中去掉了，把“学习毛泽东思想”也从党員义务的第一条中去掉了。企图使中国人民和世界人民失掉革命的方向。这是刘少奇、邓小平等攻击毛主席、反对毛泽东思想的一个最严重的罪行。而邓小平在“报告”中却說：“这个草案同第七次大会所通过的党章比較起来並沒有根本原則上的不同，……”。他在这篇长达几万字的报告中，根本不提“毛泽东思想”几个字，只是非常勉強的四次提到毛主席的名字，而却又三次吹捧了刘少奇。

1960年林彪同志提出活学活用毛主席著作的号召以后，刘少奇、邓小平公然进行对抗，他们搞出要另編一本党員課本，在这个課本中，刘少奇不許引用毛主席的话。他在1962年11月的一次談话中說：“党員課本要通俗一点，不要摘引毛主席的话，就当課本上的话說。”

1960年1月，由旧中宣部代拟的所谓中央批轉团中央《关于开展毛泽东著作学习运动的提法問題的指示》中，明目張胆地攻击、抵毁毛泽东思想，流毒全国。这个“指示”，就是刘少奇、邓小平批准的。

1961年3月旧中宣部在《关于在毛泽东思想和領袖革命事迹宣传中一些問題的检查报告》里，大肆攻击工农兵学习毛主席著作是“庸俗化”，“簡单化”，“形式主义”。这个文件，也是由邓小平参与批准的。

1962年5月，邓小平通过周扬写了一个《文科教材編选情况和今后工作意見的报告》，最后經邓小平批准发到全国各地。这个"报告"恶毒地、赤裸裸地攻击和誣蔑学习毛主席著作是"貼标簽"，"簡单化"，"庸俗化"。說什么"把馬克思主义当成現成結論，作为套語，空发議論，乱貼标簽，不但不能起教科书应有的传授知識的作用，而且，首先是違反馬克思主义的。"还說什么"勉強要求"以毛泽东思想掛帅来編写教材，"只能助长庸俗化、簡单化的傾向"。

1962年12月中央組織部召开組織工作会議。邓小平在会上做了报告。报告中矢口不提以毛泽东思想来教育干部和党員，相反地，在經刘少奇、邓小平批准的"組織工作会議紀要"中提出，对干部、党員进行教育的內容是：县委书記以上的党員干部，主要是学习中央规定的三本书、党章和刘少奇的《論共产党員的修养》。县委书記以下的有自修能力的党員干部主要是学习党章和中央宣传部、中央組織部編写的《做一个好的共产党員》。根本不提要党員、干部学习毛主席著作。

1965年3月，邓小平在中央书記处会議上，攻击学习主席語录、《雷鋒日記》，說："学物理的，整天背《雷鋒日記》、主席語录，不能算又紅又专。"

1965年8月9日，邓小平和彭眞、罗瑞卿勾結在一起，在中央书記处听取团中央书記处汇报的会議上大反学习主席著作的群众运动。邓小平攻击提倡活学活用毛主席著作，說什么"现在苛捐杂税太多，乱抓乱管，下班以后学毛选，統統找来学，还非要大家学出味道，搞疲劳战术，实际上是社会強迫。"还說："青年有自己的爱好，要按自愿原則組織他们，才能发挥他们的特长。""不搞一律化，不一定要事事抓，爱文艺的，爱打球的……結合自己的爱好来学习毛主席著作。”他主張“要知識面寬一点，不要搞那么窄，不要只是‘三大篇’，要多方面組织青年讀书。文化水平高的，不能只学毛选，可以讀点經典著作，这样基本知識多了，也就活了。”邓小平特别反对青年学习老三篇，他說：“在青年中，毛主席的著作，一些基本的东西是要提倡学的，但一年四季都这么搞也不行。”“四篇文章（按：指老三篇加《反对自由主义》）可以学，但是如果年年都学那几篇，作用也不大。”“不要只是四大篇。”他在“提倡自愿原則”“不要千篇一律，卡得太死”的幌子下，企图阻撓和取消活学活用毛主席著作的群众运动。

同年8月，《中国青年》杂志发表社論《从实际出发，指导青年学习毛主席著作》，鼓吹所谓“扩大知識面”，“不搞一律化”，“結合自己的爱好学毛选”等，这株大毒草就是根据邓小平讲话的精神泡制的。

邓小平还在一次批轉团中央关于学习毛主席著作的报告时說：“整篇都是毛泽东思想，馬列主义不能丢，不一定轉发了。”

5、规定种种框框，千方百計地限制毛主席著作的出版，限制毛毛泽东思想的传播：

以刘少奇、邓小平为代表的资产阶级司令部，假借中央名义，发布“指示”，支持和指使旧中宣部搞种种限制毛主席著作出版的反革命勾当。

1961年4月，以中央名义轉发的《黑龙江省委关于选編和发表毛泽东同志言論問題的通报》中，对毛主席著作的选編和出版规定了种种的“王法”，千方百計地限制各地选編和出版毛主席著作。这个文件就是刘、邓资产阶级司令部批准的。

1963年7月，刘、邓以中央名义批轉的关于《出版工作座談会情况和改进出版工作問題的报告》，对出版毛主席著作又规定了許多新的“王法”，如“毛主席著作不許地方出版社編印，出版；中央一级出版社出版毛主席著作，专题摘录……等，各有关党委都无权批准，必須送中宣部审查。各地选編公开发表过的毛主席著作，只准印活頁，並且，还要严格控制印数。在有关单位內部发行，不得公开发行。”

1964年2月，刘邓又以中央名义发表了《关于編印毛主席著作的批准手續的通知》，除了重申63年7月所谓“中央”规定的“王法”以外，更进一步规定，凡要出版毛主席著作的选本，必須报中央，非經“中央”批准不得印行（原来规定是經中央有关領导机关单位批准）。

（二） 宣扬阶级斗爭熄灭論

1、宣扬阶级斗爭熄灭論：

毛主席教导我们：“千万不要忘記阶级斗爭”。而邓小平却大肆宣扬阶级消灭和阶级斗爭熄灭論。他在1956年八大《关于修改党的章程的报告》中說：“最近时期情况已发生了根本的变化，工人和职員已經只是一个阶级內部的分工；苦力和僱农已經不存在了；貧农和中农現在都已經成为农业生产合作社的社員，他们之間的区别，很快就只有历史的意义；革命士兵由于征兵制度的实行，已經不成为单一社会成分；知識分子的絕大多数，在政治上已經站在工人阶级方面，在家庭出身上也正在迅速地改变着；城市貧民和自由职业者，差不多已經失掉成为社会阶层的条件。”“把这些社会成分分为两类还有什么意义呢？而且即使要分，又怎么分得清呢？”“我国的政治情况旣然发生了根本的改变，我们在目前的政治綱領，当然也要有根本的改变”，他又說：“我们不但彻底地完成了资产阶级民主阶段的任务。……资产阶级作为一个阶级已經处在消灭过程中。”因此，他認为“原有的社会成份的区别已經或正失去原有的意义。”

他在同一报告中还提出“取消原有的不同入党手續”（按：指七大通过的党章中规定不同出身、不同成份的人入党手續不同）說 这“是因为原有的社会成份的区别已經或正在失去原有的意义了”。

1957年1月他在清华大学的一次讲话中，恶毒地攻击社会主义制度，鼓吹阶级斗爭熄灭論。他胡說：“在苏联国内阶级斗爭已經熄灭了，但斯大林还強調阶级斗爭，結果在肃反問題上犯了錯误。”“社会制度要注意調整，阶级已基本消灭了，就不应該強調阶级斗爭，这会引起肃反扩大化，这对中国基本上也合适。”並且还公开为反革命喊冤叫屈說：“我们过去专政多了，以后可以放寬些。”

2、竭力美化资产阶级和反动分子，百般地照顾他们：

1962年5月邓小平就资本家下放問題对統战部說：“对资产阶级这些人是三条原則：(1)一般不下放农村。个別的根据自愿，不要強迫。(2)一视同仁。(3)处理不要太急，听候处理，总要有安置。对这部份人，确是很容易从他们身上打主意，有了这三条原則，問題就可以解决。”看！邓小平这个资产阶级的孝子賢孙，对资产阶级是多么关怀备至，並且恶毒地說我们对资本家的改造是想从“他们身上打主意。”1965年7月邓小平在工交系統四清試点座談会上公开提出：

“政策要给人希望，还乡团十几年参加劳动，改造得好的也可以参加工会。”“地主没有血債，十几年参加劳动，改造好的也可以改变成份，使改造好的有奔头。”

（三） 恶毒攻击三面紅旗，誣蔑群众运动，鼓吹资本主义

1、恶毒詆毀、攻击三面紅旗：

邓小平反对用“建設社会主义”这个口号去調动广大群众的积极性。他在1957年2月18日接見青年团省市委书記时說：“过去，我们习惯于搞一个中心，用一个口号把六亿人口一致动員起来，現在特别是去年以后就不同了，当然有总的口号‘建設社会主义’，八大的报告是这么提的：調动一切积极因素，为建設社会主义而斗争。这句话干巴巴的，还要天天讲，这有什么意思呢？！”

1961年6月的中央工作会議上，邓小平发表了一篇讲话，恶毒攻击三面紅旗，猖狂向党进攻。他把当时的形势描繪成一团漆黑，把总路线，大跃进，人民公社的成績全盘否定了。他說：“現在生产关系紧張，党群关系紧張，干部关系紧張，所有制关系紧張。三年来，所有制破坏了，积极性破坏了。天灾不是主要的，人祸是主要的。”“河南农民說：‘三分天灾，七分人祸’。缺点錯误是主要原因。不要老說（缺点錯误是）一个指头。”还散布悲观論調：“我国农业情况好轉不是三年五年的事，而是七年八年的事。”

1961年10月他說：“我们的毛病就是快了一点，……我们的指标还不能很高，农业在今年、明年之內还上去不了。但是总

希望有一个中等年成。不进口粮食。”“鋼的产量，我们設想不可高，主要是品种质量，搞六十年代的鋼……鋼的品种多，质量好就行。苏联农业机械化的时候，没有二千万吨鋼，只有一千二百万吨鋼。要不了那么多的鋼，我们不在于看鋼的数字。”还說：“現在好象我们說不起话的样子，理不直，气不壮的样子。不仅团有这个感覚，党也有这个感覚。穿得不好，住得不好，吃得不好，指标降低。好多话过去說的过分了，說錯了，說大了。运动有些搞‘左’了。”他在团中央三届七中全会上說：“我们的病比較复杂，太深刻了”。

1962年7月7日，邓小平在共青团三届七中全会上說：“目前政治上形势大好，但經济上是大不好形势。这几年确实做了許多蠢事，影响了党和国家的威信，帝国主义，修正主义看不起我们，人民埋怨我们，是应該埋怨的，駡我们是該駡，駡的好。”“我国通貨膨胀情况，經过搞点高价东西后有好轉，有一股票子不值錢，农民对票子没兴趣。东北农民买鐮刀，价五角，他丢下五元拿了鐮刀就走。”还胡說：“造成这些問題毛主席說他要負責。”

会上他把国内形势誣蔑为一团漆黑。說什么“大好形势这句话，有些人不贊成，他们不贊成是有道理的。”他在这里所指的“他们”，就是一小撮地富反坏右。他接着說：“我们这几年确实做了許多蠢事，别人不駡，我们自己也要駡自己。”“别人說怪话是应該的，主要表現在农业上。”“恐怕三年、五年或是七年，不是馬上就好的。現在問題一大堆，几乎是没有一个措施是没有付作用的。”

邓小平在这个会上誣蔑大跃进說：“1949年以后恢复建設，一直到1957年确实是順利的，欣欣向荣，可是1958—1961

年的大跃进怎么样呢？从1957年以后，我们全党就不谨慎了，产生了自满情绪，我们的好传统丧失了，损坏了，削弱了。”他攻击人民公社說：“人民公社名字可以不取消，实际上恢复为57年的大乡”。

2、鼓吹发展资本主义：

1957年1月邓小平在清华大学的讲话中，大肆鼓吹工厂要采用象南斯拉夫的“工人委員会”来管理，妄图取消党的领导。他說：“有人說，工人委員会比党委领导的厂长負責制好，有人說，一长制容易产生官僚主义等等。当然，都不能把这些形式絶对化，不能說絶对的好或絶对的不好。它只是在某些一定的条件下，才是适用的，才是正确的。”

在我国暂时經济困难时期，邓小平乘机大肆鼓吹单干，公开提出“三自一包”，梦想复辟资本主义，企图把我国拉回到半封建半殖民地的老路上去。

1961年7月21日，邓小平在黑龙江省委的一次会議上大肆宣扬“自負盈亏”，“独立核算”，“按照經济的办法去搞經济工作”，“用等价交换去迫使（企业）搞好独立核算，提高生产”等等。妄图用资本主义的一套价値法則来改造社会主义經济。

1962年夏季，邓小平在中央书記处会議上說：“相当多的农民要求分地，我们比57年减产很多。”“不管那种办法，只要恢复的快就是好办法。”甚至說：“現在最主要的問題，是多生产粮食，只要能增产，单干也可以，不管黑猫白猫，能捉住老鼠就是好猫。”当时邓小平还用中央名义发过一个調查提綱，其中有一个問題是研究单干有什么好处。

毛主席說：“我们必須相信：(1)广大农民是愿意在党的领导下逐

步地走上社会主义道路的；……”而邓小平却説：“农民对集体經济丧失了信心。”这是对我国坚决走社会主义道路的广大的貧下中农的恶毒誣蔑，是对伟大的毛泽东思想的猖狂攻击。

1962年7月，邓小平在接見共青团三届七中全会的代表时提出什么“解决困难的办法，在工业中大量下馬，大量压縮工人”，在农业中“把大队一级取消，将来有些大队可以合併一下，几个大队变成一个村，人員可以减少，有一个村长，一个支部书記，还有一个文书。把人民公社倒退到合作化前的村公所，乡公所去。”他甚至恶毒地説：“我们設想大队变成一个人，就是只搞一个保长。”

在国家經济困难时期，邓小平勾結薄一波在工业中大搞修正主义。他支持和批准了工业“七十条”：在这个修正主义的办工业的綱領中：公然反对党的領导，反对政治掛帅和群众路线，反对大破大立，反对技术革命，反对两参一改三結合，而主張物质刺激，一长制，专家路线，先立后破等等。

3、害怕群众，誣蔑群众运动：

1957年1月12日，邓小平在清华大学的讲话中反对1956年我国出現的农业合作化群众运动高潮，胡説：“我们中国的毛驴就是慢，但慢有慢的好处，汽車开的快摔就摔死了，毛驴慢，但稳当。”

同年2月18日他在接見青年团省市委书記时説：“去年冬季生产如果象55年那样就糟了，比如打井，每年打那么多井，挑那么多土，就浪费了人力物力，总之現在再不能那样搞了，否則就脫离群众。”

他更恶毒地説：“許多轰轰烈烈搞的事情，不是説今后就沒有了。如果来一个匈牙利事件，还是轰轰烈烈的，假如第三次世界大战起来了，不也是轰轰烈烈嗎！当然，我们是不希望这种轰轰烈烈的，今后，恐怕要求我们更細致的工作”。

1962年7月邓小平接見共青团三居七中全会的代表时，針对我国当时的經济生活和政治生活狀况，配合阶级敌人的进攻，大肆放毒說：“情况确实很困难，我们人民的生活很不好过……这个事实不能不承訫。”“无論从农业来說，或者从工业来說，恐怕三年，五年，或者七年，不是馬上就好的。”並胡說什么这是因为“輕易地加以全国統一”，“太輕易下决心，太輕易普及”，“运动太多，統統是运动，而且是全国性的，看来是搞不通的。”

4、害怕大民主，反对大字报：

邓小平站在资产阶级反动立场上，极端害怕群众，害怕大民主。他說：“大民主不是好东西，消灭一个东西要大民主，这是对敌对阶级采取的，……人民內部可以避免的话，大民主不是可取的东西，总会发生另外的作用，如示威，反示威等。”“大民主不能提倡的，不能讚扬的。一搞大民主，生产下降了，紀律性破坏了，我们不贊成大民主，因为他对无产阶级，对工人阶级，对劳动人民不利。”“党內斗爭也是用小民主的，不要用大民主。”“所谓大民主就是一批人被打倒，另一批人又起来，……破坏了党的民主集中制原則，党內就涣散，团結不起来，在我们中国党的历史上曾經犯过这种錯误。”他威胁說：“他们要采取大民主的办法，有什么办法呢？那么就試一試看吧！要打也可以，看誰能打赢。”

这种反毛泽东思想的論点，当时就遭到毛主席一再的严厉批評。毛主席在省市委书記会議（同年2月传达）上明确指出：有許多青年学生要搞大民主，听說許多同志害怕，我的意見是不要反对，反对要鎮压，就变段祺瑞……怕是没分析，不对的，怕是没有用的，美帝国主义、蔣介石都不怕，难道怕人民？……人民鬧事要分析原因，不要都說是反革命，政策对方法不对也会鬧起来，……要讲民主，不要怕。許多同志就是思想不通，說只是坏事情是形而上学。

毛主席說："大字报是一种极其有用的新式武器。城市，乡村，工厂，合作社，商店，机关，学校，街道，总之一切有群众的地方都可以使用。"而邓小平却贬低和怀疑群众运动中大字报的作用，1963年10月23日，他在团中央工作会議上說："大字报是个好形式。"接着就具体否定："过去，平时連大字报、中字报、小字报都沒有用，来了一个运动，馬上就一万張，每人平均十張、八張，成績伟大嗎？就值得怀疑。"他誣蔑这样写出来的大字报是"比賽出来的"，又說"並不排斥在一个时期，在一个运动里，集中的搞一下，但是那里有相当大的形式主义。"

（四）結党营私，网罗党羽，为右傾机会主义翻案

1、招降納叛，包庇縱容坏干部：

邓小平为了复辟资本主义，实現其个人野心，敢冒天下之大不韙，結党营私，招降納叛，为右傾机会主义翻案，大肆收罗党羽。

邓小平伙同彭眞包庇和重用大叛徒、黑帮分子邓拓。邓拓早在1932—33年被捕后就自首叛党，写悔过书，当面指認出卖革命同志。国民党匪部给他的評語是"态度老实，思想清楚，对本院貢献尤多，足見誠意反省。"这在审干时是有确凿的人证物证的。而邓小平却亲自出馬找中宣部閻王殿掌人事大权的張子意說："中央知道邓

拓的情況，不必给他做結論了。”並把他留在北京旧市委做市委书記，后又提为华北局后补书記。

1961年，在干部輪訓的問題上，毛主席在六月中央工作会議上指出，我们党已处在社会主义革命和社会主义建設的新时期，当前一件最重要的事，就是在全国全党开展一个新的学习运动，重新教育干部。但邓小平却在《中央关于輪訓干部的决定》中，違背主席的指示，另搞一套，提出什么“三自”“十一不”（自学为主，自覚地检查思想，自由地交換意見，不追究个人責任，不搞思想检查的典型示范，不作小組記录，不作重点批判，不作思想总結……。）决定中还強調“讀书、思考”，让干部“冷靜考虑在近几年来的工作和生活中有无忽视和違背党规党法的思想行动。”他甚至說：要“靜下来想一想”，“适当地养一养”。値得注意的是，輪訓的学习材料，大量摘引了刘少奇和邓小平的語录，当时連邓小平自己也覚得摘引他的語录多了，太露骨了，提出要多摘引刘少奇的語录，这就露暴了刘、邓狼狽为奸个人野心家的嘴臉。

这个“决定”执行以后，造成了严重的后果。不少地方在輪訓干部中，出現了反对三面紅旗，反对社会主义，甚至攻击毛主席，攻击党中央的反动言論，刮起了翻案风，单干风和阴暗风，牛鬼蛇神十分猖狂，使干部的思想更加混乱。

1962年，邓小平在一次书記处会議上說：“看干部要看大的方面，不要看小的方面，如果看小的方面，我们的党就没有希望了。”黑帮头子安子文等听了这些黑话，就如获至宝，大肆宣扬看干部要看大节，不要看小节，並以此为借口，縱容包庇道德败坏、蜕化变质分子，掩盖他们自己的男盗女娼的丑事。

2 、为右傾机会主义翻案：

1 9 5 9年，全党对反党反社会主义的右傾机会主义分子进行了反击取得了伟大的胜利。对于运动中的一些过头的地方，毛主席和党中央提出要“甄别”“平反”这是非常正确的。而邓小平却以此为借口，全面地否定和攻击5 9年反对右傾机会主义的斗爭，大搞翻案风。

他主張“一风吹”，說什么“县以下基本采取一攬子解决問題的办法，先把几个标兵一树，錯的一风吹。基本都錯了，留个尾巴干些什么？”

1 9 6 2年邓小平、彭眞曾做了一个“加速平反”的黑指示，为那些反党分子、右傾机会主义分子等等牛鬼蛇神翻案。指示中說：“近几年感到批判、处分的人很多，拔白旗，反右傾，整风补課，百分之八、九十是错的，現在平反的进度很慢，不能調动积极性。山东原来破坏的比河南还严重，但是因为平反抓得好，情况好转；河南批判处分了几十万人，但是平反慢騰得很，因此实情还在发展。”他公开恶毒攻击反右傾的伟大胜利說：“过去成批处分人，总不会正确的。”在刘、邓的指示下，中监委錢瑛就曾于安徽大搞翻案风。

(五)修正主义的組织路线

1 、邓小平自从爬上总书記宝座之后，就把书記处搞成一个对抗毛主席、推行修正主义路线的“独立王国”，其主要黑线人物如下：

邓小平——中国第二号赫魯晓夫　　(前总书記)

彭　眞——反党阴谋家，大党閥　　(前书記，号称付总书記)

罗瑞卿——反动軍閥 （前书記）

陆定——文化界反党分子的祖师爷 （前书記）

楊尚昆——反党情报阴谋家 （前候补书記）

李雪峯——鎮压文化革命的劊子手 （前书記）

黃克誠——反党分子彭德怀的得力干将（前书記，早已罢官）

胡乔木——修正主义祖师爷刘少奇的紅人（前候补书記）

譚 政——？ （前书記，早已罢官）

刘瀾濤——？ （前后补书記）

2、中央組織部以安子文为首的黑帮集团，多年来所貫彻的修正主义組織路线和干部路线，是刘少奇、邓小平所支持的，而且許多都是刘少奇、邓小平直接提出或“指示”批准执行的，如第一次那样大規模的全国組織工作会議，刘少奇亲自主持。特別是1962年的組織工作会議上，刘少奇、邓小平經常都有所谓“指示”或讲话，邓小平直接提出要重新登記党員，批准了那么多修正主义的会議紀要、附件，还有工交、財貿、农村三个支部工作条例草案等等。更为严重的是，从1951年第一次全国組織工作会議起，許多有关組織工作方面的会議、决議、报告、条例等，除1965年三个文件外，他们几乎全都不送主席审閱，也不向主席报告、請示。組織工作几乎成了他们垄断的私营事业，他们是組織方面封鎖主席，鬧独立王国的罪魁禍首。

3、从1959年邓小平控制中央組織部起，就极力限制在工农兵中发展党員。1957年他同意了反革命修正主义分子安子文的意見，规定了“不必在战士中接受三分之一左右的党員。”这是破坏解放軍的严重罪行。他规定农村党員不超过农村人口的2%，但是与此相反，他却支持安子文在高级知識分子中大量发展党員，高级知識分子中党員竟然占到29.5%，在文艺界竟占45%，使一大批牛鬼蛇神混进党內，篡夺了党的領导权，披上了馬列主义的合法外衣，公开推行他们的反革命修正主义路线。

4、1962年，河北等地提出基本核算单位下放到生产队以后，为了加強党的領导，在生产队建立党的支部。这一意見是符合主席的思想的，主席説过："紅軍所以艰难奋战而不潰散，'支部建在連上'是一个重要原因。"但邓小平公然违抗，他主張农村党支部建立在生产大队而不能建立在生产队。以安子文为首的黑帮集団就积极貫彻邓小平的意見，限制农村发展党員，主張农村党支部应建立在生产大队，不能在生产队建立党支部。並且以这个內容向主席、政治局常委写了报告，这个报告沒經主席批准就印发各地了。

5、1962年十中全会上，主席作了阶级，阶级矛盾和阶级斗爭的指示以后。邓小平掩盖阶级斗爭实质，对抗"重点是整走资本主义道路的当权派"这一原則，倒轉矛头，提出要大搞登記党員，和主席思想唱对台戏。安子文黑帮集団在第二次全国組織工作会議上，对主席的指示不討論，不研究，而以很大的精力討論登記党員問題。会上作出的关于登記党員試点工作的意見是刘少奇、邓小平批准的，会上提出的党員标准十条，也是邓小平亲自选定的。

6、邓小平把持了党的工作，一向不提要以毛泽东思想做为党的一切行动的最高指示，反而大力鼓吹学习苏联。1963年，邓小平在第二次全国組織工作会議上作了报告，提出对党員要规定几門必修課，每个党員都要学会这几門課程，根本不提要以毛泽东思想武裝党員。

7、邓小平1956年曾派組织工作代表团去苏联学习苏共修正主义建党經验。

8、在八大《关于修改党的章程的报告》中，邓小平說："党对人民的领导作用，就是正确地给人民群众指出斗争的方向，帮助人民群众自己动手，争取和創造自己的幸福生活。"他的这种論調和赫魯晓夫的土豆加牛肉的共产主义沒有任何本质区别，邓小平就是要把我们的党改造成苏修式的假共产党。

（六）反对毛主席的教育方針，推行修正主义教育路线

1、极力反对毛主席提出的教育为无产阶级政治服务，教育与生产劳动相結合的方針：

毛主席說："我们的教育方針，应該使受教育者在德育、智育、体育几方面都得到发展，成为有社会主义觉悟的有文化的劳动者。"

邓小平却一直与毛主席的这一伟大指示唱反調，反对毛主席提出的教育方針。

1957年1月16日邓小平在对共青团"三大"的指示中說："公益劳动只能搞一点点，是象征性的，眞正的劳动是应該取报酬的。"

1958年1月31日毛主席发出重要指示后，才三十多天，邓小平就全面攻击毛主席的指示。他在1958年3月7日，在党中央书記处討論勤工俭学与民办中学問題时，明目張胆反对主席关于教育革命的指示，否認教育部門中存在的阶级斗争和两条道路的

斗爭，胡說："从教育部汇报的情况来看，現在情况很好。""目前教育方面的核心的問題概括起来說是普及与提高的問題。""一切問題要从这个原則来考虑。""我们自己作得是比較好的。"並且說："归根結底，要保证质量，劳动适当的搞一些，可以提高学习质量，但不能太多。如一切都搞起来了，但学习质量差，則不能算成功，小学更不要搞勤工俭学，对他们进行些劳动教育就可以了。总之，不要急于都去搞劳动生产，影响学习。"

到１９５８年９月，邓小平视察辽宁、吉林、黑龙江三省时，竟然說："大学最重要的任务，就是要結合教学內容，全力做好尖端科学技术的研究和实验。"

２、极力推行修正主义教育路线，培养资产阶级知識分子：

１９５８年，邓小平說："办教育学习苏联也应該象做經济工作的一样，……。苏联在教育方面同样是有成功的經验和失败的經验，我们要学习成功的，避免失敗的。"

他強調智育第一，強調所谓提高和质量，公开提出中学教育的目的是为了学生升大学。他說："普及的腿迈开了，提高的腿也不能不迈，不然会影响质量。质量降低的后果一年內看不出来，三年后就看出来了，将来大学招生就会发生困难。"又說："对大学与普通中学的师资的质量要注意，对民办学校的师资暂时可不管，这些学校是为了满足农村青年的学习要求，办起来就是好事。"他口口声声的"提高"和"质量"，一句话，就是为了培养资产阶级知識分子。

１９６１年，邓小平在教育部召开的調查工作会議期間，反复強調"高等教育根本問題决定于质量，而不在于数量。"这种不做阶级分析的“质量观”实际上为大量砍掉半工半讀、业余、函授教育，为死保资本主义教育制度提供了理論基础。

1961年，邓小平通过陆定一、林枫、蔣南翔等，抛出了一个修正主义教育綱領——“高教六十条”。这个条例通篇不讲阶级斗爭，不讲突出无产阶级政治，不讲高举毛泽东思想伟大紅旗。片面強调“以教育为主”，強調“三基”（基本理論、基本知識、基本技能），鼓吹智育第一，书本至上，並攻击“反对走白专道路”的正确口号，实行资产阶级业务掛帅，恢复並巩固资产阶级知識分子对教育事业的統治，极力削弱党对高校的領导。这个条例用几十个“不得”“不許”“不准”“不要”等字样，大泼冷水，大刮阴风，全盘否定了一九五八年教育大革命的成果。这个条例通过后，邓小平洋洋得意，手中掂着这个条例，連声贊好說：“这解决了一个大問題”。

邓小平反对毛主席关于一部分学校实行自给的指示，更是公开的，直接的。他說：“搞劳动……至于学校經費能否自给，不是我们的目的。”更恶毒地是，邓小平胡說：“城市普通中学怎样开展勤工俭学还要看一、二年。”

邓小平热心的提倡苏修的一套学銜、学位制。1963年經刘少奇、邓小平批准，国家科委草拟了学銜学位制，企图立即在全国实行。后被主席发現，及时制止了。

邓小平极力地抵制主席在1964年春节座談会上对教育工作的指示。主席指出学制要縮短，課程要精简，教学方法和考試制度要改革。但邓小平却抵制主席的指示，在1962年11月蔣南翔召开的半工半讀会議上說：“工科基本不变，还是五年制。”对陆定一坚持要办的八年制医科大学，他也同意。与此同时，他还以“优秀生跳班”

来作为縮短学制的一项重要措施，来借机贩卖他的资产阶级天才教育的私貨。他通过彭眞要文教部、教育部抓“尖端培养”，叫喊“步子要稳，教学质量、科学水平不要下降，优秀生要让跳班，尖子很重要，頂用、突出，一門突出可以跳，門門五分最沒用。”

3、公然对抗毛主席关于教育改革的指示，反对搞半工半讀：

1964年毛主席指示，現在的学制、課程、教学方法、考試方法都要改。而邓小平在同一次会議上公开抵制毛主席关于縮短学制的主張，說高等教育的学制“我看还是五年，不要又劳动，又四年。其实你们也想保五年，只是因为空气压力太大。”这是公然和毛主席相对抗。

毛主席早在1958年视察天津大学时就明确提出了半工半讀的方向。但邓小平拒不执行毛主席的指示。直到65年11月的半工半讀会議上，还极力限制半工半讀学校的发展，說：“半工半讀的学生数量不要追求，发展不要太快，第三个五年計划末半工半讀学校的在校学生与全日制学校学生人数不一定要相等（按：相等是蔣南翔提的）。”

1965年底，在蔣南翔向中央书記处汇报高教部召开的城市半工半讀会議情况的会上，邓小平大放厥词說什么：“半工半讀我看步子不能太快，半工半讀毕业生是否都要国家包下来？还要看一看，这无非是增加干部人数，半工半讀发展多了，要有相当一部分人去当劳动者，总之发展快了不行。象江苏省一个专区办一个（按：指半工半讀学校）也就可以了。半工半讀人数和全日制相当是不恰当的。”

1966年1月在中央书記处会議上听取蔣南翔关于半工半讀汇报时，邓小平公然规定：“北大还是全日制。”“文科大改，能在第三个五年計划初彻底改革，就很好了。”

（七） 在共青团和青年工作方面的罪行

1、长期庇护旧团中央，对抗毛主席的指示

1956年胡耀邦为了个人突出，在农村中大搞什么“青”字号生产队，引起了青年和老年之間的矛盾，毛主席发現后指出“不要建立单独的青年生产队。”而邓小平却說：“农村青年生产队这种形式在生产中起了特殊作用和积极作用，是好的。”直到1959年3月，他还坚持他的錯误主張，对抗毛主席。

1957年春天，《中国青年报》开辟了《辣椒》专栏，这是资产阶级右派向党进攻腐蝕青年的一个放毒陣地，而邓小平却說：“現在《中国青年报》批評缺点比以前多了，这是好的。”“批評中有了缺点，就不敢批評，不敢說话了，又恢复到过去死气沉沉，沉沉悶悶的那个样子那就不好了。”反右斗爭后，胡启立对邓小平感恩不尽說：“57年《中国青年报》問題这么大，还是总书記保护过了关。”

1961年在邓小平的支持下，炮制了所谓青年团工作“三十八条”，反对对青年进行阶级教育。

1964年和1965年間，毛主席两次提出“少先队要按照行政村組织”，而1965年8月邓小平还說“还是建立在学校里。”

从1956年起，邓小平对团中央总是說：“你们的工作是努力的，有成績的，有錯误也沒有党的大，做錯了事，还是努力。”胡耀邦曾說：“总书記沒有一句批評我们。”

邓小平对共青团工作近七年来的“指示”都是以方法代替一切，他对团的工作讲方向，讲思想很少，但几乎每次必讲方法，方法万

能。胡耀邦1961年有这样一段体会：“从总书記同我们接触以来，他总是在讲这个問題，算来已讲了七次……他三番五次地讲这个問題”

2、在青年中提倡奴隶主义：

1958年7月邓小平說：“关鍵的問題只有一个：党。你们把这一条站稳了，犯一万条错误，也是基本上是正确的。这个道理永远讲，直到党团消亡了的时候为止。团没脱离轨道，錯也是党錯。”还說：“要教育青年永远跟党走，这样你们就决不会犯大錯。”“武汉时代，反陈独秀，哪里是青年团搞的？！还是共产国际这个大党搞的”过去团员赤裸裸地讲党說：“这样提是什么意思呢？就是說党在錯误时，你们可以正确。”“犯一万条錯误，只要坚决跟着党走，錯了也不由你負責。”“党的領导最重要的是同级党委的領导，离开同级党委还有什么党的領导。”

3竭力反对兴无灭資的方針，用资产阶级思想腐蝕青年：

1957年1月18日，邓小平接見青年团省市委书記时說：“穿花衣服应該宣传”，“向科学进軍是好事”。

1957年5月，邓小平向中国新民主主义青年团第三次代表大会作了“祝词”。他只字不提阶级斗爭，說：“为了創造社会主义的幸福生活，没有艰苦的劳动是不可能的。”“用艰苦劳动建設我们的国家和向科学进軍。”“青年团員必須带动广大青年，尊敬年长的一代，从他们那里学习各种有用的本領。”

他抹杀青年工作中的阶级斗爭，說什么“要善于把一切爱国的青年，包括还不贊成共产主义世界观的爱国青年，都团結起来。”“青年团員和中国全体青年必然能夠克服自己道路上的各种困难，出色地完成自己的光荣任务。这是因为中国青年不仅有中国共产党的領导，各民主党派和无党派的爱国人士的关怀，而且有自己的光荣的革命传統。”这篇祝词最后，邓小平呼了四个口号：

“用艰苦的劳动建設我们的祖国。”

“努力学习馬克思列宁主义，学习科学和文化。”

“全中国青年大团結万岁！”

“全世界爱好和平的青年大团結万岁！”

1961年10月，邓小平接見团中央、省市委书記时說：“現在有人整天打扑克。究竟是整天打扑克好，还是組织工程师、技术員上点課好？没有事情总得找点事情干。干一点好事情，看点书。打扑克还算好的，有的就去搞自由市场了。”在經济困难时期，他根本不談突出政治，縱容资本主义自由泛濫。

同年10月，邓小平在共青团省市委书記会上做报告，全盘否定了58年大張旗鼓地进行兴无灭资的思想工作。这里一句也不提这个斗爭的艰巨性和必要性，却大力強調什么“轉変工作作风”，提出所谓“深入細致”“精雕細刻”“实事求是”“点点滴滴”“潛移默化”的工作方法，来企图阻碍向资产阶级意識形态的猛烈进攻。

（八）吹捧苏修，販卖修正主义貨色

邓小平这个大党閥，許多年来在国际阶级斗爭中曾装扮出一付反修斗士的模样，实际上，他是个一味追随苏修的地地道道的修正主义分子。

1956年9月，邓小平在《关于修改党的章程的报告》中，大肆吹捧苏修，大反斯大林，他說：“关于坚持集体領导原則和反对个人崇拜的重要意义，苏联共产党第二十次代表大会作了有力的闡明。这个闡明不仅对于苏联共产党，而且对于全世界其他各国共产党，都产生了巨大的影响。很明显，个人决定重大問題，是同共产主义的建党原則相违背的，是必然要犯錯误的，……。”

1957年1月12日，邓小平对清华大学师生就国际共产主义运动問題作了长达四小时的讲话，在讲话中大肆吹捧苏共、美化苏修、攻击斯大林、攻击社会主义制度。

他說：“有人說文章（按：指《再論无产阶级专政的历史經验》）对苏联不批評。应該說苏联主要是好的，世界上批評苏联已不少，我们多說了倒不恰当。”他还說：“我国也有些傾向，認为苏联不行了。我们对苏联是基本上滿意的。”“总的說，苏联是好的，①十月革命，②第二次大战胜利，③工业化有成績，④又是唯一能帮助兄弟国家的。”他还說：“一个陣营总要有个头，誰来作头？我们有资格嗎？不要吹牛，我们只有400万吨鋼，連最大和最小的无縫鋼管也造不出來，要中国拿一亿美元，一亿卢布就拿不出来，苏联最近与波兰签訂协定，一次就勾銷了过去的債务××亿卢布，还送给他们××亿。”“学生会在一些点上超过先生，但总的是先生好。”“要感謝苏联，更应当善于学习苏联。”“学习苏联沒有学錯，学錯了，也不要怪别人，自己检查。”

他还說：“苏联有原子弹，它的意义何在呢？就是使帝国主义怕它。帝国主义怕不怕我们呢？我看不怕。……，美国駐兵在台湾，当然是因为我们沒有原子弹，沒有导弹。但是苏联有原子弹。如果苏联沒有原子弹，那它就要打我们。”“世界大战打不起来，其道理就是世界上有两个原子弹的国家。”

他还大肆販卖南斯拉夫和苏修的黑貨，南斯拉夫有工人委員会，邓小平就說：“工人委員会不是（社会）制度，而是制度的应用，方法是可以不同的，……工人委員会不是絕对的好，也不是絕对的坏。”並且公开宣扬：“誰怎么干都可以，只要能发展生产，发挥工人阶级的創造性。”毛主席在56年9月指出：“苏联工厂是一长制，我们学了一下，不好，改为党委制。”而邓小平却公然与毛主席唱反調說：“一长制不是絕对坏，也不是絕对好，苏联如認为合适，likely可以用。”

1960年八十一国共产党会議上，邓小平又吹捧苏共二十大的“重大意义。”回国后，他又提出“与苏修斗爭应告一段落”，“現在要对苏联做扎扎实实的团結工作。”“在国际会議中要強調通过内部协商取得一致的原则”等，企图与苏联同流合污，这就是邓小平的反动嘴臉。

196 年初，日本共产党已經越来越露骨地充当了苏修的走卒，猖狂反華。宮本显治率代表团訪問越、中、朝，妄图逼迫我党同意和苏修在越南問題上采取联合行动。刘少奇、邓小平放弃原則，准备同日共修正主义者发表联合声明。在这緊要关头，我们伟大的领袖毛主席扭轉了局势，揭露和打击了修正主义的阴谋。

（九）破坏北大社教运动，反对社会主义革命

社教运动是反修防修的一个創举。邓小平、彭眞等恨之入骨，扼杀了北京大学的社教运动。

196 年1月至2月初，在彭眞亲自指挥下，前北京市委扩

大会議上，以貫彻二十三条为名，对北大社教运动大行反攻倒算之实。陆平、彭佩云对北大社教运动猖狂反扑。陆平的反革命言論传到北大，遭到革命派的憤怒反击，陆平处于絶境之中。这时一方面彭眞出场，以中央书記处名义，下令停止爭論，另一方面邓小平則說他"欣賞彭佩云的发言"，夸奖反革命修正主义分子陆平的"态度是好的，意見是正确的。"

接着邓小平召集了所谓三月三日会议，全盘否定了北大社教运动，他說："社教工作队对北大的問題性质看得过于严重，斗爭方式过火，是残酷斗爭，无情打击，把校党委一脚踢开，没有一进校就搞三結合。"他对坚持革命的北大革命派和工作队員百般打击、压制，誣蔑革命派是"踩着别人肩膀向上爬的势利小人"，同时却大大贊扬鎮压北大社教运动的劊子手彭佩云是"坚持原則，絲毫沒有动搖的好干部。"会議决定陆平、彭佩云两人参加工作队八人領导小組，陆平又重新組織起反革命队伍。为了进一步夺取工作队的領导权，鎮压北大社教运动邓小平又利用了出卖北大社教运动的大叛徒常溪萍的告密书。他在批发常溪萍的信中写道："我看張盘石同志在北大工作中，表現作风不正派，对二十三条是患得患失的，抵触的，似乎要考虑改換工作队的領导問題，否則，就只能調換陆平等人的工作，再这样頂牛下去，北大工作要受損失。"接着就下令召开了鎮压工作队革命派的民族飯店会議，撤了工作队长張盘石，换上黑帮分子許立群。叛徒常溪萍因告密有功，也被塞进了工作九人領导小組，使工作队成了反革命的还乡团。1965年，我国的一个极其严重的鎮压社教运动的反革命事件就这样发生了。邓小平是这个反革命事件的罪魁禍首。

（十） 破坏无产阶级文化大革命

邓小平是刘邓资产阶级反动路线的提出者之一，他和刘少奇一样，是鎮压全国无产阶级文化大革命的罪魁禍首。

1964年，在毛主席亲自领导下展开了戏剧改革和对资产阶级反动学术"权威"的批判。邓小平公开反对說："现在有人不敢写文章了，新华社每天只收到两篇稿子。演戏只演兵，只演打仗的。电影哪有那么完善的？这个不让演，那个也不让演。"

邓小平招降納叛，重用周扬，來对抗毛主席的文艺路线。毛主席在63年12月指出："各种艺术形式——戏剧、曲艺、音乐、美术、舞蹈、电影、詩和文学等等，問題不少，人数很多，社会主义改造在許多部門中，至今收效甚微。許多部門至今还是'死人'統治着。""許多共产党人热心提倡封建主义和资本主义的艺术，却不热心提倡社会主义的艺术，岂非咄咄怪事。"可是，刘少奇、邓小平却紧接着在1964年1月3日召开了文艺座談会。会上，刘、邓公然和毛主席唱反調，同意文艺界黑帮头子周扬对文艺界問題的估計，即"文艺工作只是認識上有时清楚，有时不清楚，工作上有时抓紧，有时不抓紧"。並鼓吹"只立不破"，对抗毛主席"推陈出新"的方針。邓小平还說什么"增加人类智慧的也要搞"，來抹杀文艺的阶级性。並指示反党分子周扬搞一个所谓"发展社会主义文艺的规划"和組織一个写作队伍，企图从政治上和組織上全面对抗毛主席的文艺方針。

邓小平在重用大叛徒周扬的同时，恶毒地誣蔑革命左派。在1956年的一次中央书記处会議上，他說："有些人就是想靠批評別人出名，踩着别人的肩膀自己上台，对人家一知半解，就批判半天，好自己出名”。

在65年的一次中央书記处会議上，邓小平故意抹杀文艺界、教育界复杂尖銳的阶级斗爭的事实，抗拒对资产阶级反动学术“权威”的批判，說什么“学术观点，教育观点不一致不要紧，可以长期共存”。在65年3月的中央书記处会議上，邓小平攻击64年批判资产阶级反动学术“权威”是“过火了”，“妨碍繁荣”，因此要“立即刹車”。並誣蔑这种批判是“定論对定論”，是“人海战术、爆破組”。

北大聂元梓等七同志在去年5月25日貼出全国第一張馬列主义大字报后，邓小平、刘少奇指使李雪峯立即到北大去大讲“内外有别”“要有党紀国法”，严密封锁消息，企图把革命的大字报扼杀于搖籃之中。直到6月1日毛主席知道了这張大字报后，《人民日报》和电台才发表出来，点燃了文化大革命的熊熊烈火。

在毛主席亲自点燃了文化大革命的烈火后，刘少奇、邓小平趁毛主席不在北京之际，違背毛主席“这次文化革命不要匆匆忙忙派工作組”的指示，在6月3日召集中央各部負責人会議，决定立即给各校派工作組，說什么“沒工作組不行，原学校領导不起作用了，誰来代替党的領导？工作組就代表党的領导，只有派工作組，夺权的单位要派，群众起来后原党委失去信任的也要派”。“哪里出事，哪里派人去，派工作組要快，要象派消防队救火一样快派。”“派工作組去就是体現党的領导，你们（工作組）是我们派去的，反对你们就是反对我们。”“我们要离开北京几天，你们要好好控制运动，維护好局面。”刘邓派出的大批“消防队”，几乎全都忠实地执行了资产阶级反动路线，实行资产阶级专政，制造白色恐怖，鎮压革命群众，长资产阶级志气，灭无产阶级威风。邓小平之流却自以为得意，說什么“工作組要搞几个典型經验”。邓的所谓“經验”就是围剿革命派、鎮压文化革命的“經验”。果然，工作組派出没多久，“經验”就出来了，那就是刘少奇、邓小平亲自制定的“八条”，請看都是些什么貨色：1、大字报不要上街；2、內外有别；3、开会要在校內开，不要在街上开；4、不要上街，不要游行、示威；5、不要搞大规模的声討会；6、提高警惕；7、不要受坏人利用，注意坏人破坏；8、要讲道理，不准打人，不要侮辱人，这是政治斗爭，要害是政权，要防止轉移方向走上邪路。

还說什么“要恢复党团生活，在工作組领导下面，恢复必要的行政职权，乱这么一陣是大好事，是必要的，但現在到时候了”。

这就是刘、邓围剿革命派、鎮压文化大革命的所谓“經验”。

6月11日毛主席批評了过早派工作組，刘邓却反而增派了工作組，公开与毛主席对抗。

刘少奇、邓小平还亲自选择了清华大学、师大女附中等几个点利用自己的家族操縱运动，以点带面，貫彻了一条彻头彻尾的资产阶级反动路线，企图以此控制全国文化大革命。

当革命师生起来造执行资产阶级反动路线的工作組的反时，刘少奇、邓小平又下令残酷鎮压，把許多革命群众打成反革命，在一个短时期里，在全国造成了白色恐怖的局面。

邓小平不仅派出大批工作組来鎮压革命群众，他还亲自出馬，赤膊上陣，他是破坏师大女附中文化革命的罪魁禍首。他直接指使胡克实、胡启立（团中央书記处书記，負責北京市中学文化大革命）

及工作組对女附中的革命派进行鎮压。他对胡克实說："那十三个人（按：指给工作組貼大字报的革命同学）並非积极分子""中学生也有反革命，对这种人就要反击"。"反动的学生会暴露出来，暴露出来先摆一下。"在6月20日、27日和28日、7月5日，几天之中，邓小平两次亲自召开会议，一次电话，一次传达，接連指示工作組用"辩論会方式围攻少数反对派中的顽固分子"。並要求辩論会要"有些力量"。还說："一千六百多人对二十多人，沒关系嘛！"邓小平把发动教师說成是搞好学校文化大革命的"关鍵"，根本否認毛主席說的学生是学校文化大革命的主力的这个指示。他指使工作組在教师中排左、中、右，組織教师"洗澡"，把斗爭矛头指向群众。邓小平多次強調恢复党团生活，恶意地說什么"如果这次运动把共产党青年团都打垮，那是胜利嗎？！"

以胡耀邦、胡克实为首的前团中央，是鎮压中学文化大革命的罪魁禍首，他們忠实执行刘邓反动路线，派大批工作組到中学，鎮压革命群众。中学的革命小将起来造工作組的反，造团中央的反，邓小平見势不妙，极力为二胡打气。他說："团中央搞中学文化大革命是中央（按：刘邓黑司令部！）决定的，我看中学斗的大多是走资本主义道路的当权派（按：呸！斗的大多数是革命派师生），依靠的大多数也是左派（按：依靠的是刘邓反动路线，大帽子！）工作組的錯误不同，总的是好的"。毛主席早就指出，全国的工作組，几乎95％都犯了普遍的方向錯误。邓小平竟敢如此对抗毛主席，眞是狗胆包天！他还对二胡說什么"中学工作組是好的，无非是群众路线走的不好，有什么錯误就检討什么錯误，有多少錯误就检討多少錯误，沒有的也不要放在自己身上"。邓小平根本否認工作組犯了方向路线錯误，可見他不仅是刘邓路线的提出者，而且是最自党最顽固的执行者。

七月初和七月中，陈伯达同志根据毛主席的指示考察学校文化大革命情况，提出不要工作組时，邓小平說："这么大的运动，依靠誰去抓，工作組大多数是好的，问题是方法不当，党的领导总得通过这个形式。"他把革命群众当成阿斗，根本否認工作組的路线错误，並且說："主要是队伍不齐，匆促上陣。我们也沒有交待政策，大家都拿不出一套經验，我沒有，大家也沒有，沒有抓可不行运动还得靠工作組去摸經验，中学与大学不同，更得有工作組。"

7月18日，我们伟大的领袖毛主席回到北京，下令撤走工作組。刘少奇、邓小平等眼見自己的黄粱美夢就要完蛋，但不甘心失败，他们指使陶鲁笳收集林院、地院、邮电学院等单位"反干扰"典型材料。並于7月21日再一次召开内部汇报会，陶鲁笳在会上讲了二、三个小时，李雪峯也提出"支持工作組，批評工作組"，所有这一系列阴谋活动，都是为了抗拒毛主席撤走工作組的英明指示。

刘少奇、邓小平在他们企图保留工作組的阴谋沒有得逞后，仍不甘心失败，妄想"秋后算賬"。在7月31日，邓小平对二胡說："中学的搞法还得看一看，新的矛盾还会出来，有待从实际中总結經验。"邓小平多么希望在撤走工作組后，学校的文化革命搞不下去啊！

7月29日，一直追随刘少奇邓小平推行资产阶级反动路线的李雪峯，以市委名义在人大会堂召开了大中学校文化大革命积极分子大会，会上刘少奇邓小平竭力包庇工作組的错误，並且推卸罪責，文过飾非，絶口不談两条路线斗爭，迴避本质问题。

邓小平在会上說："工作組有的是好的，有的是比較好的，有的是犯有严重錯误的，……工作組多数同志是思想方法和工作方法的錯误，有些責任要由上级来負担。"又胡說什么派工作組的錯误是"老革命遇到新问题"，"在开始时恐怕是难免的"。並且企图以"錯误言論人人有份"的反动謬論來混淆视听，掩盖他们的罪行。

7月30日下午，七校中学生来团中央造反，胡耀邦接連给邓小平打电话，用邓小平的黑指示压学生。

7月31日晚，胡克实对工作团领导小組的同志說："我今天去了总书記那里，总书記对我们很关心，很諒解，一句責备的话都沒讲。"

8月1日早晨，胡克实对王照华說："小平同志对我们很关心，当我談到关鋒在学生面前对团中央态度很激烈时，小平同志人家有修养，沒有多說，只是问：'关鋒很激烈？'"胡克实又对王照华說："小平同志說今后中学文化革命团中央一律不再参加，中学到底怎么搞，現在还不是結論。"

在中央工作会議上，邓小平作了一个极不深刻的检討，空空洞洞，企图蒙混过关。（見附录一）直到現在还不承担責任，仍在玩弄花招，死不悔改。

邓小平这个中国第二号修正主义头子，为了更猖狂地对抗毛主席的革命路线，在文化大革命的初期，他就把反革命两面派陶鑄弄到北京，加以重用。这个中国最大的保皇派陶鑄，在文化大革命中玩弄两面手法，顽固坚持刘邓反动路线，对全国的文化大革命起了很大的破坏作用。但是，一切牛鬼蛇神，不管他们是伪装得多么漂亮，都逃不脱毛泽东思想的阳光，在革命群众的众目睽睽之下，刘、邓、陶都被揪了出来。这是毛泽东思想的伟大胜利，是无产阶级文化大革命的伟大胜利！

打倒刘少奇！

打倒邓小平！

坚决捍卫以毛主席为代表的无产阶级革命路线！

彻底清除以刘、邓、陶为代表的资产阶级反动路线！

坚决将无产阶级文化大革命进行到底！

我们最最敬爱的领袖毛主席万岁！万岁！万万岁！

清华大学井岗山《梅花笑》縱队印

67·1·17。

揭发批判黑司令刘少奇在人大常委会议上的反革命修正主义的言论

最高指示

凡是错误的思想，凡是毒草，凡是牛鬼蛇神，都应该进行批判，决不能让它们自由泛滥。

反革命修正主义头子、黑司令刘少奇在一九五四年至一九五九年窃据全国人大常委会委员长职位期间，在人大常委会议上散布了大量反革命修正主义言论。现将我们初步查到的材料，公布于众，供广大革命群众共同批判。

一、反对毛主席，反对党的领导

刘少奇在一九五六年九月二十六日人大常委会议上谈到我党取得现在的成就时，大反我们心中最红最红的红太阳毛主席和光芒万丈、战无不胜的毛泽东思想。他竭力低估我国人民在毛主席领导下所进行的伟大斗争和取得的伟大胜利，胡说什么"不要以为我们的本事那么大，好像超过了孙中山先生的样子。"他还极力否认我们伟大的领袖毛泽东同志是当代最伟大的马克思列宁主义者，否认毛主席天才地、创造性地、全面地继承、捍卫和发展了马克思列宁主义，把马克思列宁主义提高到一个崭新的阶段。胡说什么"没有马克思、列宁，我们就讲不出这么多话来，听的人也没有这么多。"同时他还贬低党的领导作用，夸大民主党派的作用，歪曲我们的统战政策，只讲合作不讲斗争，以阶级合作代替阶级斗争。他说："我们没有你们（按：指民主党派）…… 有好多积极因素调动不起来，……我们能调动一些，你们能调动一些，合起来情况就不同了。……现在我们取得的成绩就是合作的成绩。”

二、妄图把人大和政协变成资本主义国家的下议院和上议院

全国人民代表大会是党领导下的最高国家权力机关，是无产阶级專政的工具。中国人民政治协商会议是党领导下的人民民主统一战线的組织，不是国家权力机关。这是两种根本不同性质的組织，同时人大和政协同资本主义国家议会的两院也是根本不同性质的两种組织。但刘少奇却一再把人大和政协比作资本主义国家的下议院和上议院。他在一九五六年十一月十六日人大常委会议上曾说：“政协和全国人民代表大会，有一点上议院、下议院的性质，我看是有这么一点，实际上有这么两院，不过宪法上沒有根据，沒有规定。”甚至在一九五七年反右派斗争后，在资产阶级右派分子妄图把政协改变成“第二院”的企图受到体无完肤的批判后，在一九五九年三月十一日人大常委会、政协全国委员会常委会联席会议上，刘还说：“人大、政协有一点象资产阶级国家上下两院那样的味道，我们能不能讲（政协是）参议院嘛！”刘的这些思想和这些谬論是公然为资产阶级争权，是为了让政协和人大唱对台戏，妄图把我国的人大和政协变成资本主义国家议会的下议院和上议院。

三、妄图在人大常委会設立各种常設委员会搞“最高监督”

刘少奇主張在人大常委会設立各种常設委员会，搞“最高监督”，一九五六年十一月五日他在人大常委会上说：“我们想常委会应多做些工作，应当多起一些作用，监督作用……，因此机构要扩大，多办一些事情，有些事情可以直接办（反革命修正主义份子陆定一插话：可以组织委员会），搞委员会，搞几个办公室，或

者什么東西，大家全盘考慮一番。"接着，反革命修正主义分子彭真策划了一套从中央到地方设立"最高监督"系统的阴谋活动，妄图对毛主席、党中央和国務院实行"最高监督"，以便达到他篡党、篡政的罪恶目的。由此可见，彭真的阴謀活动是同刘少奇分不開的。

四、誣蔑社会主义革命和建設冒进了

一九五六年，我国基本上胜利地完成了经济战线的社会主义革命——农业、手工业、资本主义工商业的社会主义改造。伴随着社会主义改造的胜利，社会主义建設事业有了飞跃的发展，经济事业、文教事业的发展规模和速度，都大大地超过了五年計划的前三年，有些甚至超过了前三年增长的总和。这説明一九五六年我国社会主义革命和建設取得了伟大的胜利，形势好得很！这也是毛主席在一九五五年下半年提出的批判右倾保守思想的必然结果。但是刘少奇在一九五六年底一次人大常委会议上却公然不顾事实，誣蔑当时我国"整个的问题是，我们的步子跑快了一点，明年要稍許慢点，穩当一点。"这实际上是公開反对毛主席的无产阶级革命路线，誣蔑我们冒进了。

五、胡説我国的社会主义革命是
"和平革命"，"不知不觉地就过去了"

由于以毛主席为首的党中央的英明领导和党的一系列的正确的方针政策，由于我们有強大的无产阶级專政作后盾，我国经济战线的社会主义革命完成的比较顺利。但是在这个革命过程中，一直存在着无产阶级和资产阶级之间的阶级斗争，存在着社会主义和资本主义两条道路之间的激烈斗争。在三大社会主义改造基本完成后，资产阶级右派分子又向党发动了猖狂的进攻，也説明了当时阶级斗争的严重性，説明当时的革命并不是什么"和平革命"，也不可能有什么"和平革命"。但是，刘少奇在一九五七年六月十四日人大常委会上讨论国民经济计划时却説："我看我们这个大革命引起的波动小，引起的损失，引起的社会生活上的波动真少，真是所谓和平革命；"搞这个社会主义革命就不知不觉地过去了，没有什么'病'就过去了，很顺利。"这是明目张胆地反对毛主席关于社会主义社会里存在着阶级、阶级斗争和两条道路斗争的学说，鼓吹阶级斗争熄灭论。

六、压制和反对群众运动由来已久

刘少奇压制和反对群众运动并不是从这次文化大革命开始，而是由来已久的。远的不说，就说一九五七年轰轰烈烈的反右派斗争。当群众发动起来了，贴大字报，讲演，这是非常好的形势。但刘少奇却怕群众起来，怕革命，因此他在一九五七年五月二十五日人大常委会议上曾惊荒万状地说："……要照顾整风，这是全国人民注意的问题，搞的不好，可能发生问题，发生跑上马路的事情，北京大学就出了大字报，航空学院也有，还有其他好几个学校。还有演说的。""大学校已经闹动了，工人群众慢一点来好，如果工人群众、中小学校教师、其他团体也起来，我们一下子是招架不住的。""没有安排，一下子几亿人都动起来了，那没有办法，这样是不利的。"请看，刘少奇就是这样害怕群众运动和害怕革命，千方百计地压制群众运动的。

七、主张保留和发展资本主义经济

为私人办工厂开绿灯

党对资本主义经济的一贯政策就是逐步实行社会主义改造最后把它完全消灭，同时消灭资产阶级。一九五六年底，资本主义工商业的社会主义改造已经基本上胜利地完成了。但就在这个时候，刘少奇在一九五六年十二月二十九日人大常委会议上却公开鼓励资本家办工厂，他说："有一些资本家，他每年分的定息很多，有分到百把万、二百万、几百万的，他一家子一年用不了
是否准许他们盖呢？可以的。"他又说："有人要私人工厂，
这么多。如果他们要盖工厂，可以不可以呢？……我们国家有百分之九十几的社会主义，有百分之几的资本主义，我看也不怕，

……有这从一点资本主义，一条是它可以作补充，另一条是它可以和社会主义经济比较。”刘少奇公然这样反对社会主义改造，鼓吹资本主义，完全暴露了他的资产阶级代表人物的立场。他说出了资产阶级分子不敢说出的心里话。

八、主张大搞立法，推行资产阶级法治主义

反革命修正主义分子彭真企图利用人大常委会迅速搞出一套资产阶级的法律，来限制社会主义革命，束缚革命群众的手足，变无产阶级专政为资产阶级专政，以便复辟资本主义。刘少奇对彭真的大搞立法活动，积极支持。一九五五年四月七日他在常委会上就强调指出：“……立法是一件很大的工作，常委会的工作，一个是立法，一个是听取工作报告。”一九五七年，彭真企图将他的黑帮干将张苏、武新宇、李琪主持起草的刑法草案发全国试行，并迅速正式公布。刘少奇也很支持。在一九五七年六月二十八日人大常委会讨论“刑法草案”时，刘少奇说，这个草案“我是赞成试行的，因为发下去试行是办得通的。”并主张试行半年到一年就正式通过。

一九五八年中央决定刑法、民法不搞了，而到一九六二年刘少奇又指示政法机关把刑法、民法、刑诉法、民诉法这四大法搞出来，并说中央认为这些大法是需要颁布的。这是公然对抗毛主席和党中央的指示。

九、适合国内外资产阶级，推行修正主义的外交路线

刘少奇在外事活动方面，反对毛主席制定的我国对外政策的总路线，适合国内外资产阶级的需要，推行修正主义的外交路线。一九五六年他在一次常委会议上说：“如我们共产党员（指到亚洲一些民族独立国家访问），这些国家的左派欢迎，右派不欢迎，而我们X付委員长是一个团结的象征，左派、右派都欢迎……”他在这里不仅鼓吹阶级调和，和左派右派都要友好，而且公然抹杀我们党和国家在国际上所享有的崇高威望，把党外人士抬高到党和国家之上。当会上右派分子罗隆基乘机进逼说：“X付委員长这

次去是作和平的大使，……我建议委员长注意今后要多组织议会访问。”刘少奇马上表示：“罗委员的意见很对，以后我们要多派一些全国人民代表大会的代表，常务委员会的委员出去。”自此以后，一些资产阶级头面人物，就不断被组织出国访问，推行修正主义的外交路线。

十、诬蔑我们的选举不民主，是形式主义

我国是人民民主专政国家，实行的是无产阶级民主，即对广大人民的民主，对一小撮敌人的专政。建立在这个基础上的我国选举制度是世界上最民主的选举制度。我们不仅从法律上，制度上保证广大人民享有选举权和被选举权，而且采取各种措施保证它的实现，如经充分酝酿和协商提出候选人名单，为广大选民参加选举提供各种方便条件，选举前对候选人反复酝酿讨论，选举时自由投票等等。对于这种为广大人民热烈拥护的真正民主的选举制度，只有阶级敌人才会感到不民主，而刘少奇在一九五七年六月十九日人大常委会议上，站在资产阶级立场上，诬蔑我们的选举制度不民主，说什么：“关于选举，外面攻击我们一条，说我们选举不民主，是形式主义。叫形式主义，也有那么一点，也不得不承认这一条。”

十一、歪曲出版自由，让毒草自由泛滥

对人民实行民主，对敌人实行专政，是我们国家的根本制度。言论、出版等项自由只能给予人民，而不给予敌人。一切反对人民民主专政，反对党和国家的政策法令的反动图书杂志以及败坏道德的黄色图书杂志都应禁止出版，不让它们自由泛滥，危害革命，危害人民。但刘少奇在一九五七年九月十三日人大常委会议上讨论违法的图书杂志的处理问题时，却歪曲出版自由，公开主张出版自由化，反对图书审查。他说：“如果审查起来是很复杂的问题，牵涉到宪法上规定的言论、出版的自由。事前审查当然保险一些，但先要审查批准，宪法里没有这个规定，……出版以后，也没有规定图书杂志都要审查。”

十二、借口时代不同，妄图查禁载有批判南修文章的书刊

南斯拉夫铁托集团早就背叛了马列主义，实行修正主义的政策，因此对南斯拉夫修正主义进行批判是完全必要的和正确的。但刘少奇在一九五五年九月十三日人大常委会议上却借口时代不同，妄图查禁载有批判南修文章的书刊，他说：“有的书因为时代不同而出现了错误，我看到我们儿子在看一本书中，有一篇是批评南斯拉夫的，在今天如果让它继续流行，就有碍中、南两国的关系。象这种书是否查禁，也是个问题。”这完全暴露了他的阶级立场和思想感情。

十三、鼓吹名誉地位和物质刺激，反对政治挂帅

毛主席一再教导我们，要政治挂帅，要不为名，不为利，完全彻底、全心全意地为人民服务。但刘少奇却公开和毛主席唱反调，一再鼓吹名誉地位和物质刺激，反对政治挂帅，他在一九五五年二月十二日人大常委会议上说：“对国家有功人员应有奖励制度是很必要的，如科学家的发明和创造，……其他如文化部门、教育部门都注意这件事。”当反革命修正主义分子彭真谈到全国人大代表工作费问题，并说在苏联凡是代表都有补助时，刘说：“如果全国人民代表大会常务委员会委员有了，而省市没有，那下面会有意见的，但是现在还是从人大代表开始，请大家考虑一下。每人每月五十万元（注：旧币）大家都有。”

十四、迷信核武器，怀疑常规武器的作用

毛主席教导我们：决定战争胜败的是人民，而不是一两件新式武器；原子弹是一种大规模屠杀的武器，但它不仅不能决定战争的胜败，也不能代替一般的常规武器——飞机、大炮、机枪等。可是，刘少奇却公开对抗毛主席的指示，迷信核武器，怀疑、否定常规武器的作用。他在一九五六年十一月十六日人

大常委会议上谈到成立某一国防工业管理机构时说："我们现在搞了一些国防工业，到底有没有用处，值得怀疑。我们搞了许多飞机、大炮，花了很多钱，费了很大的力气，将来没有用处，那么我们就犯了错误嘛。"同时，他又散布了一些迷信核武器，片面夸大核武器作用的谬论。他的这种观点和现代修正主义者的理论完全是一模一样的。

十五、给右派分子撑腰，对他们关怀备至

一九五七年资产阶级右派分子向党发动了猖狂进攻。当这些右派分子的反党反社会主义反毛泽东思想的罪行被广大人民群众揭露以后，全国人民义愤填膺，纷纷要求撤他们的职，罢他们的官。但在一九五七年七月十日第一届人大第四次会议期间，讨论撤销右派分子章伯钧、章乃器、罗隆基、龙云、黄绍竑等的代表资格和工作职务的问题时，刘少奇却说："在没有结论之前，大家要相信他们，他们是知识分子，是教授，否则他们就不好办事了。"公开站在这帮牛鬼蛇神一边，为他们辩护，给他们撑腰。

十六、对劳教分子只强调劳动，不提政治教育

一九五七年八月一日人大常委会议讨论劳动教养问题时，刘少奇对这种强制性教育改造的劳动教养，只片面强调劳动，不提教育改造。他说："不要说强制不强制，不给饭吃就是强制，劳动多少给多少，……不劳动不给，饿一两天他就劳动了，强制的办法主要靠这个——不给工资，做多少吃多少。"同时他主张对劳教分子实行日工资和计件工资，做一件发一件，做一天发一天，不做不发，并说："这个办法是从资本家那里学来的。"这实际是反对党中央对劳教分子采用劳动生产和政治教育相结合的改造方针。

全国人民代表大会常务委员会办公厅
火炬、换新天革命造反队，风雷战斗队 编印
一九六七年二月

彻底清算刘少奇、邓小平、邓子恢等在农业工作中的资產阶级反動路綫

——农口紅色造反联络总站

同志们！革命的战友们！

今天我们农口紅色造反联络总站發起的这個大会，是一個彻底批判刘、邓在农业方面推行的资产阶级反动路线的誓師大会，也是粉碎资产阶级反动路线的新反扑的誓师大会。这個大会的召開，标誌着我们农口批判以刘、邓為首的资产阶级反动路线的斗争，进入一個新的更高的阶段。

同志们：建国十七年來，在农业方面也同样貫串着兩個阶级、兩条道路、兩种路线的尖銳斗争。一条是以毛主席為首的党中央的無产阶级革命路线；一条是以刘少奇、邓小平為代表的资产阶级反动路线，邓子恢、廖魯言以及張修竹、秦化龙就是这条反动路线在农口的最忠实的执行者和主要的代表人物。

十七年來，他们一貫反对毛泽東思想，反对学习毛主席著作，販卖修正主义貨色，不断地干扰、阻挠和破坏以毛主席為首的党中央的無产阶级革命路线。

十七年来，他们一貫地站在资产阶级反动立场上，坚持走资本主义道路，反对走社会主义道路。

十七年来，他们一貫压制群众的革命要求，打击和挫折广大贫下中农的社会主义积极性，支持以富裕农民為代表的资本主义势力。

在這次無产阶级文化大革命中，他们所玩弄的种种破坏手段，不過是他们一貫坚持的资产阶级反动路线的进一步大暴露。

下面我们就解放十七年来，在农业方面兩条路线几次大的斗争，来看看刘少奇、邓小平以及邓子恢、廖魯言等人，是怎样推行以反对毛主席為首的党中央的無产阶级革命路线為目标的资产阶级反动路线。

一、第一次大的斗争，是围繞着在取得全国政权以后，我

国的农业走什么道路，這個根本问题展開的。

當建国初期，土地改革之后，摆在全党和广大农民面前的一個尖锐的问题，就是中国农业走什么道路？走社会主义道路还是走资本主义道路？

以毛主席為首的党中央的無产阶級革命路线，在這個问题上，有一贯的坚定明確的方針。早在第二次国内革命战争时期，毛主席在《农村調查》一書中，就指出了农业互助合作的偉大作用，三七年所寫《矛盾論》這一光辉著作中，更明确指出：“在社会主义社会中，工人阶级和农民阶级的矛盾，用农业集体化和农业机械化的方法去解决。”四三年，毛主席又指出，組織起来是人民群众“由穷变富的必由之路。”在全国解放前夕的七届二中全会上，毛主席又指出：分散的個体的农业和手工业經济，是可能和必須謹慎地逐步地，而又积极地引导他们向现代集体化的方向發展的，任其自流的觀點是錯誤的。四九年六月，毛主席在《論人民民主专政》一文中指出：“没有农业社会化，就没有全部的鞏固的社会主义。”一九五一年至一九五二年，毛主席又委托陳伯达同志主持起草了“关于农业生产互助合作的决議”和关于發展农业生产合作社的决議。這兩個文件具体阐明了毛主席逐步实现农业集体化的光辉思想。在毛泽東思想的指引之下，五亿农民的社会主义积极性得到极大鼓舞，互助合作運動蓬蓬勃勃地發展起来。

可是，刘少奇、邓小平以及邓子恢等人，从一開始，就极力鼓吹和执行一条資产阶级反动路线，和毛主席的無产阶級革命路线相对抗，妄图把五亿农民引向資本主义的道路。

刘少奇首先反对毛主席提出的組織起来走集体化的道路他主張把保存富农經济作為一個長期的政策。反对采取革命手段消灭富农經济，而要用机械化的方法，自然而然地代替富农經济。甚至对那些已經变為富农的党员，还要保留他们的党籍，明目張胆地鼓励党员走资本主义道路，鼓励农民向富农看齐。一九五一年七月刘少奇对當时山西省委“把老區互助組提高一步”組織农业生产合作社的革命行动，竭力反对，横加斥责，竟然在山西省委的这個报告上批注了這样一段黑話：“在土地改革以后的农村中，在經济發展中，农民的自發勢力和階級分化已經開始表现出来了。党内已經有一些同志对這种自發勢力和階級分化表示害怕，並且企图去加以阻止或避免。他們幻想用劳动互助組和供銷合作社的办法去达到阻止或避免此种趋势的目的。已有人提出了这样的意见，應該逐步地动摇、削弱直至否定私有基础，把农业互助组提高到合作社，以此做為新因素，去战胜农民的自發因素。這是一种錯誤的、危險的、空想的农业社会主义思想。”很明顯，刘少奇是想為中国的资本主义发辟開辟道路，因此极端害怕消灭個体农业經济引导农业生产大跃进的互助合作運動。把偉大的互助合作運动誣蔑為幻想的、空想的、危險的农业社会主义思想。他的这段黑話难道不是針对着我們偉大領袖毛主席嗎？

同刘少奇的這条反动路綫相呼應，邓子恢在中南地区，也以南方地區地少人多為借口，主張不要急於组织互助组。他还到处贩賣臭名遠揚的“四大自由”（雇工、借贷、租佃和土地買卖、农村貿易）的修正主义貨色。在刘少奇領导下，以邓子恢、廖魯言為首的前中央农村工作部，一貫反对社会主义，走资本主义道路。一九五二年农村工作部一成立，他們就到处大喊大叫，互助合作冒进了，急躁了，要我們党“从小农經济現状出發”“采取＝穩步＝緩急”的黑方針，刮起一股反冒进的妖风，吹掉了一批农业生产合作社。如三下大名府，把四百几十個社，大部反掉，只剩下几十個。十分明显，他們这样做，就是要打击贫下中农的社会主义积极性，摧毁集体經济这一新生事物，扶持富农和富裕中农，鼓励农村资本主义的發展，公開反对毛主席的农业集体化的思想，反对我們偉大的領袖毛主席。

毛主席在一九五三年，針对他們一系列的反动謬論，作了最尖銳的反击。明确指出，巩固新民主主义秩序是錯誤的，嚴肅地批評當时的农村工作部是“群居終日，言不及义，好行小惠，难矣哉！”言不及义，就是言不及社会主义，只在小农經济的基础上發农贷，搞救济款等等，就是对农民实行小恩小惠。主席特别反对他們从小农經济做文章。並警告他們：在三畝地上确保私有，搞四大自由，结果就是發展少数富农，走资本主义道路。由於毛主席及时纠正了“反冒进”风，一九五三年毛主席又制定了过渡时期总路綫。因此，一九五四年，农业生产合作社又蓬蓬勃勃地發展起來。

刘少奇不仅反对毛主席在农业上组织起来走集体化的道路，而且反对毛主席关於从中华人民共和国成立之日起，我国就进入了社会主义革命阶段，进入资本主义到共产主义的過渡时期的英明論断。他不承認过渡时期是社会主义革命阶段，而把它歪曲成所謂“新民主主义时期”，把社会主义革命推到遥遠的将来。一九四九年他在天津一次講話中，竟公開為资产阶级叫嚣，“中国的资本主义不是多了，而是少了”、“工人农民是被剥削者，他們不是反对剥削，而是欢迎剥削。”他們这种思想，是一贯如此，他历来就是对中国革命胜利缺乏信心的。一九四六年，他在提出臭名远扬的和平民主新阶段的同时，还提出要给美国當“紅色买办”等等。

二、第二次大的斗争，是围繞着土改以后，我国农业生产合作社能不能發展，能不能巩固这個根本问题展開的。

土改之后，在毛主席“积极领导，穩步前进”，“全面规划，加强领导”的方針指引下，合作化運動大规模開展起来。以毛主席為首的党中央，以极大的热情支持和鼓午广大农民的这种社会主义积极性，积极引导全国农民走上合作化道路。

可是，刘少奇却采取截然相反的态度。反对合作化，抗拒三大改造。他在一九五一年六月，全国宣传工作会議上，公開咒罵“有些同志認為农村可以依靠互助組、合作社、代耕队，实行农业集体化，实行农业社会主义，這是不可能的，这是一种空想农业社会主义，是錯誤的。”同时叫嚷：“如没有工业化的發展，不实现工业化，农业根本不能实现集体化”来反对毛主席提出的“先集体化，再机械化”的偉大思想。

邓子恢等人也隨聲附和：“合作社没有优越性，组织起來，农民耕田不合算”，现在是“万事皆比耕田好”。並且进一步提出了許多“迷信”和框框。說什么落后鄉不能办合作社；山區不能办合作社；少数民族地區不能办合作社；灾區不能办合作社与建社容易巩固难；农民太穷，資金無法籌集；农民没文化，找不到会計；合作社办得越多，出乱子就会越多等等。来阻止、破坏合作化運动。

但革命的洪流是任何人阻挡不住的，全国农民在毛主席制定的总路綫照耀下，在毛泽東思想鼓午下，农业生产合作社得到迅速發展。一九五四年党中央决定把當时十万個合作社，增加五倍，發展到六十万個，結果完成六十七万個。一九五五年春，党中央又决定發展到一百万個。這個決定，预兆中国农村新的社会主义群众運動的高潮就要到来！恰恰在这個时候，忠实执行资产阶級反动路线的邓子恢、廖魯言等又站出来了。他們被疾风暴雨的群众運动吓破了胆，在一种惊慌失措的情緒下，東摇西摆地叫嚷"走快了！""走快了！"要我們党从合作化前进的道路上，赶快下馬。說什么现在合作社的發展有"三超"，即"超過了实际可能"，"超过了群众觉悟水平"、"超过了干部经验水平"，如果不赶快下馬，就有破坏工农联盟的危險。你看他们多么猖狂！甚至危言耸听地警告我们最最敬爱的領袖毛主席。

一九五五年四月，在刘少奇授意下，他们背着毛主席，召開了第三次全国农村工作会議，根据刘少奇提出的"适當收縮，停止發展"的錯誤方針，决定了"坚决收缩"，即所謂"砍一刀"。第一刀强迫浙江省要砍掉包括四十万农户的一万五千個合作社，然后到处乱砍，先后砍掉二十万個合作社，妄图把这场轟轟烈烈的合作化運动砍下去。

一九五五年七月，毛主席發表了著名的《关于农业合作化问題》的报告，打退了他們向党猖狂进攻，鼓午了全国广大农民。毛主席尖銳地指出"这里看来只有一字之差，一個要下馬，一個要上馬，却是表现了两条路线的分歧。"這里指出的"两条路线的分歧"，就是以毛主席為首的党中央的無产阶級革命路线，同刘少奇、邓小平、邓子恢、廖魯言等人的资产阶級反动路线的分歧。由於毛主席破除反动路线散布的各种"迷信"打破了他們的"框框"，贯彻了正确路线，全国农村頓时出现了汹涌澎湃的社会主义高潮，億万农户欢欣鼓午地响應毛主席号召，加入了农业生产合作社。

毛主席的合作化问題报告，以及一九五五年底毛主席為《中国农村的社会主义高潮》一書所寫的序言和按語，是指引和鼓午我国亿万农民走社会主义道路的强大的思想武器。对於那些动不动就舞刀子砍掉合作社的右傾机会主义者，給予了嚴肅地批評，稱他們「雖然頂着共产主义者的称号，却对於現在要做的社会主义事业表现很少兴趣。」

三、第三次大的斗争，是围绕着我国农业实现社会主义改造以后，还有没有阶级、阶级斗争这個根本问题而展開的。

我国社会主义改造基本完成之后，毛主席一再指出：阶级斗争並没有结束，由資本主义過渡到共产主义的整個历史时期，存在着無产阶级和资产阶级之间的斗争，存在着社会主义和資本主义兩条道路的斗争。忘記了几十年来我党的这一条基本理論和基本实践，就会走到斜路上去。

但刘少奇、邓子恢、廖魯言等却同毛主席大唱反調，到处寫文章，做报告，宣扬阶级斗争熄灭論，社会主义和资本主义誰战胜誰的问題解决了。企图从政治上、思想上制造混乱，抹煞社会主义时期的阶级和阶级斗争，為資本主义复辟鳴鑼開道。

一九五六年刘少奇在党的第八次全国代表大会政治报告中公開提出：「現在这种社会主义改造已經取得决定性胜利，这就表明，我国的無产阶级同资产阶级之间的矛盾已經基本上解决。」同年，他对中央农村工作部的同志說：「农业合作化以后，党在农村的任务有三条：一是搞好生产；二是巩固合作社；三是稳定新的社会生产関係，使之正常化。」根本不提阶级斗争和兩条道路的斗争。一九五七年四月，刘少奇在上海党员干部会上，進一步提出：「现在国内敵人已经基本消灭了，地主阶級已被消灭了，资产阶级也基本上被消灭了，反革命也基本上消灭了，我們說，国内的主要阶级的阶级斗争已基本结束了。那就是說敌我矛盾已經基本解决了。」邓子恢、廖魯言等人，根据刘少奇指示，也到處散布阶级斗争熄灭論。邓子恢在一九五七年七月，發表了《論合作社内部矛盾与民主办社》的文章。鼓吹农民走上了社会主义道路以后，「从而基本上解决了兩条道路的矛盾。」剩下的只是：国家与合作社的矛盾；合作社和社员的矛盾；队与队、村与村的矛盾；社与社的矛盾；社员与社员的矛盾；干部与群众的矛盾。企图用这些含混不清的概念，实質上是修正主义的观点来模糊农村的阶级斗争和兩条道路的斗争。

宣扬阶级斗争熄灭論，还不够，刘少奇还极力宣扬资产阶级本他已经改变了。一九五七年四月，正当资产阶级右派向党发起猖狂进攻的时候，刘少奇在上海党员干部会上說：“公私合营以后，资本家已经把工厂交出来了，除開极少数坏分子以外，他们已经不願反抗社会主义了，有很多人已经接受社会主义改造了。”“今天的资本家是新式的资本家了。”他还号召党和工人阶级同资产阶级搞好“关係”，向资本家“学习”，极力鼓吹阶级合作。邓子恢也在同年五、六月，在各省、市参加夏收分配座談会上宣扬什么：“农村与地主农民矛盾，资本主义与社会主义两条道路矛盾已基本解决了，主要矛盾是人民内部矛盾。”这也是鼓吹阶级合作論。由于阶级熄灭論的流传，在农村曾一度出现阶级阵营混乱，什么“土改靠贫农，生产靠中农”，“老实地主”，“老实富农”的口号流传的很广，害處很大。

一九五七年，毛主席《关于正确处理人民内部矛盾的问题》一文的發表，又给了他们当头一棒，毛主席用馬列主义的观点和生动的事实回击了他们的謬論。並打退了一九五七年资产阶级右派疯狂进攻，也出现了一九五八年的大跃进和人民公社化运动。

四、第四次大的斗争，是在第二個五年計划时期，国内出现暫时困难，围绕着總路线、大跃进、人民公社三面红旗，展開了一场大爭論。

一九五七年反右派斗争，和农村反击了“退社风”，批判了所謂农民苦的謬論之后，我国进入第二個五年計划时期，一九五八年毛主席提出鼓足干劲，力争上游，多快好省地建設社会主义的總路线。紧接着全国实现人民公社化，工农业生产出现大跃进的新形势。就在这样一個“全国人民精神振奋，斗志昂扬，意氣风發”的大跃进时代，刘少奇、邓小平以及邓子恢、廖魯言等人，对三面红旗抱着极端抵触的情绪，暫时隐蔽下来，待机而动，成了“观潮派”、“秋后算賬派”。一九五九年庐山会议上彭、黄、張、周向党向毛主席猖狂进攻时，他们还是隐蔽了自己的观点，装做拥护毛主席的革命路线的样子，滑了过去。一九五九年到一九六二年，三年自然灾害，出现暫时困难，国际上帝修反一齐起哄，国内牛鬼蛇神紛紛出笼。刘、邓等人認為到了“秋收”时机，也算開賬了。他们到处收集黑材料，做报告，煽风点火，刮起了“黑暗风”、“单干风”、“翻案风”的三股黑风，猖狂地反对毛主席，反对以毛主席為首的無产阶级革命路线。

刘少奇在一九六一年回到湖南老家，就对全国形势作出悲观估計，說什么一九五八年以来中央犯了錯誤。一九六二年一月，他在七千人大会上說目前"形势严重"，"前途黯淡，困难重重"，處在一种"非常时期"。一九六二年三月，刘少奇又布置查"黑暗面"材料，說"查出來可能是很多的，但实际存在；你不揭，旁人揭；现在不揭，将来揭；活着不揭，死了要揭。"同志们，这些語言恶毒得很！它矛头正是对准了我们伟大領袖毛主席的。邓小平也在一九六一年底說："社会主义优越性在那里呢？""前几年还可以看出优越性，这几年不行了，不能吹牛了。"这时候，長期称病的陳云，也跳出来，做了一篇大反毛主席，狂妄的要求我党中央实行全线退却的报告。刘少奇将这個报告批發全国，為这股逆流推波助瀾。邓子恢、廖魯言更是搖筆鼓舌，到处大喊大叫："三面红旗褪色了，不那么红了"，"鬧成这個样子，都是單憑一时热情，赫光头一罵就拼了老命，不顾一切大办起来的结果。""现在好比汽車開进了死胡同，要退車是很費劲的。"

这股黑风从刘少奇那里刮起，一直刮到全国，跟着抛出了一系列的复辟资本主义的倒行逆施。公然提出在国内推行"三自一包"，在国際上搞"三和一少"。刘少奇、邓小平親自出馬支持和批准責任田、包产到户，扩大自留地、十边地、開荒地、飼料地、借地，要把私人佔有的土地扩大到百分之三、四十，牲畜和生产资料都分到户，大搞资本主义的自由貿易。一九六二年，刘少奇在山西晉南公開鼓吹单干，說"一個是国家要得多，一個是干部不隨心，多吃多佔，一個是搗蛋鬼。勉强搞下去，农民是担心的。群众没信心，你今年搞不好，明年还搞不好。你不許单干，不行嘛！今年不单干，明年要单干，總不让他单干，他偏单干。"他在強调农活质量、联系产量的幌子下，宣扬资本主义的经营管理。说："没有质量就没有产量，没有产量工分就不值钱，工分不值钱，大家越不干。"在 （接下页）

他的鼓励下，倒鋳在广東搞了多种"包工到户联系产量"的责任制，实際上是包产到户的試驗。邓子恢本来是長期休养的人，忽然無病一身輕，充当了刮单干风的急先鋒，他一面派工作组几次下江南，收集包产到户增产的材料；一面从中央到地方，大做报告，把责任田的"好处"説得天花乱坠。什么"责任田是经营管理的一個新創造"，"是困难时期的一项革命措施"，要人们"不要歧视和打击搞责任田的地区"，他甚至公开鼓吹单干的优越性。胡説我们现在的生产力水平，还是"一条扁担，两只屁股"。现在了解，邓子恢之所以这样嚣張，敢于这样公开对抗毛主席，完全是刘少奇支持他干的。廖魯言以及王观澜也是亦步亦趋，追随其后。廖魯言还到处宣杨包单地有三条越优性：一是饿不死人；二是社员经济可以活一些；三是社会上粮食没有减少。一九六二年以后，由彭真反革命集团安插為农林办公室常务付主任的張彦竹，也是一貫按资本主义经营管理的。他们这样做，目的是很清楚的，是反对三面红旗，反对社会主义革命，反对突出政治，反对阶级斗争，企图通过包产到户、扩大"小自由"、"物質刺激"三条办法，在中国农村复辟资本主义，使五亿农民走回头路，其心毒辣，其行凶恶！

在这段时间内，刘、邓等人的錯誤，不断受到毛主席的嚴厉批評。毛主席在一九五九年春提出："誰要説一個广大的社会运动能够完全没有缺点，那他不过是一個空想家，或者是一個观潮派、秋赈派，或者简直是　　敌对分子。"在一九六二年，党的八屆十中全会上，我们伟大领袖毛主席提出了"阶级、形势、矛盾"的著名論述。告誡全党，千万不要忘記阶級斗争！当时，根据毛主席的指示，解散了中央农村工作部，罢了邓子恢的官。一九六三年，毛主席在制定第一個《十条》时，又批評刘、邓等人"过去对广大农村形势和农业生产情况抱有悲观情绪，是没有根据的。"由于毛主席及时击退了这股逆流，排除了来自刘、邓反动路线的干扰破坏，在以毛主席為首的正確路线指引下，农村人民公社这個新事物，更加健康更加巩固地向前發展，工农业生产形势一年比一年好。

[illegible]大的斗争，是围绕城鄉社会主义教育运动，展开了一场大辩论。究竟是依靠群众，相信人民群众自己解放自己，[illegible]制干公，包办运动。

[illegible]在一九六三年，親自主持制定了第一個《十条》，有力地指导了全国农村社会主义教育运动開展，粉碎了城鄉资本主义复辟活动。而刘少奇却在一九六四年推行了形"左"实右的机会主义路线，大反毛主席，与毛主席的革命路线相对抗。

一九六四年刘少奇泡制了第二個《十条》，破坏四清运动，流毒全国，危害极大。他寫信攻击江苏省委第一書記江渭清同志，对江在一篇講話中大段地引用了第一個《十条》和毛主席的講話，而沒有引用他的第二個《十条》和他在南京的講話，非常恼火，並且大放所謂"解决框框问题，教条主义问题，不信迷信"等厥詞。他指责的是江渭清，攻击的是毛主席。他作了一個"关于社会主义教育问题"的报告，大捧王光美，极力鼓吹王光美的桃園蹲点經验。他錯誤地估計了农村阶級斗争形势，过分夸大阶級敌人力量，反对毛主席提出的，我国农村在大好形势下存在着严重的阶級斗争的英明論断。他断言"优势不在我们方面"，"地富优势并没有真正打倒"，极力丑化我们的干部队伍，给高举三面紅旗的积极分子脸上抹黑，扩大打击面，重复他过去"搬石头"的錯誤，把斗争锋芒对准广大基层干部，包庇了党内走資本主义道路當权派。他甚至想替他在一九四七年土改时所犯的為毛主席多次批評的"搬石头"的錯誤翻案。他說："如果真是石头，不搬不行。过去总结的那個搬石头的經验也总结得不全面。"他不相信群众能够自己解放自己，把蹲点绝对化、神秘化。毛主席在第一個《十条》中反复强調，要放手發动群众，要依靠贫下中农去团结中农，但是刘少奇連毛主席一貫提倡的"开調查会"的方法也否定了。說"开調查会的方法已經过时了，不适用了。"他采取大派工作队，搞"人海战术"的办法，踢开广大人民群众和基层干部，完全由工作队去包办运动。

还應該指出，刘少奇反对毛主席农村社会主义教育运动的根本性質是社会主义和资本主义的矛盾的提法，而用所謂四清和四不清、党内外矛盾的交叉、敌我矛盾和人民内部矛盾的交叉，这些反毛泽东思想的提法，未偷天换日，混淆根本矛盾的性质。

一九六五年一月，在毛主席领导下，召开中央工作会議，批判了刘少奇形"左"实右的錯誤，毛主席親自主持制定《二十三条》，使农村社会主义教育运动走上健康發展的道路。

一九六三年、一九六四年，全国大学毛主席著作，大学解放軍，大搞突出政治。毛主席指示，工交、财贸、农林等几個口分别成立政治部，加强国营企事业的政治工作。在一九六四年五月的中央工作会議上，刘少奇提出要在全国搞一個最大的"政治部"——农林政治部。他主張从中央、省、专、县一直到社、队都設立政治机构。要向各個生产大队派指导员领导党支部。並認為全国至少有三分之一的大队要从外面派干部去担任支書或指导员。这样一来，农林政治部就成為从上到下垂直的凌駕於各級党委之上的"政业党"了。这样做势必破坏毛主席一再教导我们党的基本組织原则——民主集中制，破坏了党的統一领导，違背了毛主席在十大关係中正确解决的中央和地方的关係。而农业党这一反动思想，也並是赫魯晓夫，在篡国篡党之后，提出的修正主义貨色。

中央农林政治部付主任秦化龙，通過疾子宗等黑线关係，拿到刘少奇这一篇掉話，如獲至宝，抛開了毛主席的指示，要搞一個管五亿农民的大政治部，由他充当五亿农民的"政治领袖"，和各級党委分庭抗礼。他在一九六五年八月召開的全国农林政治工作会議上，不印發也不学习毛主席和林彪同志的指示，却以刘少奇的掉話為"最高指示"，安子文的黑货作為学习文件，掀一波的工交政治部作奋斗目标。以后秦化龙又背着中央，私自印發他們黑綱领——"关於人民公社、生产大队、生产队的政治工作任务和工作方法（試行草案）"，一直通到全国各地。他这一切作法，都是為着造声势，造輿論，明目張胆地推行刘少奇的資产阶級反动路线来对抗毛主席的無产阶級革命路线。

六、在这次無产阶級文化大革命运动中，刘少奇、邓小平堂又继续站在資产阶級立场上，抛出了镇压群众、反对革命的資产阶級反动路线，与毛主席的無产阶級革命路线相对抗。

正如毛主席所指出的，他们"站在反动的資产阶級立场上，实行資产阶級专政，将無产阶級轟轟烈烈的文化大革命运动打下去。顛倒是非，混淆黑白，圍剿革命派，压制不同意见，实行白色恐怖，自以為得意，長資产阶級威风，灭無产阶級志氣，又何其毒也！联系到一九六二年的右倾和一九六四年形"左"而实右的错誤倾向，豈不可以發人深醒的嗎？"

农口主管文化大革命运动的秦化龙和农垦部部長王震等人，在这次运动中，忠实地貫彻执行了刘、邓資产阶級反动路线。他们打着紅旗反紅旗，挑动群众斗群众。當着他们的阴謀詭計一作一個被揭穿，他们所頑固盘踞的堡垒一個一個被群众革命夺取过来，在群众重重包围，处於全线崩潰的时候，他们又进行了新的反扑。他们打着"反对资产阶级反动路线"的旗号，蒙蔽和欺骗一部分群众，轉移目标，打击压制革命群众，把斗争矛头指向無产阶级司令部。借以保护他们自己，保护刘、邓资产阶级反动路线，保护党内一小撮走资本主义道路的当权派。在他们群众中制造許多謠言，虚張声势，高喊一些极"左"的口号，欺騙一些不明真相的人，压制革命群众。他们是什么坏事都干得出来，明一套，暗一套，軟一套，硬一套。他们在幕后借搜黑材料之名，到處砸办公楼，强占办公室，搜查干部宿舍，打人围攻，私設公堂，搜查人身，扣押审訊革命群众，甚至指揮一部分群众冲散我们上一次举行的批判刘、邓资产阶级反动路线的大会。最近，他们又挑动外地来京的知識青年，以經济主义的誘餌去毒害一些青年，鼓动少数人搶公家的東西，破坏国家财产，私自动用国家巨款去支持一些人，開动宣传机器，向全国散發传單，来保护他们。总之，他们是用资产阶级的自發性来代替無产阶级的革命自觉性，用资产阶级的极端民主化来代替無产阶级的民主集中制，代替無产阶级的组织紀律性，用资产阶级反动的非法手段来代替無产阶级专政，代替無产阶级专政下的大民主，用资本主义的所有制来代替社会主义的所有制。他们这样做，其目的是蓄意破坏無产阶级文化大革命，企图把这次燃点起来的这场批判刘、邓资产阶级反动路线的熊熊烈火扑灭下去，他们表演的愈充分，暴露得也愈清楚，他们的垮台也就愈彻底愈迅速。

刘邓的资产阶级反动路线，不仅表现在政治上，而且表现在组织上。十七年来，他们招降纳叛，结党營私，糾合一大批自首叛党分子，反革命修正主义分子，走资本主义道路的当权派和死心塌地执行资产阶级反动路线的人，象彭真、罗瑞卿、陆定一、楊尚昆、薄一波、安子文等等，分掌党、政、軍、宣传、經济大权，為篡党、篡軍、篡政、实现资本主义复辟准备了一套完整的人馬。就农口来說，也安插了象廖魯言、張修竹、秦化龙等这样的人物。这是多么触目惊心的你死我活的阶级斗争呵！对于这样的人，难道不应当全党共誅之，全国共討之。

同志们，革命的实踐証明，伟大的毛泽東思想，是我们事业的指路明灯，是我们走向共产主义的灯塔。什么时候我们按照毛泽東思想办事，我们的事业就胜利就前进就發展；什么人离開、違背和反对毛泽東思想，他们就必迷失方向、走向絕路、甚至為全国人民所唾弃。我们要响应林彪同志的号召，一定要高举毛泽東思想的伟大红旗，讀毛主席的書，听毛主席的話，照毛主席的指示办事，做毛主席的好战士，永远跟着毛主席闹革命。

同志们！革命的战友们！

在这次無产阶級文化大革命运动中，我们农口揪出了邓子恢、廖魯言、張修竹、秦化龙这一小撮走资本主义道路的当权派，并且挖出了他们的老根子——刘少奇、邓小平，这是以毛主席为首的党中央的無产阶級革命路线的伟大胜利。我们一定要更高地举起毛泽東思想伟大紅旗，坚定地站在以毛主席為首的党中央的無产阶级革命路线一边，牢牢掌握斗争的大方向，团结最广大的革命群众，把一切革命派联合起来，把無产阶級专政命运，把無产阶级文化大革命的命运，紧紧地掌握在自己手里，向刘、邓资产阶級反动路线进行全面反击，揭穿他们的经济主义阴謀，以十倍百倍的力量，摧毁资产阶級反动路线的新反扑，彻底肃清这条路线的反动影响，彻底挖掉一切修正主义的毒根，沿着毛主席開辟的無产阶級革命航道胜利前進。

彻底清算刘、邓资产阶级反动路线！

誓死捍卫以毛主席為首的党中央的無产阶級革命路线！

彻底粉碎资产阶級反动路线的新反扑！

無产阶級专政万岁！

伟大的、光荣的、正确的中国共产党万岁！

战無不胜的毛泽東思想万岁！

我们伟大的领袖毛主席万岁！万岁！万万岁！

农口红色造反联络总站

最高指示

在我国，虽然社会主义改造，在所有制方面说来，已经基本完成，革命时期的大规模的急风暴雨式的群众阶级斗争已经基本结束，但是，被推翻的地主买办阶级的残余还是存在，资产阶级还是存在，小资产阶级刚刚在改造。阶级斗争并没有结束。无产阶级和资产阶级之间的阶级斗争，各派政治力量之间的阶级斗争，无产阶级和资产阶级之间在意识形态方面的阶级斗争，还是长时期的，曲折的，有时甚至是很激烈的。无产阶级要按照自己的世界观改造世界，资产阶级也要按照自己的世界观改造世界。在这一方面，社会主义和资本主义之间谁胜谁负的问题还没有真正解决。

《关于正确处理人民内部矛盾的问题》

坚决拔掉刘少奇这面大白旗

——評刘少奇1958年6月30日在北京日报的谈话及1958年7月29日北京日报社论《共产党员应该有什么样的志愿》

前　言

《人民日报》、《红旗》杂志元旦社論《把无产阶級文化大革命进行到底》指出："这次无产阶级文化大革命，是无产阶级同资产阶级和它在我们党内的代理人的一次全面的较量"。

刘少奇是中国的赫鲁晓夫，党内头号的走资本主义道路的当权派，中国现代修正主义的祖师爷，资产阶级司令部的黑司令。我们和资产阶级在党内的最大代理人刘少奇的较量，是一场你死我活的严重的阶级斗争。

刘少奇制定和推行的资产阶级反动路线的实质，就是要把中国引向资本主义复辟。正如《人民日报》、《红旗》杂志元旦社论所说："这条反动路线，包庇党内一小撮走资本主义道路的当权派，跟他们同流合污，镇压革命的群众运动，跟革命群众作对，归根到底，是要把中国引向资本主义复辟"。

刘少奇在这场无产阶级文化大革命中提出罪恶的资产阶级反动路线，绝不是偶然的，这是他资产阶级反动立场的进一步大暴露。从已揭露的种种事实来看，他长期以来一直顽固地站在以毛主席为代表的无产阶级革命路线的对立面，坚持一条反对革命、反对人民的资产阶级反动路线。

一九五八年五月十九日到七月二十九日，《北京日报》"共产党员"专刊组织了一次关于"共产党员应不应该有个人志愿”的討論。六月三十日，应前《北京日报》的邀請，刘少奇专程到北京日报社就这次讨论做了一次谈话。黑帮分子范瑾、反革命修正主义分子姜今里根据这次谈话整理出一篇《共产党员应该有什么样的志愿》的社论，经彭真审阅和刘少奇亲自修改以后定稿，于七月二十九日作为这次讨论的总结发表在《北京日报》上。

刘少奇六月三十日的谈话（以下简称“谈话”）和《北京日报》七月二十九日的社论（以下简称“社论”），是彻头彻尾的大毒草，是刘少奇反党反社会主义反毛泽东思想，阴谋篡党篡军篡政的反革命宣言书。

在“谈话”和“社论”中，刘少奇这个狂妄透顶的个人野心家，打着“红旗”反红旗，恶毒地攻击我们最最敬爱的伟大领袖毛主席，借拔“张家仁”这面白旗之名，大树他自己这面大白旗。他竭力美化資产阶級个人主义，突出資产阶級政治，企图按資产阶級世界观改造世界；他大肆宣揚阶級斗争熄灭论，鼓吹阶級调和，歪曲马克思列宁主义关于过渡时期阶級斗争的理论；他替陈独秀、王明的机会主义翻案，为右傾机会主义分子张起大黑伞；他积极提倡奴隶主义，盲目服从，号召共产党員做他“驯服的”、“容易驾驭的”工具，为貫彻他的修正主义政治路线做组织上的准备。

《北京日报》社论发表以后，全国各报大都作了转载，中央人民广播电台向全国作了广播。旧北京市委立即向所属各级党组织发出通知，指示全体党员认真学习，并规定为整风第四阶段学习文件之一。这个通知极尽吹捧之能事，说这篇社论是"从理论上系统地深刻地批判资产阶级个人主义，高高举起共产主义思想红旗的一篇极为重要的文章"。北京出版社还先后九次印刷出版了三百多万册单行本，大量发行，流毒全国，危害极大。

我们认为刘少奇这番谈话，是为修正主义上台、为资本主义复辟制造"理论"根据的，是一株大毒草，必须彻底批判，彻底肃清它的流毒和影响。

下面，我们试从几个方面分析批判刘少奇谈话和根据这次谈话写成的社论的反党反社会主义反毛泽东思想的反动本质。

一 恶毒攻击毛主席，企图凌驾于党和毛主席之上

刘少奇在这次谈话中含沙射影，肆意诋毁毛主席；竭力吹捧他自己，企图分庭抗礼，凌驾于党和毛主席之上。

刘少奇在谈"工具论"的时候说，党是工具，国家是工具，

“范瑾是不是工具，你们是不是工具，编辑、教授、专家、主席是不是工具，都是工具”。又说：“报纸、党、国务院、主席、总理，是不是工具？……都是”。

这里，刘少奇把我们伟大的领袖毛主席贬低为一般的“工具”。

刘少奇又话里有话，恶毒地影射说，“有些人把党当成汽车，他是开汽车的，想爬到党的身上驾驭党……”，又说“领袖不能自封，那得人家承认，自己承认是不算数的。强求势必要发生错误，另搞一套不行。一定要这么搞，就会和人民的方向对立起来”。

这是对毛主席极大的诽谤！

我们并不否认，党、军队和国家是阶级统治的工具。但是，我们必须正确地对待领袖、政党、阶级、群众相互关系的问题。因为这是关系到我们党能否成为真正的无产阶级的战斗司令部的重要问题。无产阶级的政党，要求有一个比较稳固的领导核心。这个领导核心，要由一批久经考验的，善于把马克思列宁主义的普遍真理同革命的具体实践结合起来的领袖组成。没有这样的领袖，革命是无法取得胜利的。列宁曾经指出：“在历史上，任何一个阶级，如果不推举出自己善于组织运动的政治領袖和先进代表，就不能取得統治地位”。

无产阶級政党的領袖，是在群众的革命运动中产生的，是对群众忠心耿耿，同群众有血肉联系的，是善于把群众的正確意見正确地集中起来和坚持下去的。这样的領袖，是无产阶級的真正代表，是为群众所公认的。

毛主席是当代最伟大的马克思列宁主义者，是我们中国人民和世界革命人民公认的伟大領袖。毛泽东思想，反映了国内国际阶級斗争的客观規律，反映了无产阶級、劳动人民的根本利益，它不仅是中国人民革命和建设的指针，而且是世界各国人民革命斗争的強大思想武器。毛泽东思想是当代马克思列宁主义的頂峯，是最高最活的马克思列宁主义。正因为如此，毛主席在中国人民和世界革命人民的心目中享有至高无上的威望。

刘少奇惡毒攻击毛主席，是有其不可告人的目的的。他貶低毛主席的作用，为的是抬高他自己的地位，企图取而代之。刘少奇大言不慚地吹嘘自己是“促进”历史前进的，他说：“马克思促进，我也促进，你们也促进，我们是一派”。又说，“没有山头，就没有中华人民共和国。要是问：中华人民共和国哪里来的？回答是：从山头来。什么山？井崗山、五台山、太行山，……等等，山头是谁，历史就有谁”。

刘少奇是促进派吗？不，他早就不是什么促进派了。早在一九四五年，刘少奇、邓小平就走上了右倾机会主义的道路。从"七大"开始，他们就背着毛主席伏下了一条新的右倾机会主义路线。他们站在资产阶级反动立场上，维护资产阶级利益，竭力要把中国引向资本主义道路。这次文化大革命，进一步充分暴露了刘少奇的丑恶面目。他提出的那条资产阶级反动路线如果得逞，中国就会走向资本主义复辟。刘少奇绝不是什么促进派，而是一个最大的走资本主义道路的当权派。是中国的赫鲁晓夫，是一个大促退派。

刘少奇大肆鼓吹山头是谁历史就有谁，是一个包藏祸心的大阴谋。如果说山头是指农村根据地的话，没有山头确实没有中国革命的胜利。但是刘少奇这里说的山头，却不是指的井岗山这样含义的山头。井岗山是革命的山，没有毛主席在井岗山开辟根据地就没有中国革命的胜利，这是任何人都抹煞不了的。刘少奇却提出了另外的山头与井岗山相抗衡。他的意思是没有五台山、太行山，同样也没有历史，刘少奇说的五台山、太行山就是他自家的山头。然而，这是什么山头？是宗派主义的山头，招降纳叛的山头。这次文化大革命中揭露出来，刘少奇率领下的北方局的许多主要负责人早就叛变自首过，今天又是坐走資本主义道路的当权派，是一伙反革命修正主义黑帮。刘少奇大肆宣揚他的山头，无非是为了抬高他那一伙人的地位，推行資产阶级反动路线，与毛主席的正确路线相对抗；无非是为他自己篡党篡军篡政创造条件，以便把党当成汽车，他来驾取党。

二、顽固地推行修正主义路线，对抗以毛主席为代表的革命路线

俗话说："冰冻三尺，非一日之寒"。刘少奇作为資产阶级反动路线司令部的黑司令，多年来，一直反对毛主席的革命路线，顽固地推行資产阶级反动路线，并且张开他这把大黑伞，包庇、保护一切右倾机会主义分子。

刘少奇说："……过去党犯错误，也只有很短的时期，那是最困难的时期，没有经验的时期，就是犯错误的时期，反帝反封建的大方向，还是正确的。只是在如何反法这个问题上犯了错误，在达到目的的路线上犯了错误。我们的党从过去建党的时候起，就是反帝反封建的。陈独秀依靠資产阶级反帝反封建，所以错了，反不掉，结果失败了。抗战时，王明依靠国民党蒋介石打日本，不依靠八路军、新四军、山头、结果抗不了

战，抗战胜利了，也是旧中国。……

现在搞社会主义，共产主义，这是目标。如何建设社会主义、共产主义，有几种方法，都是新问题"。

这两段话表明：

刘少奇在党内若干次路线斗争中，是站在右倾机会主义路线一边反对毛主席的革命路线的。在这里，他明目张胆地为叛徒陈独秀、王明粉饰、翻案。他实际上是说陈独秀、王明这些投降主义分子"反帝反封建的大方向，还是正确的"，只是"在如何反法这个问题上犯了错误"。这是对历史的恣意歪曲！

大家知道，在陈独秀的右倾机会主义发展为投降主义时，为了适合資产阶级的需要，他放弃了无产阶级的领导，使轰轰烈烈的第一次国内革命战争归于失败，几乎断送了中国革命，这难道还不是方向错误、路线错误？！

毛主席告誡我们说："一九二七年陈独秀的投降主义，引导了那時的革命归于失敗。每个共产党員都不应该忘记这个历史上的血的教训"。又说："过去陈独秀右傾机会主义的特点，就是引导无产阶級适合資产阶級一党一群的私利，这也就是第一次大革命失败的主观原因"。我们伟大領袖毛主席的这些教导，同刘少奇的那些胡言乱语成了鲜明的对比！

刘少奇这番话是一九五八年六月说的，这正是毛主席提出社会主义建设总路线的一年，是彭、黄右倾机会主义分子在庐山会议上猖狂向党进攻的前一年。

刘少奇说："如何建设社会主义、共产主义，有几种方法，这是新问题"。这里所说的"有几种方法"指的是当时在建设社会主义问题上有两条路线：一条"少慢差费"的右倾机会主义的路线和以毛主席为代表的"多快好省"的无产阶级革命路线的斗争。也就是他在这里所说的"速度问题"。他把这样两条路线的斗争，说成仅仅是两种方法之争，仅仅是两种"不同意见"，而且要人们"注意分辨"，无非是为那些坚持右倾机会主义者辩护、开脱。试问毛主席提出的总路线和以刘、邓为代表的右倾机会主义路线难道仅仅是方法之争吗？刘少奇把党内两个阶级两条路线的斗争，归结为两种"方法"的争论，这正是鼓励右倾机会主义分子向党猖狂进攻。刘少奇既定调子为方法之争，这就公然为彭德怀之流在庐山会议上向毛主席发动猖狂进攻大开方便之门。党中央粉碎了彭、黄阴谋之后，刘少奇又公然在一九六二年为右倾机会主义翻案，一时中国的上空乌云滚滚，牛鬼蛇神纷纷出笼，这一切表明，刘少奇是中国现代修正主义的祖师爷。

刘少奇在无产阶级文化大革命中，顽固地推行資产阶級反动路线，绝不是偶然的，这是他一貫站在資产阶級反动立场上的必然结果。

从刘少奇为陈独秀、王明翻案到为彭德怀等右傾机会主义分子提供“理论”根据，再到无产阶级文化大革命中頑固地坚持和推行資产阶級反动路线，我们可以清楚地看出：刘少奇制定推行资产阶级反动路线，不自今日始。正如毛主席所说：“无产阶級要按照自己的世界观改造世界，資产阶級也要按照自己的世界观改造世界”。刘少奇既然要頑固地按照他的资产阶級世界观改造中国，改造世界，那么他的反动的資产阶级立场就一定会被革命的人民所识破。历史就是这样无情。刘少奇虽然混过了民主革命这一关，但是，却无法混过无产阶级文化大革命这一关。我们的伟大领袖毛主席亲自发动和领导的这一场史无前例的无产阶级文化大革命，象大海的怒涛，一切阻挡历史潮流前进的小丑们都将被它席卷而去。不是么，几个月的工夫，刘少奇的反动的資产阶級立场終于暴露无遗，他的虚假的马克思主义的面孔終于大白于天下。

三、大肆宣揚阶級调和，为資本主义复辟制造輿论

毛主席一貫教导我们：在无产阶级革命和无产阶级专政的整个历史时期，在由资本主义过渡到共产主义的整个历史时期，存在着无产阶级和资产阶级之间的阶级斗争，存在着社会主义和资本主义两条道路的斗争。被推翻的反动阶级（统治）不甘心于灭亡，他们总是企图复辟。社会上还存在着资产阶级的影响和旧社会的习惯势力，存在着一部分小生产者的自发的资本主义倾向。在这些情况下，阶级斗争是不可避免的。

因此，他谆谆告诫我们：千万不要忘记阶级斗争。

刘少奇在谈话中，公然和毛主席关于社会主义时期阶级和阶级斗争的理论大唱反调，大肆宣扬阶级调和，抹煞过渡时期的阶级斗争，为資本主义复辟制造輿论。

刘少奇在他长达万余言的谈话中，绝口不谈阶级和阶级斗争。他津津乐道的是什么"社会性"、"历史性"、"社会中间的人"、"集体中间的人"、"社会的时代的历史的人"。

因此，在刘少奇看来，社会主义时期，无产阶级首要的任务不是搞政治战线、思想文化战线的阶级斗争，不是突出无产阶级政治，不是突出毛泽东思想掛帅，而是大搞经济建设。他反来复去强调社会主义社会就只是搞经济建设。说什么："今后社会主义建设时期，党需要搞经济建设，不会搞经济建设的党員、革命者，也要搞经济建设"。说什么："今天党号召大家搞经济建设"。

这是公然反对突出政治，是根本违背毛泽东思想的。

林彪同志根据毛主席关于社会主义时期阶级和阶级斗争的学说，高举毛泽东思想伟大红旗，发出突出政治的号召。突出政治就是要突出无产阶级的政治，大抓无产阶级同資产阶級的阶级斗争，大抓社会主义道路同資本主义道路两条道路的斗争；就是用毛泽东思想武装广大人民群众的头脑，灭資产阶级思想，兴无产阶级思想，充分调动群众的积极性和创造性，充分发挥无产阶级政治对于社会主义经济基础的能动作用；就是正确处理政治同业务的关系，在各項工作中把政治工作放在第一位；从而不断推进我们的革命和建设事业，推动我们的社会向前发展。

如果违背毛主席的教导，离开毛泽东思想的纲，不突出无产阶级政治，不坚持不懈地进行政治战线、思想文化战线的社会主义革命，按刘少奇的主张，只搞经济建设，我们国家非改变颜色不可，資本主义非复辟不可。

刘少奇也不是不要政治，也不是一点不讲政治掛帅。他也讲突出政治，也讲政治掛帅。但是他讲的政治不是灭資兴无；他讲的政治掛帅、不是无产阶级的政治掛帅，而是資产阶级的政治挂帅，　　　　　　　　　个人主义、名利思想挂帅。

刘少奇在《共产党員应该有什么样的态度》的社论中说，政治挂帅"就是政治领导"，什么叫做"政治领导"？

在讲话中，他说的更加露骨，他以英法資本主义国家为样板，鼓吹只有政治家才能当部长，专家只能当副的，他直截了当地说，"政治上不强的不能掛帅"！刘少奇理想的社会主义社会就是一大批没有灵魂的专家、追求个人名利的青年和所谓"部长"挂帅的社会。这和苏联修正主义又有什么区别呢？

按照刘少奇的"理论"，既然过渡时期阶级之间可以调和，阶級斗争不复存在了，所以过渡时期不会是很长的一整个历史时期，只是三、四十年的问题，共产主义很快就会到来。刘少奇在谈话中明确地说道："三、四十年之后，我看可到共产主义社会，你们看要不要这么长"？又说："社会上有无产阶级的进步力量，还有旧的社会力量，而后种东西很快就会过去的"。

这又是彻头彻尾的一派胡言。

毛主席说："在政治思想领域内，社会主义同資本主义之间谁胜谁負的斗争，需要一个很长的时间才能解决。几十年内是不行的，需要一百年到几百年的时间才能成功。又说："在时间问题上，与其准备短些，宁可准备长些；在工作问题上，与其看得容易些，宁可看得困难些。这样想，这样做，较为有益，而较少受害。如果对于这种形势认识不足，或者根本不认识，那就要犯绝大的错误"。

事实正是这样。苏联革命四十年，结果出现了历史的大倒退，资产阶级采取新的形式复辟了。其它还有若干社会主义国家，也都是由于没搞意识形态的阶级斗争，无产阶级夺取政权只一、二十年，就改变了颜色。刘少奇所设想的三、四十年后的中国，难道不正是在他的一套修正主义的政治路线与组织路线毒害下变了颜色的中国吗？

所以，归根结底，问题的实质是要不要共产主义的问题。是搞真共产主义还是假共产主义的问题。实际上，刘少奇是不要共产主义，反对共产主义，取消共产主义的。

事实胜于雄辩！

刘少奇在谈话中竭力丑化共产主义社会。例如他说："不要以为共产主义社会个人自由那么多，从某种意义上说，自由是少得多。中国要到六十亿人口，一个人睡一个床恐怕不行了说不定要轮班睡。马路上走路也不能乱走。人只是在山里当野人的时候比较自由，没有那么多规章制度。这是个必然性问题。

请看，刘少奇是何等痛恨共产主义！在他们的心目中，共产主义又是多么可怕呀！那里还是革命人民美好的理想?!那里还需要为之英勇奋斗?!

刘少奇如此肆无忌惮地歪曲和丑化共产主义，恶言詈骂共产主义社会的人连原始社会的野蛮人都不如，甚至不惜歪曲马克思主义关于自由与必然的基本原理，其根本的目的就是要把共产主义搞臭，叫革命者放弃共产主义的伟大理想，而心甘情愿地接受他的按着资产阶级世界观改造中国、改造世界的方案，何其毒也。

四、提倡奴隶主义的"工具论，为资本主义复辟准备组织条件

刘少奇在这番谈话里，大大提倡奴隶主义的"工具论"，为资本主义复辟作组织上的准备。他一再宣扬要当驯服的工具，说什么"是作驯服的工具，还是作调皮的工具呢？是作容易驾驭的工具，还是作不容易驾驭的工具呢？当然要作驯服的工具，要作容易驾驭的工具"。他挑衅地说："不做工具，做什么？作党的工具好不好？作驯服的工具好不好？很好"。说什么要"象一个很精巧的工具，让党使起来非常灵便，得心应手"。

刘少奇在这里有意迴避了一个非常重要的原则问题，即做什么党的驯服工具？刘少奇大谈做党的工具，请问是谁家的党？是马克思列宁主义政党，还是修字号的党？毛主席向我们指出：“党外无党，帝王思想，党内无派，千奇百怪”。国际共产主义运动从来都是按照一分为二的规律发展的。在我们中国党内，两条路线的斗争一直绵延不断。毛主席为代表的正确路线取得支配地位，得到贯彻执行时，中国的革命就取得一个一个的胜利；错误路线占上风时，中国革命就会遭到失败。这次文化大革命中揭露出，在我们党内，实际上是有两个司令部，即以毛主席为首的无产阶级司令部和以刘少奇为首的资产阶级司令部。在这种情况下，一个真正的共产党员，一个马克思主义者究竟作哪个司令部的驯服工具？依照刘少奇的意見，即使党有时犯了错误，也仍然必须绝对服从。早在若干年前，刘少奇在华中党校作报告时就鼓吹过，“即使大多数和上级或中央真错了，你也还要服从，先照错误的去执行。如果不这样，就会引起组织上的分裂，行动上的不一致，削弱了党的力量”。

我们知道，组织路线从来都是服从于政治路线的。如果政治路线上发生了分歧，组织上的一致就不可能保持。可是刘少奇却大肆贩卖奴隶主义的组织路线，避而不谈政治路线的正确与谬误。事实表明，旧北京市委反革命修正主义集团，就是用刘少奇这套组织路线行事的。他们用这一套组织纪律压制、控制党员做他们的驯服工具。这次文化大革命也表明，资产阶级反动路线的执行者，也是用这条组织路线来蒙骗許多党員的。他们利用毛主席和党在群众中的崇高威信，贪天之功，据为已有，把自己说成是党的化身，把自己的言行说成是党的领导，把相信党说成是相信他们自己。要人们不讲原则，无条件地服从直接上级领导，动員他们來保修正主义的"党委""领导"，保资产阶级反动路线。要人们即使在发生象赫鲁晓夫式的政变时，也要乖乖地服从，这难道不是地地道道的修正主义的论调么？

共产党既然有真假之分，有马列主义与修正主义之分，那么中国共产党党員、无产阶级革命派所无条件接受的，就只能是以毛主席为首的党中央的领导，只能是以毛泽东思想作为我们的指导方针。为了捍卫毛泽东思想，上刀山下火海也在所不辞。但是对待错误路线就不仅不能执行、还必須坚决抵制，坚决造错误路线的反。毛主席早就向我们指出："共产党員对任何事情都要问一个为什么，都要经过自已头脑的周密思考，想一想它是否合乎实际，是否真有道理，絶对不应盲从，絶对不应提倡奴隶主义"。他又告诫我们"危害革命的错误领导，不应当无条件接受，而应当坚决抵制"。在这次文化大革命中，一大批革命的闯将正是按照毛主席的教导去做的。在资产阶级反动路线的围攻中，他们面不改色，心不跳，即使被打成"反革命"也绝不低头，坚决造反革命的反，坚决抵制资产阶级反动路线，他们将成为共产主义事业的可靠的接班人。

刘少奇要我们作"驯服的工具"，要我们"上级错了也要服从"，正好暴露了他在组织路线上也是反对毛主席的，是和毛主席的革命路线针锋相对的。

总之，坚决接受和执行马克思列宁主义毛泽东思想的正确领导，坚决抵制危害革命的错误领导，坚决反对奴隶主义，这才是以毛泽东思想武装起来的无产阶级政党的组织原则。

五、竭力鼓吹资产阶级个人主义，妄图在中国实行"和平演变"。

刘少奇借讨论"共产党员应该有什么样的志愿"这个题目，大肆贩卖"人不为己，天诛地灭"的资产阶级人生哲学；腐蚀革命的人民，尤其是腐蚀青年一代，这是现代修正主义阴谋"和平演变"而使出来的一个共同的花招。

我们伟大的领袖毛主席一向对青年寄予很大的期望。人民日报编辑部、红旗杂志编辑部《关于赫鲁晓夫的假共产主义及其在世界历史上的教训》一文指出："毛泽东同志提出，为了保证我们的党和国家不改变颜色，我们不仅需要正确的路线和政策，而且需要培养和造就千百万无产阶级的革命事业的接班人"。

这篇文章还指出：培养无产阶级革命事业接班人的问题，"是关系我们党和国家命运的生死存亡的极其重大的问题"。

帝国主义者梦想在中国共产党的第二代、第三代身上实现"和平演变"。国内资产阶级以及一切被推翻的剥削阶级也在竭力和无产阶级争夺青年一代。

因此，无产阶级和资产阶级争夺青年的斗争，是社会主义时期阶级斗争的一个重要组成部分。

我们伟大的领袖毛主席一向用共产主义的世界观教育全党，教育青年，他说："一个共产党员，应该是襟怀坦白，忠实，积极，以革命利益为第一生命，以个人利益服从革命利益；……关心党和群众比关心个人为重，关心他人比关心自已为重。这样才算得一个共产党员"。他号召我们要"全心全意地为人民服务"，向张思德、白求恩、刘胡兰、雷锋同志学习。

在毛主席的教导下，一代新人正在迅速成长，而且涌现出一批伟大的共产主义战士：雷锋、王杰、焦裕禄、欧阳海、刘英俊、麦贤得、蔡永祥。他们为青年树立了光辉的榜样。这是毛泽东思想的胜利。

但是，中国的赫鲁晓夫——刘少奇却反毛主席之道而行之。他借了给"共产党员应不应该有个人志愿"的讨论做总结的机会，大肆贩卖资产阶级私货，竭力宣扬腐朽的资产阶级个人主义世界观。

刘少奇的这个"总结"以题为《共产党员应该有什么样的志愿》的社论发表时，经过了精心的包装。但是，只要我们揭去这一层漂亮的伪装，就可以看到一具腐烂透顶的个人主义死尸。

请看社论中的一段奇文："事实证明，凡是把个人的志愿和党的方向一致起来，真心诚意地按照党所指出的方向奋斗的人，党胜利了，人民胜利了，个人也就胜利了。否则反其道而之，坚持独立的个人志愿，其结果并不美妙，有的甚至走向反党反社会主义反人民的道路"。乍一看，这里也讲什么"党的胜利"、"人民的胜利"，似乎是为了党、为了人民。仔细一看，其实这都是为了"个人的胜利"。所谓"党的胜利"，"人民的胜利"，只是为了个人胜利的一种途径而已。这段话实际上就是刘少奇在《论共产党员的修养》一书中所鼓吹的荒谬论调的翻版，即："在党的利益与党的发展中包括着党员个人的利益与发展。党的阶级的成功与胜利，也就是党员的成功与胜利。党员只能在争取党的发展、成功与胜利中，来发展自己，不能够离开党的发展而去争取个人的独立发展。也只有党的发展、成功与胜利，党员才能发展自己，否则党员就不能发展。”这里刘少奇虽然大谈“党的阶级的成功与胜利”，其实这都是被当作“发展自己”的条件。刘少奇的人生哲学是以“我”字为中心，这不是已经和盘托出了吗？现在再让我们从《共产党员应该有什么样的志愿》的社论的蓝本——刘少奇六月三十日在北京日报社的谈话中引几段话吧：

“党的历史上，这样的事情很多，党号召干什么就干什么，党号召土地改革、上山，打游击，他就干，不是成功了么？当时当农民的人，现在当了将军。如果不根据党的指示，顺这个方向去工作，不能当将军。那时候，有不少人比现在当将军的聪明的多，他们以为上山打游击划不来，不去，就当不了将军”。

“一二·九以后，抗战开始，党号召大家上山，很多民先队员上山。有些人起先不去，后来还是去了。有些人硬是不去，有个人志愿，要写诗、写小说、搞自然科学等等。比较起来，还是上山的个人成就比较大。那时上了山的北京大学生，现在有的都是地委书记、部长助理，有的是副部长。不上山的现在也工作，但当不了地委书记。地质部的副部长宋应，当时学地质、后来上了山，现在当副部长。老学地质的，不能当部长，当不了。这是历史事实"。

"如果不这样，个人也不会有什么成功。因为历史发展方向如此。个人作用再大，莫過于促进历史的发展。个人顺着历史发展，才能促进历史前进。将来写历史的时候，写上你一个名字，个人名利莫过于这个吧！"

"我们成功了，也不过是因为跟着党走，党走对了，我们也走对了。所以你们能当社长、总编辑，否则谁要你们来当？"

"搞实业救国的李烛尘，搞了一辈子工业，办起几个工厂，作了点有益的事，但不是解决人民需要的关键问题，解决历史的关键问题。写历史，就不必写他一笔。历史上就没他的名字。有名的还是井岗山。太行山……等，这些都是要上历史的"。

"现在愿搞工业的，多数可以满足，但是工业也是各行各业、机械工业最多，但越是多，大家都干，越不容易出头，比来比去，恰々是人少了易出名，因为只你一个"。

够了！够了！

刘少奇的人生哲学概括起来，可以有这么两句话：一是高官厚禄，一是留名青史。只此而已，岂有他哉！在刘少奇看来，我们的革命前辈们，几十年的英勇奋斗，抛头颅，洒热血，前仆后继，只是为了能在今天当个地委书记、部长助理、副部长，只是为了能在历史上留个姓名，好永垂不朽。这岂不是对我们革命前辈的极大诬蔑么！今天还健在的革命前辈们听到了刘少奇的这些话，定会嗤之以鼻。当年死难的烈士们要是听到了刘少奇的这些话，亦会含恨九泉。我们绝不允许刘少奇之流以资产阶级庸人之心度无产阶级革命家之腹。

当然，为了高官厚禄，留名青史而参加"革命"的人确是有的，这就是刘少奇以及象刘少奇这样的人。这里，我们不妨联系一下刘少奇在一九六〇年一月三十一日同王光英一家的谈话。刘少奇在这次谈话中大讲"人生观"问题。可是，他讲的是什么阶级的人生观呢？是彻头彻尾的资产阶级的人生观。刘少奇说："'吃点小亏，占大便宜'是向相反方向发展的规律。……占小便宜，吃大亏；吃点小亏，占大便宜。这是合乎马列主义无产阶级世界观的"。短短的几句话，活画出刘少奇的资产阶级市侩的丑陋面目！刘少奇宣扬这种谬论"合乎马列主义无产阶级世界观"，这是对马克思列宁主义毛泽东思想、对无产阶级的最大诬蔑！

毛主席说："我们提倡百家争鸣，在各个学术部门可以有許多派，許多家，可是就世界观来说，在現代，基本上只有两家就是无产阶级一家，資产阶級一家。或者是无产阶級的世界观或者是資产阶級的世界观。共产主义的世界观就是无产阶级的世界观，它不是任何别的阶級的世界观"。

无产阶级世界观是全心全意为人民服务，一心为革命，一心为人民。

资产阶级的世界观是"人不为己，天诛地灭"，是"吃点小亏，占大便宜"。

无产阶级世界观是"公"字当头，一心为公。

资产阶级世界观是"私"字当头，竭力为私。

我们必须遵照毛主席的教导，大力提倡一个公字，提倡为革命为人民的思想，树立一心为公的共产主义世界观。

不破不立，只有彻底打倒刘少奇所宣扬的资产阶级世界观才能树立无产阶級世界观。

我们只有破"私"立"公"，打破资产阶级世界观，建立无产阶级世界观，才能真正成为无产阶級革命事业的接班人。才能保证我们国家永不变色，千秋万代的传下去。

彻底斗倒、斗垮、斗臭党内头号走资本主义道路的当权派刘少奇！

彻底批判刘少奇、邓小平为代表的资产阶级反动路线！

把无产阶级文化大革命进行到底！

北京日报"星火"战斗组

1967.1.5.

彻底批判刘少奇的反革命修正主义路线
彻底清算旧中宣部的滔天罪行

最高指示

你们要关心国家大事，要把无产阶级文化大革命进行到底！

根据党的八届十一中全会和十月中央工作会议的精神，我们初步研究了以刘少奇、邓小平为代表的资产阶级反动路线，并且联系旧中宣部阎王殿散布的反革命修正主义毒素，考察了以刘邓为代表的这条反动路线在意识形态领域中的表现和影响，我们认为，这条反动路线，不仅是资产阶级反动路线，简直就是一条不折不扣的修正主义路线。

我们中宣部的一些革命同志，接触的材料和情况都有限，但是仅仅从我们接触到的一些材料看，刘邓的问题是十分严重的，他执行的不是毛主席的无产阶级革命路线，而是反革命的修正主义路线，刘少奇是中国最大的修正主义者，是一切牛鬼蛇神的总根子，这条路线流毒全党，流毒全国，必须在群众中公开批判，必须把他斗倒，斗垮，斗臭。

配合苏修反华叫嚣，阴谋反对毛主席

刘少奇在我国经济困难时期，认为时机到了，配合美帝国主义和苏联赫鲁晓夫修正主义集团的反华叫嚣，在国内在党内大刮阴风，制造悲观空气，长敌人的黑风，灭革命的志气，含沙射影，猖狂地攻击我们最最敬爱的伟大领袖毛主席，妄图在我国复辟资本主义。

毛主席在一九六一年七、八月就明确指出：我国的经济困难已经到了沟底，再往前进就陆续上升了。历史已经证实了毛主席的光辉予见，在毛主席的领导下，全国人民很快就克服了苏修集团和自然灾害加到我们头上的困难。

而刘少奇这个时期却和毛主席大唱反调，六二年三、五月间叫吐什么"对于困难我们还没有认识清楚。""目前财政经济的困难是很严重的"，工农业生产"还要继续下降"，"比例失调""货币贬值"，"我们的经济临近了崩溃的边缘"。更恶毒的是，他竟然指桑骂槐地攻击毛主席，说什么"相反地不愿承认困难，或者困难本有十分，只承认几分，总怕把困难讲够了会使干部丧失信心，以为回避困难就容易解决问题，对于困难不是认真对待，而是掉以轻心，很明显，这不是真正的勇敢，绝不是革命家的气慨，绝不是马列主义者应有的态度。"还污蔑我们伟大的无产阶级专政国家和劳动人民是对立的，污蔑勤劳勇敢的劳动农民，叫嚷"什么叫最困难时期？就是农民暴动时期，这样的困难时期过去了。"他还明目张胆地针对我们伟大领袖毛主席，说什么"从去年到今年一年　　中，从中央来说，对严重形势估计不足，"还猖狂地提出："对目前的严重形势估计的够不够？还没估计够，再估计一下！刘少奇这样大喊大叫，这样困难，那样困难，简直就要"崩溃"了目的就是一个，就是要说三面红旗是错误的，要污蔑我们伟大的领袖毛主席，污蔑我们伟大的党，犯了路线错误，用夸大困难来吓唬人，使人民丧失对社会主义革命的信心，以便偷偷改变国家航道，复辟资本主义，所以他在六二年六月间就公然提出"过渡时期一切有利于调动农民生产积极性的办法都可以。不要说那一种办法是最好的，唯一的。"说什么"工业上要退够，农业上也要退够。包括包产到户，单干！"而在这以前，他还进行了一系列的阴谋活动，伙同陆定一等人提出种种反动谬论，搞什么"三不主义"的"干部轮训"，制造舆论，大刮翻案风、单干风，搞得全国乌烟瘴气。就是在这关键时刻，毛主席回到北京，亲自主持召开的十中全会，提出了形势、矛盾、阶级斗争的问题，才又一次纠正了刘少奇在我国阴谋复辟资本主义的右倾机会主义路线。

刘少奇、邓小平是旧中宣部反毛泽东思想的大后台老板。

以反革命修正主义大夫自陆定一为首的旧中宣部是座阎王殿，长期以来大反毛主席，大反毛泽东思想，犯下的滔天罪行，在摧毁阎王殿的斗争中，革命同志作了大量的揭发，我们还将彻底清算。

阎王殿，为什么能够长期地，大量地，肆无忌惮地反对毛主席，反对毛泽东思想？现在真相大白，这是因为上面有刘少奇、邓小平这样的黑司令给他们撑腰，刘少奇、邓小平是旧中宣部反毛泽东思想的后台大老板！

长期以来，林彪同志高举毛泽东思想的伟大红旗，对毛泽东思想作了极高的评价；一再号召全党全军大学毛主席著作。一九六〇年十月林彪同志主持召开的军委扩大会议，在决议中明确肯定了林彪同志对毛泽东思想的评价，并在决议中号召全军高举毛泽东思想红旗，把毛泽东思想真正学到手，用毛泽东思想统帅一切工作。在林彪同志号召下，人民解放军开展了大学毛主席著作的群众运动。一九六一年林彪同志总结解放军学习经验，提出："带着问题学，活学活用，学用结合，急用先学，立竿见影，在用字上狠下功夫"。但是在刘少奇、邓小平支持下的旧中宣部，这座阎王殿，与林彪同志和解放军大唱对台戏，疯狂地大反毛主席，大反毛泽东思想，大反工农兵活学活用毛主席著作的群众运动。

一九六〇年一月由旧中宣部代拟的所谓"中央"批转团中央

《关于开展毛泽东著作的学习运动的提法问题的请示》明目张胆地攻击和贬低毛泽东思想，规定在报刊宣传中只准提毛主席著作不准提毛泽东思想，这个流毒全国的黑文件，就是以刘少奇、邓小平为首的黑司令部批准的！

一九六一年三月，旧中宣部针锋相对地在《关于毛泽东思想和领袖事迹宣传中一些问题的检查报告》中大肆攻击工农兵群众活学活用毛主席著作是"简单化"、"庸俗化"、"形式主义"，疯狂反对工农兵活学活用毛主席著作的群众运动，这个流毒全国的黑文件，也是以刘少奇、邓小平为首的黑司令部批准的！

一九六一年四月以"中央"名义转发的《黑龙江省委关于选编和发表毛泽东同志言论问题的通报》对毛主席著作的选编和出版规定了种种"王法"，千方百计地反对和限制各地编印和出版毛主席著作，这个流毒全国的黑文件也是以刘少奇、邓小平为首的黑司令部批准的！

一九六三年七月，以"中央"名义批转的旧中宣部《关于出版工作座谈会情况和改进出版工作问题的报告》，对出版毛主席著作又规定了许多新"王法"。例如：毛主席著作不许地方出版社编印、出版；中央一级出版社出版毛主席著作专题摘录，各有关部委，都无权批准，必须送旧中宣部审查；各地编选公开发表过的毛主席著作只准印活页，并且还要"严格控制印数，在机关内部发行，不得公开发行"，等等。这个黑文件，又是以刘少奇、邓小平为首的黑司令部批准的！

一九六四年二月，以"中央"名义发出的《关于编印毛主席著作的批准手续的通知》，除了重申一九六三年七月以"中央"名义批转的旧中宣部《关于出版工作座谈会情况和出版工作问题的报告》所规定的"王法"，更进一步规定："凡要出版毛泽东著作的选本，必须报告中央，非经中央批准，不得印行。"这个黑文件又是以刘少奇、邓小平为首的黑司令部批准的！

一九六五年正当全国活学活用毛主席著作运动蓬勃开展的时候，以刘少奇、邓小平为首的黑司令部，在八月初召开的一次中央书记处会议，大肆攻击群众学习运动，大泼冷水，大打棍子。会后还立即把这次会议的黑内容写成"纪要"通知各地，鼓吹习毛主席著作要推行所谓"自愿原则"，胡说什么"不能卡得太死，不能千篇一律，不要搞形式主义，不要形成社会强制"，搬出一大堆棍子，妄图扼杀轰轰烈烈的群众学习运动，邓小平还亲自出马，在团中央的会议上放毒，攻击群众学习运动。

《中国青年报》和《中国青年》杂志在八月底发表的通讯，这篇题为《从实际出发指导青年学习毛主席著作》的大毒草，鼓吹所谓"自愿原则"，所谓"扩大知识面"，什么"不搞一律化"，什么"不一定都要学一样的"，"爱文艺的，爱打球的……结合自己的爱好去学习毛主席著作"等等，这株大毒草就是根据邓小平的讲话炮制的。

一九六六年二月，在刘少奇、邓小平、彭真主持下，许立群起草了"中央转发各单位《关于加强学习毛主席著作的指示》"，这个黑文件既把旧北京市委的所谓"经验"的黑货塞进去，顶掉一些同志推荐的解放军某单位的学习经验，在"批示"中只字不提林彪同志提出的学习毛主席著作的原则，还大反所谓"教条主义"、"形式主义"，大肆贩卖去年八月"中央书记处会议纪要"的黑货，在起草这个黑指示过程中，刘少奇还把许立群找去开会。刘少奇在会上攻击解放军在农村四清中开展活学活用毛主席著作群众运动的经验，胡说这是用学习主席著作代替四清，刘还规定在四清运动中，只能学"二十三条"，他要许立群在批示中把他的黑指示写进去。从以上几件事不难看出，刘少奇、邓小平以及阎王殿的陆定一、周扬、许立群、林默涵、姚溱、张子意、童大林等党内走资本主义道路的当权派，他们上下勾结，串通一气，立"王法"，下禁令，耍阴谋，放暗箭，力图贬低、歪曲、抵制、攻击毛泽东思想，仇视、破坏工农兵活学活用毛主席著作的群众运动，刘少奇、邓小平欠下的这笔帐必须坚决彻底批判和清算。

反对批判資产阶級，反对批判国内的修正主义，
反对意识形态领域中的社会主义革命。

刘少奇、邓小平这两个党内最大的走资本主义道路的当权派他们所推行的反革命修正主义路线的一个主要方面，就是多年来一贯的反对批判资产阶级，反对批判修正主义，一句話，就是反对意识形态领域中的社会主义革命。在这次文化大革命中，他们颠倒是非，混淆黑白，围剿革命派，压制不同意見，实行资产阶级专政，企图把轰轰烈烈的文化大革命运动打下去，这不过是他们一贯的反革命修正主义立场的一次大暴露。正如林彪同志说的："剥削阶级意识形态的存在和影响，最后势必和维护私有制的旧政权，反对破坏旧文化，旧意识形态的那些人，一定要压制革命，压制群众。"在这里我们仅举几个事例，来揭穿刘少奇、邓小平一贯反对破坏旧文化、旧意识形态的反革命修正主义咀脸。

(一)攻击一九五八年以来的批判资产阶级的群众运动，公然要我们党向资产阶级还帐。

三年暂时经济困难时期，国内外阶级敌人里应外合，推波助澜，掀起了一股反党反社会主义的逆流。在这阶级斗爭出現大反复的关头，刘少奇、邓小平也趁机大刮复辟資本主义的黑风，攻击五八年以来我们对資产阶级的斗爭，公开叫嚷要我们党向資产阶級"还帐"。

一九六一年七月六日在一个讨论科学工作的会上，刘少奇、邓小平、彭真、陆定一，一唱一合，大肆攻击文化战线五八年以来的大跃进和对資产阶级的斗爭，刘少奇公然提出"究竟成绩是否夸大？有无虚假"；接着又誣蔑我们党"不懂装懂"、"就是怕实事求是"；誣蔑大跃进以来思想文化战线上的革命是"戴帽子乱斗"，是"强制人家接受马列主义"；攻击前几年是"抽象的红，空谈革命"；胡說什么"因为党爬上了领导位置，乱指挥"；威胁说"要继

续这样下去，要下台"。因此刘少奇、邓小平便提出公开要我们党向资产阶级还帐，说什么"不要欠帐到棺材，生前不还，死后还。"也就在这次会上，邓小平叫喊要我们的干部老老实实的当资产阶级教授专家的勤务兵，好好为他们服务。

(二) 打着红旗反红旗，妄图取消国内的阶级斗争

一九六三年十一月召开的学部第四次扩大会是学术界一次极为重要的反对现代修正主义的动员大会。我们伟大领袖毛主席非常关心这次会议的召开，曾经要刘少奇到会去作报告。但是刘少奇完全辜负了毛主席的重托，不但不忠实地宣传毛主席关于反对现代修正主义的伟大思想，而且利用这个讲坛肆意散布修正主义的毒素，反对毛泽东思想，反对对国内修正主义的声讨和批判。

刘少奇在报告中，只是空喊要批判现代修正主义，根本不提毛泽东思想是批判现代修正主义的强大思想武器，这就暴露了他是一个打着红旗反红旗的反革命修正主义代表人物。

刘少奇在他的报告中，违反毛主席关于社会主义社会阶级、阶级斗争的光辉思想，违反毛主席关于反对和防止国内修正主义的伟大指示，提出什么当前理论工作的主要任务仅仅是反对外国的修正主义，胡说什么"只要反对外国的修正主义就可以防止国内的修正主义的产生和发展"。他在一个小会上更露骨地说："批判了外国的修正主义，使干部、人民中的思想同修正主义相同的，附带也批判了"。在报告中他还对着许多资产阶级反动学术权威荒谬地提出"如参加反修斗争就可使不学好的革命者、非马克思主义者成为马列主义者。"也就是说，无论什么人，只要你写几篇反对外国修正主义的文章，就可以根本改变阶级立场、政治立场。

反不反对国内修正主义，是马克思主义还是修正主义的试金石。刘少奇根本取消反对国内修正主义的严重斗争任务，就是要把学术界反对修正主义的伟大政治斗争，阉割成一场对外国学术

界某些修正主义头面人物的"纯学术"批判，就是要拼命阻挡对修正主义斗争的深入开展；也就是为了保护他们这些修正主义大头目。

(三) 攻击一九六四年以来的我们对资产阶级反动学术权威的斗争，迫不及待地要急刹車，来一个反攻倒算。

一九六四年在毛主席亲自发动和领导下，我国思想文化战线上展开了批判资产阶级反动学术"权威"的斗争，斗争刚刚开始，邓小平等党内走资本主义道路的当权派就跳出来为反动学术"权威"保驾，他用最恶毒的语言辱骂革命派对资产阶级反动学术"权威"的讨伐，在一次邓小平主持的中央书记会上，邓小平对六四年以来的文化革命描绘得"一团糟"。说什么"现在有人不敢写文章了"，"演戏只演兵，只演打仗的"，"电影哪有那么完善的，这个不让演，那个不让演"。甚至他用极其恶毒的语言，污蔑革命左派说："有人就是想靠批判别人出名，踩着别人肩膀，自己上爬，抓住小辮子，批判半天去自己出名。"

在刘邓黑司令部的主持下，一九六五年他们又炮制了一个三月三日的××会议纪要，这个纪要攻击六四年以来学术文艺战线上批判资产阶级反动学术"权威"的革命是搞"过头了"，妨碍了创作繁荣，要求赶紧刹車，并规定"王法"：今后对全国知名人物点名批判，必须报中央批准。他们这个刹車通令，显然收到了效果。

在这以后，报刊上的批判大都停下来了。对于田汉、夏衍这些早已决定公开批判的人物，連假批判也不搞了。接着党内外刮起了一股对一九六四年批判运动的翻案风，攻击批判是"爆破组"、"文海战术"、"以空洞对空洞"……这股黑风一直到一九六五年姚文元同志批判《海瑞罢官》以前。这股黑风来自何处？来自刘、邓黑司令部。

(四) 刘少奇是反革命修正主义“二月提纲”的总根子

一九六五年九月中央工作会议上，毛主席提出：吴晗要批判。反革命修正主义大头目、大野心家彭真伙同前中宣部的阎王们为了包庇“三家村”黑帮实行反革命阴谋政变，采用阳奉阴违、两面三刀的恶毒手法，千方百计地对抗毛主席的指示。

在彭真的授意下，由阎王殿的阎王许立群、姚溱炮制出一个彻头彻尾的、反毛泽东思想的所谓“五人小组”汇报提纲，这是他们对抗毛主席，破坏无产阶级文化大革命的一个大阴谋，而刘少奇就是这个大阴谋的总根子。这个“提纲”在炮制过程中，是他在家里讨论通过的，后来又在他的直接支持下，盗用中央名义发到全党，流毒极广

反对毛主席教育路线，推行修

主义教育路线.

长期以来，在我国教育战线上存在着两个司令部，一个是以毛主席为首的无产阶级司令部，一个是以刘少奇、邓小平为首的资产阶级司令部。刘少奇一贯反对毛主席的教育路线，推行修正主义教育路线，为资本主义复辟开辟道路，培养资产阶级接班人。他的罪恶很多，现在只举一、二个例子进行揭露

刘少奇一贯反对毛主席提出的教育方针。毛主席说，我们的教育方针应该使受教育者在德育、智育、体育几方面都得到发展，成为有社会主义觉悟，有文化的劳动者。毛主席一再教导我们，要培养学生成为无产阶级革命事业的接班人，并具体提出了无产阶级革命事业接班人的五个条件。刘少奇却公然认为毛主席提的教育方针不正确，不全面，狂妄地加以篡改，他在“劳动者”前面加上“有技术，有实际操作能力”这几个字。刘少奇只强调学生要“有技术，有实际操作能力”，从来不要求学生要“有社会主

义觉悟"，要学习毛主席著作，树立共产主义世界观。这样培养出来的人，只能是资产阶级的接班人。

刘少奇一贯打着"半工半读"的旗号，反对毛主席。一九五八年毛主席多次提出关于半工半读的指示，但是刘少奇从来不提半工半读是毛主席的指示，却到处吹嘘"半工半读"是他一九五八年在天津提出的。反革命修正主义头子彭真也竭力为他吹捧。彭真在一九六五年十一月政治局扩大会议上吹捧刘少奇说："半工半读是一九五八年少奇同志提倡办了一些……"由此可见，在半工半读问题上，刘、彭这两个反革命修正主义头子也是互相勾结在一起，大反毛主席的

刘少奇的所谓"半工半读"是完全违反毛主席的教育思想的。毛主席历来指示，学生要参加三大革命运动，阶级斗争是学生的"一门主课"。特别是在一九六四年，六五年毛主席一再指出：学生要下乡下厂参加四清运动，在阶级斗争的大风大浪中锻炼自己。今年毛主席又明确指示：学生以学为主，兼学别样，即不但学文，也要学工，学农，学军，也要批判资产阶级。但是刘少奇这几年来，大抓他的所谓"半工半读"，抗拒毛主席的这些重要指示，刘少奇的所谓"半工半读"，就是只要求有文化，有技术，会劳动就行了，根本不提学生要参加阶级斗争，反对突出无产阶级政治。他认为学生参加四清，下连当兵，会"降低学习质量"。他说："参加一期四清，毕业延长一点，补起来。当兵两个月可以不当了，不要因参加四清，学习质量降低"。他主张"只要让师生参加生产劳动，他们的思想面貌就会起变化。"这就是说学生不用学习毛泽东思想，不用参加阶级斗争的实践。十分明显，刘少奇的所谓"半工半读"实际上就是贩卖资本主义国家的职业教育的货色，和毛主席的教育思想毫无共同之处，毛主席教导我们，要加强党对学校的领导，要"批判资产阶级"，指出："资产阶级知识分子统治我

们学校的现象再也不能继续下去了。"可是，刘、邓却一贯反对毛主席的指示，反革命修正主义头子彭真、陆定一、周扬勾结大批资产阶级反动学术权威，篡夺文科教材编选大权，贩卖大量资产阶级修正主义的黑货，为资本主义复辟制造舆论，培养资产阶级接班人。他们的后台就是刘邓司令部。一九六二年五月五日周扬写了一个"高等学校文科教材编选情况和今后工作意见的报告"是一个彻头彻尾的修正主义报告，经邓小平批准，由旧中宣部发到全国各地。报告反对以毛泽东思想挂帅编选文科教材。说什么"把马克思主义当成现成结论，作为套语，空发议论，乱贴标签，不但不能起教科书应有的传授知识的作用，而且首先是违反马克思主义的。"还胡说什么"勉强要求"以毛泽东思想挂帅，编写教材，"只能助长庸俗化，简单化的倾向"。报告提出编选教材要依靠资产阶级反动学术"权威"、反革命修正主义分子，成立由专家组成的七个专业教材编选组，任命资产阶级反动学术"权威"，反革命修正主义分子翦伯赞、许立群、于光远、冯至等人为组长，并制定"主编责任制"，让资产阶级专家对无产阶级实行专政。

包庇修正主义文艺黑线，抗拒毛主席的批示

周扬反革命修正主义集团，在刘少奇的庇护下，利用他窃据的党内领导地位，长期把持文艺界的大权，制定和推行了一条反革命修正主义文艺路线，在文艺界实行资产阶级专政。

一九六二年党的八届十中全会上，毛主席提出要抓意识形态领域内的阶级斗争，毛主席对文艺界作了一系列极为重要的指示和严厉的批评。但周扬反革命修正主义集团，竟敢于拒不执行，拒不检查，就是由于有刘少奇作他们的后台老闆，为他们撑腰，就是由于他是彭、罗、陆、杨反革命合唱队的指挥人。

一九六三年十二月，毛主席批示说："各种艺术形式——戏

剧，曲艺，音乐，美术，舞蹈，电影，诗和文艺等々，问题不少，人数很多，社会主义改造在许多部门中至今收效甚微。许多部门至今还是'死人'统治着。"还批示说："许多共产党人热心提倡封建主义和资本主义的艺术，却不热心提倡社会主义的艺术，岂非咄咄怪事。"毛主席的批示揭开了文艺界无产阶级革命文艺路线和反革命修正主义路线斗争的盖子。

一九六四年一月三日，刘少奇召开了一次文艺座谈会。这次会名为贯彻毛主席的批示，实际上是一个阴谋掩盖修正主义文艺黑线专政，反对毛主席的大黑会。

(一)、反对毛主席对文艺工作的估价。周扬说："文艺工作中的问题只是认识上"有时候清楚，有时候不清楚，"只是工作上有时候抓紧，有时候抓不紧，只是对社会主义的新东西"扶植"肯定不够等々。刘少奇对周扬这种别有用心的说法，表示完全同意，并且赞之曰："周扬同志讲的情况和意见都很好。"这不是明目张胆地掩盖周扬一伙的文艺黑线专政，反对毛主席的严正批评吗？

(二)、恶毒地攻击大跃进及反映大跃进的作品

周扬说："大跃进以来出现不少好作品，但这些作品也反映了五风工作中的缺点。"刘少奇立即插咀说："工作缺点也可写，要总结经验。"这实际上是煽动文艺界大写社会主义建设中的缺点和错误，为他提出的一九六二年右倾机会主义路线作辩护，并反对党的正确光辉的建设社会主义的总路线。

(三)、极力鼓吹只立不破的修正主义方针

一九六三年毛主席对文艺工作的批示，标志着我国文化大革命的开端。毛主席教导我们"不破不立"、"破中有立"，不大破封建主义、资本主义、修正主义的旧文艺，社会主义的新文艺就建设不起来。而刘少奇针锋相对地反对毛主席，他说："十年来，我们有很大的创造……今后要多写社会主义的东西。"根本不提大破

破资产阶级思想的问题，绝口不提大破封建主义、资本主义、修正主义文艺的问题，实际上是打着红旗反红旗，立社会主义文艺是虚的，掩盖和维护反革命修正主义文艺黑线的统治是实。

（四）、反对毛主席推陈出新的方针

这时江青同志已经根据毛主席的指示，亲自领导京剧的大革命，周扬等人虽不敢明目张胆地反对戏曲演现代戏，口头上不得不承认"提倡现代戏是戏曲革命的基础"，同时又大叫"要注意传统剧同时推陈出新"。刘少奇积极支持周扬的意见，提出把传统戏，外国戏摆到第二位就行了。邓小平这时也插话说："增加人民智慧的东西要搞"，实际上是在制造借口，要继续维护资本主义和封建主义的旧文艺，抵制无产阶级文化大革命的号角——京剧大革命。

（五）、反对文艺工作者深入工农兵群众的火热斗争

刘少奇说："年岁大的可以观察生活，身体弱的不要勉强"等等，甚至还荒谬地提出：可以坐着汽车下乡，说什么吃饭、睡觉都可以在汽车上。这完全是苏联修正主义的一套，与毛主席提出的文艺工作者要长期地、无条件地深入工农兵火热斗争的伟大指示是针锋相对的。

在这个会上，经刘少奇同意，邓小平提出：第一，写篇文章明确一下社会主义的文艺的性质；第二，起草一个发展社会主义文艺的规划；第三，组织一个写作队伍。会后周扬就秉承刘少奇、邓小平这两个黑司令的旨意，起草了一个发展社会主义文艺的黑文件，妄图以此来保护黑线，抵制毛主席的批示。后来周扬又遵从反革命修正主义头目彭真的意旨，搜集他们那些黑色文艺界的所谓"新气象"给中央写份报告，同我们伟大的领袖毛主席唱对台戏。但是"新气象"的报告尚未写完，毛主席在六月对文艺工作又作了批示，进一步指出十五年来文艺界基本不执行党的政策，

最近几年竟然跌到修正主义的边沿。于是彭真和周扬的这个阴谋才破了产。但是这批党内的大野心家、大阴谋家并不甘心他们的失败，他们继续耍阴谋，在刘、邓的支持下，又搞了一个文化部、文联各协会的假整风，演出了一场丢车马，保将帅的丑剧。直到这次我们伟大领袖毛主席亲自发动的无产阶级文化大革命，周扬这个反革命修正主义集团才被揪出来，反革命修正主义黑线才暴露在光天化日之下。

包庇文艺黑帮，压制革命群众斗争黑帮

刘少奇在无产阶级文化大革命轰轰烈烈展开的时候，他在全国推行了一条资产阶级反动路线，实行资产阶级专政，压制革命群众，实行白色恐怖。他的黑手伸到中宣部，伸到文艺界，就是公开的出来包庇文艺界黑帮，压制革命群众起来彻底肃清旧北京市委、旧中宣部、旧文化部的罪恶。

毛主席亲自揭开了中宣部的阶级斗争盖子，发出了"打倒阎王，解放小鬼"的伟大号召，中宣部的革命群众都奋起斗争，要彻底摧毁阎王殿。可是刘少奇这个最大的修正主义者，他不仅不支持革命群众起来斗争黑帮，反而压制革命群众斗黑帮，千方百计设法保护黑帮，具体表现在他对旧中宣部的二号阎王，文艺界的反革命修正主义总头目周扬，关怀备至。七月分《红旗》杂志发表文章揭露和批判周扬的反党反社会主义反毛泽东思想的滔天罪行，刘少奇就急如星火地派人打电話，对周扬进行"抚慰"，要周扬在外地好好"养病"，打电話还不够，还专门派了一个人亲自当面去找周扬"安抚"，说什么"不要紧张"、"先养病"等等。使得周扬感动得痛哭流涕，经常念念不忘刘少奇的"恩德"。当时中宣部的革命群众忍无可忍，一定要斗争周扬，但是说来说去，仍然只能背靠背地开了个小会，然后在报纸上发一个报道。刘少奇这种保护周扬的主张能够畅行无阻，当然和陶铸以及当时具体负

責中宣部运动的张平化貫彻执行了刘少奇这条反动路线是有关系的。八月中旬，红卫兵小将破四旧，立四新，掀起了横扫一切牛鬼蛇神的新高潮的时候，我们中宣部一些革命同志曾经建议将周杨揪回来，开十万人大会斗争，仍然不行。就是在刘少奇这样的庇护之下，周扬继续长期“隐居”在外，迟迟揪不回来。直到这次江青同志向文艺界发出了战斗的号召之后，在革命同志强烈要求下，才把周扬这个黑帮头目拉出来示众。刘少奇不仅包庇周扬，执行他的一条反动路线，实质上整个文艺界的黑帮，都躲在他的“大红伞”下受到庇护，消遥法外，逃避群众斗争。文化部在資产阶级反动路线专政的五十多天中，举办的集训班，就是刘少奇的这种“政策”的典型表现，根本不是依靠群众，发动群众起来和黑帮斗争，而是把文艺界的黑帮们集中起来集训学习，进行所谓的相互揭发批判，因此文艺界的一些单位群情激愤，要斗争黑帮，却找不着黑帮的稀奇古怪现象。文艺界反革命修正主义集团的二号头目林默涵送到集训班“学习”以后，要他回中宣部参加斗争大会，他还挾了一个皮包，轻松地走进会场，一进门，才知气氛不对，赶快回头，把皮包放在小汽車里，可見集训班对其“教育”之深。

刘、邓路线阻碍了中宣部文化大革命运动

中宣部的文化大革命运动存在许多问题，这些问题，是有路线性质的错误。例如：派来了彻头彻尾执行资产阶级反动路线的李剑白工作组，把中宣部的左派和革命群众派到中南去充任刘邓路线镇压革命群众的“战士”；包庇阎王殿的二号阎王周扬，不让中宣部的群众对他进行斗争；包庇张子意的罪行，急急忙忙地把旧中宣部的副部长张盘石调走；任命执行资产阶级反动路线的张际春到学部去镇压革命群众，如此等等，刘少奇、邓小平的罪責是逃脱不掉的。

江青同志提出，旧北京市委、旧中宣部、旧文化部的反革命修正主义　　路线，必须彻底批判，那末前一段时期，为什么没有得到彻底批判呢？我们认为就是刘少奇，这个总根子没有算清，刘少奇的资产阶级反动路线也在中宣部的运动中兴风作浪，陶铸也维护和执行了这条反动路线。

刘少奇、邓小平在组织工作方面的反党罪行

一、一九六二年十二月，中央组织部召开了组织工作会议，这次会议是在刘少奇、邓小平亲自指导下进行的。刘少奇向到会的各中央局组织部负责人，和中央组织部负责人作了重要指示。邓小平在会上作了报告，在他们的讲话中，只字不提以毛泽东思想来要求干部和党员，只字不提以毛主席著作来教育提高党员，相反在经过"中央"（刘少奇、邓小平）批准的"组织工作会议纪要"中，明目张胆地提出对党员、干部进行教育的内容是：县委书记以上的党员干部主要学习中央规定的三本书，党章和刘少奇的《论共产党员的修养》；县委书记以下的，有自修能力的党员干部可以从上述教材中选择一部分进行学习；其他的党员主要是学习党章和中央宣传部、中央组织部编写的《做一个好的共产党员》。根本不提要干部、党员学习毛主席的著作。这里充分暴露了刘少奇、邓小平等人反对毛泽东思想，反对干部、党员学习毛主席著作的反动嘴脸，说明他们是最大的党内走资本主义的当权派。我们必须彻底批判刘少奇、邓小平反毛泽东思想的罪行。

二、邓小平，伙同彭真包庇大叛徒邓拓

邓拓在一九三二——三三年被捕期间向敌人供认了他自己的共产党员身份，向敌人悔过，并发誓绝不再犯，在国民党南京宪兵司令部当面检认出卖革命同志。邓拓的叛变罪行，审干中经过反复查证，有确凿的人证物证，如曾被邓拓在敌人的刑庭上检认出卖的XX等同志，多次揭发证明邓拓的叛徒罪行，同时从敌伪档案也查出邓拓在敌人反省院时，国民党匪帮给他的评语是："态度忠实，思想清楚，对本院贡献尤多，反省诚意反省"。根据当时的伪反省院长、解放后的在押犯人供称："这样的评语是出卖了人的。"仅以上这些足以证明邓拓是个罪行累累的大叛徒。但在刘少奇、邓小平伙同彭真等反革命修正主义分子的包庇下，竟不给作出叛徒的结论。他们是怎样包庇邓拓的呢？当他们知道审查出邓拓的叛徒罪证以后，即由邓小平出面指示阎王殿管人事大权的张子意说："'中央'（当然是刘少奇的中央）知道邓拓的情况，不必给邓拓做结论了。"就这样张子意就忠实照办，只摘了一个材料塞进邓拓的档案了事，而且让这个大叛徒继续留在旧北京市委书记处当书记，后来还把他提拔为华北局候补书记。

三，包庇张子意。张子意是阎王殿的阎王之一，他的反党反社会主义反毛主席的罪行累累。在文化大革命开始时，中宣部革命同志响应毛主席"打倒阎王，解放小鬼"的伟大号召，揪出了阎王张子意。当时张子意反动气焰嚣张，公开反对毛主席的指示，他对他的秘书说："党是了解我的，在运动中来考查我。"张子意为什么胆敢如此疯狂，就是因为他有刘邓做他的后台老板。张子意说"了解"他的这个"党"，正是以刘、邓为首的黑司令部。阎王张子意是邓拓的亲信，他和邓拓相互提拔，互相包庇。早在六、七年前，张子意就说过："我对邓拓的领导是五体投地。"张子意是镇压北大社教运动的反革命事件的罪魁祸首之一，当革命同志声讨他的罪行时，张子意竭力包庇邓拓，他玩弄"丢车保帅"的阴谋，只字不提邓拓在北大反革命事件中的罪行。刘少奇、邓小平包庇阎王张子意更是露骨的，今年六月当改组旧中宣部时已有大量事实证明张子意是阎王一个，刘、邓仍妄图委任为新中央宣传部副部长，由于革命同志的坚决反对，这一阴谋才未得逞。当中央宣传部广大革命同志声讨张子意阎王时，刘、邓继续包庇他，阻挠革命群众的批判揭发。可见，刘、邓是千方百计地要留下张子意这颗反毛泽东思想的定时炸弹。

四，包庇张际春。今年七月，学部的革命群众，在人民大会堂揭发批判张际春推行资产阶级反动路线的错误，张际春吓的不敢到会，去找邓小平。邓小平给张际春打包票说："去吧！我保证你是左派！"

五 刘少奇多少年来利用职权，尽力发展和巩固自己的私人势力。长期以来，刘别有用心地提倡干部要"稳定"，不要轻易调动。直到党的八届十一中全会，在毛主席的亲自领导下，作出了交流党政各级领导干部的决定，才粉碎了刘少奇的阴谋诡计。

以上对刘邓反革命修正主义罪行只是作了初步的揭发。我们中宣部的革命同志，还在进一步研究他们的罪行。我们深知不彻底揭发他们的罪行，不把他们斗倒、斗垮、斗臭，就不能深入的进行对资产阶级反动路线的批判，就不能彻底捣毁阎王殿，就不能捍卫和贯彻执行以毛主席为代表的无产阶级革命路线。

（口号从略）

中共中央宣传部毛泽东思想红卫兵

一九六六年十二月三十日

彻底清算邓小平在青年工作中推行修正主义路线的罪行

邓小平自１９５６年担任党的总书記以来，一貫拒不执行毛主席的指示，在中央搞独立王国。他把青年团作为自己的一个重要陣地，以胡耀邦、胡克实等作为自己的心腹，在青年工作中推銷修正主义路线。十多年来，邓小平对青年工作的指导，反对活学活用毛主席著作，反对以阶級斗爭、两条道路斗爭为綱，他的言行，貫串着一条右傾机会主义反动路线，貫串着一条反毛泽东思想的黑线！

恶毒誣蔑活学活用毛主席著作的群众运动

近几年来，全国人民和全国青年响应林彪同志的号召，掀起了活学活用毛主席著作的高潮。邓小平等人堅持資产阶級反动立场，頑固地反对林彪同志的号召，恶毒地誣蔑活学活用毛主席著作的群众运动。

１９６５年８月９日，邓小平和彭眞、罗瑞卿勾結一起，在中央书記处听取团中央旧书記处汇报的会議上，大反学习毛主席著作，給正在兴起的轰轰烈烈的学习毛主席著作的群众运动大泼冷水，大刮阴风。

邓小平恶毒攻击組織青年学习毛主席著作是“疲劳战术”、“強制”、“形式主义”。他說：“現在苛捐杂税太多。乱抓乱管，問題很多。这不只是学校的問題，机关也是一样。有的机关，每天下班后，规定学毛选，学文件，有娃娃的也不能回去管。其实，效果很差。是在那里搞疲劳战术，实际上是強制。”还胡說什么：“听报告，一次不到就叫不积极。一个报告，听一次就夠了嘛！为什么要让反复听？形式主义害死人。”

邓小平特别反对青年学习老三篇。他說：“在青年中，毛主席的著作，一些基本的东西，是要提倡学的。但一年四季都这么搞不行。”“四篇文章（《紀念白求恩》《为人民服务》《愚公移山》《反对自由主义》）可以学，但是如果年年都学那几篇，作用也不大。”

邓小平借口“知識面要搞得寬一些”，公然反对青年学习毛主席著作，誣蔑提倡学习毛主席著作，是搞得“窄”了，对提高思想、发展科学文化不利。他說：“經典著作要选讀得寬一些，知識面要搞得寬一些。青年也要学点农业科学、自然科学和其他方面的知識。俱乐部要加強对青年的学习指导。工会工作，青年工作要把知識面搞得寬一些，不要搞得那么窄。这对于提高思想，发展科学文化，都是有好处的。究竟怎样对我們的科学、文化发展更有利一些？不要只是四大篇。”

团中央旧书記处对邓小平的这些反革命修正主义的黑指示如获至宝，立即在团中央社教工作会議上作了原原本本的传达，写入社教工作会議的紀要，在全国疯狂地推行这条修正主义的路线，前书記处的胡克实、王伟、楊海波、王道义、徐惟誠等人到处放毒，大喊大叫学毛著是“社会強制”，“形式主义”，揮舞“简单化”、“庸俗化”、“实用主义”的棍棒，妄图把全国青年响应林彪同志号召正在兴起的学习毛主席著作的运动打下去。

篡改共青团的无产阶級政治方向

1957年5月，邓小平向中国新民主主义青年团第三次代表大会作了“祝詞”。当时，右派分子向党发起猖狂进攻，一时烏云遮天，阶級斗爭十分尖銳，而邓小平在这篇“祝詞”中，只字不提阶級斗爭，不提社会主义革命，他說什么：“为了創造社会主义的幸福生活，没有艰苦的劳动是不可能的”；“青年团員必須带动广大青年，尊敬年长的一代，从他們那里学会各种有用的本領。”他抹煞青年工作的阶級斗爭，說什么“要善于把一切爱国的青年，包括还不贊成共产主义世界观的爱国青年，都团結起来”，他还大肆吹捧民主党派，煽动青年团搞独立王国，他說：“青年团和中国全体青年必然能夠克服自己道路上的各种困难，出色地完成自己的光荣任务。这是因为，中国青年不仅有中国共产党的領导，有各民主党派和无党派的爱国人士的关怀，而且有自己的光荣的革命传統。”

在这篇“祝詞”的結尾，邓小平喊了四个口号：“用艰苦的劳动建設我們的祖国”，“努力学习馬克思列宁主义，学习科学和文化”，“全中国的青年大团結万岁”，“全世界爱好和平的青年大团結万岁”，根本不提毛主席、中国共产党、毛泽东思想。这四个口号，和赫魯晓夫鼓吹的全民国家、和平竞賽、福利主义等一模一样，是修正主义的綱領，邓小平在1957年就是現代修正主义者的应声虫！

1956年，胡耀邦为了捞取政治資本，在全国大搞“青字号”的生产組織，妨害了青老年的团結和生产的发展。我們伟大的領袖毛主席及时发現了这个問題，亲自批示：“不要普遍建立单独的青年生产队”。可是，邓小平胆大包天，竟然对抗毛主席的指示，自己发号施令，大讲青年生产队的成績，說什么“农村青年生产队这种形式，它集中一部分青年，在合作社的生产中是起了特殊作用和突击作用的，这种办法並沒有錯。”“肯定的說它是起了好作用。今后这种形式应該怎样来运用呢？是否要加以変換呢？应該由誰来决定呢？应該由合作社来决定”。在邓小平的支持下，胡耀邦竟然封锁主席的指示，不向全团传达，而且伺机翻案。1958年团的三屆三中全会上有人又以研究青年生产队問題为名，刮起了一股反对中央、反抗毛主席的妖风，就是胡耀邦搞的鬼！而邓小平在这次会上又竭力包庇胡耀邦，让胡耀邦作了个不痛不痒的检討，就混过关去。

本来，1956年关于青年生产队的問題，就暴露了胡耀邦等人的政治野心。他們不把青年团办成毛泽东思想的学校，却要把青年团办成“生产团”。这是个政治方向問題，是个路线問題。可是，邓小平却使用了偷梁换柱的手法，把青年生产队問題縮小为“方式”問題，“形式”問題。这样，不仅包庇了胡耀邦的修正主义罪行，而且还使青年工作继續受其毒害。十多年来，青年团所以不突出毛泽东思想，不突出无产阶級政治，轉了向，根子是在邓小平身上。

提倡奴隶主义

毛主席教导我們說，危害革命的錯误領导，不应当无条件接受，而应当坚决抵制，在这次文化大革命中广大革命师生及革命干部对于錯误的領导，就广泛地进行过抵制。

可是，以刘少奇、邓小平为代表的党內最大的走資本主义道路的当权派，完全违背主席的这一光輝思想，多年以来，利用他們控制党中央的大权，实行資产阶級专政，提倡奴隶主义，妄图把伟大的中国共产党引向修正主义的歧途，为在我国复辟資本主义打基础，作准备。

早在1958年7月，邓小平等人在团的工作的“指示”中，就大反毛主席，大反毛泽东思想，大力提倡奴隶主义，盲从主义。他說：“关鍵的問題只有一个，党。你們把这一条站稳了，犯了一万条錯误，也基本上是正确。这个道理永远讲，直到党、团消亡了的时候为止。团沒脫离軌道，錯也是党錯。”在这里，邓小平避而不談毛主席的領导，毛泽东思想的領导，实际上就是要共青团无條件地跟着他們走修正主义的道路。

他們公开反对共青团向党內的錯误路线作斗爭，公然要团跟着錯误路线跑。邓小平說：“要教育青年永远跟着党走，这样你們就决不会犯大錯。”“武汉时代，反陈独秀，哪里是青年团搞的？！还是共产国际这个党搞的。”这时，彭眞这个反革命修正主义分子更加露骨地、赤裸裸地說：“这样想是什么意思呢？就是說党在錯误时，你們可以正确。”“犯一万条錯误，只要坚决跟着党走，錯了也不由你負責。”

邓小平还进一步說：“党的領导最重要的是同級党委的領导。离开同級党委还有什么党的領导。”按照邓小平这种說法，从中央到地方，以至每一个具体单位，不管那个党委，不管是按毛泽东思想办事还是反对毛泽东思想，是执行正确路线还是执行錯误路线，都只能服从，不能造反。这是公然同毛主席关于党的建設的理論唱反調，是为資本主义复辟制造輿論。

在这次会議上，彭眞黑帮还公然反对向青年宣传毛泽东思想，反对青年听毛主席的话。他恶毒地說："主席有些讲話，是对戴老花鏡的人說的，你們对青年說要注意。"

在阶級敌人进攻面前实行阶級投降

在1960年到1962年我国处于暫时經济困难的时期，邓小平面对美帝苏修和各国反动派的反华大合唱，而对牛鬼蛇紛紛出籠这个尖銳激烈的阶級斗爭形势，不是以阶級斗爭为綱，打退阶級敌人的猖狂进攻，而是大搞阶級調和阶級投降。

1961年，牛鬼蛇神和右傾机会主义大肆誣蔑大跃进，攻击革命的群众运动，散布悲观話，否定人民群众在毛泽东思想紅旗下所創造的英雄业迹，把矛头指向我們伟大的領袖毛主席。邓小平在这个时候，不是站在毛主席这一边，不是站在革命群众运动这一边而是站在阶级敌人和右傾机会主义分子这一边。在这年十月各省市委书記会議上，邓小平不讲阶级斗爭，却大讲特讲要轉变作风，搞所谓"深入細致的方法，精雕細刻的方法，点点滴滴，实事求是的方法"他的用意，就是影射大跃进不是实事求是，要青年团别再跟着毛主席搞大跃进了；搞灭资兴无、阶级斗爭，别再搞轰轰烈烈的革命群众运动了。一句话，邓小平要青年团从阶级斗爭的前线退下来，在敌对阶级猖狂进攻的陣势下退下来。邓小平这种反毛泽东思想的曲調一唱，反革命修正主义分子胡耀邦、胡克实如获至宝，声嘶力竭地狂喊狂叫，要各级团組織"冷下脑袋来"，一时妖风大刮邪气乱放，尽往亿万工农青年的脸上抹黑。

那时候，邓小平还发出黑指示，要团中央“注意青少年的社会风气问题”。邓小平根本不看阶级敌人的猖狂进攻，根本不看资本主义势力对青年的疯狂毒害，而是籠統地說什么現在社会风气不好，青少年的品德败坏等等。胡耀邦、胡克实这两个忠实走卒就紧跟主子，还大加发挥，抹煞阶级斗争，誣蔑我国青少年“人穷志短”。胡克实定下框框要团中央和各地“調查”，並在广州主持召开座談会，邓小平定上的調調，大讲特讲。后来胡耀邦、胡克实等人还不顾事实，硬按邓小平的口径，写了个报告给中央批发各地。

一九六二年上半年，国内外阶级敌人对我们的进攻到了頂点，一时三自一包，三和一少，单干风、翻案风等等，烏云密布恶浪翻滚。邓小平这个剝削阶级在党中央的代表人物，推波助瀾。他为了多听牛鬼蛇神的声音，就在团的三届七中全会上，要大家“反映问题”，还美其名曰“議大事，管本行”。那个会上胡耀邦、胡克实和一些右倾机会主义分子，一些对党对毛主席不满的人，就在邓小平的号召下，借机发洩反党反社会主义的言論，他们以“反映情况”为名，大讲三自一包的优越性”，向党向社会主义向毛泽东思想发出了一支又一支恶箭。邓小平贊賞不已，特别对于“三自一包”，更是兴高彩烈，他对这个会議作的黑指示中，就說出了“不管黑猫白猫，能逮着耗子就是好猫”这个臭名昭彰的謬論，公开宣扬单干风，事后又作贼心虚，下令在記录稿中抹掉这句话。

为什么多年来共青团死气沉沉、老气横秋，甚至跟着资产阶级反动路线跑？根子在哪里？根子就在刘少奇、邓小平这两个资产阶级代表人物身上！根子就在他们推行的一套修正主义的政治路线和組织路线！他们毒害了我国共青团的組织，毒害了我国广大的团員、青年。我们要坚决造他们的反，彻底砸烂他们这个修正主义的黑司令部，彻底清算他们这条资产阶级反动路线的罪恶！坚决捍卫和执行以毛主席为首的党中央的无产阶级革命路线，眞正把共青团改造成为毛泽东思想的大学校！

打倒刘少奇！

打倒邓小平！

誰反对毛主席，就打倒誰！

彻底批判以刘邓为代表的资产阶级反动路线！

坚决捍卫以毛主席为代表的无产阶级革命路线！

战无不胜的毛泽东思想万岁！

伟大的中国共产党万岁！

我们最敬爱的領袖毛主席万岁！万岁！万万岁！

团中央《鍔未残》战斗組和中央办公厅革命同志

一九六六年十二月三十一日

"实践是检验真理的唯一标准"。邓小平反对学毛选。他认为这是形式主义，是疲劳战术。我赞同他的看法。毛是个附庸风雅的人。不学却有术。404

邓小平在青年工作中販賣的反革命修正主义黑貨

邓小平是中国的反革命修正主义的头子，是党内最大的走資本主义道路的当权派。邓小平反毛泽东思想的罪行，表现在各个方面，这里仅就他的一些讲话，揭露他在青年工作中推行的修正主义黑貨

一．反对用毛泽东思想教育青年，反对活学活用毛主席著作。

邓小平对我国青年工作和共青团工作所作的多次"指示"中，一貫反对把共青团办成学习毛泽东思想的大学校，一貫反对广大青年活学活用毛主席著作。1957年5月，他为团的"三大"确定方針时，闭口不谈用毛泽东思想武装青年，却大讲什么"劳动、学习、团结"，别有用心地叫嚷"劳动是中心的中心"。

当广大青年掀起学习毛主席著作的高潮的时候，邓小平在1961年10月团中央工作会议上却大唱反調，說什么"讲教育，就是共产主义教育，这些提法没错"，"我们所讲的学习，不光指書本，而且包括思想、品德和文化、技术"。妄想阻挡青年学习毛泽东思想。1964年邓小平在对团中央蹲点工作会议的"指示"中，更提出"知识面要宽一点"的口号，瘋狂地反对青年活学活用毛主席著作。

邓小平如此仇視青年学习毛主席著作，如此反对把共青团办成学习毛泽东思想的大学校，是同帝国主义和現代修正主义相配

合，妄想让我国青年离开毛泽东思想，成为他们在中国复辟资本主义的走卒。警告你，邓小平，中国青年永远高举毛泽东思想伟大红旗，一定要把毛泽东思想学到手，你们的痴心妄想是永远也办不到的！

二、在青年中咒骂、反对我们心中的红太阳毛主席和毛泽东思想。

赫鲁晓夫在苏共廿大上以反对个人迷信为名，大反馬克思列宁主义，大反偉大的馬克思列宁主义者斯大林，为資本主义复辟制造輿論。邓小平这个中国的赫鲁晓夫式的人物，梦想在中国实行資本主义复辟，就到处散布反对毛主席反对毛泽東思想的反革命輿論。邓小平1957年1月在清华大学的讲演中，以讲《再论无产阶级专政的历史经驗》一文为名，惡毒宣传对毛主席的著作"不要迷信，不要把一篇文章誇大到不适当的地位"，他还借讲毛主席創造性提出的党委领导下的个人負責制为名，攻击毛泽东思想的绝对正确，说什么"是否永远是个好东西"，"不要把它说得那么绝对"，"不要认为把这个东西拿到任何国家去都适合"，还阴險地说"这个牛是吹不得的"。同年2月，邓小平在同青年团省、市書记的谈话中，更瘋狂地攻击毛主席提出的调动一切积极因素为建设社会主义而奋斗，说"这句话干巴巴的，天天讲这个有什么意思"，更别有用心地说："毛主席从来也没有说过，他不会不犯錯误。"

关于建立青年生产队问题，毛主席在1956年1月明确指示："不要普遍建立单独的青年生产队。"邓小平在同年5月对农林青年生产队问题的所谓"指示"中，公然反对毛主席的指示，说什么"简单地批评（青年）生产队这种形式不好是不对的"，青年生产队"肯定是起了好作用"。并且诬蔑毛主席不应作出这个决定，说什么今后采用不采用这种形式"应该由合作社来决定，合作社需要就组织，不需要就不组织"

毛主席是当代最伟大的马克思列宁主义者，是中国人民和世界人民心中最红最红的红太阳。我们革命人民和青年深深懂得"大海航行靠舵手，万物生長靠太阳，干革命靠的是毛泽东思想"，我们对毛泽东思想无限崇拜，无限信仰，无限忠诚。邓小平，你想攻击毛主席和毛泽东思想，中国和世界的革命人民和青年是绝对不能答应的，你制造的这些反动舆论并帮不了你的忙，只不过是搬起石头砸自己的脚，更加暴露了你的反革命修正主义嘴脸，促使革命人民起来把你斗臭、打倒，挖掉你这个埋在毛主席身边的定时炸弹！

三、宣扬阶级斗争熄灭论，取消共青团的政治思想工作。

毛主席在1957年2月所发表的《关于正确处理人民内部矛盾的问题》一文中，正确指出，在社会主义社会无产阶级和資产阶级之间的阶级斗争"还是長期的，曲折的，有时甚至是很激烈的。"邓小平就在这个同时，大肆鼓吹阶级斗争熄灭论。他在清華大学的讲演中，含沙射影地大讲斯大林的错误，就是因为"苏联国内阶级已经消灭了，但是斯大林还强调阶级斗争。"还否定在我们党和国家机关中会产生新的资产阶级分子，说什么"新阶级是没有的，生产资料并没有归我们私有"。他在青年工作上，反对毛主席提出的"又红又专"的方针，否定政治思想工作，在青年中抽象地提倡去"傻瓜"，要共青团组织离开政治思想工作大搞"向科学进军"，"宣传穿花衣服"，"公益劳动只能搞一点点，是象征性的"。在1961年10月团中央的工作会议上，邓小平更攻击1958年以来的政治思想工作"搞过了"，"搞左了"，"好多话说过分了，说满了"，"现在我们好象有说不出话的样子，理不直气不壮的样子"

四、丑化毛泽东时代的青年一代

我们伟大的领袖毛主席，对社会主义时期的青年一代无限关怀和信任。毛主席说："青年是整个社会力量中的一部分最积极最有生气的力量。他们最肯学习，最少保守思想，在社会主义时代尤其是这样。"又说："你们青年人……好象早晨九点钟的太阳，希望寄托在你们身上。"

邓小平这个走资本主义道路的当权派，根本不看广大革命青年对毛主席、对党、对社会主义的无限热爱，专抓某些青年中的落后面，加以夸大，丑化毛泽东时代的青年，长资产阶级的威风，灭无产阶级的志气。1956年国际共产主义运动中发生了匈牙利反革命复辟事件，邓小平满怀高兴，在1957年中央政治局讨论团的"三大”文件时宣揚说：“裴多菲俱乐部的思想，很适合現在青年人的口味，在我们青年中虽然不占优势，但影响在扩大。”到1961年，邓小平更大肆叫嚷青年的“社会风气不好”，诬蔑说：“这几年社会风气不好，我们批评苏联，現在我们自己也和他们一样了。”

五．頑固堅持資产阶级教育制度反对实行勤工儉学、半工半读。

毛主席在1957年2月就提出，“我们的教育方針，应該使受教育者在德育、智育、体育几方面都得到发展，成为有社会主义觉悟的有文化的勞动者。”1958年1月，毛主席又提出了勤工儉学、半工半读的教育制度。在主席思想的光輝照耀下，出现了许多半工半读、半农半读的学校。而邓小平，这个党内走資本主义道路的大当权派，却頑固地坚持資产阶级教育制度，极力反对实行勤工儉学、半工半读。

邓小平在58年3月7日中央書记处讨论勤工儉学与民办中学问题时的讲話是棵大毒草，完全是同主席的指示唱对台戏。邓小平以“保证教育質量”为名，反对勤工儉学。他说什么“勤工儉学也应該从質量上来考虑。”“普及的腿迈开了，提高的腿也不能不迈，不然会影响質量。”“公立小学是否改为民办问題，有的地方要改也可以，但不能因此而影响質量，”“归根到底要保证教学質量。”说穿了，就是攻擊勤工儉学不能保证教学質量，因此不能实行。邓小平还诬蔑搞半工半读是为了赚錢，胡说什么“不要以赚錢为目的，一提倡赚钱就易计較个人利益。”他甚至公然叫嚣“城市普通中学搞半工半读行不通，一是没有门路，二是学生年纪小”。“小学更不要搞，对他们进行劳动教育就可以了。”关于实行半工半读毛主席指示我们，一切可能的，要作到自给或者半自给。在条件许可的情况下，这些学校可以多招些学生，但不要国家增加经费。邓小平在这个讲话里，疯狂反对毛主席的指示，说什么“至于学校经费能否自给不是我们的目的。我们国家的教育经费一个不減少，分到各省的也不減少，各省可用来办更多的学校，我们節约经费要有个原则，不能因为節约经费而影响教育质量。”

看，邓小平这个党内走資本主义道路的大当权派，就是这样从四面八方来对抗无产阶级教育制度！

六、在共青团组织和干部中提倡奴隶主义，为資本主义复辟創造条件。

毛主席教导我们：“共产党员对任何事情都要问一个为什么，都要经过自己头脑的周密思考，想一想它是否合乎实际，是否真有道理，绝对不应盲从，绝对不应提倡奴隶主义。”毛主席还经常教导我们：“危害革命的错误领导，不应当无条件接受，而应当坚决抵制。”

邓小平在政治上推行刘、邓的資产阶级反动路线，实行資本主义复辟，在组织上則提倡奴隶主义，向团的组织和干部大量灌输盲从思想。邓小平对共青团干部讲服从党的领导，从来不区分是毛泽东思想武装的革命党还是修正主义的党，从来不讲服从党的领导就是要服从毛泽东思想的领导，却讲什么"所谓党的领导，就是同级党委的领导"，党的基层组织是错的，使党受到了损失，团的组织也要跟着干，不能抵制。邓小平甚至搬出所谓组织原则来恐吓和束缚团的组织和干部，说什么"只要你们服从党的领导，错了也跟着作，只要你们按照组织原则办事积极提出意见，你们就没错。"（1957年5月邓小平同共青团省、市委书记的谈话）

邓小平在青年工作中所推行的修正主义黑货，是刘、邓的反革命修正主义路线的一个部分，是服务于刘、邓的实行资本主义复辟的政治目的的。我们揭露邓小平在青年工作中所散布的修正主义毒素，就是要彻底肃清刘、邓路线的影响。我们要高举毛泽东思想伟大红旗，彻底批判以刘、邓为代表的资产阶级反动路线，誓死捍卫以毛主席为代表的无产阶级革命路线，巩固无产阶级专政，反对资本主义复辟。我们还要警告胡耀邦、胡克实、马石江、吴木之流，你们过去所忠实执行的就是刘、邓在青年工作中所散布的黑货，是一条地地道道的修正主义路线，现在已经到了彻底清算的时候了，你们必须向革命群众低头认罪，作彻底交代！

打倒刘少奇！

打倒邓小平！

彻底批判以刘、邓为代表的资产阶级反动路线！

誓死捍卫以毛主席为代表的无产阶级革命路线！

战无不胜的毛泽东思想万岁！

我们伟大的领袖毛主席万岁！万岁！万万岁！

中央团校红先锋、红卫兵、工农兵

揭发和批判邓小平反党反社会主义
反毛泽东思想的滔天罪行

我们伟大的导师、伟大的领袖、伟大的統帅、伟大的舵手毛主席指出："邓小平从来不找我，从1959年到现在，什么事情不找我"，"邓小平耳朵聋，一开会就在我很远的地方坐着。一九五九年以来，六年不向我汇报工作，书記处的工作他就抓彭眞"，他大"鬧独立王国"。在无产阶级文化大革命中，邓小平伙同刘少奇、陶鑄等人制定与推行了一条资产阶级反动路线，"站在反动的资产阶级立场上，实行资产阶级专政，将无产阶级轰轰烈烈的文化大革命运动打下去。顚倒是非，混淆黑白，围剿革命派，压制不同意見，实行白色恐怖，自以为得意，长资产阶级威风，灭无产阶级志气，又何其毒也！"

邓小平背着毛主席，大搞独立王国，他搞了些什么名堂呢？下面就让我们揭开盖子看一看。

一、反对毛主席，反对毛泽东思想，吹捧刘少奇

邓小平反对毛主席由来已久。他在1958年3月25日的讲话中，就公开煽动群众反对毛主席。他說："对毛主席可否有不同意見呢？可以。"这些年来，邓小平还多次在公开场合誣蔑和攻击毛主席，眞是罪該万死。

一九五六年，他在八大关于修改党章的报告中，叫嚷："任何政党和任何个人在自己的活动中都不会没有缺点和错误""个人崇拜""在我们党的生活和社会生活中，有它的某些反映"，"苏联共产党

第二十次代表大会的一个重要功績，就是告訴我們，把个人神化会造成多么严重的恶果”。

一九六一年七月二十一日，邓小平在黑龙江省委会上叫嚣：“关于共产主义风格問題，今后主要讲社会主义好了，按照馬克思主义的讲法，我们就是超越了阶段，一切都要按照社会主义原則办事，不要照顾原来說过的话、办过的事，那是照顾不住的。……不管原来那个人說的。站不住就改，顾面子是顾不住的，今天顾住了，明天也顾不住。”

一九六二年二月六日，邓小平在扩大的中央工作会議上，即七千人大会上，又叫嚣：“領导人不可能百分之百正确，不可能一点缺点和錯误也沒有”。“在目前，我们党的生活是有严重缺陷的。……有許多事情，形式上似乎比过去民主，但实际上命令主义、少数人或个人独断专横的現象却是十分严重的。”“必須指出，近几年来，我们一些同志滥用了人民对党的信任，滥用了党的威信，群众是不滿意的。”

邓小平狗胆包天，竟敢明目張胆地恶毒攻击毛主席，我们一定要砸烂他的狗头。毛主席是当代最伟大的馬克思列宁主义者。毛主席这样的天才，全世界几百年，中国几千年才出現一个。毛主席是我们心中最紅最紅的紅太阳。誰反对毛主席，我们就要砸烂他的狗头。

邓小平还猖狂地反对毛泽东思想。

他經常在公开场合讲话中，故意不提学习毛泽东思想。不仅如此，还禁止别人提毛泽东思想。一九六〇年一月由旧中宣部起草，經刘、邓批准，以中央名义批轉的团中央《关于开展毛泽东著作的学习运动的提法問題的請示》黑文件，规定不准提“学习馬克思列宁主义、毛泽东思想”，只准提“馬克思列宁主义、毛泽东著作”。邓小平还在一九六六年三月廿六日工业书記会議上，讲政治掛帅的五个內容时，根本不提学习毛泽东思想，学习毛主席著作。

毛泽东思想是在帝国主义走向全面崩潰，社会主义走向全世界胜利的时代的馬克思列宁主义。毛泽东思想是全党全国一切工作的指导方針。邓小平这样猖狂地攻击毛泽东思想，就充分地暴露了他的反革命修正主义的眞面目。

邓小平这样猖狂攻击毛主席，反对毛泽东思想，那么他吹捧的是誰呢？就是他的同伙、党內最大的走资本主义道路当权派刘少奇。

一九六二年二月六日，邓小平在扩大的中央工作会議上，吹捧說：“刘少奇同志讲到力爭上游，我们一定要力爭上游。”“少奇同志的报告，总結了十二年特别是近四年的經验，提出了今后的工作方針和十年的奋斗目标。”他甚至公然把刘少奇放在毛主席之上。他說：“对于少奇同志的报告，对毛主席的重要讲话，我们全党要統一認識。”邓小平这样吹捧刘少奇，說明他们臭味相投，是一丘之貉，都是反革命修正主义的头目。

二、反对党的三面紅旗

在我国暫时經济困难时期，在帝国主义、現代修正主义和各国反动派掀起反华浪潮，蔣匪叫囂反攻大陆的时候，国內的牛鬼蛇神也向党、向社会主义、向伟大的毛泽东思想发动了猖狂的进攻，特别是攻击党的三面紅旗。現在查明，这些攻击的总根子，就是党內最大的走资本主义道路的当权派刘少奇和邓小平。

一九六一年六月，邓小平在中央工作会議上，把当时的形势描繪成漆黑一团，把三面紅旗的伟大成就全盘否定。他說："現在看，生产关系紧張，党群关系紧張，干部关系紧張，所有制关系紧張。三年来，所有制破坏了，积极性破坏了，天災不是主要的，人禍是主要的。河南农民說：三分天災，十分人禍。缺点錯误是主要原因，不要老說一个指头。"邓小平还散布悲观論調說："我们农业情况好轉不是三五年的事，而是七年八年的事。"

一九六一年九月五日，邓小平在庐山中央工作会議上誣蔑說："現在实际上是一个半癱瘓狀态，总要有一个时期才能恢复原有的生产力。""我们的錯误是实际工作中做过了头，結果违犯了客观規律"。

一九六一年十二月十九号，邓小平在工业书記会議上說："过去高指标，大家愉快接受，当完不成計划时就挤大家，保一家，吃老本，不得不进行調整。三年大跃进的后遺症，要我们花几年时間来調整。"

一九六一年九月五日，邓小平在庐山中央工作会議上还說："公社問題的严重性，中央、省市两级是認識到了，認識了才能提出办法，問題的性质是过头了，具体政策有毛病。"他还带头大刮单干风，在一九六二年团中央的一次会上，公开鼓吹："不管黑猫白猫，能逮耗子的就是好猫。"

邓小平还大刮翻案风。在1962年2月6日扩大的中央工作会議上，他叫喊这几年党內"斗争过火"，"損伤了一部分干部"，要给他们平反"，"全面平反"。

邓小平的这些狂叫无損于太阳的光輝。現在，全世界都看到，正是我们在毛主席的领导下，高举毛泽东思想伟大紅旗，坚持总路线、大跃进和人民公社，才取得了史无前例的伟大成就。

毛主席教导我们："凡是敌人反对的，我们就要拥护；凡是敌人拥护的，我们就要反对。""如若敌人起劲地反对我们，把我们說得一塌糊涂，一无是处，那就更好了，那就证明我们不但同敌人划清了界线，而且证明我们的工作是很有成績的了。"邓小平这样起劲地反对三面紅旗，正好证明三面紅旗的伟大 正确。

三、反对政治掛帅、攻击群众运动

毛主席教导我们，政治是統帅、是灵魂，"政治工作是一切經济工作的生命线"，而邓小平却同毛主席唱反調，大肆反对无产阶级政治掛帅。一九六一年九月五日，在庐山中央工作会議上，就諷刺我们政治掛帅的結果，反而使农民上繳的粮食减少了。一九六六年二月二十六日，在工业交通工作会議上，又大談政治要落实到业务上，落实到生产上，閉口不談人的思想革命化。

邓小平对我们党所领导的历次群众运动也极尽誣蔑之能事。他在一九六二年二月六日扩大的中央工作会議上，胡說："这几年我们搞了許多大运动，甚至于差不多把运动当作我们群众路线的唯一形式，天天运动，这是不好的。結果我们的很多經常工作，各部門、各系統、各单位的經常工作，被不断的运动和分片包干的方法挤掉了。"在一九六一年十二月十九日，邓小平在工业书記汇报会上，又恶毒地攻击說："有些群众运动，是不符合群众路线的运动，不是眞正的群众运动，万人大会，大呼隆，电话会議，現场会議，广播六会，四种形式。……劳民伤财。三年大跃进，搞了很多运动，有成功的方面，也有錯误的方面。写大字报硬要每人写多少張，这是形式主义，劳民伤財。”

他甚至公然否定三大改造的伟大成績。一九六六年二月廿六日，在工业交通工作会議上說：“社会主义改造，公私合营，登了报，也有缺点，一轰而起，太快了。一两个月就搞成了，遺留的問題很多。”在这次会上，他还誣蔑：“三年大跃进，有浮夸，轰轰烈烈，也有消极面。”

毛主席教导我们：“人民，只有人民，才是創造世界历史的动力。”“群众是眞正的英雄。”“人民群众有无限的創造力。”社会主义事业就是人民群众自己的事业。邓小平竟以资产阶级老爷式的态度对待群众运动，站在群众运动对立面反对群众运动，正好說明他是一个道道地地的反革命派。

四、鼓吹修正主义的組织路线

邓小平还是修正主义組织路线的制定者和狂热鼓吹者。他在一九五六年“八大”修改党章的报告中，鼓吹向苏联学习，說：“反对个人崇拜的重要意义，苏联共产党第二十次代表大会作了有力的闡明，这些闡明，不仅对于苏联共产党，而且对于全世界其他各国共产党，都产生了极大的影响。”

邓小平在一九六二年二月六日扩大的中央工作会議上，誣蔑我们党在前几年犯了“过火斗爭”的錯误，“没有貫徹实行民主集中制”，“在几次的运动中，确实发生了一些偏差，伤害了一部分干部；有的地区伤害了大批干部。

邓小平把自己当作諸葛亮，把群众当作阿斗，反对广大革命群众对领导人的监督，破坏党的組織原則。他在一九六二年二月六日扩大的中央工作会議上胡說：“对领导人最重要的监督是来自党委会本身，或者书記处本身，或者常委本身。这是一个小集体。我们一些领导同志，同伙夫、勤杂人員等同志们編在一个党小組里，那是起不到多少监督作用的。”

邓小平在鼓吹苏修的一套組織路线的同时，攻击我们党违反民主集中制，誣蔑我们党搞过火斗爭，反对群众监督，其用心是十分恶毒的，是为他的反革命修正主义路线服务的。

× × ×

除此之外，邓小平在推行反革命修正主义路线，大搞资本主义复辟活动等方面，都有許多罪恶。因限于时間，我们将在另外的场合揭发、批判。

仅从上面揭露的材料，已經可以充分证明：邓小平是党內仅次于刘少奇的走资本主义道路的当权派，是彻头彻尾的反革命修正主义分子。

毛主席亲自发动和领导的无产阶级文化大革命运动，敲响了走资本主义道路当权派和社会上一切牛鬼蛇神的丧钟。无产阶级文化大革命的熊熊烈火，必然要烧到邓小平身上。他急忙伙同刘少奇、陶鑄炮制一条资产阶级反动路线，妄图扑灭这场革命烈火，又一次犯下了滔天罪行。目前，资产阶级反动路线又以新的形式进行反扑，实行反革命的經济主义。我们一定要打倒經济主义，砸碎这种极端反动的謬种，粉碎这个新的阴谋。

我们坚决在伟大领袖毛主席领导下，在毛主席的路线指导下，高举毛泽东思想伟大紅旗，万炮齐轰刘少奇、邓小平、陶鑄，把他们的反革命修正主义路线批透批臭，誓把无产阶级文化大革命进行到底！

此卷計417页，均為打字机打字和手工臘紙刻印版。
古月斋珍藏 匹中過目

最后让我们高呼：

打倒刘少奇、打倒邓小平、打倒陶鑄！

彻底批判反革命修正主义路线！

坚决打垮资产阶级反动路线的新反扑！

无产阶级文化大革命万岁！

毛主席的路线胜利万岁！

伟大的毛泽东思想万岁！

中国共产党万岁！

我们最最敬爱的领袖毛主席万岁！万岁！万万岁！！！

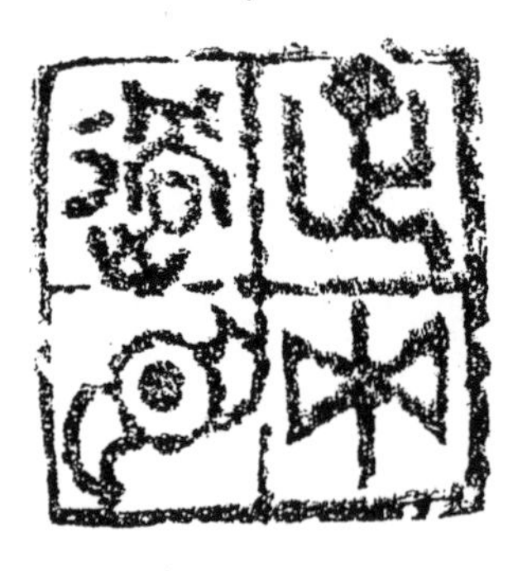

毛泽东思想經济所

《东方紅》战斗兵团

1967・1・12・

註：这是一个发言稿

文革時期葉劍英

叶剑英

叶剑英、汪东兴

分碎“四人帮”至今，虽然已经过去36有些专家、学者认为某些历史真相仍解之谜。华东师范大学教授韩钢2011年12日在《北京日报》发表的文章就提出了重要问题。他说：“汪东兴是整个事件的关物之一。虽然汪迄今从未公开忆述此事，其他当事人的回忆看，汪起了无可替代的”“至于详情如何，目前仍然不得而知。”

我在汪东兴领导下，参加了粉碎“四人帮”过程。在未对“四人帮”采取行动之前，汪同华国锋副主席、叶剑英元帅之间的酝酿我也知道一些。因为凡与粉碎“四人帮”的情况，汪东兴在华、叶处商谈后，回来都鑫和我通过气。现就我所知，照实地写出能为党史工作者及广大读者提供些参将会感到极大的宽慰。

9月14日夜，汪东兴和李鑫两向华国锋进言：要设法除掉“四帮”

毛主席逝世以后，9月10日晚，将毛主席送到人民大会堂，在人民大会堂举行隆重仪式期间，汪东兴日夜在人民大会堂福建班和休息。我作为吊唁期间主管人民大警卫工作的工作人员，也同他一起在人民堂值班。

1976年9月12日和9月14日深夜，中央厅副主任李鑫到人民大会堂福建厅看望兴。他们一起谈到“四人帮”近几天的活月9日凌晨2时在政治局讨论治丧问题江青哭闹着要开除邓小平党籍的问题；0日王洪文在紫光阁擅自开设中央办公班室的问题；姚文元他们还动员不少人青表忠心，写劝进信等等。李鑫还说：钓鱼台工作过一段时间。这伙人在钓经常聚会碰头，每次开政治局会议前，他先开小会，讨论对策。现在主席不在，他定会造反夺权。我们要早下决心除掉他得被动。”

汪东兴说：“我们对‘四人帮’的了解和分多想法是一样的。你同我谈的情况，提见很重要，你找个时间去华国锋同志那里，把我们两个人的想法和意见同他谈谈，主席遗体在，我不好离开大会堂，让他对‘四人帮’的这些情况有个了解，对‘四人帮’的处置意见请他下决心。”

李鑫于9月14日晚去了东交民巷华国锋家，和华国锋谈了“四人帮”在钓鱼台频繁活动的情况和最近的动向，并代表汪东兴提了除掉“四人帮”的意见。李鑫在华国锋家里吃的晚饭，边吃边谈。当天夜里，李鑫又到大会堂福建厅汪东兴那里，他说：我把我们两个人对“四人帮”的看法和处置意见，都对华国锋讲了，他听进去了。虽然他没有明确表态，但也没有表示反对的意见。

附：9月12日上午到10月4日下午，叶剑英元帅与汪东兴进行了四次密谈

第一次密谈。1976年9月12日，毛主席吊唁仪式的第二天，党和国家领导人继续参加吊唁和守灵。上午中间休息的时候，叶剑英元帅（以下简称叶）到了人民大会堂福建厅，他一见到汪东兴（以下简称汪）就说，一方面我来看看你，一方面来听听你对形势的看法。又说，自9月9日以来，你是日夜地忙，没有很好地休息过，可不能把身体搞垮哟！很多事情还等着我们去做呢！

汪：事情的确很多，瞻仰毛主席遗容还在进行。全国要求来京参加吊唁治丧的人民来信来电像雪片一样，秘书处忙于答复。追悼大会正在抓紧准备。遗体保护问题专家们正在研究，去越南取经的专家尚未回来，预计遗体保护的问题可以解决，请叶帅放心。

叶：毛主席逝世是一件很不幸的大事，我们都很悲痛！可是还有人不顾大局多方干扰。江青在讨论毛主席丧事的会议上，闹着要开除邓小平的党籍。姚文元跟着起哄，不必去说它了。而政治局中竟有人毫无根据地说主席脸色发紫，怀疑是医生害死的，弄得医生们很紧张。好在王洪文、张春桥都参加值班，不然又要颠倒是非了。

汪：毛主席逝世时，正好是华国锋和张春桥值班。我们在毛主席那里值了几个月的班，亲眼看到医生、护士高度负责，全力投入治疗和抢救，怎么可以无根据地怀疑他们呢？

叶：我们都能理解，我想你能顶得住压力！

汪：叶帅，压力我是不怕的。你知道，他们早就想把我搞掉。1967年1月，江青一伙就在幕后策划，在中南海内掀起“火烧”“油炸”汪东兴，在国务院小礼堂几次召开大会批斗我。主席知道后说话了：烧烧炸炸都可以，但不要烧焦了！这才把他们的气焰压下去了。后来江青一伙又给我戴上“特务头子”的帽子，在政治局会议上提出调离我在毛主席身边的工作，撤掉我办公厅主任的职务等等。所有这些都被毛主席识破了，制止了。

叶：你在主席身边工作多年，经历了不少难办的事情，这也是不可多得的一种锻炼。我虽然老了，但锐气还是有的，看来，我们与他们的这一仗，已是不可避免的了！

汪：对这伙人多年来我是看透了，他们搞分裂党的活动，是决不会罢休的。我们这些人，只要不倒不死，将永远是他们的对手。

叶：现在江青他们还在中南海活动吗？

汪：江青这两天在中南海跑到毛主席住地，要看毛主席那里的文件，被拒看后江青大为不满。她又要闹事了。主席逝世后，他们的活动更加频繁，更加明目张胆了。

叶：对于这一点，我们的看法是一致的。现在双方都在搞火力侦察，选择突破口寻找时机。好，我们改天再谈。

第二次密谈。1976年9月15日，在京的外国同志和朋友以及外国专家，同首都群众一起瞻仰毛主席遗容。党和国家领导人也在毛主席遗体旁守灵，并在吊唁大厅分别接见前来吊唁的各国朋友。会见外宾后，叶剑英元帅和汪东兴由吊唁的北大厅，来到东大厅南侧的一间办公室里，又开始了交谈。

汪东兴把近日江青要华国锋召开中央政治局常委会，讨论毛主席处文件处理的问题，并且提出她、姚文元、毛远新和汪东兴都要参加常委会的事情向叶帅作了汇报。

叶帅听后说：他们气势逼人，向华国锋出难题，逼他表态。

汪：那天因为夜已深，没有打扰你。国锋同志同我商量后决定改为，中央常委会听取江青、姚文元和汪东兴对毛主席处文件处理意见的汇报。

叶：好主意，我们不能上当。他们正在挖空心思向华国锋施加压力，向中央常委会要权力，想挤进中央常委会内。做不到！今年我党先后有三位领导人与世长辞了。“四人帮”乘机作乱，中国革命处于危难之中。

汪：江青一伙是一个反革命阴谋集团，党中央同他们的斗争是势不两立的。

叶：他们背离党中央，背离马列主义、毛泽东思想，搞阴谋诡计，搞分裂，我们如果不采取紧急措施，中国革命就会遭受挫折，甚至倒退失败！

汪：主席生前在政治局会议上，几次讲周勃、陈平平吕氏乱，巩固汉室的这段历史，我看主席这话是有所指的。

叶帅点头说：老实说“四人帮”的罪恶比吕氏尤甚！他们迫害致死多少老同志啊！真是“罄南山之竹，书罪无穷；决东海之波，流恶难尽。”

✓当叶帅谈到批判刘、邓、陶的问题时，汪东兴对叶帅说这个问题我了解是这样的：

1967年7月9日晚8时许，毛主席在人民大会堂“118”房间，召集周总理等一些老同志和中央文革小组的人一起开了一个会。会上毛主席说他要离京外出一段时间，并谈了他离京后的工作问题。江青一伙不让我随主席外出，理由是我是办公厅主任，走了谁来抓这摊工作？主席没有同意他们的意见。主席说办公厅主任可以找人代理嘛！又说可以叫杨本禹代理中央办公厅主任。主席说了话，就

定下了。

主席对参加会议的同志说："对刘、邓背靠地批一批是可以的，不要搞什么面对面的批。"当时参加会的人都听得清清楚楚。

会后我马上在人民大会堂召开了中央办厅工作会议，传达了"118"会议有关的重大项，并要求大家认真贯彻执行。

1967年7月中旬，陈伯达在一件关于批判少奇的"请示报告"上圈阅同意，并将刘少三个字中"少奇"两字勾掉，又在"刘"字后加上"邓、陶夫妇"四字。7月18日，北京的些群众组织数万人，在中南海西门外召开斗刘少奇誓师大会。以后又有一些群众组在中南海周边"安营扎寨"，要求"刘少奇滚中南海"。

当时毛主席住在上海。武健华同志得知本禹在组织大会批斗刘、邓、陶夫妇后，先后次打电话报告了我，我当即报告了毛主席，

汪东兴庄重地说：叶帅，你是我们党内以深思熟虑、多谋善断而著称的领导人，由你和华国锋同志一起领导，团结政治局大多数委员，我看优势会在我们方面。

叶帅说：9月29日的政治局会议，我同先念、向前请假先退席了。江青竟然擅自宣布散会，留下"四人帮"，围逼华国锋。你留下来陪同华国锋一起对付他们，做得对。

汪东兴说：当时我觉得他们这样做很反常，他们简直就是在质问华国锋同志。

叶帅异常激动地说：看来他们已经开始下手了！他们是在逼华国锋摊牌，交权！他们阴谋篡党夺权的野心由来已久，想把他们的帮派利益凌驾于党和人民的利益之上。

妄想！我们要立即找华国锋同志谈，要加速采取果断措施。

太阳已经落山，汪东兴对叶帅说：叶帅，消消气。今晚请你尝尝我们家里的饭菜。

密谈处置四人帮

华

席让我马上给周总理打电话，请周总理告诉们，对刘、邓、陶等人不要搞面对面的批斗。理说："主席的指示我知道了，你最好直接和本禹讲讲。"我又把主席的指示用电话通知戚本禹。

戚本禹很不高兴地说："你说的事情我知了。家里的事由我来办。"说完就气哼哼地电话挂断。

据事后了解，江青一伙并没有遵照毛主席指示办，他们还是阳奉阴违地组织人批斗了、邓、陶夫妇。

叶帅听完这段话后说：他们无法无天！如他们的阴谋得逞，灾难又要临头了！中国有古话叫作"得国常于丧，失国常于丧"。眼下门不得不防啊！

第三次密谈。1976年10月2日下午3时，叶剑英元帅按照预约来到汪东兴在中南海楼的办公室。叶帅是第一次到这里来。进时，他把身边随员留在楼下，自己一个人上楼。进屋后，他沿着靠海的窗户边看边说：房子貌不出众，但地点好，看得远，幽雅安是办公的好地方。

汪东兴给叶帅冲了一杯龙井茶，对叶帅请坐下来谈吧。

叶：最近形势很紧张，这也是我们意料之的。中国人常拿"庆父不死，鲁难未已"，来喻首恶不除，祸乱不止。我看"四人帮"不我们的党和国家是没有出路的！

汪：为了继承毛主席的遗志，挽救党的业，我们有责任粉碎"四人帮"这个反革命团！

叶帅探着身子、压低声音问汪东兴："你考好了吗？"

汪东兴用肯定的语气说：我认为形势逼不能再拖延，到了下决心的时候了！

叶帅坚定地说，对！他们的气势发展到此地步，该摊牌了，不能失掉时机，"兵之主速，乘人之不及！"他停顿了一会儿又："至于斗争的结局是喜剧还是悲剧，待见分晓。"

叶帅很高兴地和汪东兴一起进了晚餐。

叶帅严肃庄重地说：好！就这样说定了。我现在就去华国锋那里同他谈，具体问题由你今晚去华国锋那里谈。一定要严格保密，不能走漏半点风声！尽量做到知密范围小，但也不排除出点小的乱子。

汪东兴说：肯定有风险，但力争不出乱子。

叶帅临出门时叮嘱说：事实摆在眼前，逼着我们要加速进程，不能失掉良机。4日下午我再来，不要打电话，你也不能到我那里去，不要惊动了他们。

汪东兴说：我明白。

按照叶帅的交代，10月2日晚9时汪东兴去了华国锋副主席在东交民巷的住地

在华国锋副主席办公室，汪东兴对他说：今天下午叶帅到我的办公室来，我们谈了一个下午，主要讨论如何解决"四人帮"的问题。

华国锋回话说：叶帅刚才来过。你们谈的意见原则上和我想的一致。现在的问题是如何具体化。刚才我和叶帅商议过，由你先提出一个具体的实施方案来，我们再来议定，你看这样好吗？

汪东兴想了一会儿说：我回去考虑一下，拿出一个具体的实施方案，明天我再来汇报。

华国锋又进一步明确地说：形势逼人，争取在一周内解决怎么样？你尽快准备，但也不要过急，没有准备好，不能动手。

汪东兴表示同意：我争取一周内作好准备，没有把握的仗，绝对不能打。明天我把方案拿出来咱们再定。

华国锋说：你制订方案时，还要考虑到困难和阻力，而且时间紧迫。

汪东兴说：时间是很紧了，据我了解，张春桥最近两次到中南海，在江青家里谈了很久。我们一定要赶在他们前头。

华国锋最后说：那好，明天还是这个时间这个地点见面，不打电话了。

华国锋、叶剑英两位副主席，要汪东兴拿出一个具体的实施方案来。汪要张耀祠、李鑫、武健华三人与他一道谋划

1976年10月2日晚，汪东兴送走叶帅后，已经是7点多钟了。他在办公室来回踱步，盘算了一会儿，让值班的高成堂秘书通知中央办公厅副主任张耀祠、李鑫和中央警卫局副局长、8341部队政委武健华到中南海南楼汪东兴办公室开会。由于工作的关系，东兴同志和我们多有接触和交谈，所以大家对局势的现状，毛主席对"四人帮"的批判，中央同"四人帮"斗争的情况，大致都是清楚的。我们三人到场之后，东兴同志就直截了当对我们说：中央已经下了决心，对"四人帮"要采取行动。他一面说，一面用手画了一个圈，五指并拢攥紧了拳头，示意要把"四人帮"一网打尽。他说，你们先琢磨出一个行动方案，我要到华国锋那里去，我回来后，咱们继续讨论行动方案。他特别强调，要严守机密，不能有丝毫疏忽。他正要离开办公室时，又告诉正在交接班的高成堂、孙守明两位秘书，在他的办公室旁为李鑫、武健华准备一间办公室和卧室，从现在起，他们就在这里办公和休息。回转头他又交代张耀祠：你回去要内紧外松地抓紧中央办公厅、中央警卫局的日常工作和人员情况，这几天不要发生意外事端，有事随时当面通气。

10月3日凌晨3时，李鑫、武健华在汪东兴的办公室，向他汇报了我们商量的行动方案的初步意见，东兴同志和我们进行了详细的研究。

在讨论行动方案时，我们本着以下四条原则去考虑问题。

一是，把握"四人帮"的心理状态。在这段时间里，张春桥处心积虑想把出版毛选的权抓到手。他曾经在近期找李鑫向他汇报过关于出版毛选五卷的情况，并向李鑫索要几份稿子去看。利用张春桥对出版毛选五卷工作的关注，把常委会议内容确定为：研究毛选五卷出版问题，应该对张春桥是有极大吸引力的。

二是，按惯例行事。中央对研究毛选的出版问题，特别是涉及稿子问题时，历来都是在怀仁堂正厅开会，因为中央曾有过规定：凡属毛选稿件，不得带出中南海以外的地方研究。对这些规定，张春桥、王洪文都是知道的。

三是，抓住研究涉及毛主席的重要问题，如研究建造毛主席纪念堂选址问题，作为常委是必须参加的，这样使张春桥、王洪文不能托词不到或因故请假。

四是，根据过去的经验，在怀仁堂这里采取行动，较为方便有利。

根据以上考虑，我们提出在中南海怀仁堂正厅召开中央政治局常委会议，内容有二：一、研究《毛泽东选集》第五卷出版问题；二、建造毛主席纪念堂选址问题。

在这个方案中确定，解决"四人帮"的顺序是：在怀仁堂解决王洪文和张春桥两个人的问题之后，再依次分别处置江青和姚文元的问题。毛远新与"四人帮"区别对待，对他采取的处理方法是就地监护审查。

在这个行动方案中，还对行动期间，力量的组织，隔离地点，保密措施，战备预案以及同北京卫戍区的分工和配合问题，都提出了具体明确的实施细则。（一）（摘自《炎黄春秋》）

最高指示

中国的反动分子，靠我們組織起人民去把他打倒。凡是反动的东西，你不打，他就不倒。

刘少奇反党反社会主义反毛泽东思想的言論摘編

（供 批 判 用）

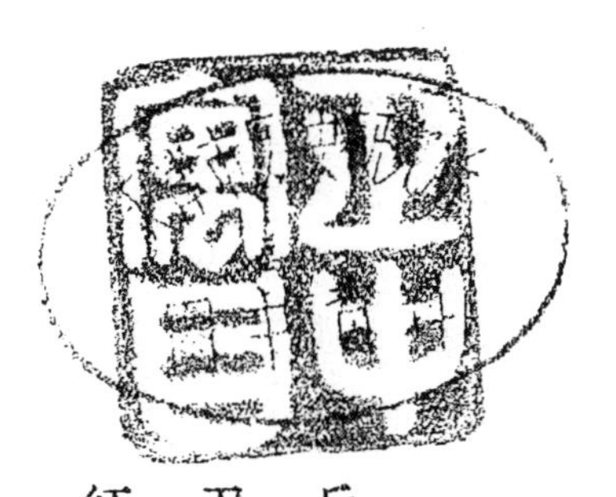

中国人民大学 红卫兵 红卫队 东方红公社 揪刘兵团第一支队编

一九六七年一月

前　　言

刘少奇是党內最大的走资本主义道路的当权派，是赫鲁晓夫式的篡党篡军篡政的反革命修正主义集团的黑司令。他不仅千方百计地庇护和支持彭陆罗杨反革命集团，而且在文化大革命中，泡制了一条资产阶级反动路线，对抗毛主席的无产阶级革命路线，破坏和镇压无产阶级文化大革命。刘少奇是中国修正主义的总根子。现在把这顆埋在毛主席身边的定时炸弹挖出来了，这是无产阶级文化大革命的伟大胜利，是毛泽东思想的伟大胜利！

刘少奇从来就是反党反社会主义反毛泽东思想的。早在民主革命时期，每当中国革命发展到紧急关头，他总是跳出来与毛主席唱对台戏，公开反对毛主席的革命路线，猖狂地攻击毛泽东思想。特别在社会主义革命时期，他反对社会主义改造，反对社会主义革命，反对三面红旗，阴謀复辟资本主义；在国际上，他美化美帝，吹捧苏修，反对世界革命。刘少奇就是中国的赫鲁晓夫！

刘少奇长期窃取党政大权，罪恶滔天，流毒深远。时至今日，他仍然负隅顽抗，企图反扑。我们一定要狠打落水狗，一定要彻底剥开刘少奇的画皮，把他暴露在光天化日之下，全党共诛之，全国共讨之，使之永世不得翻身！

为此，我们编摘了这个材料，以供批判。这个材料于一月底初步完稿，二月上旬作了若干补充，但由于我们活学活用毛主席著作不够，加之时间仓促，掌握的材料有限，错漏之处一定很多，望给予批评指正。

红　卫　兵
中国人民大学　红　卫　队　揪刘兵团第一支队
东方红公社

一九六七年一月卅日

目　　录

一　大反毛主席　恶毒攻击毛泽东思想

1. 恶毒污蔑毛主席"犯过许多错误"，狂妄叫喊要毛主席"下台"，公开叫嚣要"篡党"

"马克思、恩格斯、列宁、斯大林、毛主席都犯过许多错误。"

（在哲学社会科学部的讲话　1963.1.27）

1961年4月，刘少奇在宁乡炭子冲与当地农民干部谈到这几年灾害时，说："毛主席犯了错误。"

（根据刘少奇的医生徐佩华的大字报揭发　1967.1）

"反对毛主席，只是反对个人。"

（在中央扩大工作会议上的讲话　1962.1.27.）

"世界上沒有十全十美的领导者，古今中外都沒有。如有那就是装腔作势，猪鼻子里插葱装象。"

（在全国土地会议上的结论报告　1947.7.13）

"不'左'不右绝对正确的领导者是沒有的。"

（在军委扩大会上的讲话　1959.9）

〔按：在这里，刘少奇是恶毒攻击毛主席犯了'左'的和右的错误〕

"官越大，眞理越少，官做得越大，眞理也越少。

（给江苏省委第一书记江渭清的信　1964.9.30.）

在庐山会议上，刘少奇在"批判"彭德怀时说："与其你篡党，还不如我篡党。"

（刘涛、刘允眞：《看！刘少奇的丑恶灵魂》　1967.1.3）

"老的不行嘛！不要站（占）着茅房不拉屎，要下台，要让位，不要摆老资格。我们不是青红帮，青红帮还很开明嘛！上海的大青红帮头子黄金荣，他的徒弟蒋介石，黄金荣老了，主动地把坐位让给了蒋介石。"

（同薄一波的谈话　1963.6、7月间）

〔按：刘少奇妄图推翻毛主席的领导，图謀篡党篡政的阴謀暴露无遺。〕

"清华有一个人贴了反动标語：'拥护党中央，反对毛主席'，同学就揍了他，一揍他就怕了，如果保护他一下，保护他的自由，让他活动，让他多写几条反动标語，多发表反动言论，这并不妨碍大局"

（在北京市大中学校文化革命积极分子代表大会上的讲话　1966.7.29.）

“朱理治（华北局书记处书记）：对毛选中有一条註，（指《关于若干历史问题的决议》中註释[10]）涉及西北局高干会，是中共中央作了决议的。”

“刘少奇：决议错了，可以改嘛，任何一个决议或者一项政策，不管是中央的或者是谁的，错了都要改，不改，就是非马列主义。……

“至于历史决议错了，也可以改嘛。田家英正在修改毛选註，你去找他就说我说的，毛选註中有错要改，高干会议错了，可以废除嘛，就说关于高干会的决议有很多不对，基本上是错误的，应废除，写这么几句就行了嘛。总之，有错必改，不论谁都要反对，当然有错而改了的中央要拥护，那有人不犯错误的，如果不然，有错不改的中央那就不拥护，当然也要看是大错还是小错。”

（和朱理治的谈话记录　1964.10.6）

〔按：刘少奇在这里主张为朱理治翻案，就是为王明“左”倾机会主义路线翻案，它的矛头猖狂的直接指向我们伟大的领袖毛主席，指向以毛主席为代表的马克思列宁主义的路线。

为了便于同志们对照分析批判，我们把《关于若干历史问题的决议》註释[10]原文附在下边：

“1935年秋，犯‘左’倾错误的朱理治同志以中央代表名义到达陕北革命根据地（包括陕甘边和陕北）同原在那里的犯‘左’倾错误的郭洪涛同志结合，将‘左’倾机会主义路线贯彻到政治、军事、组织各方面工作中去，并排斥执行正确路线的、创造了陕北红军和革命根据地的刘志丹等同志。接着又在肃清反革命的工作中，极端错误地逮捕了一大批执行正确路线的干部，造成陕北革命根据地的严重危机。11月，党中央经过长征到达陕北，纠正了这个‘左’倾错误，将刘志丹等同志从监狱中释放出来，因而挽救了陕北革命根据地的危险局面。”（见毛选第三卷第1000页）〕

“我们知道斯大林对敌人是很坚决的，作了很多好事，但毛病不少。他把民主集中制破坏了，确实受了很大损失，一切是他个人说了算，一切光荣归于斯大林。他沒有把制度搞好，赫鲁晓夫利用了这点，赫自己也搞这一套，多数党员、工人、农民不赞成也沒有办法。”

（在全国组织工作会议上向大区组织部长的讲话　1962）

〔按：刘少奇在这里含沙射影地攻击毛主席破坏了“民主集中制”，“一切是他个人说了算。”〕

“这种人在中国党内曾经是不少的。在过去某一时期內，某些教条主义的代表人，就比上述的情形更坏。这种人根本不懂得马克思列宁主义，而只是胡诌一些马克思列宁主义的术語，自以为是‘中国的马克思、列宁’，装作马克思、列宁的姿态在党內出现，并且毫不知耻地要求我们的党员象尊重马克思、列宁那样去尊敬他，拥护他为‘领袖’，报答他以忠心和热情。他也可以不待别人推举，经直自封为‘领袖’，自己爬到负责的位置上，家长式地在党內发号施令，企图教训我们党，责駡党內的一切，任意打击、处罚和摆布我们的党员。

这种人不是眞正学习马克思列宁主义，不是眞正为共产主义的实现而斗爭，而是党內的投机分子，共产主义运动中的蟊賊。”

（《论共产党员的修养》 1962）

〔按：一九六二年，刘少奇和国内外阶级敌人的疯狂进攻相呼应，抛出了《论共产党员的修养》这株大毒草，打着反对“教条主义”的幌子，恶毒地攻击我们最最敬爱的领袖毛主席。〕

“我劝告同志们，不要作括弧里面的‘左’派，要作实事求是的、理论联系实际的、密切联系群众的、实行批评和自我批评的眞正的左派。只有这样的左派，才会经常是朝气勃勃的、眞有干劲的左派。不要作那一种脱离实际的、脱离群众的、冒里冒失的、不管三七二十一就去蛮干的加括弧的‘左’派。那种‘左’派，不会有眞正的经常的干劲，他会由一时的狂热突然转入消沉。那种‘左’派不但不值得敬仰，而且应该受到批判。这种人就其所犯的后果来说，和右派差不多，不见得比右派好一点。”

（1962.1.27.的讲话）

“中央认为有必要在一次大的会议上指出，对于这几年的工作中的缺点、错误，首先要负责的是中央。……这里所说的中央首先要负责，当然也包括中央各部门和国务院及其所属各部门。”

（1962.1.26.的讲话）

〔按：这里所说的中央，不是指刘邓的黑司令部，而是攻击我们最最敬爱的领袖毛主席。结合刘少奇1961年宁乡炭子冲与当地农民和干部的谈话，其矛头所向是非常清楚的。〕

“正确的意见也可能是少数，我有这个经驗，毛主席也这样，在很多时间里在很多问题上也是少数。”

（在北京市大中学校文化革命积极分子代表大会上的讲话 1966.7.29.）

〔按：在这里，刘少奇恬不知耻地把自己和毛主席相提并论，而且死不承认错误，准备为资产阶级反动路线翻案。特别不能容忍的是，他攻击毛主席“在很多时间里在很多问题上也是少数，”这是对我们最最敬爱的领袖毛主席的最无耻的污蔑。从1935年遵义会议起，毛主席一直是多数，得到全党、全军和全国人民的无限崇拜和信仰。刘少奇妄图损害毛主席的威信，我们一定要打倒他。〕

2．把自己凌驾于毛主席之上，胡吹自己是中国的“刘克思”

“外国出了个马克思，中国为什么不出个刘克思呢？”

（在华东党校讲话 1941）

"现在你们的地位提高了，要在过去像你们能见到我这样的人吗？我现在在中国数一不二。"

（在天津东亚毛纺织厂对工人代表的讲话　1949）

"现在我来举几个实行领导的模范例子。

"第一个是马克思的例子。……

"第二个是列宁的例子。……

"这样的例子可以找出很多。我个人也曾遇到这样情况。那是在中国党成立初期，我受党的委托在一个地方搞工人运动。……工人们的斗争情绪很高，大多数工人和这支部党员都主张发动罢工。可是根据客观情况的分析，这时候发动罢工是一定要失败的。因此我们不主张立即罢工。但支部的同志和工人们不同意我的意见，我们成立了罢工委员会，而且选我当罢工委员会主席，要我下命令宣布罢工。我怎么办呢？如果照大家意思去做，那么罢工一定要失败，失败后，这里的工人运动必然要遭受损失，但是如果照我个人的意思去做，那么就违反了民主集中制，自己破坏了组织原则，而且造成自己的孤立，脱离了支部和工人大众。因此我决定照大家的意思发动了罢工（按：先吃个小亏），而且积极地努力地领导了这个罢工，不过在发动罢工之前，我就向大家声明，这罢工是要遭受失败的，不过你们大多数都主张罢工，我只好照你们意思去做。后来，罢工果然失败了。但是，因为幸而在我领导下，我事先已有预防，所以损失不大。大多数同志在失败后，想起我早先的估计，因此对我更信任了（按：占了大便宜）。同时，我也在这次罢工中做了一个服从组织的好榜样给全体同志看，使他们知道，一个党员应如何服从组织。"

（《组织上纪律上的修养》　1941）

〔按：刘少奇恬不知耻地把自己与马克思、列宁相提并伦，你算老几？你心目中那有毛主席？难怪你早就以中国的"刘克思"自居了！〕

"这个问题（指社会主义）在几百年前，在世界上象马克思、恩格斯这样的大学问家，終生就是研究这个问题，我研究这个问题也有二、三十年了，如果说你们在办工厂方面是专家，那末我在这一方面，倒也是专家。"

（在工商业家座谈会上的讲话　1949）

3．攻击毛泽东思想是马克思列宁主义发展顶峰的英明论断为"机械论"；胡说毛泽东思想"在许多情况下""已不适用了"

"毛主席发展了马列主义，也不是到此为止，马列主义还要发展，说到此为止，是机械论。"

（关于彭陆罗杨反党集团问题对党外人士的讲话　1966.6.27）

〔按：我们的付统帅林彪同志，高举伟大的毛泽东思想红旗，他根据马克思列宁主义发展的历史和毛泽东同志对马克思列宁主义的伟大貢献，提出毛泽东思想

“是当代马克思列宁主义的顶峰”的英明论断。而一贯抵制、仇视和反对毛泽东思想的刘少奇，这时又跳出来大唱反调，恶毒攻击林彪同志这一英明的论断是“机械论”，这就又一次暴露了他的反革命修正主义的眞面目。〕

“马克思列宁主义、毛泽东思想，到底是“是”还是“非”，要研究一番才知道，沒有学习、沒有研究，就沒有发言权。因此，学习毛泽东思想，还要学习马克思列宁主义。有些人已经学过马列主义著作的，要继续学习；还有沒有学过的，那就要学习几本马列主义的基本著作。”

（在政协全国委员会学习座谈会上的讲话　1951.11.4.）

在七大党章总綱中规定：中国共产党以“毛泽东思想，作为自己一切工作的指針”。刘少奇伙同邓小平竟在八大党章总綱中篡改成:“中国共产党以马列主义作为自己行动的指南”。

一九六〇年一月由旧中宣部起草，经刘少奇、邓小平批准，以中央名义批转的团中央《关于开展毛主席著作学习运动的提法问题的請示》黑文件，规定不准提“学习马克思列宁主义、毛泽东思想”，而只提“学习马克思列宁主义、毛泽东著作”。

“党员课本要通俗点，不要摘引毛主席的话，就当课本上的话说。”

（给编写《做一个好的共产党员》课本的指示　1962）

〔按：《做一个好的共产党员》课本，是由旧中宣部、中组部和中央高级党校共同编写，经刘少奇批准的。该书在引用1960年中央军委会议的决议时，有意删掉了‘毛泽东同志是当代伟大的马克思列宁主义者’这句话；把毛泽东思想是党的唯一的指导思想，篡改为“以毛泽东同志为代表的党的指导思想”。刘少奇的“指示”，就是不让毛主席的话直接同党员见面。〕

1953年杨献珍搞了一个《哲学教学总结》猖狂的反对毛泽东思想，把毛主席的《实践论》《矛盾论》等伟大的哲学著作排斥在马克思主义经典著作之外，并恬不知耻的提出高级党校的哲学教学“今后的方向也就是如何在这个基础上去接受苏联哲学教学的经驗问题”。1954年杨献珍把这个反毛泽东思想的《哲学教学总结》送到苏联高级党校“审閱”。苏联修正主义哲学家格列则尔曼写了一封回信，赞扬杨献珍，恶毒攻击毛主席一贯提倡理论联系实际的学习方法是“簡单化”“庸俗化”，散布了大量修正主义的毒素。刘少奇看到此信亲自批示在《人民日报》发表。同时《哲学教学总结》也在《学习》杂志上发表。并由旧中宣部大修正主义分子陆定一通令全国党校和高等院校哲学教研室“座谈”学习。

“为了粉碎现代修正主义的进攻，我们首先要向马克思、恩格斯、列宁、斯大林請教，认眞地研究他们的著作，掌握马克思列宁主义这个锐利的武器。我们也要认眞地研读反面教员提供的材料，包括现代修正主义者的著作，老修正主义者伯恩斯坦、考茨基、普列汉诺夫等人的著作，以及帝国主义评价现代修正主义的文章。当然也要读现代革命的马克思列宁主义者的文章……。”

（在越南阮爱国党校的讲话　1963.5）

〔按：刘少奇只字不提学习毛主席著作，共罪恶目的，就是否定伟大的毛泽东思想是反帝反修的强大思想武器。〕

“现在调查农村情况，是采取开调查会的办法。调查会的办法在许多情况下是不行了。干部会，很多情况不告诉我们，貧下中农有很多顧虑，不向我们说眞话，不把眞实情况告诉我们，所以调查会调查不出问题来。”

（关于社会主义教育问题的报告　1964.8.10.）

“毛主席所提倡的开调查会的调查研究方法已不够，已不适用了。”

（在长沙兴华大队一次干部会议上的讲话　1961.4）

“现在无论在农村、在城乡了解情况，用毛主席过去用的那种开调查会的方法已不行了，兴华大队蹲点的事就可以说明。”

（华北、华东、中南、西南各中央局、省、地委会议上的报告　1964.）

4．污蔑工农兵学习毛主席著作是“形式主义”、“教条主义”，胡说“现在发生的问题是“学不学马恩列斯”

“现在学习毛选出现了一种形式主义，这样搞下去，会弄虛作假，学习毛主席著作，写千万字的读书笔记，千万不要宣传。”

（在一次中央会议上的讲话　1964）

“老实说，你（指江渭清）那篇讲话，几乎沒有什么创造，空论连篇，讲话的前一部分，是大段摘引第一个十条和毛主席的讲话，沒有你自己的多少话。”

“由于你是大量地摘引和重述别人的讲话和中央文件，即使都是很好的话，……都找不出错误，……但是你却犯了教条主义的错误。……现在不是你一个人犯这样的错误，党內已有一部分干部犯同类性质的错误。”

“学习第一个十条和毛主席的讲话，只要几句话就够了。”

（给江苏省委第一书记江渭清的信　1964.9.30.）

“《毛主席語录》可以学，但不要占过多时间。”

（1966.8）

〔按：1966年8月，无产阶级文化大革命正处在高潮之中，广大革命群众，大学毛主席著作，大学《毛主席語录》，以毛泽东思想为武器，向党內走资本主义道路的当权派猛烈开火。我国党內头号走资本主义道路的当权派刘少奇，在八届十一中全会上受到了揭发和批判。但他贼心不死，仍然妄想阻止广大革命群众掌握毛泽东思想，这就进一步暴露了刘少奇的反动嘴脸。〕

刘少奇污蔑“四清”中大学毛著是“用学毛主席著作去代替四清运动”，规定四清中只许学“二十三条”。

（1966.2）

“高级干部来党校主要学习哲学和政治经济学，党史和党建比较好懂，不作为重点。”

（对杨献珍、侯维煜的“指示”1956）

“学习马列主义，就是学习外国的经验，世界革命的经验。马恩列斯的书籍中论中国的只有1%，99%都是外国话，讲的外国事，写的外国材料，分析的是外国历史。”

“有些人认为何必学习这些东西呢？中国的书还读不完，毛主席的书还读不完呢？或者至少先读中国的书再读外国的书吧！这个说法是不对的。现在发生的问题是，只学中国的，不学外国的。学不学外国革命经验的问题，就是学不学马恩列斯的经验问题。”

（对马列学院学员的讲话　1948.12）

“既要有实际经验，更要有理论知识，既要有中国经验，又要有外国的经验，二者缺一不可。否则就是跛足的马克思主义者，教条主义者是跛足的马克思主义者，而经验主义者则是爬行的马克思主义者，看得不远，迷失方向，……所以我们必须学习普遍真理，把马列主义普遍真理同中国的实际相结合起来，有中国的经验，又有外国的经验，才有实际正确指导的可能。”

（对马列学院学员的讲话　1948.12）

“我们应当向谁学习？是向党内和党外群众中一切有真理的人学习，不管他们职位高低……，我们的原则，是向一切有真理的人学习。”

（给江苏省委第一书记江渭清的信　1964.9.30）

〔按：正当全国人民掀起学习毛泽东思想高潮的时候，刘少奇叫嚷向“一切有真理的人学习，不管他们职位高低，”就是明目张胆地攻击毛主席，反对学习毛泽东思想。〕

5．否认中国革命的胜利是毛泽东思想的伟大胜利；污蔑毛泽东思想是“教条主义”，叫嚷要从它的“束缚下彻底解放出来”

“中国人民十年来的胜利，是马克思列宁主义的胜利，是中国共产党领导的胜利，是中国共产党的民主革命的总路线、社会主义革命的总路线、社会主义建设的总路线的胜利。”

（《马克思列宁主义在中国的胜利》　1959.10.1.）

“从我们党的历史可以得出这样的结论：党的经验多少和党的领导人选对于党是否犯错误有重要的关系，但是关系更重要的，是各个时期广大党员，首先是党的高级干部是否善于用马克思列宁主义的立场观点和方法去总结斗争中的经验，坚持真理，修正错误。”

（八大政治报告　1956.9）

“这个胜利的取得，应该首先归功于那些在革命斗争中英勇牺牲的、党与非党的、有名的和无名的无数烈士们。……

“追究我们党和中国革命之所以能够胜利的最后的原因，使我们更加不能忘记的，就是俄国十月革命所给予中国的影响，就是马克思、恩格斯、列宁、斯大林所创立和发展起来的关于无产阶级社会主义革命的理论和马克思列宁主义对于中国的影响，就是苏联以及世界各国的无产阶级和劳动人民对于中国革命的同情和援助。”

（在中国共产党成立三十周年庆祝大会上的讲话　1951.7.）

〔按：毛主席是我们伟大的导师、伟大的领袖、伟大的统帅、伟大的舵手。中国革命的胜利是毛泽东思想的伟大胜利。而刘少奇却喋喋不休地反复强调，中国革命的胜利是马克思列宁主义的胜利，以此来贬低毛泽东思想在中国革命的决定作用。这是典型的打着“红旗”反红旗！〕

“同不能把马克思、列宁的学说当成教条一样，也不能把毛泽东的著作和讲话当成教条。现在不是你一个人犯这样的错误，党内已有一部分干部犯同类性质的错误。”

（1964年4月给江苏省委第一书记江渭清的回信）

“在反对当前国际共产主义运动的主要危险修正主义的同时，也要反对教条主义，反对一切“左”的机会主义。教条主义者不是把马列主义的普遍眞理同国际国内的革命具体实践相结合，来制訂他们的路线和政策。他们照抄书本，硬搬外国的经驗，在重大的国际问题上人云亦云。”

（在河内阮爱国党校欢迎会上的讲话　1963.5.16.）

“马克思列宁主义是我们党的一切工作的理论基础。全党同志必须学会把马克思列宁主义的理论应用到实际工作中去，把唯物论和辯证法应用到实际工作中去，彻底反对教条主义和经驗主义。教条主义和经驗主义都是脫离实际，脫离群众的主观主义和形而上学的东西，他们妨碍人们养成分析和总结经驗的能力，使人们分不清本质和现象，主流和支流，因而容易在政治上犯错误。我们应当从教条主义和经驗主义的束缚下彻底解放出来，使我们的思想和工作获得生动活泼的发展。”

（八大二次会议工作报告　1958.5.6）

〔按：刘少奇把毛泽东思想污蔑为“教条主义”。他反复强调反对“教条主义”，叫嚷要从“教条主义束缚下彻底解放出来”，就是反对全国人民活学活用毛主席著作。〕

二　反对党的領导　妄图把马克思列宁主义的党和平演变为修正主义的党

1．反对党的领导，鼓吹修正主义的“全民党”

胡说“革命不一定要共产党领导”；
鼓吹“半无产阶级也是我们革命的领导力量”

“……革命不一定要共产党领导。只要是眞正革命的人，眞正的革命家，革命的方法正确，就会取得胜利，不管他是不是共产党。”

（接见外宾的谈话记录　1962.12.22）

“一切群众工作，群众斗争，统一于群众团体领导，……。党、政府、军队只能帮助，不能领导。”

（《关于群众工作的几个问题》 1944.12.30）

“军事工厂……政委、指导员，只管理工厂杂务人员，不能管理工人。工人应由工会管理。”

（《关于群众工作的几个问题》 1944.12.30）

“不管党、政、军、民去做群众工作，都应服从群众团体的领导，做那项工作就由那项工作负责人指导……。”

（《关于群众工作的几个问题》 1944.12.30）

“党不能直接领导群众团体，而应经过自己的党员去领导。”

（《关于群众工作的几个问题》 1944.12.30）

“对于破坏信用者必须在经济上处罚，訂立商法，法官可以由商务部派，让法庭独立审判，党不去加以干涉”。

（《新中国经济建设的方針与问题》 1948）

“天津这样大，工商、貿易、政权、工厂、……等等找出一批这样的工人、工程师、专门家……来管理改造与发展，天津的问题可以解决。”

（对天津工作的初次意见）

“工会工作一定要解决工人的问题，不能解决，工会的威信是建立不起来的，党与政府一定要帮助工会建立威信，如果工会建立不起威信，我们就团结不了工人，工人能帮助工会，工会就可以帮助厂方解决困难。头等干部都分配到工会，参加市工会，现在党务工作不多，先把工会搞好，工人教育搞好，然后党才得发展，学生工作也是一样。”

（对天津工作的初次意见）

“现在有这样一种看法：沒有党员就不能工作，似乎沒有党员便不可終日，这种看法是不对的，新区土改，农业合作化，工商业改造各項工作的經驗都说明，尽管沒有那么多党员，事情也一样可以办好。”

（在各省、市委组织部长会议上的讲话 1956.12）

“无产阶级和半无产阶级是我们革命的领导力量。”

（在起草“七大”修改党章的报告时提出 1945）

“中国革命过去是城市工人阶级和乡村半工人阶级领导的。”

（在第一次全国组织工作会议上的报告 1951）

“刘少奇同志在1949年七届二中全会上说，工人阶级也不是自然而然可以依靠的，要靠党去做工作。椅子本来是可以依靠的，有了毛病不好依靠了，修好了又可以依靠。”“工作做到了，就可以依靠，工作做不到就不能依靠。”

（安子文在正定廿里舖的讲话 1956.10）

鼓吹资本家也可以入党，富农也要“保留党籍”

“（对王光英说）工商界有几个参加共产党好不好？有点榜样。……你资本家也当了，也沒有整你，又入了党了，则更好了。”

（与王光英一家谈话纪要 1960.1.31）

1949年东北局组织部請示对富农党员的处理问题，（当时东北在土改后，农村出现了新富农）刘少奇主张暂不处理。后来又同意安子文（反革命叛徒、当时的中央组织部长）签复东北局：已经发展为富农的党员“暂仍保留党籍”的意见。

胡说入党好比“考秀才”，“加入了共产党”就“可以做官”

“……一年县委两次派人负责任，到乡村里边去接收党员就可以了，如果来不及，不能派人去，就让他到城里来……这和过去考秀才差不多，以前考秀才就是从乡村到城市里来考，有的考七、八次，他还沒有考上。过去是考秀才，现在是考共产党员。”

（在全国第一次组织工作会议上的报告　1951．3）

“过去考上秀才就可以做官，现在加入了共产党也可以做官，这个党员就是干部的后备名单。”

（在全国第一次组织工作会议上的报告　1951．3）

“党的历史上，这样的事情很多。党号召干什么就干什么，党号召土地改革，上山打游击，他就干，不是成功了嗎？当时是农民的人，现在当了将军。如果不根据党的指示，顺这一方面去作，不能当将军。”

“一二八以后，抗战开始，党号召大家上山，很多民先队员上山，有些人起先不去，后来还是去了。有些人硬是不去，有个人志愿，要写詩，写小说，搞自然科学等等。比较起来，还是上山的人成就比较大。那时上山的北京大学生，现在有的都是地委书记、部长助理，有的是付部长。不上山的现在也在工作，但当不了地委书记……不能当部长。”

（在北京日报的谈话）

反对党员的思想革命化，胡说“党员在党的学校中学习”，“主要的任务是理论上的深造与把握”

“党员在党的学校中学习，从事理论研究的时候，主要的任务是理论上的深造与把握，而不是学校生活的鍛鍊。这时候，学生应当埋头读书，埋头从事理论的研究。这不独不能因此就叫他做学院派，而且是学生的主要工作。党员埋头读书研究，这一事实，并不表现为学院派，而是每一个党员在从事马列主义研究时所必须如此作的，任何比较有马列主义修养的人，都必须经过这样埋头读书与研究的阶段。马克思、列宁本人，更是如此。”

（答宋亮同志　1941．）

“……中国党有一极大的弱点。这个弱点，就是党在思想上的准备，理论上的修养，是不够的，是比较幼稚的。因此，中国党过去的屡次失败，都是指导上的失败，是在指导上的幼稚与错误而引起全党或重要部分的失败……。因此提倡党內理论的学习，就成为十分必要。中国党只要克服了这个弱点，就能有把握的引导中国革命到完全的胜利。”

（答宋亮同志　1941．）

2．鼓吹党內和平，提倡奴隶主义，推行修正主义的组织路线

鼓吹“党內和平”，抹煞党內两条路线的斗争

“我们的党员在很长的时期內意见不一致，多数同志不赞同毛泽东同志的意见，但保持党的统一。即使在陈独秀的错误路线时期，我们全党亦统一在陈独秀的路线下，以后统一在

"左"倾路线之下，后来又统一在毛泽东同志的路线之下。我们党无论何时都保持了党的统一，不分裂，保持党的紀律，不是各干各的。这是中国共产党的经驗，可以做为你们参考。就是说，无论党的路线正确或错误，党都保持统一。"

"党的分裂造成的损害更大于革命失敗所造成的损失，因此应当忍耐，而且要忍疼。"

（在接见某兄弟党时的谈话 1957.12）

"我们机关沒有地主，沒有资本家，沒有特务，沒有反革命，就是某些同志的脑子里有一个角是反革命，一个是想回家，再一个是想老婆。""我们的机关和我们的军队里面沒有阶级，沒有直接的阶级斗爭。"

（在西柏坡党总支代表大会上的讲话 1948.12）

"党内斗爭，主要问题是思想斗爭，它的內容是思想原则上的分歧与对抗。在党内，由于同志间思想原则上的分歧和对抗，虽然可以发展为政治上的分歧，在某种情形下，甚至不可避免的发展到党内组织上的分歧，但是它的实质。它的內容，基本上还是一种思想斗爭。"

（《论党内斗爭》 1941.7.）

"要有老人的心腸，人总是有缺点的，……所以要用寬宏大量的精神原谅他人，并进一步去规劝他人帮助他人。"

（态度问题）

"有些党组织犯了党内过火斗爭的错误"，"严重地损害了党的民主集中制，损害了党的团结，损害了广大党员的积极性，使许多党员不敢说眞心话，不敢提不同意见，互相戒备，造成隔阂，心情很不舒暢。""党内这些不正常的现象，绝对不容许继续存在。"

（在扩大中央工作会议上的讲话 1962.1）

"在党內，在群众內部，革命队伍內部不采取和的方針又想打倒敌人，那就走不通。旣不能团結自己，也不能战胜敌人。……所以在我们党內是讲统一，讲和气，讲团結的这个方针。"

（在一次干部会上的讲话 1944.10）

"因为各种党员看问题的方法不同，就使他们处理问题的方法也各不相同，就引起党內许多不同意见，不同主张的分歧和爭论，就引起党內的斗爭"。

（《论共产党员的修养》 1962）

反对民主集中制，提倡奴隶主义，认为只要
"是上级或中央通过了的"，"就是不对也要服从"

"根据中国党的经驗教訓，证明实际上有很多人并不懂得民主集中制。因为民主集中制的许多基本原则是绝对的、无条件的；但总有好多人却以为是相对的、有条件的。"

"民主集中制的原则规定，只要是大多数，是上级或中央通过和决定了的，就要服从，就是不对也要服从。恰恰在这个时候，特别要遵守纪律，要服从多数，要服从上级或中央，不管多数和上级或中央对与不对。"

"不论对与不对都要服从，一看起来，这好象有些用蛮，但是要把几十万党员组织起来，而且维持党的统一，不用些蛮有什么办法呢？"

"总之，所有一切附有条件的服从都是不对的，应该是无条件的，绝对的服从。"

（《组织上和纪律上的修养》 1941）

“作党的驯服工具。”

（对北京日报的讲话　1959）

“看到有些不正确的事情，你们不要看到就讲，你们至少三年到五年少讲些话，多看，少批评。”

（对部分工会和团干部的讲话　1957）

3．招降纳叛，推行修正主义的干部路线

鼓吹对叛徒“在政治上应赋予完全的信任”，“也可以选为中央委员”

“华北形势危急……共产党员不要再蹲在监狱里搞斗争了，应争取出狱，迎接抗战局势，不过出狱时要履行一个手续，就是要在指定的报紙上登反共启事，但这在实际上只是一个形式。”（大意）

（对薄一波、安子文等在狱中叛变的指示　1936）

〔按：此“指示”是根据1966年胡錫奎的交待材料〕

附　件：一

徐子文反共启事

“子文等因思想簡单观察力薄弱交游不愼言行不检致被拘禁于北平军人反省分院反省自新当兹国难时期凡属中国青年均需确定方針为祖国利益而奋斗余幸蒙政府寬大为怀不咎旣往准予反省自新现已誠心悔悟愿在政府领导之下坚决反共作一忠实国民以后决不参加共党组织及其他任何反动行为并希望有为青年倏后莫再受共煽惑特此登报声明。”

徐子文（安子文）　刘华甫（刘澜涛）　杨仲仁（杨献珍）
周　斌（周仲英）　董旭头（董天知）　夏维勛（鲜维勛）
馮俊斋（马輝之）　张永汉（薄一波）　徐立荣（徐子荣）

中华民国二十五年八月三十日

附　件：二

刘记叛徒网 — 刘少奇 — 彭真、薄一波

分支	职务	姓名	下属职务	姓名
刘少奇	中央组织部部长	安子文	中南局组织部部长	王　德
刘少奇	中央组织部付部长	李楚离		
刘少奇	中央监委付书记	刘锡武	东北局检查组长	王鹤峰
			中央第二档案馆馆长	胡敬一
			华东局检查组	刘甚之
刘少奇	中央高级党校校长	杨献珍	原西北党校校长	高仰云
			南开大学党委书记	
彭真	东　北　局		吉林省委代理第一书记	赵　林
			大连海运学院党委书记	彭　德
彭真	华　北　局		山西省付省长	吳运甫
			河北省政协付主席	高仰云
刘少奇	西北局第一书记	刘澜涛	陕西省农村工作部长	唐万雷
刘少奇	西北局文教书记	胡锡奎		
刘少奇	中　南　局		广东省付省长	付玉田
刘少奇	华东局书记处书记	魏文伯	福建省委书记处书记	侯正亚
			上海市人委秘书长	杨实仁
刘少奇	中央统战部长	徐　冰		
刘少奇	人民卫生出版社主任	田　銊		
刘少奇	公安部付部长	徐子荣	西安市公安局长	馮基平
刘少奇	交通部付部长	马輝之		
刘少奇	七机部付部长	刘有光		
刘少奇	经委付主任	周仲英→		郭洪涛
薄一波	一轻部党委书记	孔祥禎		
薄一波	原劳动部长	刘子久		
薄一波	农业部长	廖鲁言	农业科学院付院长	朱则民
薄一波			天津纺织管理局	乔国横、周铁中
薄一波			铁道部某工厂	张振声
薄一波			石油部大庆油田总指挥	王心波
薄一波			农机部内燃机厂厂长	刘尙志
薄一波			农村办公室	賀志年
薄一波			中国科学院华东分院党委书记	赵明转

说明：

①此表仅根据我们自己的调査结果列的，可能有误，仅供参考。

②以上所列各叛徒均应划×。

（原載《井岗山》报第13、14期合刊　1967.2.1）

〔按：刘记叛徒网所列名单仅是其中的一部分。当时无耻背叛毛主席、背叛革命的，据南开大有《八一八红色造反团》《八一三红色造反团》的材料，共计学三百多人。〕

“有自首变节行为的人，也可以选为中央委员。”

（1945）

〔按：上述的话，是刘少奇在“七大”修改党章时要求写上的，后因康生等同志坚决反对，这个阴謀才未得逞。〕

“对邓拓我是了解的，这个人对敌人忠实，对党也忠实。”

（1956）

〔按：1956年在确定党的“八大代表人选时，当时就已经知道邓拓几次向敌人自首，是个可耻的叛徒，而刘少奇却千方百计地包庇这个叛徒。〕

“在应付敌人的时候有过错误行为（如只履行了一般的自首手续），……对这一类干部，在政治上应赋予完全的信任，不应该因为他们有这种历史问题而影响对他们的使用。”

“共产党员在应付敌人的时候，有过错和在敌人面前曾经一度动摇的，如果过去已经恢复了党籍或已重新入党，可以不变。”甚至对那些长期向党隐瞒的人，也规定他们可以“重新入党。”

（安子文在中组部的一个报告　1957）

〔按：这个报告是受刘少奇的指使作的。〕

维护修正主义领导集团的既得利益，

排斥工农干部，鼓吹专家治国，专家治党

“过去战争时期，干部经常牺牲，根据地不断扩大，要经常地提拔干部。……现在我们国家已经组织好了，工作已经走上軌道了，政府和党的机构已经定下来了，各部门的工作职务和干部也定下来了，位置已经滿了。因此，不可能再大量提拔干部了。除非现在某些领导干部死了，或者犯了严重错误被撤职了，才可以个别地提拔干部来补充缺额。……对绝大部分干部来说，是要在现在的工作岗位上稳定下来，下定决心干十年，二十年，甚至干一辈子。所有的干部都要做这样的打算。”

（在听取安子文汇报后的“指示”　1956.12）

“军队转业干部有一部分可以回农村去，不一定转多少，就收多少。”“连队以下干部以后作复员处理，不再作转业处理。”

（给大区组织部长的讲话。1962年底）

1965年刘少奇“指示”反革命叛徒、旧中央组织部长安子文说，要从大学毕业中挑选大批人，采用“特殊的办法”，进行“特殊的培养”，作为党、政各级领导的接班人。

“国家依靠工人，同时也依靠职员，特别依靠厂长、工程师和技师。”

（对天津国营企业职员的讲话　1949）

“我们这些人都是革命的，讲革命，我们是熟悉的，工业我们不熟悉，技术我们更不熟悉。有些搞技术的干部，在我们看来，可能有大毛病，在懂技术的人看来，可能是小毛病。……所以你们既然要管这些人，就要找一些懂技术的人来做这个工作。”

“技术干部将来很多，全国要有几百万人，高级的要有几十万……组织部要有新的成份，也要换班子，……管工程技术干部，你们要有那个方面的知识，也需有要工程师，因为他们了解这些人员。不然，……将来你们死了，高级知识分子来了，不会搞组织工作，就会出乱子。”

（在组织工作座谈会上的讲话　1962.11）

“每年有多少万大学毕业生都是需要的，……工矿企业的技术干部不是多了，而是少了。……不是大学毕业一个，就頂走一个。说頂，也只是頂那些不懂技术的科长、科员，就是非生产人员。现在的厂长并不是工程师出身，相反地应该有一些工程师出身的人当厂长。”

（组织工作座谈会上的讲话　1962.11）

“为了培养专家，知识分子可以不让他们入党，不让他们参加政治活动。苏联培养李森科就是这样作的。”

（1959年訪苏回来后对安子文等人的“指示”）

〔按：刘少奇还“指示”反革命修正主义分子安子文、龚子荣照他的办法在某生物研究（制品）所，对一个技术员做了试点，进行精心“培养”。〕

三　在民主革命时期　反对武装革命 宣扬“和平过渡”　包庇地富 破　坏　土　改

1．竭力叫嚣“中国革命”要在“蒋介石”、“国民党、三民主义这面旗帜下进行”

“……国民党有很大的力量，甚至可以说，世界上沒有任何一个党有它这样大的权利。它掌握有广大的政权，拥有几百万武装，在中国人民和世界上具有合法的地位……因此，三民主义，国民党是一面具有很大作用的旗帜，×××、蒋介石两位国民党的领袖也同样是旗帜，……三民主义、国民党这个旗帜革命者是否在今天也需要呢？我以为中国革命能在国民党、三民主义这面旗帜下进行，至少是民主革命这一段，要比其他旗帜顺利得多　　”

（《中国革命的战略与策略》　1942.10.10）

“国民党与三民主义可能成为抗日统一战线的旗帜……如果国民党不改组，我们也应当說服抗日的积极分子去加入国民党及其各派，形成国民党的左派。”

（关于党与群众的报告　1937.5.）

“如果說是实行三民主义，人家都不怕，說是实现中共的最低綱領，大家都要害怕，其实这两者的內容基本上是相同的，那末我们为什么不說实现三民主义，而硬要另搞一套呢？这方面是幼稚的，不懂得策略，也同样不懂得战略。”

（《中国革命的战略与策略》　1942.10.10.）

2．大肆宣扬“不是一切国家都可以进行武装斗爭”；鼓吹“议会斗爭”，胡说“旧政协协议的成立及实现”，“中国即走上了和平民主建设的新阶段”

“革命的武裝斗爭，当然不是在任何地方，任何时候都可以进行的，也决不应該轻率地去进行，而必須根据各民族中的具体情况，主观与客观条件成熟的情况，来决定在什么地方什么时候进行革命的武裝斗爭，才是适当的。因为，不是一切国家，一切地方都可以进行武裝斗爭。”

（在中华全国总工会招待亚洲各国工人代表的会议上的讲话　1949.12.1）

“由于这些决议（指旧政协决议）的成立及实施，国民党一党独裁专制即将破坏，在全国范围內开始了国家民主化，这就将巩固国內和平，使我党及我党所创立了军队和解放区走向合法化，这是中国民主革命一次伟大胜利。从此中国人，中国即走上了和平民主建設的新阶段……这一新阶段是已经到來了……。”

（目前形势与任务　中共中央指示　1946.2.1.）

〔按：刘少奇盗用中央名义，发布了关于“目前形势与任务”的指示。这个指示，集中暴露了刘少奇鼓吹议会斗爭，散布和平幻想的修正主义咀脸。〕

“中国的主要斗爭形式目前巳由武裝斗爭变为非武裝的群众的议会斗爭，国內问题由政治方面来解决，党的全部工作必須适应这一新形势。”

（目前形势与任务　中共中央指示　1946.2.1.）

“武裝斗爭是一般的停止了，为了保障国內和平利用目前时机大練兵三个月，一切准备好不怕和平万一被敌人破坏……。”

（目前形势与任务　中共中央指示　1946.2.1.）

〔按：刘少奇口头也说要大練兵三个月，这只是点缀自己，实际上仍然是幻想和平。“和平万一被敌人破坏”之类的话，不是证明他非常相信国民党嗎？！〕

“必須指出党內主要危险傾向，一部分同志狹隘的关门主义，由于国民党的反动政策，十八年来国共的尖锐斗爭，党內外许多人不相信內战眞能停止和平眞能实现，不相信蒋介石国民党在各方面逼迫之下，也能实行民主改革，并能继续与我党合作建国，不相信和平民主新阶段的到来，因而采取怀疑态度，对于许多工作不愿实际的认眞的去做，不愿学习非武裝的群众的议会斗爭形式，因此各级党委应加解释目前形势新任务，很好的克服这些偏向，有些党外人士比党员还要左，我们应该很好的说服他们。”

（目前形势与任务　中共中央指示　1946.2.1.）

〔按：刘少奇对国民大会的选举，寄予如此重大的期望，要共产党人放下武器，学习议会斗爭形式，这说明他是一个不折不扣的“议会迷”。〕

“国民大会的选举我们必须参加竞选（如有可能），提出竞选的候选人与綱领进行宣传。”

（《关于党与群众工作的报告》　1937.5.）

〔按：注意：早在1937年，刘少奇就宣扬议会斗爭，鼓吹和平过渡。可见刘少奇是一个老牌的修正主义分子。〕

3．反对毛主席的农村包围城市的革命路线；在白区工作中，鼓吹把发动学生和资产阶级放在首位

“革命的胜利，是从城市到农村，还是从农村到城市，其结果都是一样，这不是原则问题。”

（1962.12.12.同外宾的談话）

“自从一九二五年至二七年的革命失败后，中国历史上就出现了一个黑暗反动的时期，这个时期经过九年之后，除开在乡村中的武裝革命运动外，在城市中又开始了带有全国性的革命运动的高涨，那就是一九三五年十二月九日北平学生运动所直接引起的全国抗日救国运动。……

“一二九”是中国学生革命运动的来潮，由此到一九三七年的“七七事变”．中国抗日救国运动才达到新的高潮，并一直继续到现在。虽然在目前由于国民党反动政策的重新施行，国民党统治区內的群众运动曾再度消沉，但这仅是部分的现象。所以从中国革命运动的形势来讲，“一二、九”运动是划分中国反动时期与革命时期的一个标誌。从此，中国反动势力逐渐后退，而新的革命运动则开始逐渐高涨。尽管这个运动还存在一些缺点，但和当时人民武裝革命运动一道，在中国历史上是一个划分革命开始重新前进阶段的标誌。我们现在所做的仍是实现“一二、九”运动的基本口号：“一致对外”、“中国完全独立”。我们坚信这些口号与要求，将要达到胜利。”

（在延安青年紀念一二九运动大会上的讲话　1944.）

〔按：刘少奇如此吹捧“一二、九”运动，不仅是为了吹嘘自己，实际上是反对毛主席关于农村包围城市，通过武裝斗爭夺取政权的理论。〕

“发动群众的主要步驟：首先是青年学生，资产阶级，而后工人农民……这是群众运动的自然法则。”

（《群众运动的方向》 1946）

“工人是第二步，工人情况复杂，行动不快，来得慢。农民是第三步，农村更慢，最后是农民问题。”

（《群众运动的方向》 1946）

“我们领导群众斗爭的目的，与群众起来斗爭的目的是不同的。群众起来斗爭，是为了达到当时他们直接的要求。但我们必须忠实的为达到群众直接的要求而斗爭，才能实现我们组织群众与提高群众觉悟的目的。”

（《关于白区的党与群众工作》 1937.5）

“经济组织：主要是在一定的经济要求上建立起来的组织，如工会、农会。”

（《论组织民众的几个基本问题》 1943.3.30）

“工会、农会也常有政治、文化的要求，……但是，你如果把这种次要的附带的要求，变成主要的经常的要求，那就要变更这个团体的性质。”

（《论组织民众的几个基本问题》 1943.3.30）

“所以如果不在民众的经济上去广泛的建立起民众的经济组织，而只单純的用政治口号去组织民众，那就不能眞正组织民众的大多数。比如你单純的用抗日救国或牺牲救国的口号去组织民众，而抛弃民众的自己的要求，那就只有那些对你抗日救国或牺牲救国感受兴趣的人，才会跟你走，才会到你的组织中来。”

（《论组织民众的几个基本问题》 1943.3.30）

“经济要求，是群众的目的。”

（《关于群众工作的几个问题》 1937.5）

4。实行形“左”实右的土改路线，为地富通风报信，出谋划策，破坏土改

反对毛主席的农村阶级路线，鼓吹“党在乡村中首先的唯一的”依靠，是“佣农与乡村工人”

“党在乡村中首先的唯一的就依靠僱农与乡村工人，僱农与乡村工人是党的路线在乡村中最可靠最忠实的拥护者与执行者。不管他们的数量在乡村中是如何的少，但党唯一的还是依靠他们，他们对于党的重要的可貴的作用并不減少。”

“……这是（指僱农与工人）党在乡村中的基础，是党的基本工作。离开他们党在乡村中就找不到自己的基础。共产党员在乡村中去进行工作（不论是分田肃反与进行各种动员等），他应该首先依靠僱农和工人，首先取得他们的拥护与积极参加，经过他们去领导貧农，影响中农，与豪紳地主作不调和的斗爭。”

（《在苏维埃政权下工会的作用与任务》 1935.11.27）

“……使他们（僱农和工人）具有一切的能力来担负领导乡村中革命的任务，僱农是土地革命的先鋒与领导者，”

（《在苏维埃政权下工会的作用与任务》 1935.11.27）

“在查田运动中，貧农团是占着最主要的作用。而貧农团又必须在工会支部的亲密领导下，才能正确的发揮他最大的作用。大会批评了过去工会组织不注意貧农团工作的错误；并

决定了全体会员加入貧农团，吸引全乡的貧农加入貧农团，带领貧农到貧农团的大会，工会支部委员必須有一个委员专门积极的会员来担负貧农团的各项工作，而貧农团每次大会之前，支部委员必須預先开会讨论，吸引貧农的积极分子參加。准备具体意见到大会提出，取得大多数貧农的赞成通过。但在貧农团里面必须执行充分的民主，工会不应该去命令貧农团。”

（农业工会十二县查田大会总结　1933.11.5）

主张“彻底平分土地”，“地主扫地出门”，对中农“进行必要的斗爭”

“彻底平分土地……群众对于个别中农不愿意抽（指抽出土地）就不要强迫去抽，对群众有利，群众要抽，一定要抽。如果中农坚决反对，甚至与地主富农一道来反对，就要进行必要的斗爭，但斗爭的目的还是为了团结中农。”

（在全国土地会议结论报告　1947.9.13）

“太行的经驗证明：消灭地主剝削一定要彻底，他叫做让地主扫地出门，土地财产一切搞干净，让他要七天飯，挑三天粪，这时候他以为活不成了，农民说本来是我们的，看不怪可怜的，恩賜你一点吧！于是地主就感恩不尽。一定要把地主打垮了，然后恩賜他一份，他才会感恩，我看是这样的。”

（关于土地问题的讲话　1947.4.30）

“在彻底平分政策下，富农要反对，甚至不比地主弱，甚至比地主更利害，中国富农有许多方面比地主本事还多一些，他们有组织宣传能力，所以对富农要特别注意。”

（在全国土地会议结论报告　1947.9.13）

以避免“社会财富的浪费和破坏”为藉口，反对“没收和分配地主的财产”

片面强调错划，胡说“将某些富农变成了地主，将某些中农变成了富农”

“自然，由于地主的多年剝削，多数地主是还有许多其它财产的。根据过去的经驗，如果沒收和分配地主这些财产，就要引起地主对于这些财产的隐藏分散和农民对于这些财产的追索。这就容易引起混乱现象，并引起很大的社会财富的浪费和破坏。这样，就不如把这些财产保留给地主，一方面，地主可以依靠这些财产维持生活，同时，也可以把这些财产投入生产，这对于社会也是有益处的。”

（关于土地改革问题的报告　1950.6.14）

〔按：刘少奇47年主张‘扫地出门’，50年主张不沒收和分配地主的财产，忽“左”忽右，充分暴露了他的机会主义咀脸。〕

“土地改革中发生偏差，也以这一时期（指1946年7月至1949年10月期间——编者）为最多，侵犯了一部分中农的利益，破坏了一部分农村中的工商业，并在一些地方发生了乱打乱杀的现象。发生这些现象的原因，主要是由于当时紧张的政治形势和军事形势，同时，也由于我们的大多数农村工作人员没有土地改革的经驗，他们不知道正确的划分农村阶级成份的方法，划错了一部分人的阶级成份，将某些富农当成了地主，将某些中农当成了富农。”

（关于土地改革问题的报告　1950.6.14）

“另有一部份人的阶级成份是不明朗的，难于划分的，有爭论的，应该摆在后面，多加研究，并請示上级，然后去划分，不要急于去划分这些人的阶级，以至划错，引起他们不满。总之，各人的阶级成份不应划错，划错了的，必须改正。”

（关于土地改革问题的报告　1950.6.14）

〔按：刘少奇在这里只谈不要划错，而根本不说不要漏划，他站在什么立场上说话，不是很明显的嗎？〕

大肆宣扬“佢农希望剝削”，叫嚷要吸收富农“参加农会”；包庇地富，破坏土改

“现在富农是少了，不是多了，雇农希望剝削，不是反对剝削。”

（在第一次组织工作会议上的报告　1951.3）

“雇請工人种地，这是可以的，合法的。”“因为允许雇人种地，乡下人找工作的人才有工作”，“对穷人也是有好处的。”

（刘少奇给他七姐（地主分子）的一封信　1950，5.2.）

“……富农在一定意义上，即对封建地主来说是阶级组织，对资本主义来说不是阶级组织……，富农是自己劳动的，不拒绝参加农会。”

（《关于群众工作的几个问题》　1944.12.30）

“政治上作战也一样，首先要组织队伍，有参謀部有司令部有队伍，有新兵有老兵，新兵是翻身农民，也有俘虏兵（地主富农）也要经过不断訓練。”

（在全国土地会议上的结论报告　1949.9.13）

1950年土改前后，刘少奇接二连三地给地主亲戚写信，通风报信，洩露党的机密。例如减租退押，在后期是“停止退押”的规定，但这只是貧下中农內部掌握，地富是不应知道的。然而刘少奇却写信给他的七姐（地主分子）：“中央已令各地停止退押，退不起的可以不退了。”公开鼓动他们抗退。

更为严重的是，《中华人民共和国土地改革法》是在1950年6月28日才通过的，而刘少奇在同年5月2日就写信告訴他的地主成分的兄姐“今年秋后”乡下要“分田不能收租了”甚至告訴他们“中央已决定今年秋后分田不动富农的土地财产，“七哥不会受什么损失”。

（刘少奇给他七姐的一封信　1950.5.2.）

刘少奇的侄子刘奠邦，解放前自己不劳动，依靠出租土地为生，定为富农已属寬大，而刘少奇仍感不滿，公开鼓动他翻案，说什么“奠邦家固不种地，出租土地，虽生活不好，人家亦评为富农，但以缺乏劳动力为理由，或可請求定为小土地出租者。”

（刘少奇给刘作衡，刘奠邦和刘秀林的信　1951.1.17）

“首道同志：

我的七哥（地主分子——编者）刘作衡由北京回家，路经长沙，請你招待数日，他即自行回家。据他说乡下征粮有一些是过重的，交不起，这恐怕不完全是地主的叫嚣，有加以考虑之必要。又我六哥（富农——编者）家中因无劳动力，他儿子出来参加工作十余年，不能顧家，现家中老小数口要吃，亦交不起粮，不知有无办法减少。又我七哥有一个孙子，想到长沙学校读书，不知是否有免费的学校给他入学，如有，望给以帮助，麻煩之处，望予原諒。

刘少奇（一九五〇年）十二月二十四日”

〔按：王首道是当时湖南省省长〕

四　鼓吹巩固新民主主义制度反对社会主义改造

1．鼓吹新民主主义万岁，叫嚷要“为巩固新民主主义制度而斗争”

“现在的形势发展很快，出于我们的意料之外，现在不是怕太慢了，而是怕太快了。太快对我们的困难很多，不如慢一点，我们可以从容准备。”

（对马列主义学院第一期学员的讲话　1948.12.14）

“我们与资产阶级联合反帝反封建，民主革命胜利后，我们是否马上反对资产阶级？还不是，我们还要资产阶级来参加我们的政权，因此我们的政权还是新民主主义的性质，经济还是新民主主义的经济。”

（《新中国经济建设的方针与问题》　1948）

“现在是三年准备十年建设的时间，待十年建设后，中国面貌焕然一新，社会主义问题是将来的事情，现在提得过早。”

（在中央全国宣传工作会议上的讲话　1951.6）

“中国共产党……它现在为巩固新民主主义制度而斗争……我们今天是五种经济合作，巩固新民主主义制度，将来要搞社会主义。”

（在政协全国委员会学习座谈会上的讲话　1951.11.4）

“将来我们是要搞社会主义的，但是现在不搞，而且在最近十多年内是不搞的，因为现在工业只占百分之十，要发展到百分之四十，五十，那怕你跑得怎么快，总还要十年，廿年。……因此，如果现在就采取社会主义步骤，把工业收起来，对人民没有利益，而且人民也不愿意这样。如果搞，就要伤害工业生产的积极性。在农村我们曾经宣传过劳动致富。什么是劳动致富呢？就是劳动发财，农民是喜欢发财的。……伤害私人工业家和个体小生产者的生产积极性，这是破坏作用，这是反动的，就是所谓‘左’的错误，因为它破坏了生产积极性，妨碍生产力的提高。所以马克思说：“空想的社会主义是反动的，错误的。”我们曾经反对过农业社会主义思想，下过这样一个结论，说它的性质是‘反动的空想的农业社会主义思想。’所以现在过早的国有化、集体化，是违背大多数人民的利益、违背进步的。”

（在政协全国委员会民主人士学习座谈会上的报告　1951.5.13）

“经济建设现已成为我们国家和人民的中心任务。但是新民主主义的经济建设必须有新民主主义的政权来领导和保障。……没有我们国家的民主化，没有新民主主义的政权的发展，就不能保障新民主主义的经济发展和国家的工业化。反过来，新民主主义的经济发展和国家的工业化，又要大大地加强和巩固新民主主义政权的基础。因此，我们的基本口号是：“民主化与工业化！在我们这里，民主化与工业化是不能分离的。自由和富强的新中国万岁！人民代表会议与人民代表大会的国家制度万岁！”

（在北京第三届人民代表会议上的讲话　1951.2.28）

“我国正处在建设社会主义的过渡时期，在我国这个时期，也叫做新民主主义时期。这个时期在经济上的特点，就是既有社会主义又有资本主义。”

（在第一屆人代会上关于宪法草案的报告　1954.9.15）

“有人说搞資本主义那是右，又说搞社会主义那是‘左’，现在既不能搞資本主义，又不能搞社会主义，事情就是有点为难，不怕这些为难，才是布尔什維克，要克服这个困难。”

（对马列学院第一期学员的讲话　1948.12.14）

“有益于国计民生的資本主义允许其发展，……这是资产阶级的代表孙中山定出的口号，孙中山定原则，我们则具体规定。孙中山留下这个伸縮性给我们，是很好的。”

（《新中国经济建设的方針与问题》　1948）

“我们希望和平过渡为好，爭取十年到十五年的时间，我们的手足来得及。……只要他（指资产阶级）也不推翻我们，便可以搭伙十年到十五年，因此我们不要搞急了，……。”

（《新中国经济建设的方針与问题》　1948）

“为什么不早消灭资产阶级？困难很多，消灭了以后怎样？消灭了以后，你还要把它請回来……。”

（《新中国经济建设的方針与问题》　1948）

“新民主主义不革你们（指资产阶级）的命，可以和平的，不流血地转到社会主义。”

（在青代会上的讲话　1949.5.12）

“根本打倒国民党，一年左右，肅清封建，要五年到十年，沒收官僚资本，也要二、三年才能做完，取消帝国主义在华的经济特权，也要几年才能做好，做完了叫彻底胜利。因此目前革命的打击方向还是放在封建主义、帝国主义与官僚资本主义，私人資本主义也不是我们主要的斗争目标。只有一种投机资本，是过去、现在与将来我们都反对，投机在資本主义社会亦非完全合法的……。”

（《新中国经济建设的方針与问题》　1948）

“我们一定要熟悉资本家，如不熟悉，就不能代表无产阶级，怕见资本家，是我们山上下来的情绪，而不是工人阶级的情绪，他们最了解资本家。座谈会要让资本家尽量发言，我们要询问并征求他们的意见……。我们要使资本家不要害怕我们……。”

（对天津工作的初次意见　1949）

“许多同志似乎总有这样一种成见：认为在我们根据地中普通的地主资本家是天生反对我们的……，所以他们就不能忠实执行党的统一战线政策……他们常常只是站在一种暫时利用的观点上来和一切人们进行联络，但一有某种变动，便对昨日的朋友‘不客气’，给以种种难堪。”

（《反对党内各种不良倾向》　1941）

“他们（指上海资本家）问他们的地位在那里呢？他们说你们的报紙只说工人如何好，一点坏处都沒有，资本家如何坏，一点好处都沒有，……我们的报紙上，资本家连第四的地位都沒有。过去中央所指出的偏向是不应该宣传资本家超过宣传工人，不是说不管。城市讲生产，资本家的知识比我们多，比工人知道得多，在城市生产方面他们占有很高的地位，我们必须和他们合作。”

（对天津工作的指示　1949.4.24）

“自由资产阶级不能除掉，还要他们发展，原则对象不清，搞乱自己陣营，等于农村中伤害了中农一样。”

（对天津工作的初次意见　1949.）

“自由资产阶级不是斗争的对象，一般地是团结的对象，争取的对象，对资产阶级也有斗争，但重点在团结，如果把自由资产阶级当作斗争对象，那就犯路线的错误。”

（对天津工作的初次意见　1949.）

“现在我们的报紙，在宣传上对自由资产阶级连第四位也沒有，重点不是团结，而是打击，这也是不妥当的。”

（对天津工作的初次意见　1949.）

“……此外，组织一个资本家参加的座谈会，商会、工会、合作社、报馆都可以参加，让资本家充分发言，多听取资本家的意见。”

（对天津工作的初次意见　1949.）

“他们（指资本家）也学习马列主义，知道我们马列主义理论，讲他们是‘剝削者’，他们就怕听‘剝削者’，一听到就头痛，觉得‘剝削者’不好听，他们知道我们共产党将来要搞社会主义，很担心他们的前途，心里很不安定，因此，到那里安定这些资本家是很重要的问题。”

（在青代会上的讲话　1949.5.12）

“我们依靠工人阶级，其他劳动群众，知识分子，自由资产阶级，与帝国主义者、官僚资产阶级、封建阶级斗争，我们的陣营可以团结百分之九十以上的队伍，目的是在迅速发展生产，这是党的总路线。”

（对天津工作的指示　1949.4.24）

2．无耻颂扬资本家“剝削有功”，恶毒污蔑工人“请求”“剝削”，竭力叫嚷要向资本家学习

恶毒污蔑工人“请求”“剝削”，无耻吹捧资本家剝削的功绩“是永垂不朽的。”

“你（指启新洋灰公司经理周寿涛）想开第四个厂子剝削工人多了，这算不算罪恶呢？这不但不算罪恶，而且还有功劳，多剝削几个工人好呢？还是少剝削好呢？还是多剝削几个工人好。失业的工人要求复工，他们想上资本家的厂里做工，也就是说‘請剝削我一下吧！’他们要你剝削，能剝削我们倒舒服一些，否则我们倒觉得痛苦，今天东亚羊毛厂剝削一千二百工人，也算不少了吧！但是你们能剝削二千四百工人，多上一倍，也就更好。周寿涛的思想是错的，我说剝削的越多，功劳越大……我说这个功绩是永垂不朽的。”

（在青代会上的讲话　1949.5.12）

“对资本家总应该承认他的剝削，赞成他们扩大工厂，剝削有功。”

（在北京干部会上的报告　1949.2.）

“今天资本主义的剝削不但沒有罪恶，而且有功劳。封建剝削除去以后，资本主义剝削是有进步性的。今天不是工厂开得太多，工人剝削太多，而是太少了。工人和农民的痛苦在于沒有人剝削他们，你们有本事多剝削，对国家人民都有利，大家赞成，你们当前与工人有很多共同利益。……资本家剝削是具有历史功绩的，沒有一个共产党员会抹煞资本家的功劳……当然罪恶也有一点，但功大罪小。”

（在工商业家座谈会上的讲话 1949.）

“无产阶级的解放，工人解放是政治上解放，但在经济上还要受一点剥削，今天不受剥削是不可能的，我们就怕资本家不来剥削，资本家能够剥削很多工人那才好，有人剥削总比沒人剥削好一些，沒人剥削沒有飯吃，有人剥削还能吃个半饱。”

（在青代会上的讲话 1949.5.12）

“‘工人翻身’这句话有意义，但是错误的，工人现在政治上是翻了身了，在经济上今天尙不可能，只能保持现状；生产发展之后，只能改善一些，到社会主义时，才能在经济上解放。资本主义的剥削制度，今天还不能废除，有人说，有人剥削比沒有人剥削好，沒有人剥削，工人就会失业，所以不是资本家太多了，而是资本家太少了，所以还应使资本主义有若干发展，即使要发展资本家剥削，启新洋灰工厂经理说，他现在情绪很低，本想多为国家办几个厂子，但办多了就剥削得多了，罪恶就更大了，成为大资本家了。他说曾到希腊文中去找‘剥削’二字的代替字眼，最好不用剥削二字，我说：剥削还是剥削，这是事实，不能否认。但这种剥削是进步的，我们还希望你们多办工厂，多剥削一点，今天你只剥削一个工人，我希望你能够剥削两千工人，二万工人，股息就是剥削而来的，天津资本家正提意见限制股息，但我告訴他们，我们现在希望把股息提高……所以希望你们提高这些剥削。政府现在正号召生产，你们响应政府号召，就必须进行剥削，这是社会制度问题，不是那一个人要剥削，……你们办了工厂增加生产，国家还可抽税，那又是国家剥削你们了。”

（对天津工作的指示 1949.4.24）

“剥削者，资本家也很好，很进步嘛！现在人家要請你剥削。这些问题不是我们故意这样讲，因为这是眞理，眞理就要宣传，不能隐蔽。向大家讲清楚了，不怕人家误会。”

（在政协民主人士学习座谈会上的讲话 1951.5.13.）

“现在人民不是怕你剥削，而是怕你不剥削。他叫你剥削多一点，而不是叫你剥削少一点。我到天津的时候曾经讲过，说你这个资本家，现在有几百工人在门外等着，要到工厂做工。问题就是：‘资本家先生，我们請求你剥削一下，我要到你工厂里面做工，剥削一下我就有飯吃，老婆孩子就能活下去。如果不剥削，不让我工作，那就不得了’。工人要你剥削，請求你剥削，你剥削人家许可，不剥削人家苦得很。所以问题是什么呢？就是资本主义的生产方式，资本主义的经济带有进步性，它也能为人民服务，在这个时期，它能与大多数人民的利益一致，与国家利益一致。”

（在政协民主人士学习座谈会上的讲话 1951.5.13）

“工人不是不赞成剥削，而是怕无人剥削。”

（在北京干部会上的报告 1949.2）

“你们（指工人）是被剥削者，假若你不被剥削，你就不革命了。”

（在北京干部会上的报告 1949.2）

“你（指宋棐卿）不要不承认剥削，不是不许你剥削，不是不叫你剥削，就是不要把少数人剥削死了，这样以后可以让你更多的剥削，更大的剥削。”

（在天津东亚毛紡厂和资本家座谈时的讲话 1949）

“剥削不剥削不由你们决定，也不由工人决定，剥削是社会制度，在奴隶社会封建社会资本主义社会你不剥削别人，别人就要剥削你，你不剥削也不行，不被剥削也不行。这不由你的意志来决定，问题是非如此不可。”

（在青代会上的讲话 1949.5.12）

“资本主义今天不能消灭，因为今天是进步的，所以不能消除他们的剝削，而且发展他们的剝削，这样才对工人有利，对人民有利，对国家有利，这样有好处，资本家可以赚得钱，工人也得到了好处，这样才能劳资两利。”

（在青代会上的讲话 1949.5.12）

“关于剝削问题，他们总是不放心这个问题，资本家说：‘你们共产党駡我们是剝削者，这个名字是不是可以修改一下。’我说：‘你们不喜欢这个名字，以免刺激你们，修改一下也可以，但是怎么修改呢？改个什么名字呢？請你们提一提。”

（在青代会上的讲话 1949.5.12）

“你宋先生（指东亚毛纺厂经理宋棐卿）不明白这个词，‘剝削’是从外国翻譯出来的，在我们共产党的字典是也可以找到，你以为这个词不好，可以换一个嘛！从现在来说你剝削得越多越好。你现在一个东亚，一千个工人，将来十个东亚，剝削一万个工人那就更好了。”

（在天津东亚毛纺厂和资本家座谈时的讲话 1949）

胡说资本家“不是唯利是图”，“不会造反”；

竭力叫嚷资本家要参加政权，“要和工人斗争”

“孙中山那个时候搞实业救国，现在也还是这样：站在资产阶级立场，彻底整頓自己工厂内部，清除官僚资产阶级的影响，努力把工厂办好，是可以代表人民的。所以也还有这样一个时候，站在资产阶级立场，就是站在大多数人民的立场，能代表人民。”

（在政协民主人士学习座谈会上的讲话 1951.5.13）

“……有些资本家他开工厂，不是‘唯利是图’，而使为了要使中国富强，多搞一些工厂，跟帝国主义爭一口气。……它这种思想是代表人民，为人民服务，为国家服务，与人类利益一致的，所以还有它的进步作用。”

（在政协全国委员会民主人士学习座谈会上的讲话 1951.5.13.）

“现在我们接收以后，只有一点是新的，即不压迫工人，其他许多经驗都要用，要好好的向他们（指资本家）学习，现在我们对这些经驗轻视，一去就想搞一套新的，但一搞便垮，敢于否定人家的制度，是很错误的，引起工人不满，这是主观主义，脫离实际，列宁再三再四的讲过，要学习资产阶级管理工厂的经驗，并说邮局……等这些管理方法，加上共产主义的精神，就是社会主义的了，不要变动，只变动方針，马克思也沒有说过要变动，毛主席和中央，也沒有说过要改变，都是你们的主观主义，我们应该向人家学习，以人家为老师，不要空想，不要狭隘经驗主义，现在要以农村管理的水平和知识来管理城市的工厂，是管不了的，我们一定要向国民党工程师学习……”

（对赴哈职工代表各区主要负责人会议的指示）

“税收问题：……我们以后可以在财政上公开采取老实态度，多了告诉你们，有困难要求你们解决，同样你们也应该采取老实态度。……国民党收税时，你们用的是两本賬，……这次税收很多，我们有一半功劳……你们也有一半功劳，因为两本賬变为一本賬。这样中国就有救，有前途。”

（在工商业家座谈会上的讲话 1949）

“报紙上的宣传只说工人好，说资本家不好，使资本家感到在我们报紙上沒有地位。”

“报紙要注意，资本家好的要说好。”

（在北京干部会上的报告　1949.）

“讲革命你们是第四位，讲经济建设你们是內行，应该把你们摆在前面。”

（1949.2.于天津）

“机关中也可以吸收一些资本家参加。”

（1949.2.于天津）

〔按：我们的政权机关是安排了一些资产阶级代表人物，但这和刘少奇鼓吹要吸收资本家参加政权是有本质区別的。作为资产阶级代理人的刘少奇，其目的是使资产阶级大批混入领导机关，篡夺领导权，复辟资本主义。〕

“不安排（指对资产阶级）不能改造，安排了，改造才有味道，沒有安排，要改造他，他不干。一般地不能说安排多了。”

（同部分统战干部的一次談话　1957.12.13.）

“你们（指资本家）必须要和工人斗争，如果不斗将来你们的厂子被工人斗垮了台，那时你就不能怪共产党不好。”

（在工商业家座談会上的讲话　1949.）

“我与工人已经讲了，要他们不要搗乱，资本家不会造反，听公司的。”

（与天津东亚毛纺织厂资本家宋斐卿的談话　1949.4.）

“资本家与工人的关系该服从谁，谁就服从谁。”

（在北京干部会上的讲话　1949.2.）

“我到天津以后对他们讲，禁止工会和工人接收资本家的工厂。为什么呢？因为接收之后，就把生产搞坏了，如果资本家要办这个工厂，还可以保证开下去。”

（在青代会上的讲话　1949.5.12.）

“我看见过许多事实，资本家开办的工厂被工人接管过来开合作社，但办了一两个月就停台了，塌台之后就把工厂分了，你搬一个橙子，我搬一个椅子，他搬一个机器，结果生产就破坏了。”

（在青代会上的讲话　1949.5.12.）

3．歪曲“公私兼顾，劳资两利”政策，鼓吹社会主义经济和资本主义经济要“相互照顾”“长期合作”

“宋斐卿先生大鉴：接四月三十日来函，得悉　貴公司职工团结劳资双方共同努力，扩大生产，增设新厂之计划，甚为忻慰。望本公私兼顧，劳资两利之方針，继续努力，前途光明，国家民族之复兴指日可待也。順　　候

台　　安

刘少奇　　　　五月三日

（给天津资本家宋斐卿的信　1949.5.3）

“国营和私营企业之间可能会有竞爭，有矛盾，但是政府的方針，是要使国营私营互相

合作配合，減少竞爭，政府要发展国营生产，也要发展私营生产，这就是公私兼顧，也许将来私营会超过公营的，但政府并不怕，我们的主要目的是发展生产，并不反对那样生产发展得多。重要的是配合问题……我们有所谓国家资本主义，是私人和公家的长期合作，你有困难我帮助解决，我有困难你帮助解决，互相照顧，不是你愚我詐，而是完全合作，彼此有益的。我们希望合作得多，合作得长，使公私两利。不过这合作是完全自由的，并不强制。”

（在工商业家座谈会上的讲话　1949）

“公私兼顧的精神要贯彻于各方面……因为公私关系是分不开的，只要我们把这些关系建立起来，‘剝削者’这一类的名词，资本家也就不感到刺激了。

“劳资纠纷问题，我们要召集工会干部先召开一次会，再开各行业会，在报纸上写几篇文章，批评那些过左的思想与作法，此外可訂一些有关劳资两利的具体办法公布施行。”

（对天津工作的初次意见　1949）

“我去了（天津）以后，……首先找了几家大资本家，给他讲好的消息，说我们实行公私兼顧（公家也要照顧你们私人资本家的利益，你们也要照顧国家利益），贯彻公私兼顧的政策，国家貿易和你们资本家大做生意，有钱大家赚，有生意大家做，我们的工厂少，也需要你们去做，大家分管，大家去卖，你也去卖一点，我也去卖一点，国家的货物也推銷，私人的货物也推銷，都能够銷售。”

（在青代会上的讲话　1949.5.12）

“国家貿易公司……我主张采取这样的方針，就是：从原料到市场，由国营私营共同商量，共同分配。这叫‘有飯大家吃，有钱大家赚’，就是贯彻公私兼顧的政策。”

（在工商业家座谈会上的讲话　1949）

“必须贯彻公私兼顧政策，我们的党、政府、公营企业必須主动地去找私人资本家，和他们合作，……原料、市场、价格等问题上都应当和私人资本家商量、合作和共同分配……。”

（对天津工作的指示　1949.4.24）

“做生意赚了你们（指资本家）一笔钱，这不是公私兼顧，就修改吧，……我们的买卖不给你们竞爭了，你们是什么价钱，我们也是什么价钱，你们的东西可以卖，我们的东西也可以卖。”

（在青代会上的讲话　1949.5.12）

“我主张貿易公司应与资本家一道，组织收买原料的委员会，共同商量，邮政电话也要注意，电讯局的无线电与上海等地已通电，但与我解放区各城市就不通，其实这是很容易通，如果通了与公私商人作买卖都便利，组织农民招待所，物品交易所与私人资本家、商人等共同推銷成品，……总之我们应该设立许多机构，与工商业资本家共同商量，使城乡关系暢通迅速，这是一个急切的事情。”

（对天津工作的指示　1949.4.24）

“必须贯彻劳资两利政策，天津工人向资本家提出了要求有些过高了，使资本家担负不起，或者为了负担须提高工业品价格，这样农民就吃亏。另外还有些不应当的要求，如强迫资本家用人，强迫他们把临时工改为长工，还有一些行动是不合理的，如不守厂规，不听指挥，上下工随便，生产时间内开会或搞遊艺，都于生产不利……如不很快地指出，就会很快地成为一种系统的左倾运动，像过去曾经犯过的很多冒险主义的错误一样……”

（对天津工作的指示　1949.4.24）

“工人要求厂方增加工资，改善待遇，有些要求提得很高，资本家负担不起，有的工人要求复工，资本家想要辞退两个工人，开除两个工人，工人也不许开除，过去工人沒自由，沒有权利，你敢辞退，今天雇主资本家沒有权利，因此工人中间有些行动很不适当。……这些使工厂的劳资关系，工人和资本家的关系很紧张。”

（在青代会上的讲话　1949.5.12）

“我在工人大会上也讲过话，有些工人提出的要求不适当的，比如有些工厂的工资增加一倍，有些小工厂工资增加了三四倍，资本家自然担不起，因此有些不正当行为，就应当改正。……一定告訴你们不改正资本家就要蚀本，工厂就要关门，工人就要失业，到那个时候你们請求政府，請求工会，人民政府、工会还是沒有办法，资本家关了门，那你还不回家？”

（在青代会上的讲话　1949.5.12.）

“任何工人提出要求，统须经总工会审查，由总工会派人向僱主提出。”

（对天津工作的指示　1949.4.24）

“国家是工人的，……所以工人要首先享受国家的利益，不要过分高，也不要过分低，保持国民党的水平，只有迫不得已时才降低。”

（关于石家庄工资问题的指示　1948.4.26）

“目前有些工厂已有可能提高工人生活我们赞成，但不是沒有限制……”

（对天津工作的指示　1949.4.24）

“要使资本家的工厂不关门，工人不失业，为此，（工人）少一点工资，资本家就能把工厂办好，当然工资会降低，就使生活不好，我说：‘吃不饱，吃个半饱也好，吃半饱也比啥沒吃的好一些吧！今天吃半饱，明天勤劳一点，发展生产，将来就吃饱了。’”

（在青代会上的讲话　1949.5.12）

4．鼓吹“和平的经济竞爭”，反对社会主义改造

“实行什么办法：和平的经济竞爭，到十年十五年后，大势所趋，到时资产阶级愿意追随大势的，给予优待。

“所谓经济竞爭，那是不以行政手段为主……

“所谓竞爭，是在大体上相同的条件下，看谁经营得好，这方面要我们有很大努力，不学会无论如何不行。”

（《新中国经济建设的方針与问题》　1948）

“天津日报和人民很好，和工人很好，和资本家就不好，于是有的资本家就提出：‘你们的报纸对我们一点好处也不登，资本家一点好处也沒有了，’他们提出的问题都是些基本问题，……因为我们国家做生意，和资本家竞爭，私人资本家是一个一个的，竞爭不过国营，资本家沒有生意可做了。”

（在青代会上的讲话　1949.5.12）

“我说：‘只要你（指东亚毛织厂厂长）不反对社会主义，或者你还赞成，又因为你能干，管工厂比我们干部管得好，那么这八个工厂还叫你当厂长，如果八个工厂少，再加上八个给你，十六个工厂的厂长，你不但薪水不减，而且还会增加。”

（在青代会上的讲话　1949.5.12）

“今天，中国的工业还不很发展，国营企业……还只是些点点滴滴。私营企业的活动范围很大，可以和国营企业平行发展。我们也主张对私人资本有限制……如工厂愈办愈多，中国已不是产业落后，而已达到进步饱和了；生产不是太少，而已过剩了，那时就必須限制。不然中国就要变成帝国主义，到国际上去抢市场，一抢就要打仗了……不变成工业国不得了，一变成工业国就更不得了，这些事情都远得很……”

（在工商业家座谈会上的讲话　1949）

“所以我们与资产阶级有联合有斗爭……，但重点在那里呢？重点是放在联合上的，将来是否会把重点变更呢？可能的，但说重点放在联合上的时间是相当长的。将来有一部分资产阶级有可能跟我们一道发展到社会主义，我和东亚毛织厂经理宋斐卿谈，我问他：‘二十年后，你办到八个厂的时候，那时候我们也要搞社会主义，那时我们如果再给你八个厂共十六个交给你办，因为你能干，薪水不减，还要加你的薪水，你干不干呢？’他说：‘大势所趋，为什么不干呢？’所以今天的重点主要是放在联合上，特别是经济上要和他联合，……”

（对天津工作的指示　1949.4.24.）

“是不是要限制股息呢？李烛尘先生主张要限制，以利潤的三分之一给工人，三分之一做公积金，三分之一作股息。我觉到頂好现在不加限制，提高或降低要看对什么有利。固然，股息高了就叫人浪费，但我赞成穿绸緞，抹胭脂水粉，大吃大喝，只要钱拿到工业上去，出来流通，总比埋在地下好。……我主张压制投机利潤（投机家破产最好）减低商业利潤，提高工业利潤，七八年內不要限制，对国家、对工人、对生产都有利。到底賺多少才算合法？我以为賺多少钱都合法！”

（在工商业家座谈会上的讲话　1949）

“我们要尽量不促使他们（指资产阶级）起来暴动，允许他们在一定程度之內賺一些钱，另一方面我们准备使之沒有叛变的可能性，这即是：无产阶级拿出一部分胜利品来购买资产阶级。”

（《新中国经济建设的方針与问题》　1948）

“你们要好好干，幸福刚刚开始，无论到什么时候，到共产主义也好，都有你们的前途。该坐小汽车的还坐小汽车，也许那时不叫经理，但是地位还是一样。”

（在天津东亚毛纺织厂和资本家座谈时的讲话　1949）

“你们（指资本家）的发展还是将来的问题，准不准你们扩大呢？还是可以扩大的，他们对社会主义前途是非常关心的，特别是大的资本家特别关心。”

（在青代会上的讲话　1949.5.12）

“利用和平的方法过渡到社会主义，……和平过渡的方法。就是这样，……今天我们发展资本主义，发展生产，私人经济也可以发展，……那么现在的工厂少，生产的东西也少，将来发展生产，工业化了，工厂多了，生产的东西就多了；生产剩了怎么办呢？再想不出別的办法，只好搞社会主义。”

（在青代会上的讲话　1949.5.12）

“由限制资本主义剝削到消灭资本主义剝削，不可能设想沒有复杂的斗爭，但是可以通过国家行政机关的管理，国营经济的领导和工人群众的监督，用和平的斗爭方式来达到目的。”

（关于中华人民共和国宪法草案的报告　1954.9.15）

"还要特别注意一个问题，就是使社会主义经济既要有计划性，又要有多样性和灵活性。

"我们要允许有一部分资本主义商业、工业、地下工厂，让他鉆空子。当它一鉆空子的时候，我们社会主义就立即跟上去，你鉆了空子搞这一样，我跟上去抢一部分也搞这一样，它鉆几十万样，我们社会主义经济也跟上去搞它几十万样。"

（关于高级党校学员整风问题的谈话记录　1957.5.7）

"要利用自由市场，一方面可以輔助我们当前经济上的不足，另一方面，也可以指导我们搞多样性和灵活性。商人怎么办的？私人怎么办的？自由市场怎么办的？我们社会主义经济就跟上去，照样办。……让自由市场包括一点私商、资本主义的市场，资本主义的活动余地。让他鉆我们的空子，我们就照他一样来塡补空子。尽他鉆，鉆了几百、几千、几万、几十万样，结果我们就可以塡他几百、几千、几万、几十万样，结果我们就不只有计划性，而且又有多样性，又有灵活性，逼得我们的社会主义经济，就可以搞得比苏联好一点。既有计划性，又有多样性，又有灵活性。"

（在上海党员干部大会上的讲话　1957.4.27）

"社会上有点资产阶级也很好，这批人积极得很，很会鉆空子，他们可以补我们的缺陷，甚至有些地方开地下工厂也好，他们生产的东西除了騙人的以外，都是有用的，他们鉆空子发財，恰恰是发现我们计划上的缺陷，把我们的空子补起来。他开一个，我们也开一个，这些人有商业技术，我们要向他们学习，……甚至向老批发商学习。"

（禁止商品走后门会议期间的指示　1961.10.22.）

5．反对农业社会主义改造，攻击合作化运动是"空想农业社会主义"

"我们所采取的保存富农经济的政策，当然不是一种暫时的政策，而是一种长期的政策，这就是说，在整个新民主主义的阶段中，都是要保存富农经济的。只有到了这样一种条件成熟，以至在农村中可以大量地采用机器耕种，组织集体农场，实行农村中的社会主义改造之时，富农经济的存在，才成为沒有必要了，而这是要在相当长远的将来才能做到的。"

（关于土地改革问题的报告　1950.6.14）

"有人问：雇人耕种的土地是否有限制？我们的答复：沒有限制。无论雇长工也好，雇零工也好，雇十个八个甚至一百个也好，只要是自己耕种或雇人耕种自己的土地，我们就应加以保护，不得侵犯。"

（在政协全国委员会关于土地改革问题讨论的结论　1950.6）

"有些同志认为，农村可以依靠互助组、合作社代耕队，实行农业社会主义化，这是不可能的，这是一种空想的农业社会主义，是错误的。农村要实行社会主义，如沒有工业的发展，不实现工业化，农业根本不可能实现集体化。"

（在中央全国宣传工作会议上的讲话　1951.6）

"几个初级合作社不能叫做社会主义的萌芽，要合作化，必須像苏联一样，一大片一大片的。要搞合作化，条件不成熟。"

（在马列学院第一期毕业学员会上的讲话　1951）

“在土地改革以后的农村中，在经济发展中，农民的自发势力和阶级分化，已经表现出来了。党內已经有一些同志对这种自发势力和阶级分化表示害怕，并且企图加以阻止或避免。他们幻想用劳动互助组和供銷合作社的办法去达到阻止或避免此种趋势的目的，已有人提出这样的意见：应该逐步地动搖、削弱，甚至否定私有基础，把农业互助组提高到生产合作社，以此作为新因素，去战胜农民的自发因素。这是一种错误的、危险的、空想农业社会主义。”

（对山西省委《把老区的互助组织提高一步》的报告批示 1951）

“……富农经济的存在及其在某种限度內的发展，对于我们国家的人民经济的发展，是有利的，因而对于广大的农民也是有利的。”

（关于土地改革问题的报告 1950.6.14）

“只有少数富裕中农不愿意走社会主义道路，但是我们都准许了符合于一定条件的地主和富农加入农业生产合作社。富裕中农看到富农和地主加入了生产合作社，他们也就要加入农业生产合作社了，因为他们要走在地主和富农前面。”

（同外宾談话 1956.7.13.）

“由于我们对富裕中农采取团结的政策，对富裕中农入社的大农具和牲畜采取逐年偿还代价的政策，由于合作社生产的逐年上升，绝大多数富裕中农对合作化是基本上满意的。”

（《马克思列宁主义在中国的胜利》 1959.10.1.）

“我和农民谈过话，农民对于初级社很高兴，谈起来眉飞色舞，可是谈到高级社，就不那么高兴”

（1962.1.27的讲话）

“现在资本家情绪很多不安，小资产阶级也不安，农民也不安，动荡，不晓得怎么样，不能掌握命运，这是个很大的问题。原因是什么呢？就是我们现在要来改变两种所有制：要把小生产的私有制——农民的个体私有制改变为集体所有制；要把资本主义所有制改变为国家的全民所有制。所以牵涉的人很多，所有的农民牵进来了，小手工业者牵进来了，小商小贩牵进来了，所有的资产阶级、资本家牵进来了。在这个紧要关头，如果我们不加紧宣传，不说清楚的话，或者我们自己也犯错误，共产党在政策上犯错误，再加上反革命分子一鼓动，就可能发生大问题。”

“全国除工人阶级之外，全国人民都动荡不安。因此，同志们要紧张起来，謹慎小心……”

（在中共中央关于资本主义工商业社会主义改造问题会议上的讲话 1955.11.）

〔按：土改后，邓子恢提出农村走资本主义，党员走富农道路怎么办？刘少奇说：“沒有害处。”；邓子恢提出农村四大自由（买卖、放債、雇工、貿易），这实际上是刘少奇的思想。1955年我国农村社会主义改造来势汹湧澎湃，刘少奇在革命的大好形势面前，气急敗坏，急忙伙同邓子恢，一下就砍掉二十万个合作社。这就是刘少奇反对农业社会主义改造反动面目的大暴露。〕

五　宣扬阶级斗争熄灭論
反对社会主义革命

1．宣扬阶级斗爭熄灭论，胡说“社会主义和资本主义谁战胜谁的问题”“已经解决了”

“改变生产资料私有制为社会主义公有制，这个极其复杂和困难的历史任务，现在在我国已经基本上完成了。我国社会主义和资本主义谁战胜谁的问题，现在已经解决了。”

（八大政治报告　1956.9）

“公私合营以后，无产阶级与资产阶级的主要矛盾也解决了。”

（在上海党员干部大会上的讲话　1957.4.27）

“敌人消灭得差不多了，资产阶级公私合营了，已经基本上解决。”

（在河南省干部会议上的讲话　1957.3）

“我们跟资产阶级斗爭，到底是社会主义胜利，还是资本主义胜利呢？……资本主义工商业公私合营了，农业合作化了，手工业合作化了，胜负决定了。”

（在中共中央关于资本主义工商业社会主义改造问题会议上的讲话　1955.11）

“绝大多数工商业者是同共产党合作的。中间某些时候发生某些问题，但是，过去总的讲是合作了十年。”

（接见民建全国工商联领导人时的谈话　1960.2.12）

“现在国内敌人已经基本被消灭了，地主阶级早已被消灭了，资产阶级也基本被消灭了，反革命也基本被消灭了。我们说，国内的主要阶级的阶级斗爭已经基本上结束了。那就是说，敌我矛盾已经基本解决了。”

（在上海党员干部会上的讲话　1957.4）

“资产阶级已经沒有什么生产资料，沒有工厂了，而且多数依靠工人阶级吃飯，当然还拿定息，已不是原来的资产阶级，是政治思想要改造的资产阶级。资产阶级这个说法可以用，因为现在还有定息，再过五、六年，定息也不给了，就不好再讲资产阶级了。”

（1957.12.13的讲话）

“我们的目的，是要使工人、农民、小资产阶级、资本家互相尊重，各得其所。这样，社会秩序就可以安定，大家就好努力地进行建设工作。”

（在工商业家座谈会上的讲话　1949）

“如果讲到非无产阶级思想，讲到农民阶级的思想，讲到小资产阶级的思想，讲到地主阶级的思想，是讲过去的，是反映了那个阶级存在的时候。”

（在河南省干部会议上的讲话　1957.3）

“处理对抗性矛盾，敌我矛盾要采取你死我活的办法来解决，处理非对抗性矛盾，人民内部矛盾，就不要采取你死我活的办法来解决，可以用妥协的办法来解决。”

(关于高级党校学员整风问题的谈话纪录　1957.5.)

“以后革命斗爭也沒有了，土地改革也沒有了，社会主义改造也沒有了……”

(在上海党员干部大会上的讲话　1957.4.27)

“那阶级斗爭已经过去了，那些事情閑着用不着了，我们有经驗熟悉的事情閑起来沒有用了，而不熟悉的事情逼着我们去做，就是要领导生产，处理人民內部矛盾。”

(在上海党员干部大会上的讲话　1957.4.27)

“现在……斗爭的任务已经变为保护生产力的顺利发展，因此，斗爭的方法也就必须跟着改变，完备的法制就是完全必要的了。”

(八大政治报告　1956.9)

“现在我们已经积累一些必要的经驗，为建设扫清道路的工作基本上已经完成，……我们已经造成一种条件，使我们和广大的人民群众能够以主要的精力去进行社会主义建设。”

(给黄炎培的复信　1959.11.28)

“在目前什么是我们国內的主要矛盾？可以答复说：人民內部的矛盾是主要矛盾。”

(在上海党员干部大会上的讲话　1957.4.27)

“现在应该讲人民內部矛盾应该成为主要矛盾”，“我想这矛盾主要重大表现在分配问题上”，“当前的主要矛盾在于人民群众物质分配不平衡的矛盾关系。”

(在上海党员干部大会上的讲话　1957.4.27)

“今天我们国內矛盾，的确是无产阶级思想与非无产阶级思想的矛盾。”

(在上海党员干部大会上的讲话　1957.4.27)

“处理敌我矛盾，要强调斗爭性，使矛盾紧张起来，使斗爭激烈化，以至使矛盾的对方压倒消灭。如果我们处理人民內部矛盾不是强调同一性，而是强调斗爭性，使人民內部矛盾沒有必要的紧张起来，激化起来，在人民內部造成紧张局面，那就是错误的，那就是处理人民內部矛盾的方針错了。”

(在上海党员干部大会上的讲话　1957.4.27)

“人民內部矛盾应该緩和，人民內部矛盾的事情应该妥协解决，处理的方針可以着重它的同一性，因为它原来就是同一性。”

(在上海党员干部大会上的讲话　1957.4.27)

“在社会主义改造完成以后，民族资产阶级和上层小资产阶级的成员将变成社会主义的劳动者的一部分。各民主党派就将变成这部分劳动者的政党。由于在这部分劳动者中，资产阶级思想的残余还会拖得很长，各民主党派还需要在一个很长的时间內继续联系他们，代表他们，并且帮助他们改造。”

(八大政治报告　1956.9)

“这个政策和这些步驟（指对資本主义工商业的利用、限制、改造的政策——编者），不但得到了广大群众的拥护，而且資本家也找不出任何一个站得住脚的理由来拒绝或者反对。现在已经可以断定，除开个别的顽固分子还想反抗以外，在经济上接受社会主义改造，并且逐步转变为名副其实的劳动者，是绝大多数民族资产阶级分子能够作到的。”

(八大政治报告　1956.9)

“资方人员很多是富有管理经验和技术知识的，他们了解消费者的具体需要，熟悉市场情况，善于精打細算。因此，我们的工作人员除开向他们进行教育以外，还必须认眞地向他们学习，把他们的有益的经驗和知识当作一份社会遺产继承下来。”

（八大政治报告　1956.9）

“在社会主义社会里，仍然有先进和落后的矛盾，但是这种矛盾不是对抗性的矛盾，社会主义社会解决这种矛盾的基本方法，就是通过劳动群众的自觉的努力，通过教育和批评的方式，不断地把落后提高到先进的水平。千百万劳动者在先进生产者率领下为消除落后而斗争，就是社会主义社会不断前进的一种动力。”

（代表中共中央在全国先进生产者代表会议上的祝词

《人民日报》　1956.5.1）

“封建地主阶级，除个别地区以外，也巳经消灭了。富农阶级也正在消灭中。原来剝削农民的地主和富农，正在被改造成为自食其力的新人。

“民族资产阶级分子正在由剝削者变为劳动者的转变过程中。

“知识界已经改变了原来的面貌，组成了一支为社会主义服务的队伍。”

（八大政治报告　1956.9）

“现在我们的国家已经组成了。这个国家机构有两条任务：一条是实现专政；另一条是组织社会生活。第一条任务愈来愈小了，不是愈来愈大了。阶级斗爭基本结束，反革命分子少了，刑事犯少了，所以国家专政的机构可以縮小，今后国家最重要的任务就是组织社会生活。”

（在各省市委组织部长会议上的讲话　1956.12）

“现在资产阶级立场跟人民立场还有一致性……到社会主义时，资产阶级有可能站在人民立场，而站在人民立场就是拥护眞理，代表大多数人民的利益，代表社会进步的利益，因此也就可以跟无产阶级一致，可以学会马克思主义，可以认识眞理，用得眞理。”

（在政协全国委员会民主人士座谈会上的讲话　1951.5.13）

“经过统一战线工作，资产阶级，上层小资产阶级及其知识分子和政治代表不造社会主义的反，相反地他们服从社会主义，为社会主义服务，这就省了大麻煩。”

（在全国统一战线工作会议上的讲话　1953.7.1）

2．胡说资产阶级消灭了，宣扬资本家是“新式资本家了”，比共产党的代表“更吃得开”

“今天的资本家巳是公私合营了的新式资本家了……。在公私合营以后，资本家巳把工厂交出来了，除开极少数的分子以外，他巳经不愿意反抗社会主义了，有很多人巳经接受社会主义了。”

（在上海党员干部大会上的讲话　1957.4.27）

“现在资产阶级里面有几个积极分子不怕共产党，宣传共产、宣传社会主义，应该说这是很可宝貴的干部。”

（在中共中央关于资本主义工商业社会主义改造问题

会议上的讲话记录　1959.11.16）

“在资产阶级中间，在资产阶级的老婆中间，在资产阶级的子女中间，有一批积极分子，赞成共产，宣传共产，这种积极分子是很可宝贵的，对于我们今天的斗争，对于我们今天的阶级斗争形势是很有帮助的，他们有功劳，等于在战争中打了一大胜仗，他们是战斗英雄一样，在阶级斗争中他起那作用，等于高树勋。”

（在中共中央关于资本主义工商业社会主义改造问题会议上的讲话记录　1959.11.16）

“要夺取资产阶级堡垒，需要资产阶级里面有一些人起义，起来赞成共产党，而且是积极分子，……资本家的老婆，晚上回去一座谈，就比两个付总理还历害，要这样看他的作用。”

（1955.11.的讲话）

“出国代表团……资产阶级代表更吃得开，更受欢迎，共产党的代表还不那么吃得开”，“中国资产阶级将来还要香一个时期。”

（同部分统战干部的一次谈话　1957.12.13）

“既然现在他们（指资产阶级）向我们靠拢，我们也就向他们靠拢一些。”“我们就要放宽一些，从思想、工作、生活照顧、政治照顧方面采取积极团结的办法和措施，这样我们在政治上就更为主动。”

（在中央政治局会议上的讲话要点记录　1960.2.11）

“工商界的文化水平比其他阶级高，主观世界的改变是可能的，想得远一些有好处。”

（接见民建会中央、全国工商联领导人时的谈话　1960.2.12）

“再过十五年可以化过来，（指资产阶级）坚决反抗的死了，其子弟也忘了工厂被拿的事，他们和地主阶级不同，地主的土地被沒收，有杀父之仇，再过十五年，他们的小孩子长大了还会报仇，这是阶级仇恨。我们对资产阶级沒有杀父之仇，对他们的财产也不是一下沒收，还安排他们，给飯吃、给定息，总要好一些，要从长远的利益看。”

（关于统一战线政策方針性的若干问题的谈话　1957.12.13）

“工商界总的情况是好的，大多数人愿意改造。现在他们是在改造中，相当多的人实际上有了改造。”

（在中央政治局会议上的讲话要点记录　1960.2.11）

“现在工商业者对党的信任增多了。悦服的人是不是那么多，也可以研究。悦服的人肯定有，但还不是那么多。所谓悦服，包括感情的问题，包括世界观问题。世界观一改变，感情也就变了，对国家的进步就会感到高兴，这是十年来的经过。”

（接见民建工商联常委指示大意　1960.2.2）

“现在对你们（指资本家）信任的人也多起来了。建立相互信任是不容易的，一要时间，二要事实。经过十年有了许多事实，相互信任就进了一步。”

（接见民建、工商联常委指示大意　1960.2.2）

“您的来信说，中国工商界和知识界中的许多人，从解放以来，是逐步认识和接近共产党与社会主义的，他们经过了几个认识阶段，最后达到信服悦服的阶段。这是眞理。事实的经过就是这样。”

（给黃炎培的复信　1959.11.28）

“民主党派主要表现资产阶级的那一面？去年吳黎平的文章中写了这个问题，他说民主党派主要表现资产阶级积极性的一面，主要反映资产阶级的革命性。”

（关于统一战线政策方針的若干问题的谈话　1957.12.13）

“高薪（指资产阶级分子的）不变，调职不減薪，如果因为调职而降薪的要改过来，恢复原薪，补发。”

（在中央政治局会议上的讲话要点记录　1960.2.11）

“1962年定息取消后，是不是阶级就化过来了，这些人搞在工会中，十红夹一黑，是否危险？”

“摘帽子（指资本家）现在研究可以摘一些，不登报，不宣布。”

“子女（指资本家的子女）入学问题，同样是按考试成绩入学。”

“年老（指资本家）不能工作的可請病假，工资照发，仍在编內。”

（在中央政治局会议上的讲话要点记录　1960.2.11）

“还有个经营管理问题。如果机关、学校经营管理好，人的精神面貌就会好，群众热情就会高。工作作好了，生产也提高，就可以多赚钱。如果经营管理不好，办事人員精神不振，群众热情不高，就会赚钱少或亏本。我们的经驗大概就是这些，沒有什么秘密。”

（接见柬埔寨付首相宋双的讲话记录　1963）

3．叫嚷要给右派分子以“友情、溫暖”；胡说共产党无信，“今天这样说，明天又那样作”

“右派批评我们宗派主义，说我们沒有友情、溫暖，不和人家谈话，错了也不讲，客客气气，这些是有的，要克服”。

（同部分统战干部的一次谈话　1957.12.13）

“有些右派是要安排的……，安排他们是表示我们如何对待这个阶级。”

“现在安排得低的，如果表现好，可提高。”

（同部分统战干部的一次谈话　1957.12.13）

“代表会（指矿区工人代表会）要搞点右派进来，否则就沒有味道，搞点挑皮搗蛋的进来，不当代表也可以列席嘛！”

（在汇报大庆矿区建设问题的宣传报告时的插话　1962.2）

“现在我们最大的缺点，就是各地不能完全正确的全部的执行中央的政策……因此，某些中间人士对我们就有这种批评说：‘只要你们的党员眞正能听你们党的话，那你们治天下完全无问题’。意思就是说：现在你们的党员并不能眞正听党的话，……你们下面与上面不一致。还有你们的军队与政府不一致。这个军队与那个军队也不一致。……

“某个士紳和我们谈话之后，最后向我们说了一个‘信’字。意思就是批评我们有点‘无信’。批评我们说得好，宣布政策好，上面讲得好，但作得并不好。说我们今天这样说，明天又那样作。他们就有点‘今为座上客，明为阶下囚’之感。他们说我们‘转眼无情’。说我们今天这个人和他们交朋友很好，明天我们那个人又去对他们不客气。……

同志们，这些是从中间分子那里来的对我们的致命的批评。”

（反对党內各种不良倾向　1941）

4．反对思想战线上的革命，鼓吹自由化

“（新聞报道的基本要求）第一条要有普遍兴趣，……资产阶级通訊社新聞能搞得有兴

趣，难道我们就不能搞得更有兴趣嗎？我们应该比他们更有本领，资产阶级所能达到的水准，难道我们达不到嗎？你们是先进的无产阶级记者，应该能够达到世界上最先进的水准。如果资产阶级能达到的水准，我们不能达到，我们无产阶级就不能算是最先进的阶级。关于兴趣，要引起注意。新聞要有思想性和艺术性，不能只强调政治性——立场，还应该强调思想性、艺术性和兴趣。”

（在新华社的讲话　1955.5.28）

“民主人士对报纸不刊登美联社、路透社等外国通訊社的消息有意见，我们应该有选择地登一些。有些报纸刊登国际新聞只登说我们好的，罵我们的或者说一句美国好的都被刪去，这种作法是不好的。比如说，美国政府首脑人物罵了我们，这个新聞在我们的报纸上是否可以登？我看可以登。……周恩来总理罵了美国，美国报纸照例是会刊登的。”

（在新华社的讲话　1955.5.28）

“现在的新聞报道有倾向——只讲好的，有片面性。应该好的要讲，不好的也要讲。”

“现在我们的国际新聞报道只有一面：罵美国，说我们好。这种片面性的报道，会造成假象，培养主观主义。”

（在新华社的讲话　1955.5.28）

六　恶毒攻击三面红旗
竭力为右傾机会主义翻案

1．恶毒攻击三面红旗，叫嚣大跃进的结果使我们“害了一场大病”

攻击总路线是“没有根据的”；
胡说“干劲无法鼓，上游无法争”

“三面红旗可以让人家怀疑几年。”

（1961）

“这几年不节省群众的干劲，浪费了群众的许多干劲，是一个很大的错误，同志们躭心群众的干劲发动不起来，这是目前应该很好地进行研究的一个问题。因为这几年，群众的热情和干劲受了挫折，在某些地方受了严重的挫折。”

（1962.1.27.的讲话）

〔**按：这是对总路线最恶毒的攻击，和“三家村”黑帮邓拓的“爱护劳动力的学说”的黑话何其相似！**〕

“我们这几年提出的过多的工农业生产计划指标和基本建设指标，进行一些不适当的

'大办'，要在全国建立许多完整的经济体系，在农村违反按劳分配等价交换的原则，刮'共产风'以及城市人口增加过多等等，都是缺少根据或者是沒有根据的，都沒有进行充分的调查研究，沒有同工人和农民群众，同基层干部和技术专家进行充分的协商，沒有在党的组织，国家组织和群众组织中严格地按照民主集中制办事，就草率地加以决定，全面推广，而且过急地要求限期完成，这就违反了党的实事求是和群众路线的传统作风，违反了党的生活，和群众组织生活中的民主集中制原则。这是我们这几年在某些工作中犯了严重错误的根本原因。"

(1962.1.27.的讲话)

〔按："三家村"的邓拓，恶毒地攻击我们害了"健忘症"，把"一个鸡蛋的家当"也丢光了。原来黑根子正在刘少奇这里！〕

有人谈到财政、信贷、物资平衡第一要努力安排日用品生产，少搞基本建设时，刘少奇插话说："有了这一条才好，否则干劲无法鼓，上游无法争。"

(××会议刘少奇的插话 1962)

〔按：刘少奇攻击总路线达到了无已复加的地步。〕

"银行、财政制度，搞文件条例，限期交卷……送中央。三面红旗、三大纪律、八项注意都不写，只写什么许办，什么不办，写好送中央。"

(××会议的讲话 1962)

〔按：这是刘少奇反对三面红旗的反动咀脸的又一次大暴露。〕

"目前的经济形势，就是精简吃飯，不是大好形势……经济不好，政治上是否会那样好……"。

(一次中央工作会议上的讲话 1962.)

有人谈到财政从58年以来就有赤字时，刘少奇插话说："四年财政赤字×××××实际还不止。所有假象，都要揭露，揭露后会出现光明。有人说，揭露，怕说成漆黑一团，如果确是如此，就说它漆黑一团，这是实事求是。"

(××会议刘少奇的插话 1962)

〔按：对我国三年暂时困难时期的形势，刘少奇所作的根本估计就是：漆黑一团。〕

"现在来总结前几年的工作，恐怕总结不完，我们后代还要进行总结。"

(1962.1.26.的讲话)

〔按：刘少奇是多阴险毒辣呀！但是，这也正暴露了他对三面红旗刻骨仇恨的反动面目。〕

“过去基本建设的战线太长，项目过多，要求太快、太急…………一心搞扩大再生产，忽视了简单再生产。同时，在生产方面，只注意增加数量，忽视质量，提的指标过多，超过设备的可能，本来可以用十年的设备只能用五年，设备损坏过多，又不注意維修，……造成不好的后果。”

（在薄一波汇报时的插话 1963.19.21.）

“过去瞎指揮，24小时不休息，损坏了机器，也得还賬，要全面认识这个问题。”“首先要搞设备更新，继续简单再生产，而后有余力再扩大再生产，不是首先扩大再生产，而后有可能搞设备更新。应该说，扩大再生产也是首先放在老企业，不是有重点地进行更新，而是全面的”。

（在薄一波汇报工业情况时的插话 1963.10.24.）

〔按：这是全面否定总路线，否定多快多省地建设社会主义的可能性，在他看来，执行总路线不仅不能扩大再生产，就连简单再生产也不能维持！〕

攻击大跃进，胡说大跃进是“跃退”，使我们的经济临近了“崩溃的边缘”，发生了“经济危机”

1961年刘少奇说什么大跃进时期是“发疯的时候”，是“无计划的肚子”，“大跃进现在有些跃退了”。“数量上不去了，………质量上也未跃上去。”“人民公社……现在看不出优越性。”

1962年3月5日，他叫嚷“对于困难我们还沒有认识清楚”。“目前財政经济的困难是很严重的”，工农业生产“还要继续下降”，“比例失调”，“貨币貶值”，“我们经济临近了崩溃的边緣”。

“工农业生产的计划指标过高，基本建设的战线过长，使国民经济各部门的比例关系，消费和积累的比例关系，发生了严重不协调现象。”

（1962.1.26.的讲话）

“这几年我们的工作中是有不少的缺点和错误的。……缺点和错误的大部分已经过去了，好像一个人害了一场大病，现在这场病基本上已经好了。”

（1962.1.27.的讲话）

“这种困难（指我国三年暂时困难时期）的形势是怎样出现的呢？原因不外乎两条：一条是天災，连续三年的自然災害，使我们的农业和工业減产了，还有一条，就是从58年以来，我们工作中的缺点和错误。”

（1962.1.27.的讲话）

“主席讲的形势大好，是指政治形势大好，经济形势不能说大好，是大不好。”

（1962年）

“三力（人力、地力、財力）亏损，过七、八年也难复原。”

（1962年）

“第三个五年是调整恢复，第四个五年前进。”

“现在和一九四九年不一样，我看总不是平常时期，可否说这是非常时期。”“有些情况可能还认识不够，或可能还沒有提出来，要继续揭发。现在看法还不那么一致，不要怕揭，要彻底，可能过一点，也沒有害处，如情况不那么坏，更好。揭底，怕丧失信心，有可能，但还不会躺倒不干。怕漆黑一团，总要讲点好情况，使工作不能前进，情况还不能明。各部要说明这一点（现在多数人，实际感到情况很严重，不讲，怕作人）。现在方向不是搞十年计划，老老实实搞克服困难。否则方向不对。现在调整很困难，不采取非常办法不行。现在不同于一九五二年，情况复杂得多。大的经济危机到来时，资产阶级采取紧急办法。我们虽然不同，非常时期也要有非常办法。在小范围讲，公开不讲，领导集团内部要统一思想，要提三年到五年爭取財经情况基本好转。”

（在××会议上的讲话　1962.2.）

“不愿承认困难，或者困难本有十分，只承认几分，总怕把困难讲够了会使干部丧失信心，以为迴避困难就容易解决问题。对于困难不是认眞对待，而是掉以轻心，很明显，这不是眞正的勇敢，绝不是革命家的气慨，绝不是马列主义应有的态度。”“从去年到今年这一年中，就中央来说，对严重形势估计不足。”“对目前形势估计的够不够？沒有估计够，再估计一下。”

（1962.3—5.的讲话）

“陈云讲过很多问题，现在我们走他的路。”

（1962.3.31.）

“干部多数对困难估计不够，而不是估计过分。经济上沒有大好形势，是困难形势。陈云说，我们千万不要把革命果实在我们手里失掉，也许过分一点，但有这个问题。认识迟了一些，行动也迟了一些，再不能迟，已经迟了。”

（1962.4.23.）

“目前经济形势，是一个很困难的形势，总的讲，沒有大好的形势。好的形势是部分的。最困难的时期过去了，但要承认有些地区还沒有过去，城市工业中也沒有过去。对困难估计过分的危险不大，估计不够有危险。”

（1962.5.11.）

〔**按：直到1962年夏天，刘少奇还在疯狂叫嚣“目前经济形势是一个很困难的形势”，我国处在“非常时期”，必须采取“非常办法”，而他的“非常办法”就是要走右倾机会主义头目陈云的“路”，就是“工业上要退够，农业上也要退够”，退到“分田到戶”、“单干”，退到“不要怕资本主义泛滥”。一句话，就是要让资本主义复辟！**〕

“昨天陈（指陈云）提现在是恢复时期，是否如此，估计一下，现在和49年不一样，我看总不是平常时期，可否说这是类似非常时期。为了介决天災人祸，要有紧急法令。现在我们的确是在非常困难的时期，不能按常规办事。银行说了很久，要把紧，沒把住，我们首先要作检讨。要搞点非常措施，同意搞財经小组，……硬是要搞独裁。”

（××会议刘少奇的插话　1962）

“象大庆这样的企业，在历史上有，书本上有，外国也有，只是你们沒有看。”“这个问题马克思也讲过，空想社会主义者早已解决，外国资本家也试驗过了，不是什么新创举”。

（在汇报大庆矿区建设问题的宣传报告时的插话　1962.2）

〔按：这是明目张胆的和毛主席唱对台戏，恶毒污蔑大庆的辉煌成就。〕

"搞工农结合，结果使得一批人拿工资去种地，搞粮食，这样做，长远下去有问题"。

（在听大庆汇报时的讲话　1964）

〔按：大庆人按照毛主席的教导，在工农结合的道路上，做出了光辉的榜样。但是，刘少奇对大庆人的伟大革命精神，却进行极其恶毒地污蔑。〕

攻击人民公社，胡说人民公社"办早了"，使我们"饿了两年饭"

"有的同志说人民公社办早了。不办公社是不是更好一点？当时不办，也许可能好一点，迟几年办是可以的"。

（1962.1.27.的讲话）

"目前，人民公社有一点'一大二公'，兴修了许多已经发揮效益的水利工程，有一些社办企业，也作了一些事情，但是作用不很大，'一大二公'还不明显，还看不大清楚"。

（1962.1.27.的讲话）

"这几年工作中发生的许多缺点和错误，使我们全党的干部，全体党员，以至绝大多数人民都有了切身的经驗，都有了切肤之痛，餓了两年飯。"

（1962.1.27.的讲话）

"去年我回到湖南一个地方去，那里也发生了很大的困难。我问农民：你们困难是由于什么原因？有沒有天災？他们说：天災有，但是小。产生困难的原因是三分天災，七分人祸。"

（1962.1.27.的讲话）

"我到湖南的一个地方，农民说是，三分天災，七分人祸，你不承认人家就不服。全国有一部分地区可以说缺点和错误是主要的，成绩不是主要的。"

（1962.1.27.的讲话）

2. 大肆污蔑反右倾斗爭是"重复了党的历史上'残酷斗爭，无情打击'的错误"，公然叫嚷"和彭德怀有相同观点的人，可以翻案"

"庐山会议后，不适当地在农村、企业和学校的干部中，甚至在群众中也展开反右倾斗爭，在许多地方部门发生了反右倾斗爭扩大化的现象"。

（1962.1.26.的讲话）

"加强集中统一，反对分散主义，应该怎样进行？……大家躭心的是怕一棍子打下去，又弄出一大批分散主义者。这次一定不要这样搞。过去那样搞也是错误的，是一种过火的、粗暴的党内斗爭方法。"

"这几年重复了党的历史上'残酷斗爭，无情打击'的错误。"

（1962.1.27的讲话）

"党內的'左'倾机会主义者对待党內斗爭的态度，他们的错误是很明显的。按照这些似乎疯癲的人看来，任何党內和平，即使是在原则路线上完全一致的党內和平，也是要不得的。他们在党内并沒有原则分歧的时候，也硬要去'搜索'斗爭的对象，把某些同志当作'机会主义者'，作为党内斗爭中射击的'草人'。他们认为，党的发展，无产阶级革命斗爭的胜利，只有依靠这种错误的斗爭，依靠这种射击'草人'的火力，才能得到灵驗如神的开展。他们认为，只有这样'平地起风波'，故意制造党内斗爭，才算是'布尔塞維克'。当然，这并不是什么真正要郑重其事地进行党内斗爭，而是对党开玩笑，把极严肃性质的党内斗爭当作儿戏来进行。主张这样做的人不是什么'布尔塞維克'，而是近乎不可救药的人，或者是以'布尔塞維克'名义来投机的人。"

(《论共产党员的修养》 1962)

〔按：刘少奇这段黑话是极其恶毒的。在1962年翻案成风的时候，他胡说党内斗爭是把某些同志当作"机会主义者"，"作为党内斗爭中射击的'草人'"，并特别强调反对左倾机会主义的错误，这就是为右倾机会主义分子鳴寃叫屈，把矛头指向毛主席。〕

"和彭德怀有相同观点的人，只要不里通外国的就可以翻案"

"只要本人提出申訴，领导和其他同志认为有必要，就可以翻案"

(1962.1.26.的讲话)

"仅仅从彭德怀同志的那封信的表面上来看，信中所说到的一些具体事情，不少还是符合事实的。"

(1962.1.27.的讲话)

"在大跃进和人民公社这些问题上，在我们党内也有过不同观点的爭论。"

(《马克思列宁主义在中国的胜利》 1959.10.1)

〔按：我们和右倾机会主义的分歧，不仅是不同观点的论战，而是两条路线的斗爭，是你死我活的阶级斗爭。刘少奇掩盖这场斗爭的实质，是为他们翻案创造輿论。〕

3．鼓吹不要怕"资本主义泛濫"，叫嚷要"包产到戶"开放"自由市場"

"过渡时期一切有利于调动农民生产积极性的办法都可以，不要说那一种办法是最好的，唯一的。"

"工业上要退够，农业上也要退够，包括包产到戶，单干。"

(1962.6.)

"自由市坊还要搞下去，农村自由市坊会产生一些资本主义，产生一些资产阶级分子，产生一些爆发戶，这无非多几个资产阶级分子，即使产生新的资产阶级也不可怕，无非再搞一次。如果国家企业变成资本主义，那就绝不允许，至于社会上产生一些资产阶级分子并不可怕，不要怕资本主义泛濫。"

(在禁止'走后门'会议期间的指示记录 1961.10.22.)

“投机的人可发照，替他运，收费高点，否则他走后门。”

（××会议刘少奇的插话　1962）

“只有两个办法，或者是一二类物资统统涨价，或者是一二类物资实行低对低。农民卡我们，我们也卡农民。他不卖粮食棉花给我们，我们就卡住盐不给他。”

（在一次会议上討论为何把农产品收购起来时的讲话　1962.5.18.）

“如果我们的经济还不如资本主义灵活多样性，而只有呆板的计划性，那还有什么社会主义优越性。”“一到资本主义国家什么都能买到。”

（关于高级党校学员整风问题的谈话记录　1957.5.7.）

七　制定一整套形“左”实右的机会主义路线　破坏社会主义教育运动

1．把农村描绘成一团漆黑，胡说“至少有三分之一的领导权不在我们手里”

“领导权在敌人手里的，我看在全国至少有三分之一，现在有不少地区土改不彻底，华北有三分之一，西北几乎都是和平土改，地富统治并沒有眞正打倒，有些单位敌人打进来，拉出去，有些单位同地富资本家搞在一起，搞和平演变”。

（关于社会主义教育运动问题的报告　1964.8）

“过去多次运动中，阶级敌人摸熟了我们的一套办法，甚至有的地方，阶级敌人研究党的方針政策，比我们党员还研究得好，记得熟。”

（关于社会主义教育问题的报告　1964.8）

“现在敌人同我们斗爭的方式改变了，敌人变得聪明了，很会搞合法斗爭，很会搞两面政权，很会搞和平演变，搞得比我们共产党员更好。我们曾用两面政权的办法斗过日本、汉奸、国民党，国民党沒法对付。而现在，我们党、干部至今沒有学会，很多干部沒有学会，所以斗爭中打败仗，斗他不赢。”

（关于社会主义教育运动问题的报告　1964.8）

〔按：毛主席教导我们：在战略上要藐视敌人，在战术上要重视敌人。而刘少奇却誇大敌情，胡说我们党斗不过阶级敌人，长敌人志气，灭自己威风。

“至于阶级敌人，抵抗得更激烈，不要以为负责干部下去了，你们一定斗得过那些犯严重错误的干部，一定斗得过地富反坏，马到成功，不一定。因为工作队，即使是负责干部率领的，但进村以后，开始力量优势不在你们处，他了解情况，有一批人，你不了解，只有听他汇报。……所以刚进村时，工作队什么也不清楚，力量对比，原基层干部是优势。”

（关于社会主义教育运动的报告　1964.8）

“那年，我到湖南去扎根串连，就被赶走过，……我是国家主席，带着武装去的，他们还赶我，你们去会不赶走吗？”

（关于社会主义教育运动的报告 1964.8）

“敌人和基层干部混在一起，斗争很激烈，你下去后，不一定就斗倒犯错误的干部和四类分子，一开始优势在他们方面，因他们有组织、有准备、并且有一套对付工作组的办法……”。

（关于社会主义教育问题的报告 1964.8.）

“几十年，二十年，十年搞完四清。”

（关于社会主义教育问题的报告 1964.8）

2．全面否定“前十条”，叫嚷全国四清运动“打了败仗”，“过去的工作队太右了”

全国四清运动在一年多的时间里，基本上打了败仗，“都沒有走上路”，“连一个公社也沒有搞好”。

（对广西自治区四清运动的讲话 1964）

四清运动沒有搞好，“这是全国性的”，问题在于“只要领导清醒，……出了问题也不要紧，可以解决的。”

（对中组部、中监委、公安部等单位领导干部的谈话 1964.10.15）

〔按：毛主席亲自主持制定的《前十条》的革命路线，使四清运动在全国范围內，取得了伟大的成绩。刘少奇全面否定四清成绩的目的，是为了推行他的一套形“左”实右的机会主义路线。〕

“过去一年四清五反有积极作用，至少起了刹住歪风的作用，起了推动生产的好影响，但多数搞得不深不透，甚至是根本沒有入门。就是说，过去一年多在革命斗争中打了败仗，不是打胜仗。过去的工作队太右了，有的把坏干部放下去，有的作了许多限制，不让他们放手发动群众，不让工作队与严重四不清现象作斗争，相反，有的工作队被他们赶回来。”

（关于社会主义教育运动的报告 1964.8）

“现在是靠听汇报看表报领导工作，或者是打电话领导工作。……地方党委、包括中央在內，中央各部门都沒有真正蹲点，凭表报汇报电话领导工作，这样行不行？而且区委、公社党委也凭汇报，不找群众谈话，只找基层干部谈一谈拿个表回来了。……中央许多工作会议，是听各省汇报，然后决定政策，不是凭自己蹲点发现问题然后解决。”

（关于社会主义教育问题的报告 1964.8.）

3．歪曲四清运动的性质，吹捧“桃园经验”，泡制形“左”实右的机会主义路线

“四清运动要解决的是：四清与四不清的矛盾，党內外矛盾的交叉，敌我矛盾与人民內

部矛盾的交叉。”

（对中央及北京干部的报告　1964）

“要么是四清改造四不清，要么是四不清改造四清。”

（关于蹲点问题的报告　1964.1）

“《关于一个大队的社会主义教育运动的经验》，是王光美同志在河北省委工作会议上的报告记录，是在农村进行社会主义教育的一个比较完全、比较细致的典型经验总结。文字虽长，但是好读。”

“桃园大队的经验是有普遍意义的。但是，各个地方，各个大队的情况，又是各不相同的，都有他的特殊性，所以主观上不要先有框框，一切从实际出发，有什么问题解决什么问题。”

（王光美“经验总结”的批示　1964.9.1.）

〔按：资产阶级分子王光美的所谓“经验总结”，是一个形“左”实右的机会主义的代表作。刘少奇盗用中央名义批转全国，流毒很广，影响极坏。“有什么问题解决什么问题”，这是一个修正主义的口号。这个口号歪曲了四清运动的两条道路斗争的实质，掩护党内走资本主义道路的当权派过关，把四清运动引上了邪路。〕

“组织坚强的工作队。在每一个点上开展社会主义教育运动都必须要有上面派去的工作队。整个运动都由工作队领导。”

（关于农村社会主义教育运动中一些具体政策的规定〈修正草案〉）

〔按：“后十条”是刘少奇一手泡制的。这里所指的“组织坚强的工作队”，就是打人海战术，大搞包办代替。〕

“貧下中农组织的建立，必须采取访貧问苦，扎根串连，随着运动的深入，由小到大，逐步发展的方法。关鍵是扎根子。首先吸收的，应当是立场好，劳动好，热爱集体，觉悟较高，政治纯洁的貧、下中农。对于一些缺点较多，立场不好劳动不好的貧、下中农，应当经过教育和考驗之后，再分批接受。访貧问苦、扎根串连、深入地发动貧、下中农群众，是运动中间组织农村阶级队伍的最根本的工作。”

（关于农村社会主义教育运动中一些具体政策的规定〈修正草案〉）

“工作队进村后，要进行一些秘密工作，只有扎根串联，他们不怕了，才能讲话，……每期运动扎根串联的时间，至少一、二个月。”

（对中央及北京干部的报告　1964）

“登记党员要集中力量搞，全党这么多党员，不集中搞，搞不好。”

（在全国组织工作会议上的讲话　1962）

〔按：这次会议在八届十中全会之后举行，刘少奇根本不传达毛主席关于阶级、形势、矛盾的重要指示，反而“集中力量”搞“登记党员”。1963年4月召开的全国组织工作座谈会，仍确定继续大搞登记党员，直到1965年刘少奇还指示山东省委第一书记谭启龙继续搞登记党员。刘少奇不仅离开阶级斗爭孤立地搞党员登记，而且重点不是对准党內走资本主义道路的当权派，而是把主要锋芒指向一般党员。这显然是以登记党员来转移四清运动的重点，对抗城乡社会主义教育运动。〕

“如果不整頓党的组织，社会主义教育运动就不能順利进行。”

（刘少奇主持制定的“后十条” 1964.9.）

〔按：1963年5月杭州会议上，毛主席亲自主持制定的第一个十条中说：“这十个问题解决了或者基本上解决了，也就把农村党的基层组织基本上整頓好了。”而刘少奇把整党放在第一位，把它说成是社教运动能否顺利进行的前提。刘少奇抗对毛主席，对抗社会主义教育运动的狼子野心，不是暴露无遺了嗎！〕

“为提高农民的觉悟，进一步巩固集体经济，在运动中认眞地恰当地解决公私关系问题和社会主义与资本主义两条道路斗爭的问题，是非常重要的。许多地方抓紧进行了这項工作，收到了好的效果。这是团结百分之九十五以上农民群众的一个重要步骤。”

（关于农村社会主义教育运动中一些具体政策和规定〈修正草案〉）

〔按：刘少奇别有用心地提出“解决公私关系问题”，转移斗爭鋒芒，大整社员群众，掩护党內走资本主义道路的当权派过关。〕

“在‘四清’和退賠基本都完成了以后，干群矛盾基本解决了，群众洗澡就成了社员的要求……包括小偸小摸呀，搞了一两次投机倒把呀，什么歪风歪气呀，迷信呀，买卖婚姻呀，光顧自己不顧集体呀。”

“有些貧下中农对于干部多吃多占，批评尖锐，可是他们当选为貧下中农代表，说话吃香了，也占起小便宜来，分东西的时候，他们也多拿点，把自己的自留地往外拱一点……闹得影响很不好。”

（王光美：《关于一个大队的社会主义教育运动的经驗总结》）

“在农村基层干部中，有许多人犯有大大小小的错误，不仅有经济上的“四不清”，而且有敌我不分丧失立场、排斥貧农下中农、隐瞞成分、伪造历史等等政治上和组织上的“四不清”，其中有一些人的错误比较严重，甚至已经蜕化变质，成为阶级敌人的代理人和保护人。此外，还有少数的地、富、反、坏分子混入了干部队伍。应当看到，问题是严重的。

“团结百分之九十五以上的农村干部，首先要把百分之九十五以上的农民群众发动和团结起来。百分之九十五以上的农民群众团结了，团结百分之九十五以上的干部才有了可靠的群众基础。”

（关于农村社会主义教育运动中一些具体政策的规定《修正草案》）

〔按：刘少奇把团结绝大多数群众与团结绝大多数干部分割开来，对立起来，就是

恶意离间党群和干群关系，保护走资本主义道路的当权派过关。〕

“一般退赔并不困难，干部都有四大件，他一卖就可以退了。”

（对中央及北京干部的报告 1964）

〔按：主张彻底退赔，用小恩小惠去笼络群众，其结果就必然把清经济放在清政治之上，这是反革命的经济主义。〕

“贪污盗窃的赃物，不论多少，必须彻底退赔。对于犯投机倒把错误的人和放高利貸的人（包括社会上的和农民中间的这样的人），必须按照法律和政策，或者要他们补税，或者要他们退息或者罰他们的款，或者沒收他们的不义之財。总之，不能使犯有这些错误的人，在经济上占到便宜，以便使他们得到教训，不敢再犯。”

（关于农村社会主义教育运动中一些具体政策的规定〈修正草案〉）

〔按：刘少奇不是强调狠抓阶级斗爭，从政治上打击贪污盗窃、投机倒把行为，而仅仅片面主张从经济上加以惩罰，眞不愧为道道地地的反革命经济主义者！〕

八　推行修正主义教育路綫
反对毛主席的无产阶级教育路綫

1．鼓吹只专不红成名成家，胡说“革命是搞得差不多了”，“今后搞什么都要专门知识，专门技术”

“革命是搞得差不多了，敌人已被打倒，在中国的帝国主义与封建主义都被打倒了。只剩下一个资产阶级，对它是有办法的，可以教育改造的。要你们去，不是让你们学习关于这个问题。你们的学习任务，是建设，是使国家工业化，克服中国的落后现象。”

（给暑期留苏学员的讲话 1952.7.29.）

“目前首先要在国内把俄文准备好，其次还有政治。主要是这两样，希望你们到那里搞好关系，学好一门技术。到那里要按紀律办事，好好学习。祝你们都以五分毕业回来，让步一点，是四分，三分就不好了，两分的话，自己就捆被包回来。回来后还可以做点事，吃点飯。……今后搞什么都要专门知识，专门技术，每人要学好一两门技术就行。”

（给暑期留苏学员的讲话 1952.7.29.）

“要花钱送你们出国去学习……国内培养人材要花钱，国外培养也要花钱。等你们都学成了出来为人民解决实际问题时，所花的钱也就賺回来了。”

（给暑期留苏学员的讲话　1952.7.29.）

“只要能学好，花点钱并不算什么，今后搞什么都要专门知识，专门技术。像我们这样，过去所熟习的，渐漸閑下来沒有用了，但不会干的，还得去干。困难很多，等你们学四、五年回来后，就好办一些了。每人要学好一两门技术就行，并不要一个人解决所有的问题。”

（给暑期留苏学员的讲话　1952.7.29.）

“不送你们去的话，五年可省四千二百万卢布，大約二百多万美金。……这几个钱不能不花，花了也只等于一个大工厂的零头。如果有五千个从苏联回来的学生送到工厂里去，就会使工作少犯错误，提高生产，本钱就捞回来了。无论干什么事，都得打个算盘才行。”

（给暑期留苏学员的讲话　1952.7.29.）

“中国人，特别是中国学生的自由主义很厉害。到苏联去了之后，各方面的紀律都很严格。中国的资产阶级是自由主义惯了，紀律加上头上总是觉得不好受，甚至觉得是侮辱他们的，这是要不得的。不要自由主义，要有组织。那里的学校也有社会群众组织，也会有党团组织。到那里后，要按紀律办事，好好学习。”

（给暑期留联学员的讲话　1952.7.29.）

“苏联的大学是比中国的办得好。……。我们不是要你们去学习高深莫测的东西。而是要你们学会实际的东西，回来解决中国的实际问题，如把三輪车变成汽车等等。”

（给暑期留苏学员的讲话　1952.7.29.）

“现在大学毕业生有九十万，毕业后要当工程师的。现在工程师还不多，毕业后都可以当。”

（和柬埔寨付首相宋双的谈话　1963.）

“只有劳动的汗水才能把自己身上的资产阶级思想洗掉，这句话不能这样讲，马克思、恩格斯都是资产阶级出身，他们沒有用劳动的汗水洗嘛！他们的思想也不是用劳动的汗水洗清的。许多貧雇农干部，虽然洗了汗水，还有变质的嘛！有的洗了汗水不见得洗清，有的沒有洗汗水也可以洗清。”

（在汇报大庆矿区建设问题的宣传报告时的插话　1962.2.）

“只专不红，那只有一手。不红……即或可以工作，但不能当领导”

（同王光英一家谈话紀要　1960.1.31.）

（按：毛主席一再教导我们要政治挂帅，突出政治，而刘少奇却大唱反调，宣扬只要不当领导，不红也可以工作。）

“政治教育沒有什么可搞的，可以留些挑皮搗蛋的人作反面教员，可以经常搞点人去受政治教育，否则就沒事可作了。”

（在汇报大庆矿区建设问题的宣传报告时的插话　1962.2.）

2．鼓吹“教育救国”，反对教学改革，扬言“不愿意废除的，就可以不改”

“有人提出疑问，是工业救国，还是教育救国。其实两者并不矛盾，在这种情况下，沒有教育救国，就沒有工业救国。”

（对教育部的指示 1956.6.）

“普及教育还不是那么紧，当前还是高等教育，还是专家问题。”

（对教育部的指示 1956.6.）

“全日制学校也是需要的，还得好好办。”“大概要搞一百年，二百年，三百年。”

（对教育部的指示 1956.6）

“学校中必须强调教学，行政工作为教学服务，校长负责制，改为校长责任制，要肯定向这方面做。”

（对教育部的指示. 1951.3）

“在学校內决定一切的问题是教员。”

（对教育部的指示 1956.6.）

“政治课內容要讲比较完全的政治知识”，教材要以“苏联课本为基础。”

（对教育部的指示 1951.3.）

“教条要学，圣经要学，问题在于运用。”

“历史课本沒有教材，资冶通鑑也可以读。”

（对教育部的指示 1956.6.）

“教学年限，我主张不好规定死为几年，要规定总学时，学成就行，年限可长可短，三年可以，五年也可以。”“大学、中等技术学校，到底多少年就够了，要按学时算，该几年就几年。总之质量不要降低，降低人家就说话了，不要规定几年，必须学完哪些课程。”

（关于农业教育的指示 1957.7.20.）

“大学文科坚决搞半工半读，实在不通的，算了，也不要强迫，……就让他们念全日制毕业，……不愿意废除的，就可以不改，一部分不愿意改的，就改一部分，……大学的教员就算了，不通的也可以保留下来。”

（在中央政治局扩大会议上的讲话 1958.5.30.）

“大学文科要办半工半读，现有的学生思想不通，让他们毕业算了，脑力劳动和体力劳动的差别是几千年造成的，不要强制别人接受。”

（在全国农村半农半读教育会议上的讲话 1965.）

3．宣扬修正主义的教育路线，反对毛主席的教育路线，胡吹自己“所设想的劳动制度和教育制度是符合马克思的话”

“最近，我们想出一个办法。我们对他们说开办半工半读、半农半读学校，一半时间做工、耕地，一半时间读书。你们自己搞飯吃，自给自足，国家补助一些，一年可以读半年。一天可以讀半天。这样你们可以不断升学。小学毕业可以升中学，中学毕业可以升大学。”

（和柬埔寨付首相宋双的谈话 1963.）

〔按：毛主席对我国的教育制度作了英明的指示：“以学为主，兼学别样，即不但学文，也要学工、学农、学军，也要批判资产阶级。学制要縮短，教育要革命，资产阶级知识分子统治我们学校的现象，再也不能继续了”。刘少奇提出的所谓“两种教育制度”，是完全与毛主席的教育思想相对抗的。这实际上是为了抵制轰轰烈烈的教育大革命，妄图使资产阶级的教育制度永世长存，为复辟资本主义开闢道路。〕

“实行这种劳动制度和学校制度的结合，在当前来讲有好处。就是用这种学校制度和劳动制度结合，使我们有可能普及教育，而国家能够负担得起，家庭也能负担得起。

………………

“现在小孩子是要求升学，他不讀书就不要求升学，文盲他不一定要求升学。书讀的越多，越要求升学。少讀一点，他不那么要求升学，讀多了，他更要求升学。我看这个要求是正当的。我们应该设法滿足他们的这种要求。……

“现在我们全日制的小学、中学、大学，还不能減少。照现在这样办还是必要的。但是，是不是可以不增加。”

（关于两种劳动制度与两种教育制度问题的谈话　1964.8.22.）

“我建议每一个省、市、自治区，每一个大中城市都着手试驗，试办这种学校，以便在五年之后，总结经驗，扩大试驗，十年以后能够取得比较成熟的经驗，普遍推广。

………………

“今后，这种半工半讀、半农半讀的学校，成为我们中国的主要学校，主要教育制度，逐步地代替现在的全日制小学、中学、大学和中等技术学校。大体在五十年之后，或者到一百年，把它代替完，看行不行。”

（关于两种劳动制度与两种教育制度问题的谈话　1964.8.22.）

“为了着手办这个事业，进行试驗，认真试驗。现在叫谁来办呢？你叫教育厅来办，他现在搞全日制学校已经忙的了不得，叫他搞，他就挤掉啦。他沒有时间做这个事。你叫工业厅来办吗，工业厅他就是搞生产，教育他不管。工业厅也不管，教育厅也不愿管，厂长也不愿意办，农场场长也不愿意办。为了要眞正办这件事，着手试驗这件事，我看要设个新的机构来办这件事，给飯给他吃。”

（关于两种劳动制度与两种教育制度问题的讲话　1964.8.22）

“如果我们办这种学校，现在就要试驗出一套来。有经驗了，在农村里面，城市里面都这样办，将来能够推广，大批推广。可不可以这样设想：再过五十年到一百年，中国的工人阶级，有百分之七十到八十的普通工人是中等技术学校毕业以上的水平，或者是大学毕业。农民呢？有半数又是中等农业技术学校毕业的水平。可不可以这样设想？”

（关于两种劳动制度与两种教育制度问题的谈话　1964.8.22.）

“我觉得这些从中等技术学校毕业的、半工半讀毕业出来的，已经是我们的一种新的人了。这些人跟我们不一样，跟你们不一样，跟现在的工人也不一样，跟现在的农民也不一样，跟现在的知识分子也不一样，跟地主、资本家当然不一样。那么他们是一些什么人？就是在我们新社会里面重新教育出来的一种新人。

………………

“这些人既能脑力劳动，又能体力劳动，他们可以当厂长、当车间主任、当党委书记、市长、县长等等。他们都可以当嘛，他有这个文化水平。但是，他们当了厂长、车间主任、党委书记、市长、县长等，一律不脫离生产。当了也不脫离生产，半脫离生产，半天劳动、半天坐办公室。这是体力劳动者和脑力劳动者是一个了。就他们来讲，他们脑力劳动、体力劳动的差别已经消灭了，既能脑力劳动，又能体力劳动，沒有什么差别了。”

（关于两种劳动制度与两种教育制度问题的讲话 1964.8.22.）

“这是我讲的远景，我们的发展方向。这也是社会主义建设，社会主义教育创造新的人。如果我们不采取这个措施，很难免不出修正主义。再过二、三十年，你还不大批搞，那要出修正主义。出了几百万知识分子，都是要修正主义的。工人、农民自己文化不够，那个时候怎么办？我们也死了，大概你们这些人再过二三十年，也不在世啦。他就要搞修正主义，那有什么办法，相当沒有保证。我看实行这个办法，培养几百万、几千万、上亿、几亿这种半工半讀、半农半讀的学生，他们靠得住。你们要搞修正主义，他们就是工人阶级，就是农民，他们不贊成。你们要搞，你下来，我搞。你当权，我也可以当权。他也可以脑力劳动嘛，是不是呀？”

（关于两种劳动制度与两种教育制度问题的讲话 1964.8.22.）

“中国会不会出修正主义，资本主义在中国会不会复辟，这还是一个问题。在实践中还沒有完全证明，不会出现修正主义，不会出现资本主义复辟。我们要努力避免出修正主义和资本主义复辟。有什么办法避免呢？最根本的就是三条措施：一是社会主义教育运动，一定要坚持到底；二是改革教育制度，搞半工半讀、半农半讀，全日制也要改革，还要发展业余教育；三是干部参加劳动。到目前为止，只想到这三条。”

（在全国半工半讀教育会议上的讲话 1965.11.）

“从长远来讲呢，这种学校制度跟劳动制度结合，可以初步地消灭脑力劳动同体力劳动的差别。这是一个最大的问题。一九五八年我到天津，在那里讲了一次。他们那个时候的热情很高，呼隆呼隆就办起来了。在工厂里面办了一百多个，各种形式的，各种各样的都有。最近几年让他们自生自灭，沒有人管他们了，大批垮台了。”

（关于两种劳动制度与两种教育制度问题的讲话 1964.8.22.）

“我所设想的劳动制度和教育制度是符合马克思的话”

“我想，列宁讲的也是这种又劳动又讀书，半工半讀学校。”

（在湖北省委扩大会议上的讲话 1964.8.7.）

〔按：所谓“两种劳动制度与两种教育制度”完全是彻头彻尾反马克思列宁主义的，刘少奇为了推銷他的黑貨，竟然打着马克思、列宁的旗号，这是典型的打着“红旗”反红旗！〕

“全日制学校的改革也要抓。这个问题毛主席去年春节时就提出来了，还沒有解决。請高教部、教育部准备。如何改革，再开一次会，看不准，千万不要瞎指揮。”

（在中央政治局扩大会上的讲话 1965.11.）

〔按：“看不准，千万不要瞎指揮，”这是对我们伟大领袖毛主席的恶毒攻击！〕

九　泡制資产阶级反动路綫
破坏无产阶级文化大革命

1．反革命《二月提纲》的幕后策划者

反革命修正主义大头目彭眞在1966年1月21日供认，《二月提綱》“我向刘少奇同志专门汇报了。”

刘少奇在此后即说什么：“写文章要慎重，要有高水平，要写出高明的东西，这是打笔墨官司，不要辱駡！”

〔按：反革命的《二月提綱》即《五人小组汇报提綱》，在泡制过程中是在刘少奇家里討论通过的。后来又在他一手策划和支持下，盗用党中央的名义，发到全国，影响极为恶劣，极为深远。他们企图通过这个彻头彻尾的反革命修正主义綱领，把这场严肃、尖锐的政治斗爭，引向“純学术批判”，以转移革命斗爭的大方向，直接对抗和破坏毛主席亲自发动和领导的无产阶级文化大革命。〕

2．扼杀全国第一张马列主义大字报的刽子手

〔按：因未收集到刘少奇的原话，因此这一节是用叙述的方法来写的。〕

以毛主席为首的党中央，于1966年4月16日，撤消了“文化革命五人小组”；5月4日，处理了彭、陆、罗、杨反革命修正主义集团；5月16日，撤消了彭眞盗用中央名义对《二月提綱》的批示，并彻底批判了《二月提綱》。无产阶级文化大革命的进军号吹响了，“三家村”、“四家店”被揪了出来，他们的反革命修正主义面目暴露在光天化日之下。首都大专院校酝酿已久的革命烈火，处在一触即发之势。

5月25日，聂元梓等同志貼出第一张大字报，毛主席誉为“全国第一张马列主义的大字报”，“二十世纪六十年代北京公社宣言”。而刘少奇却站在资产阶级的反动立场上，派出推行资产阶级反动路线的急先鋒李雪峰，当天晚上去北大，大讲什么：“党有党纪，国有国法”呀，要“內外有别”呀，等等。挑动群众围攻革命派，妄图将聂元梓等同志点起的革命之火扑灭下去。李雪峰的幕后指挥者就是刘少奇，刘少奇是扼杀全国第一张马列主义大字报的刽子手。

一声春雷，我们伟大的领袖毛主席，看到聂元梓等同志大字报的当天（六月一日）就决定广播全国。文化大革命的星星之火，正形成燎原之势。刘少奇面对着革命的大好形势，害怕得要死，他为了保他自己和保他的黑司令部中的一批走资本主义道路的当权派，千方百计

地来破坏无产阶级文化大革命。就在毛主席决定广播聂元梓等同志大字报之后，仅隔两天即六月三日刘少奇、邓小平匆匆忙忙抛出了一个所谓中央八条，大讲什么“注意泄密”呀，“不要上街”呀，“不要把大字报贴到街上去”呀，要“内外有别”呀，等等。很清楚，它的矛头完全是針对毛主席和革命群众的。他们划框框，定调子，下禁令，貼封条，把种种枷鎖套在革命群众的脖子上，妄图把轰轰烈烈的文化大革命打下去。刘少奇眞何其毒也。

3．大派工作组，实行白色恐怖，破坏无产阶级文化大革命

刘少奇乘毛主席不在北京的时机，公然违背毛主席“不要匆匆忙忙派工作组”的指示，大力拼凑人马，向全国大派工作组。

“学校情况复杂，学生左派右派都起来了，右派以左的面目出现，要赶工作组，现在更离开不得，派工作组是过去搞运动的成功经驗、校党委烂了要派工作组夺权、校党委问题少，也得派工作组去帮助领导。”

（关于工作组问题的谈话　1966.6.-7.）

“校党委不起作用了，沒有党的领导不行，工作组就是代表党的领导。”

（关于工作组问题的談话　1966.6.-7.）

“现在谁也沒有经驗，新工作拿不出章程，对工作组是帮助问题，不是撤出问题。”

“工作组不能不要，人不要那么多是可以的。”

（关于工作组问题的谈话　1966.7.）

胡说“违反工作组指导”，就是“听黑帮的话”，

“搞地下活动”，就是“非法的反革命活动”，就是“坏分子”

“写大字报的人（指革命学生何方方）就是打着“红旗反红旗”。

“他（指何方方）是在搞地下活动，违反工作组的指导，……把文化革命搞乱”。

“他们（指何方方陈永康等）到底对不对？什么人在指挥，不听党的话，听谁的话？肯定听黑帮的话，搞地下活动，非法地煽动群众，是非法的反革命活动。”

“揭露何方方反动面目，……把他孤立起来，……他们那边肯定有……前（北京）市委或高级干部”。

“可以讲何方方为坏分子……压倒何方方他们”。

（对师大一附中工作组和刘平平（刘少奇的女儿）的“指示”　1966.6.）

（按：一九六六年六月八日工作组进入师大一附中。六月二十日该校高三学生何方方、陈永康等貼出《揪出鉆进我们肝脏的牛鬼蛇神》的革命大字报，大字报中尖锐的提出：“不论什么人，不管他的后台多大，资格多老，只要不符合毛泽东思想，我们坚决的把他揪出来……”。刘少奇的黑指示，完全是压制革命群众的。刘少奇镇压无产阶级文化大革命的反动面目不是暴露无遺了嗎?!）

“暂时群众分裂一下也不要紧，（不要）怕反革命上台。蛇出了洞，就好打了，刚出了个反革命，你就一錘子，就打不到。”

（同北京建筑工业学院工作组的谈话　1966.8.4.）

“你怕反革命上台……应该让他们活动，让他们整党员，就暴露了他们。”

（同北京建筑工业学院工作组的谈话　1966.8.4.）

〔按：正是暴露了你这个中国的赫鲁晓夫刘少奇。〕

恶毒攻击红卫兵运动

“红卫兵是秘密组织，也是非法的。”

（对师大一附中工作组的“指示”　1966.6.-7.）

〔按：在文化大革命中，出现了伟大的新事物——具有革命造反精神的非常战斗性的红卫兵运动。红卫兵运动一出现，我们伟大的领袖毛主席，就给予极大的支持，极大的关怀，极大的鼓午。但是，这个镇压无产阶级文化大革命的罪魁祸首刘少奇，却对革命的红卫兵运动，刻骨仇恨，恶毒攻击，眞是反动透頂！〕

叫嚷要“恢复党团活动”，大搞秘密“排队”，反对革命串联

“老师不许开密秘会，同学也不许。（刘少奇，你岂能阻挡革命的串联？岂能阻挡革命的洪流？）……只许开一种密秘会，就是北京市委传达指示（只许党员开），工作队，革委会的给群众排队可以秘密，这是必要的，但也要少数同学参加，告訴他们保守秘密。”

（对师大一附中工作组的“指示”　1966.7.14.）

“有党员有团员，党团支部，总支书记，总支委员，组织改选，原支委、原支书，你们不喜欢，可以改选，如暂时成立不起来，可以成立临时的……选不出来成立临时支委。”

“院党委要改组，开全院党员大会，要改选出来，就选出来，选不出来暂时慢些，把旧的院党委、院团委选出。临时的院党委，院团委选不出来也不急，等一时再由你们选，院党委能改选就改选解决。”

（在北京建筑工业学院的讲话　1966.8.3.）

“改组支部，群众和党员一起开会，不开秘密会议，恢复活动。”

（同北京建筑工业学院工作组的谈话　1966.8.4.）

〔按：刘少奇如此急于恢复党团活动，是企图通过他们所窃取的党权，把无产阶级文化大革命打下去！〕

竭力推销镇压“六、一八”的反革命经验，

把“学生的革命行动”污蔑为“反革命”

（我）“批发了北大工作组的错误作法，（仅仅是作法嗎？否！这是地地道道的路线错误。北大工作组即是刘邓直接指挥的推行资产阶级反动路线的典型。）认为学生的革命行动是反革命，这就给全国定了基调，……发生了不好的影响。”

（刘少奇的检查　1966.10.23.）

〔按：1966年6月18日，北大革命师生自己起来闹革命，对全校的牛鬼蛇神，展开了一次声势浩大的斗争。这完全是革命行动，好得很！而刘少奇派去的干将、反革命修正主义分子、北大工作组长张承先，却颠倒黑白，混淆是非，把革命群众打成反革命，把革命的“六、一八”事件，打成反革命事件。刘少奇、邓小平把镇压“六、一八”的反革命经验，视为至宝。他们立即加批了所謂“中央指示”，说什么“别处发生了类似情况也要照此处理。”这不仅是“给全国定了”反革命的“基调”，而且是刘邓司令部向全国发出了围剿革命派的总动员令。于是，从北京到全国都掀起了一股反革命逆流，什么大抓“游鱼”呀，什么“假左派真右派”，“伸手派”呀，什么“反革命”“坏分子”“牛鬼蛇神”呀，等等。在五十多天里，刘邓黑司令部对革命群众实行残酷的资产阶级专政，大搞白色恐怖，在全国造成极其恶劣的严重后果。只是由于我们伟大的导师、伟大的领袖、伟大的统帅、伟大的舵手毛主席，及时扭转了方向，才使刘邓的资产阶级反动路线日益土崩瓦解。〕

妖婆“蹲点”清华，一片白色恐怖

“一、把蒯大富当作活靶子来打；

二、批倒了蒯大富，才能巩固工作组的地位；

三、资产阶级不给我们民主，我们也不给资产阶级民主。”

（对清华工作组的三点“指示”1966.7.3）

〔按：1966月6月21日，刘少奇派了夫人、妖婆王光美“蹲点”清华，作为一个工作组的不普通的“普通”成员。清华的革命群众反对工作组，革命闯将蒯大富是大反工作组的代表人物。于是蒯大富成为工作组的眼中釘，肉中刺，成为“自己跳出来的牛鬼蛇神”。刘少奇找到了这个“活靶子”，马上指使王光美大搞所谓“排除干扰的斗争”，把蒯大富打成“反革命”，开除蒯的团籍，不给蒯人身自由。对蒯大富所代表的革命派，实行资产阶级专政，清华园里笼罩着一片白色恐怖。清华大学工作组是刘少奇直接控制下的消防队，是刘邓资产阶级反动路线的又一个典型。〕

4．包庇彭陆罗杨反革命修正主义集团，顽固坚持资产阶级反路动线

“彭真实际上是副总书记，常参加核心领导活动，公安、政法、人大常委、北京市委的工作归他管的。几次参加对外活动。这个人有些工作能力，过去也犯过大的错误，有严重的宗派情绪，犯过王明路线，主席和我们多次批评他，但是对他还是信任态度，他运用我们党对他的信任，作了不少地下活动。”

“罗瑞卿是军委秘书长，总参謀长、国防部第一副部长，林彪的接班人，可是他讨厌、害怕林彪同志。林彪同志威信高，水平高，讲的话非执行不可，这样就干扰了他，就不能顺

当办事，因此他很恨林彪同志……。”“此人盛气凌人，鋒芒毕露，对老的元帅，老干部都加以排斥，他是专搞一言堂，不听别人的意见……到处突出个人。”

“陆定一不宣传毛泽东思想，也不让别人宣传毛泽东思想，说学毛著是‘簡单化’、‘庸俗化’、‘实用主义’,反对毛著进课堂，长期反对毛泽东同志的文艺路线……。”“反对教条主义，不反对修正主义，反对宗派主义，不反对投降主义，反左不反右。”

杨尚昆是“严重违反党紀和国家綱紀。”

（关于彭陆罗杨反党集团对党外人士的讲话 1966.6.27）

《红旗》杂志七月份发表文章揭露和批判周扬，刘少奇急如星火地派人打电话并专门派人去周那里“撫慰”，说什么“先养病”,“不要紧张”等等。

“至于怎么进行无产阶级文化大革命？你们不大清楚，不大知道，就问我们：‘革命怎么革？’我老实回答你们，誠心地回答你们：‘我也不晓得。’我想党中央其他许多的工作人员，也是不知道，主要要靠你们革，要靠各学校的广大的师生员工在革命的实践中间来学会革命。”

“不只是错误的意见是少数，正确的意见也可能变少数，我是有亲身经历的嘛，我有的意见提的并不错，讲的并不错嘛，结果是少数。”“沒有犯错误，人家也说你错了，是不是？鬧得自己也莫明其妙。”

（在北京市大专学校和中等学校师生文化大革命积极分子大会上的讲话 1966.7.29）

〔按：刘少奇顽固地坚持资产阶级反动路线，死不悔改，仍然大肆宣扬自己的意见“并不错”，准备反攻倒算。〕

“派工作组是中央决定的，中央同意的。”
（在北京大专和中等学校师生文化大革命积极分子大会上的讲话 1966.7.29）

〔按：派工作组是刘少奇、邓小平决定的。刘少奇在这里反咬一口，把责任推给以毛主席为首的党中央。〕

“当时许多方面要求派工作组，特别是报导了北大派工作组，但后来要求更强烈了。”

（刘少奇的检查 1966.10.23）

〔按：刘少奇死不承认错误。他把派工作组的责任，或者向上推，推给以毛主席为首的党中央，或者向下推，推给群众。〕

时间：1966年8月4日
內容：刘少奇同北京建筑工业学院工作组的谈话
到会者：阎退（工作组长）、戚本禹（中央文革小组成员）等戚："有人反映你们（指工作组）还有活动。"
刘："调査嘛？"
戚："可以调查。"
刘："不必调查了。"

〔按：在中央下令撤銷工作组后，刘少奇仍然包庇工作组，公然拒绝中央文革对工作组非法活动的调查。〕

"对于群众运动不要发表自己的意见，这样虽然不能满足群众要求，最多也只能这样处理。"

（刘少奇的检查　1966.10.23）

〔按：这完全是疯狂反扑。难道刘少奇的错误是因为对群众运动发表了自己的意见嗎？根本不是，而是压制群众，把革命群众打成反革命，实行资产阶级专政。〕

"7月28日晚，刘少奇異常激动地对我和王光美说：一、现在不是要检討嗎？要我到你们学校去检討嗎？要我到你们学校去检討也可以，去就去，沒有什么可怕的。二、工作组的工作是当着大家面做的。（意思就是说，是好是坏，大家都能检驗出来。）三、工作组现在也沒有什么事情了，你们就劳动，帮助抄大字报，扫扫地，这样别的同学也就不会说你们是当官做老爷了。四、仍然认为蒯大富是自己跳出来的，而不是工作组把他打成反革命的。"

（刘涛（刘少奇的女儿）的检查　1966.12）

当刘涛起来揭发刘少奇的问题时，刘少奇威胁刘涛说："中南海有中南海的紀律，从这里知道的事，不许对外讲。否则就别跑中南海。"

（刘涛的检查　1966.12）

十　吹捧苏修　贩卖苏修黑貨

1．为苏共二十大大唱颂歌，叫嚷"坚定不移"地学习苏修

"今年二月举行的苏联共产党的第二十次代表大会是具有世界意义的重大政治事件。它不仅制定了规模宏伟的第六个五年计划，决定了进一步发展社会主义事业的许多重大政策方針，批判了在党內曾经造成严重后果的个人崇拜现象，而且提出了进一步促进和平共处和国际合作的主张，对于世界紧张局势的和緩作出了显著的貢献。"

（八大政治报告　1956.9）

"要同苏联搞好团结，学习苏联经驗，是坚定不移的。学习社会主义经驗，只有苏联一家。"

（向杨献珍、侯維煜的指示　1957.7）

“和苏联专家的关系一定要搞好，搞不好关系，有理无理三扁担，这是政治问题。”

（向珍献杨、候维煜的指示　1957.7）

“在我们的建设事业中，我们应当坚持向苏联学习，学习苏联各項先进经驗，学习苏联先进的科学技术。苏联四十年来积累了丰富的革命和建设的经驗，直到现在，还沒有一个社会主义国家有苏联这样比较完整的经驗。这是苏联人民貢献给全人类的宝貴财产。不重视这种财产，是不利于我国人民，不利于社会主义革命和社会主义建设事业的。要眞正重视这种财产，就应当采取联系中国实际的正确的学习态度。”

（在北京各界庆祝十月社会主义革命四十周年大会上的讲话　1957.11.7）

“在全党展开一个新的学习运动，这是当前最重要的事情。”“全体党员干部，都应该认眞地……学习苏联和其他兄弟国家的社会主义建设的经驗。”

（在庆祝中国共产党成立四十周年大会上的讲话　1961）

2．肉麻地吹捧赫鲁晓夫，贩卖苏修黑货

“苏联人民在以赫鲁晓夫同志为首的苏联共产党中央委员会领导下，正在胜利地实现着全面开展共产主义建设的宏伟的七年计划。苏联在反对帝国主义侵略、保卫世界和平方面，在支持被压迫民族的解放斗爭和被压迫人民的革命斗爭方面，在提高社会主义陣营的威力方面，都作出了巨大的貢献。”

（中国党政代表团访问苏联时的讲话　1960.11.6）

“赫鲁晓夫同志率领苏联代表团，和其他社会主义国家代表团一起，在第十五届联合国大会上作了新的有益的努力，来揭露以美国为首的帝国主义集团的侵略和战爭的政策，揭露丑恶的殖民主义制度，苏联为了和緩国际紧张局势而提出的全面彻底裁军、禁止核武器等建议，获得了全世界一切爱好和平的国家和人民的热烈响应和支持。”

（中国党政代表团访苏时的讲话　1960.12.9）

〔按：在苏修决定撤退在华专家，撕毁合同，赫光头的叛徒面目完全暴露以后，刘少奇还在肉麻地吹捧赫光头，是可忍孰不可忍！〕

“现在苏联人民在以赫鲁晓同志为首的苏联共产党中央委员会的领导下，正在胜利地执行着宏伟的七年计划，开展着全面的共产主义建设，以新的成就吸引着全世界各国广大劳动人民。”

（在莫斯科各界为欢迎中国党政代表团举行的
苏中友好群众大会上的讲话　1960.12.7）

“全世界人民热烈地要求和平，要求实现苏联关于举行最高级会谈，緩和国际紧张局势，裁减军备，禁止使用和试驗核武器的倡议，要求结束殖民统治和制止干涉别国內政，而以美国为首的帝国主义集团却顽固地反对这一切，这就使得美帝国主义在全世界面前愈来愈丧失人心。”

（八大二次会议工作报告　1958.5.6）

“社会主义陣营各国的建设事业，不断地取得新的成就。苏联发射載人宇宙飞船的成功，极大地显示了社会主义制度的优越性。……苏联和其他社会主义国家关于普遍裁军，停

止核试验，缔结对德和约等和平倡议，得到了全世界爱好和平的人民和国家的广泛支持。”

（在庆祝中国共产党四十周年大会上的讲话　1961.7.1）

〔按：“最高级会谈”、“要求结束殖民统治”、“普遍裁军”、“停止核试验”……这全是苏修为了阻挠和对抗世界人民的革命斗争而提出的机会主义、投降主义的路线和口号。刘少奇却全盘接受过来加以宣扬，他的修正主义面目不是昭然若揭了吗！〕

“社会主义阵营的存在和发展，大大地缩小了帝国主义的统治和活动范围，大大地促进了被压迫民族和被压迫人民的革命化，对世界历史发展的总进程能够给予决定性的影响。社会主义国家的建设成就，它们国民经济的发展和科学技术的进步，具有巨大的示范作用。”

（在河内巴亭广场群众大会上的讲话　1963.5.13）

〔按：有了社会主义阵营的“存在和发展”，有了社会主义国家建设成就的“示范作用”，被压迫民族和被压迫人民不必进行革命斗争就能获得解放，这是苏修大肆贩卖的黑货，刘少奇这段话与苏修的黑货又是何其相似！〕

“就是在美国统治集团内部，也有一些头脑比较清醒的人，逐渐认识到战争政策未必对美国有利。”

（在科学院社会科学部学部委员会第四次扩大会议上的讲话　1963.11.19）

〔按：赫鲁晓夫不是也在宣扬什么美国五角大楼里有“明智派”么？刘少奇唱的也是这一个调子！〕

“目前，世界各国人民面临着争取世界持久和平，争取不同社会制度国家和平共处……的伟大任务。”

（在白俄罗斯中央部长会议举行的宴会上的讲话　1960.12.5）

“苏联一贯争取实现不同社会制度国家的和平共处。中国人民坚决支持苏联在国际事务中所实行的这些政策。”

（在莫斯科各界为欢迎中国党政代表团举行的苏中友好群众大会上的讲话　1960.12.7）

“和平共处政策并不排斥任何国家。对于美国，我们也同样具有同它和平共处的愿望。”

（八大政治报告　1956.9.15）

“苏联十五年或十年赶上美国，我赶上英国，那时世界形势就把帝国主义远远落在后面，是永远赶不上了。因此十五年是决定人类幸福生活的十五年，消灭战争，拯救人类。”

（一次报告会上的讲话　1958.）

“目前世界的群众运动（工、青、妇、和大等）最突出最严重的现象是分裂状态，都分成两派。分裂是右派的胜利，我们不能只责备右派，我们要想出一些办法，克服这种分裂状态。其中一种办法就是由中间派出来主持，使左中右坐在一起开会，做到这一条就是胜利。”

（同苏联訪华青年代表团的谈话　1956.6.）

〔按：刘少奇完全抹煞国际上你死我活的阶级斗爭。他这种腔调和赫鲁晓夫、铁托之流叫嚷要使分裂的世界“统一”起来的谬论是一路货色！〕

3．给苏修涂脂抹粉，为苏修的叛徒行经辯护

“我们在革命和建设中，都得到苏联和其他社会主义国家的帮助，也得到全世界劳动人民和各国进步势力的同情和支持。……在这里，我们向伟大的苏联人民和苏联共产党，向其他社会主义国家的人民和兄弟党，向全世界各国共产党和工人党，向斗爭中的各国人民，表示崇高的敬意。”

（在庆祝中国共产党成立四十周年大会上的讲话　1961.7.1）

“这种困难（指我国三年困难时期）的形势是怎样出现的呢？……原因不外乎两条：一条是天災，连续三年的自然災害，使我们的农业和工业减产了，还有一条，就是从五八年以来，我们工作中的缺点和错误。”

（1962.1.27的讲话）

〔按：苏修背信弃义地撤退专家，撕毁合同给我国的经济建设造成了极端严重的后果，是造成我国经济困难的一个重要原因，刘少奇要为他们开脱罪责是绝对办不到的。〕

“我们同修正主义者在世界上的分歧，主要是对帝国主义的命运有根本不同的看法，同我们相反，修正主义者相信帝国主义当前的统治是稳定的……。”

（1962.1.26的讲话）

〔按：在世界问题上，我们同修正主义的分歧主要是在要不要反对帝国主义特别是反对美帝国主义，要不要搞世界革命，要不要支持各国人民的革命斗爭。刘少奇在这里完全是混淆是非，顚倒黑白。〕

“苏联同美帝国主义的矛盾是不可调和的，赫鲁晓夫同中国闹翻，同美帝国主义表示好感，美国就不见得给他们什么好处。他们在有关基本利益的问题上取得妥协是不可能的。”

“我看美国也不一定打中国，他们第一怕的是苏联，不是中国。”

（在哲学社会科学部第四次扩大会议上的讲话　1963.11.13）

〔按：苏修公开投靠美帝国主义，充当它的帮凶的咀脸，刘少奇是掩盖不了的。〕

“估计苏联新领导，比以前有30°的转变。”

（在政治局会议上的讲话　1964.10）

〔按：刘少奇为苏修新领导集团涂脂抹粉是徒劳的。苏共新领导集团完全继承了赫

鲁晓夫的衣鉢，实行沒有赫鲁晓夫的赫鲁晓夫主义，他们只不过是更阴险更狡猾更毒辣罢了。〕

“苏联到底是个什么样的国家，你就很难下结论。苏联共产党到底是什么性质的党，现在也很难下结论。”

（同外宾的谈话　1965.3.17）

〔按：請注意，这是一九六五年三月的讲话。刘少奇究竟站在什么立场，为谁说话，不是一清二楚吗！〕

“你们为我国生产了许多成套设备，提供了大批的设计资料，派遣了优秀专家，并且还为我们培养了许多技术干部和建设人才。这是苏联政府、苏联人民对我国社会主义建设的巨大援助的一部分。請允许我在这里代表中国政府和中国人民对你们这种国际主义的援助表示衷心的感谢和崇高的敬意。”

（在苏共列宁格勒市委员会和市苏维埃执行委员会为中国党政代表团举行的宴会上的讲话　1960.12.4）

4．抹煞马克思列宁主义与现代修正主义的对抗性矛盾，胡说和现代修正主义的大论战只是打打“笔墨官司”

“现在和现代修正主义者还在打笔墨官司。”

（对科学院哲学社会科学学部会议上的讲话　1963.11）

“中国人民经常地说苏联的今天，就是我们的明天。你们的每一个成就都是对中国人民的极大鼓午。亲爱的同志们，我们予祝苏联人民在以赫鲁晓夫同志为首的苏共中央领导下，在建设共产主义的伟大事业中，不断地获得新的更光輝的胜利。”

（在苏共中央、苏联最高苏维埃主席团和苏联部长会议为刘少奇主席和中国党政代表团访问苏联举行的国宴上的讲话　1960年12.7）

“帝国主义说苏联好那就要警惕了。很多人去过苏联，写文章正在说苏联自由化，欣赏苏联物质刺激，说中国才是马列主义，说我们是革命的马列主义，苏联是保守马列主义。这就需要注意，他们在挑拨我们和苏联的团结。”

（和王光英一家的谈话　1960.1.31）

“我们共同的敌人——以美国为首的帝国主义者总是千方百计地企图破坏中苏之间的团结。但是，就像看不到太阳从西边出来一样，他们永远也看不到中苏两个伟大的党伟大的国家伟大的人民之间的分离。我们的团结是由共同理想和共同事业联系起来的，是对共同敌人的共同斗争中发展和巩固起来的，是以马克思列宁主义和无产阶级国际主义为基础的。”

（在莫斯科各界为欢迎中国党政代表团举行的苏中友好群众大会上的讲话　1960.12.7）

十一　大肆鼓吹个人主义
竭力宣扬资产阶级世界观

1．宣扬资产阶级个人主义，胡说“吃点小亏，占大便宜”，“合乎马列主义无产阶级世界观”

“讨小便宜的人吃大亏，吃大亏的人挣大面子。好事让人家些，困难的事我拿来做。这就是要吃点亏，但这是吃小亏。这样，大家都喜欢你，都相信你。相反地，处处占便宜，结果被做个结论：爱占小便宜，不可靠。”

（给暑期留苏学员的讲话　1952.7.29）

“吃点小亏，占大便宜，是向相反方向发展的规律。……整天考虑个人不会有个人利益，不考虑个人则最后有个人利益。占小便宜，吃大亏，吃点小亏，占大便宜，这是合乎马列主义无产阶级世界观的。”

（同王光英一家谈话纪要　1960.1.31）

“是占人点便宜好，还是吃点亏好？我看要宁愿吃点亏。人家不干的，你干，这不是吃了亏嗎？要宁愿吃这个亏，这叫吃小亏，，占大便宜。”

（同王光英一家谈话纪要　1960.1.31）

“与人接触时，情愿吃点亏，遇到困难，人家不愿做的事我做，任劳任怨，最后大家说你是个好人，大家愿与你交朋友，将来还有大发展。”

（同王光英一家谈话纪要　1960.1.31）

“社会主义条件下，一心一意为个人利益的人，是搞不到个人利益的，一心一意为人民服务，只顾一头，反而会有两头。”

（接见民建，工商联常委的谈话　1957）

“全心全意为人民服务，个人利益就会来。反之，不顾国家、人民利益，个人利益也是顾不到的。在社会主义社会条件下，一心一意搞个人利益的人是搞不到个人利益的。相反，一心一意为人民服务的，人民是会给报酬的。”

（接见民建、工商联领导人时的谈话　1960.2.12）

“工商业者家属要多参加街道工作，不管什么工作，先参加一点再讲，不要选择工作的大小、貴賤，而是做了再说。……我们党提倡所有党员和干部都要以普通劳动者的身份参加生产劳动，目的不在于创造多少价值，而在于改变群众观感。……工商业者和家属凡是有可能的也要这样做。……提倡以普通劳动者的姿态出现，对你们会有好处。”

（接见民建、工商联领导人时的谈话　1960.2.12）

2．反对“毫不利己，专门利人”，宣扬“大公有私，公私兼顾”

“……个人利益集体要照顾，沒有个人利益即无集体利益，个人利益集中起来即是集利体益。因此，不是大公无私，而是大公有私，公私兼顾，先公后私。”

（接见民建、工商联领导人时的谈话　1960.2.12）

“在新聞前面把记者名字写上去，让记者有名有利。”

“在新聞报道中，应该把记者姓名写在前面。这不是个人崇拜。应该让记者出名，……应该要求记者认眞考察实际情況，如果他能看到新的问题，并且能够很好的报道出来，那么，人家便说他是一个好记者。我们要鼓励记者这样做，从这里还可以发现人材。”

“新华社干部不作为国家干部不受行政级别限制，记者的薪水也可以比毛主席的薪水高。”

（在新华社的讲话　1955.5.28.）

“国营企业、公私合营企业、合作社营企业的工人，国家机关中的文化、教育卫生事业机关中的工作人员，合作社的农民，他们的劳动是为着国家和集体的利益，同时也为着他们个人的利益。……要求在生产发展的基础上逐步增加个人的收入，改善个人的生活，这是完全正当的和必要的。只有这样，劳动者的积极性才会不断提高，先进生产者运动，才能获得巩固的基础。”

（在全国先进生产者代表大会上的致词　1956.4.）

“我们加入党，是看到个人利益横豎解决不了，先解决国家利益。国家、社会问题解决了，个人问题解决了，随着大家利益的提高，个人利益也会提高。”

（同王光英一家谈话纪要　1960.1.31）

“人民为了关心自己的经济生活，就一定要过问工资、住房、吃飯、坐车这些事。这就表现出社会主义社会人民民主的积极性高了，这是由于社会主义积极性而来的。”

（关于高级党校学员整风问题的谈话记录　1957.5.7）

3．反对全心全意为人民服务，鼓吹在“爭取党的事业的发展”中，“提高自己”，实现自己的“理想”

“党员只有全心全意地爭取党的事业的发展、成功和胜利，才能提高自己的能力，增加自己的本领，否则，党员要进步、要提高，是根本不可能的。因此，党员个人的利益必须而且能够和党的利益完全取得一致。”

（《论共产党员的修养》　1962）

“关內的工会也要很快的搞起来……不是沒有前途，这种思想不对，那种工作的前途会有这个工作的前途大呢？问题怕自己不进步，不学习，将来我们最缺乏的就是工业。工会干部，綱领上有一两条提出訓練干部的问题，各种工作都要工人骨干，各种干部都要从工会里产生出来……不要赶时髦，时髦是一时的，工业与工会将来也是要时髦的。”

（对赴哈职工代表各区主要负责人会议的指示）

“只要他眞有本领眞能起积极作用，则虽然今天沒有重要地位，到明天，后天仍会有重要地位给他的。”

（《组织上纪律上的修养》 1941）

“我劝你们回乡后，不要当干部，连会计也不当，……认真种三、五年地，到那时一切农活都学会了，农民能做的事，你们都能做……你们有文化，农民沒有文化，比农民多一个条件，再加一条跟群众关系好，具备三条就能当乡干部、县干部、省干部，也可能到中央，那就看个人的本事了。”

（在河南许昌学生座谈会上的讲话 1955）

“你们是中国第一代有文化的农民，第一代要讨得便宜的。参加革命我是第一代，现在成为中央委员。第二、三代象这样就当不了。恐怕这样一讲，他们下乡种田也就高兴一点，而不是倒霉的下乡种地，垂头丧气的下乡，而是高高兴兴地挺起腰杆下乡，他会说：我要实现我的理想，发展前途更好。”

（关于高级党校学员整风问题的谈话记录 1957.5.7）

“因为有了集体利益才会有个人利益，……只要你受了苦，能发奋鉆研农业技术，……创造了成功的经驗，就把你的经驗向全国推广，这样，你的伟大理想也就实现了。”

（对刘继承的談话 1958）

4．宣扬修正主义生活方式，提倡午女“开午厅”，工人“盖房子”，建立“婚姻介绍所”

“午女问题，看可否召集来开会，我们可以派一些女同志去工作。午女自己开午厅，自己开茶馆，减少中间剝削，好处在午女有饭吃，花钱的人，有地方花。”

（在天津市委扩大会议上的指示）

“……青年工人，你们要结婚，你们现在钱也多，你们就自己盖房子吧！你们自己不盖将来就沒有房子给你结婚。……组织房屋合作社，他们积些钱，每个月交多少，房子还是国家替他盖，他要几间房子，要多少平方米，盖什么格式的房子。盖起来之后，他有几个好处：第一个，他可以永久不交房租……房子的所有权属他，他自己不住可以出租，可以出頂，可以出卖，他调工作调到远地去，可以把房子卖了，卖几百元，到另外一个地方也可以买几间房子。……”

（在上海党员干部大会上的讲话 1957.4.27）

“……必须使那些住国家房子的人房租相当高，然后工人会自己盖房子，不然他总是伸出手向国家要。”

（在上海党员干部大会上的讲话 1957.4.27）

“现在苏联的情况当然已与那时不同，那里已经什么都变得很漂亮了。人民在一起常讲生活，女人搽胭脂，抹口红，戴宝石戒指……等等，对这些我们一定又不习惯。在中国，讲生活是落后的，讲政治、工作与学习才是进步的。这对中国来讲是对的，但苏联却不同，他已到了讲生活的时候，他们的生活好，是建立在劳动好的基础上的。革命不是为了把生活搞坏，而是为了把生活搞得更好。在苏联已无剝削，谁穿得漂亮，谁戴宝石戒指，这就说明谁的劳动好；不是好劳动，就不可能穿得那么漂亮。而在中国，不剝削别人就阔气不了，漂亮不了；不貪污，就沒有那么多钱。”

（给暑期留苏学员的讲话 1952.7.29）

“我们对婚姻恋爱问题，一般是不干涉的，但是有些人找不到，有些害羞，……是否在社会主义国家里，设个介紹男女婚姻的机构，婚姻介紹所，不要收钱，要帮助调查，不要骗人，”

（对青年团三大的指示　1957.1.16.）

“苏联的飲食是很好的，它的营养价值比中国的飲食要高得多，大多数到苏联去过的同志，回来时都增加了体重，我最近两次到苏联，体重都增加了几公斤。但开始时对奶品和生鱼等我都吃不惯，过一个时期吃惯了，觉得他们的味道很好，不要对苏联的飲食存成见，应习惯去吃苏联的有高度营养价値的飲食。”

（给刘允若的信　1955—1956.）

“你现在是在一个新的环境中生活和学习，你应该想办法去适应新环境，要创造条件使生活过得更好些，以保证身体健康。”

（给刘允若的信。　1955—1956）

（按：刘允若是刘少奇的儿子，是里通外国的现行反革命分子。）

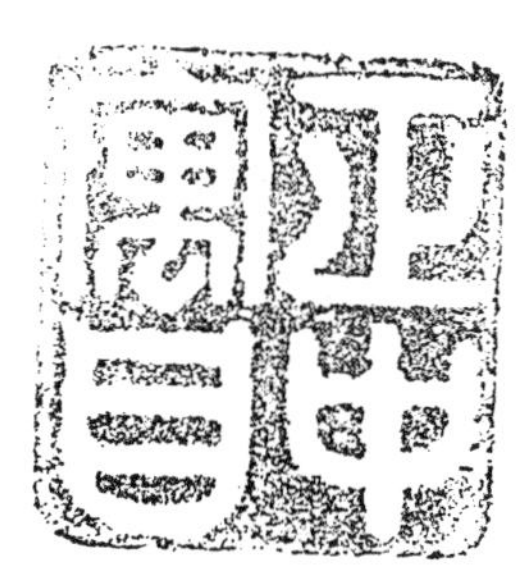

刘少奇在經济方面的
反革命修正主义言論摘編

(供 批 判 用)

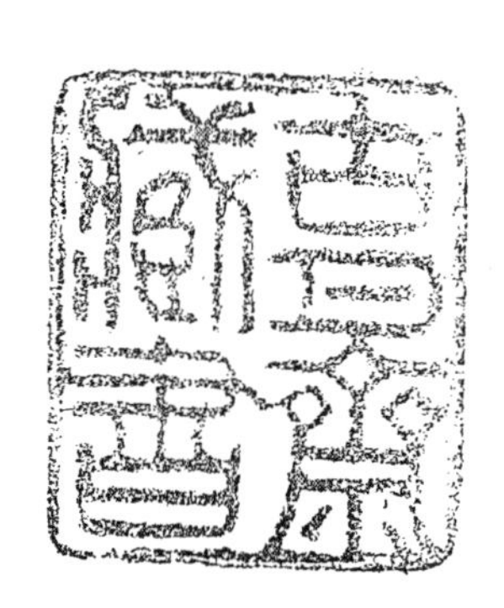

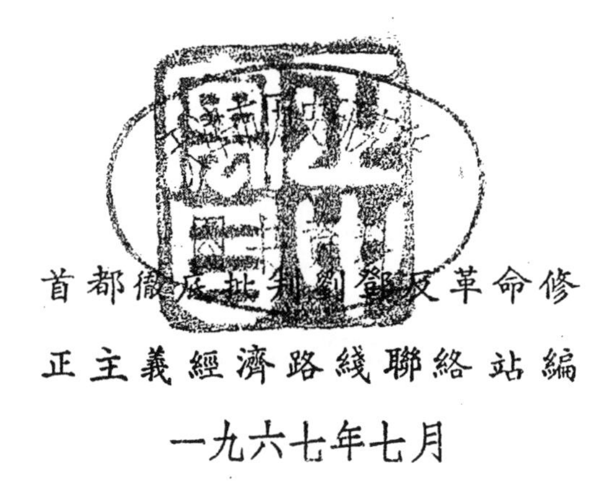

首都徹底批判劉鄧反革命修

正主義經濟路綫聯絡站編

一九六七年七月

炮打司令部

——我的一张大字报

全國第一张馬列主义的大字報和人民日報評論員的評論，寫得何等好呵！請同志們重讀一遍這张大字報和這个評論。可是在五十多天里，從中央到地方的某些領導同志，却反其道而行之，站在反動的資產階級立場上，實行資產階級專政，將無產階級轟轟烈烈的文化大革命運動打下去，顛倒是非，混淆黑白，圍剿革命派，壓制不同意見，實行白色恐怖，自以爲得意，長資產階級的威風，滅無產階級的志气，又何其毒也！聯系到一九六二年的右傾和一九六四年形“左”而實右的錯誤傾向，豈不是可以發人深醒的嗎？

毛澤东

一九六六年八月五日

最　高　指　示

我们的国家，如果不建立社会主义经济，那会是一种什么状态呢？就会变成南斯拉夫那样的国家，变成实际上是资产阶级的国家，无产阶级专政就会转化成资产阶级专政，而且会是反动的、法西斯式的专政。

《在扩大的中央工作会議上講話》

（1962年1月30日）

前　　言

刘少奇是中国的赫鲁晓夫，是党內最大的走資本主义道路当权派，是无产阶級专政內部的資产阶級的总代表。

长期以来，刘少奇恶毒攻击我們的伟大領袖毛主席，疯狂反对伟大的毛泽东思想，在中国革命的各个历史阶段上，他在政治、經济、意識形态等各个領域里竭力对抗以毛主席为代表的无产阶級革命路綫，推行一条彻头彻尾的反革命修正主义路綫。在全国胜利之前，他反对无产阶級夺取政权；在全国胜利之后，他反对无产阶級专政，反对社会主义革命，要在中国实行資本主义；在生产資料所有制的社会主义改造基本完成之后，他要在中国复辟資本主义。他不是一个什么老革命，而是一个地地道道的老反革命，老机会主义者。

解放十七年来，在我国經济战綫上，两条路綫的斗爭也是十分激烈的、尖銳的、复杂的。党內最大的走資本主义道路当权派刘少奇，忠实地代表資产阶級的利益，积极推行一条修正主义的經济路綫，公然同以毛主席为代表的无产阶級革命路綫相对抗。在建国初期，他抗拒毛主席关于"中华人民共和国的成立，标志了新民主主义革命阶段的基本結束和社会主义革命阶段的开始"的英明指示，竭力鼓吹"巩固新民主主义制度"，无恥地頌揚資本主义制度的"进步"和"光荣"，宣揚"剝削无罪"，"剝削有功"，"造反无理"的謬論，妄图維护血腥的剝削制度，使中国走向資本主义的道路。过渡时期的总路綫和总任务提出之后，他竭力反对資本主义工商业的社会主义改造，反对农业合作化，主张发展城乡資本主义，妄图維护資本主义的經济基础。在社会主义三大改造基本完成之后，他反对毛主席关于社会主义社会阶級和阶級斗爭的学說，公然宣揚阶級斗爭熄灭論，妄图取消无产阶級专政。在党的社会主义建設的总路綫、大跃进、人民公社三面紅旗的指引下，我国人民掀起了大規模的經济建設，取得了輝煌成就，这时，他又乘我国三年困难之机，疯狂攻击三面紅旗，鼓吹"三自一包"、"自由化"，大刮"单干风"，妄图瓦解集体經济，挖社会主义的墻脚，破坏社会主义的經济基础；同时，他又大肆販卖苏修的"利潤掛帅"、"物質刺激"等黑貨，积极鼓吹向西方壟断資本主义学习，大办資本主义托拉斯，妄图以西方壟断資本主义为蓝本来改造我国的社会主义經济，实现改变社会主义航向、全面复辟資本主义的罪恶目的。刘少奇所推行的經济路綫，是一条彻头彻尾的修正主义路綫，是一条阴謀篡党、篡国，实行資本主义和复辟資本主义的黑綫。

現在，我国无产阶級文化大革命已經取得伟大的胜利，刘少奇这个中国的赫鲁晓夫已經被揭露出来了。我們当前的斗爭任务是从政治上、思想上、理論上进行彻底的批判，把他批倒、批透、批臭。

为了彻底批判刘少奇的反革命修正主义經济路綫，把他的那套貨色拿出来示众，我們根据現有的材料，摘录有关經济方面的言論供同志們批判使用。如有不妥之处，請同志們指正。

一九六七年七月

目　　录

× × ×

一、攻击毛主席，反对以毛泽东思想作为经济工作的指导方针

林彪同志指示

毛主席是当代无产阶级最杰出的领袖，是当代最伟大的天才。

«在庆祝无产阶級文化大革命羣众大会上的講話»（1966年8月18日）

毛主席是我们党的最高领袖，毛泽东思想是永远的普遍眞理。谁反对毛主席，反对毛泽东思想，全党共诛之，全国共讨之。

«在中央政治局扩大会議上的講話»（1966年5月19日）

1．恶毒攻擊毛主席，蓄意篡党

反对毛主席，只是反对个人。

«在扩大的中央工作会議上的讲話»（1962年1月27日）

馬克思、恩格斯、列宁、斯大林、毛主席都犯过許多錯誤。

«在中国科学院哲学社会科学部学部委員第四次扩大会議上的讲話»（1963年11月19日）

临时雇員叫正式工作人員，不能叫固定工，正式工作人員一年訂一次合同。毛主席也不是固定的，四年改选一次。

«供銷社彙报时的讲話»（1956年1月4日）

外国出了个馬克思，中国为什么不能出个刘克思？

«在华东党校的一次讲話»（1941年）

在威信这一点上来講，无产阶級的威信长期不如資产阶級高，比如陈独秀的威信不如孙中山高，就是我們毛主席的威信，过去也不比蔣介石高嘛……，两个阶級的領袖是悬殊的……。

«在軍委扩大会議上的讲話»（1959年）

現在你們的地位提高了，要在过去象你們能見到我这样的人嗎？我現在在中国数一不二。

«在天津东亚毛紡織厂对工人代表的讲話»（1949年）

与其你篡党，还不如我篡党。

«在廬山会議上对彭德怀讲話»（1959年）

※ ※ ※ ※

林彪同志指示

毛泽东思想是在帝国主义走向全面崩溃，社会主义走向全世界胜利的时代的馬克思列宁主义。毛泽东思想是反对帝国主义的强大的思想武器，是反对修正主义和教条主义的强大的思想武器。毛泽东思想是全党、全军和全国一切工作的指导方针。

«毛主席語录再版前言»

毛泽东思想是当代马克思列宁主义的顶峰。

《在全軍高級干部会議上的講話》(1960年10月)

2．反對毛澤東思想，狂妄叫嚷要“提出自己的路綫綱領”

毛主席发展了馬列主义，也不是到此为止，列宁主义还要发展，說到此为止，是机械論。

《关于彭、罗、陆、楊反党集团問題对党外人士的讲話》(1966年)

馬克思列宁主义、毛泽东思想，到底是“是”还是“非”，要研究一番才知道，沒有学习，沒有研究，就沒有发言权。

《在政协全国委員会学习座談会上的讲話》(1951年11月4日)

学习馬列主义，就是学习外国革命的經驗，世界各国革命的經驗。馬、恩、列、斯的书籍中論中国的只有百分之一，百分之九十九都是講的外国事，写的外国材料，分析的外国历史。因此，有的人認为，何必学这些外国东西呢？中国的书还讀不完，毛主席的书还讀不完呢？或者至少先讀中国的书，再讀外国的书吧！这个說法是不对的。

《对馬列学院第一期学員的讲話》(1948年12月14日)

同不能把馬克思、列宁的学說当成教条一样，也不能把毛泽东的著作和講話当成教条。現在不是你一个人犯这样的錯誤，党內已有一部分干部犯同类性質的錯誤。

《給某省委書記的一封信》(1964年9月)

現在学习毛选出現了一种形式主义，这样搞下去，会弄虛作假，学习毛主席著作，写千万字的讀书笔记，千万不要宣传。

《在一次中央会議上的讲話》(1964年)

中国党有……极大的弱点，这个弱点就是党在思想上的准备，理論上的修养是不够的，是比較幼稚的。……伟大的著作还沒有出来，这是中国党一个极大的工作。

《答宋亮同志》

这四年我們經过一个大波折，开始糊里糊涂，現在情况一天天清楚。……我們中央同志的看法就不一致，……公开的反对是可以的。……甚至提出自己的路綫綱領都是許可的。

《在安徽的讲話》(1962年1月)

二、维护剝削制度，坚持资本主义道路

最 高 指 示

社会主义制度终究要代替资本主义制度，这是一个不以人们自己的意志为转移的客观规律。不管反动派怎样企图阻止历史车轮的前进，革命或迟或早总会发生，并且将必然取得胜利。

《在苏联最高苏維埃庆祝偉大的十月社会主义革命四十周年会議上的講話》
(1957年11月6日)

1．妄圖阻止歷史車輪，反對無产階級奪取政權

現在革命形势发展太快，出乎我們的意料之外。現在不是怕太慢了，而是怕太快了。太快对我們的困难很多，不如慢一点，我們可以从从容容地准备。

《对馬列学院第一班学員的讲話》(1948年12月14日)

我們希望和平过渡为好，爭取十年到十五年的时間，我們的手足来得及。……只要他（按：指資产阶級）也不推翻我們，便可以搭伙十年到十五年，因此我們不要搞急了。

《新中国經济建設的方針与問題》（1948年）

1946年，在国民党反动派的旧政协会議以后，刘少奇就极力贊揚这个旧政协的决議，說这个决議将得到实行，中国就将走上“和平民主新阶段”。这純粹是对蔣介石国民党的投降主义。

（摘自教育部大字报）

※　　※　　※　　※

最高指示

当人民推翻了帝国主义、封建主义和官僚资本主义的统治之后，中国要向那里去？向资本主义，还是向社会主义？有许多人在这个问题上的思想是不清楚的。事实已经回答了这个问题：只有社会主义能够救中国。

《关于正确处理人民內部矛盾的問題》（1957年2月27日）

这个革命的第一步、第一阶段，决不是也不能建立中国资产阶级专政的资本主义的社会，而是要建立以中国无产阶级为首领的中国各个革命阶级联合专政的新民主主义的社会，以完结其第一阶段。然后，再使之发展到第二阶段，以建立中国社会主义的社会。

《新民主主义論》（1940年1月）

2．鼓吹新民主主義萬歲，要“爲鞏固新民主主義而斗爭”

中国共产党……它現在为巩固新民主主义制度而斗爭……

我們今天是五种經济合作，巩固新民主主义制度，将来要搞社会主义……

《在政协全国委員会学习座談会上的报告》（1951年11月4日）

因为在中国采取相当严重的社会主义的步驟，还是相当长久的将来的事情，如果共同綱領上写上这一个目标，很容易混淆我們在今天所要采取的实际步驟。无疑問，中国将来的前途，是要走社会主义和共产主义的，……但是这是很久以后的事情，对这些事情，中国人民政治协商会議很可以在将来加以討論。

《在政协一屆全体会議上的讲話》（1950年）

将来我們是要搞社会主义的，但是現在不搞，而且在最近十多年內是不搞的，因为現在工业只占百分之十，要发展到百分之四十、五十，那怕你跑的怎么快，总还是十年、二十年。……因此，如果现在就采取社会主义步驟，把工业收起来，对人民沒有利益，而且人民也不愿意这样搞。如果搞，就要伤害工业生产的积极性。

《在政协全国委員会民主人士学习座談会上的报告》（1951年5月13日）

現在是三年准备，十年建設的时期，待十年建設后，中国的面貌煥然一新，社会主义是将来的事情，現在提得过早。

《在全国宣传工作会議上的讲話》（1951年5月）

輕工业、交通、水利等都要建設，十年以后，新中国的面貌要改变，不仅有农业，还有工业了，能自給自足。到那时才考虑社会主义如何搞，現在講太早了。

《全国宣传工作会議上的报告》（1951年5月7日）

大家一致建設，建設十年以后，中国就繁荣了，生活就好了，也不搞供給制了，老婆、小孩也可以照顧了，十年以后可以考虑社会主义。社会主义什么时候搞？那是十年以后的事情，現在这些工作都要作好。

《中国共产党第一次全国組織工作会議結論》（1951年4月9日）

二十年后，……那时，我們也許要搞社会主义。

«与大資本家宋棐卿的談話»（1949年）

有人說搞資本主义那是右，又說搞社会主义那是“左”，現在既不能搞資本主义，又不能搞社会主义，事情就是有点为难，不怕这些为难才是布尔什維克，要克服这个困难。

«对馬列学院第一班学員讲話»（1948年12月14日）

經济建設現已成为我們国家和人民的中心任务。但是新民主主义的經济建設必須有新民主主义的政权来領导和保障。……沒有我們国家的民主化，沒有新民主主义的政权的发展，就不能保障新民主主义的經济发展和国家的工业化。反过来，新民主主义經济发展和国家的工业化，又要大大地加强和巩固新民主主义政权的基础。因此，我們的基本口号是：民主化与工业化！在我們这里，民主化与工业化是不能分离的。自由和富强的新中国万岁！人民代表会議与人民代表大会的国家制度万岁！

«在北京第三屆人民代表会議上的讲話»（1951年2月28日）

※ ※ ※ ※

最高指示

马克思主义的道理千条万绪，归根结底，就是一句话：“造反有理”。几千年来总是说：压迫有理，剥削有理，造反无理。自从马克思主义出来，就把这个旧案翻过来了，这是一个大功劳。这个道理是无产阶级从斗争中得来的，而马克思作了结论。根据这个道理，于是就反抗，就斗争，就干社会主义。

«在延安各界庆祝斯大林六十寿辰大会上的講話»

（1939年12月21日）

3．胡說資本家“剝削有理”，頌揚資本家“剝削有功”

共产党反对地主剝削，但不反对資本家剝削。

«在天津蹲点經验报告»（1949年5月）

中国經济落后，資本家太少，如果資本家多了，那我們就越舒服。

（同　上）

資本主义的剝削制度今天还不能废除，有人說有人剝削比沒人剝削好，沒有人剝削工人就会失业，所以不是資本家太多了，而是資本家太少了，所以还应使資本主义有若干发展，即是要发展資本主义剝削……（启新洋灰厂經理）他說曾到希腊文中去找“剝削”二字的代替字眼，最好不用剝削二字，我說剝削还是剝削，这是事实，不能否認，但这种剝削是进步的，我們还希望你們多办工厂，多剝削一点，今天你只剝削一千工人，我希望你剝削两千工人，二万工人。股息就是剝削而来的，希望你們提高这些剝削，政府現在号召生产，你們响应政府号召，就必須进行剝削，这是社会制度問題，不是那一个人要剝削……你們办了工厂，增加生产，国家还可抽税，那又是国家剝削你們了。

«对天津工作的指示»（1949年4月24日）

剝削不剝削不由你們（指資本家）决定，也不由工人决定，剝削是社会制度，在奴隶社会封建社会資本主义社会，你不剝削別人，別人就要剝削你，你不剝削也不行，不被剝削也不行，这不由你的意識来决定，問題是非如此不可。

«在青代会上的讲話»（1949年5月12日）

有些工商业家向我們提出过，“剝削者”、“資本家”这些名字是不是可以改一下？……我說：好，改一下，那改成什么呢？剝削者、資本家也很好，很进步嘛！現在人家要請你剝削。这些問題不是我們故意这样講，因为这是眞理，眞理就要宣传，不能隐蔽。向大家講清楚了，不怕人家誤会。

《在政协全国委員会民主人士学习座談会上的报告》（1951年5月13日）

……資本家現在的剝削，不但沒有罪恶，而且有功劳，工厂开得多，剝削人越多，对人民有利越多。

《在天津工商业家座談会上的讲話》（1949年4月25日）

对資本家应該承認他們的剝削，贊成他們扩大工厂，剝削有功。

《在北京干部会上的报告》（1949年5月19日）

对工人不是不贊成剝削，而是怕无人剝削。

（同　上）

你們（指工人）是被剝削者，假如你不被剝削你就不革命了。

（同　上）

无产阶級的解放，工人的解放是政治上的解放，但在經济上还要受一点剝削，今天不受剝削是不能的，我們就怕資本家不来剝削你，資本家能够剝削很多工人那才好，有人剝削，总比沒有人剝削好一点，沒有人剝削，完全沒有飯吃，有人剝削，还能吃个半饱，这总是好一点。

《在北京干部会上的报告》（1949年5月19日）

要使資本家有利可图，不要怕資本家得利，不要限制資本家賺錢太多。就是說資本家有利可图了，他們发財了，工厂开多了，临时工就可变成长工。今天吃稀飯固然沒有吃干飯好，但吃稀飯总比沒飯吃好。

《在天津職工代表大会上的讲話》（1949年4月28日）

至于談到剝削是否有罪，剝削不只沒有罪，剝削是有功的，剝削范围越广，剝削工人越多，功也越大。現在失业工人要求的是复工，是請資本家剝削一下，以免不至于失业。因为中国資本主义不发达，生产落后，今天不是資本主义工厂太多了，而是太少了：資本主义不仅可以存在，而且还可以发展，工厂扩大是有好处。因此，即需扩大剝削的范围，这对工人有利，工人是反对你們不剝削他們的。因为工人要求复工，如工厂現在剝削1,000工人，能剝削2,000工人更好，能剝削20,000工人最好沒有。沒有人剝削工人，工人会更痛苦，工人受剝削是痛苦，但比較好一些，吃不饱比沒有飯吃好一些。开四个工厂不是罪恶更大，而是功劳更大，这是劳資两利，你能賺到錢，工人不失业。

《在北京市干部会上的报告》（1949年5月19日）

今天資本主义的剝削不但沒有罪恶，而且有功劳，封建剝削除去以后，資本主义剝削是有进步性的。今天不是工厂开得太多、工人受剝削太多，而是太少了。工人、农民的痛苦在于沒有人剝削他們。你們有本事多剝削，对国家人民都有利，大家贊成。

《在工商业家座談会上的讲話》（1949年4月25日）

資本家的剝削是有历史功績的，沒有一个共产党員会抹煞資本家的功劳。罵是罵，功劳还是有的。当然罪恶也有一点，但功大罪小。今天中国資本主义是在年青时代，正是发展他的历史作用，积极作用，建立功劳的时候，应赶紧努力，不要錯过。今天資本主义剝削是合法的，愈多愈好，股息应該提高。

（同　上）

有一个資本家是比較誠恳的，就是启新洋灰公司的經理周叔弢……他承認自己是剝削。他說："我的启新洋灰公司开了几十年，由于賺錢又开了新华紗厂，一直发展到两个厂、三个厂（迪化还开了一个洋灰厂），新民主主义經济要发展私人資本，我又想开第四个厂子，但是有一个苦悶，如果我开多了，剝削也就多了，我还想开第五、第六个厂，那就剝削工人更多，資本大了，成了大資产阶級，我的罪恶那就更大了，清算起来就該枪斃了，但发展資本又是对国家有利的。"他总是这样的苦悶，我就向他解释这个問題，你想开第四个厂子是剝削工人多了，这算不算罪恶呢？这不但不算罪恶，而且有功劳。多剝削几个人好呢？还是少剝削好呢？还是多剝削几个工人好，失业工人要求复工，他們想到資本家的厂里做工，也就是說"請你剝削我一下吧"，他們要你剝削，能剝削，我們倒舒服一些，否則我們倒觉得痛苦，今天东亚毛織厂剝削1,200个工人，也算不少了吧；但是你們能剝削2,400个工人，加一倍，也就更好，周叔弢的思想是錯的。我說剝削得越多功劳越大，馬克思也說过："資本主义在年青时代是有历史功績的"，我說这个功績是永垂不朽的；……他們很喜欢听这个話。

《在青代会上的讲話》（1949年5月12日）

这里就发生了一个問題，“剥削好不好？”你剥削是有罪还是有功劳？这个問題需要考虑。……剥削人数多，生产就发展，所以多剥削工人是好事情，你多用到二万人更好。所以今天資本主义不是太多，而是太少，你多剥削一点，人民貧困就少一点， 剥削工人越多， 不是你的罪恶越大， 而是功劳越大，进步越大。如果縮小經营范围、怠工、不剥削工人，那倒不好了。

《在东北局干部会上的讲話》（1949年8月28日）

……現在大家一起来搞，为中国工业化而努力，当将来收归国有的时候，資本家的貢献越大，就越光荣。有些工业資本家問：“国有化是不是可以早一点？”以为工厂是个負担。他說：“我多开一个工厂就多剥削一些工人，将来罪过更大。”不是的，那是貢献更大，不是罪过更大。

《在政协全国委員会民主人士学习座談会上的报告》（1951年11月4日）

我們今天消灭封建剥削制度，但今天資本主义剥削制度不应該消灭，不可能也不应該消灭，而且发展对国計民生有利的。坏处小，利益大。今天私人資本主义多多发展，并不妨碍我們社会主义，相反要实行社会主义的时候有更多的私人資本主义就更快一些。

《在东北局干部会上的讲話》（1949年8月28日）

資本主义今天不能消灭，因为今天是进步的，所以不但不消除他們的剥削，而且还发展他們的剥削。

《在青代会上的讲話》（1949年5月12日）

在中国这样年青的資本主义，还需要大大发展，資本主义的剥削……具有进步性。

《与大資本家宋棐卿的談話》（1949年）

目前是資本主义不发展的痛苦，不是发展过多的痛苦，如斗爭不当，就减少朋友，增加敌人。工人为了自己长远利益及国家利益，必須照顧資本家，斗争必須恰如其份。那么你們共产党是不是叫我們甘受資本家的压迫剥削呢？但要了解，解放彻底要有条件，如今客观条件不可能不忍受一些压迫剥削。今天只能做到解放的第一步，政治解放的第一步。今后再一步一步解放，不能不受点剥削，受点压迫，現在是政治解放，有罢工自由，但不愿你們罢工，因罢工不能最后解决問題。政治解放能做到劳資两利，东亚毛紡厂有工人要求失业工人回厂，資方不答应，失业是什么意义呢？就是沒有資本家剥削。不要資本家剥削很容易，一紙命令就行，但工人就餓肚了，今天工人主要痛苦，不是資本家剥削問題，而是沒有資本家剥削的問題，要剥削还不容易，欧美工人还沒有力量废除資本剥削，我們中国工人，現在是有力量废除資本剥削，但不能废除。中国資本主义的剥削制度，还有一定历史的进步性，要将消費的天津变成生产的天津，資本家就有很大作用。

《在天津讲話》（1949年4月）

中国資本家还是年青时代，必須讓其进步，因此資本主义在今天还不是反动的，不是落后的，他是进步的革命的，这是主要方面。

《在冀东区党委扩大会上的讲話》（1949年5月）

私人資本主义也可以做好事，也可以进行城乡交流，供給人民需要，今天中国的資本主义还有其进步作用，也可以收購农付产品，供給农民生活、生产資料。

《在全国合作社工作者第一届代表会議上的报告》（1950年7月）

到了一定的时候，資产阶級它要反动的，但在目前这一个时期，我們中国民族資产阶級还有它的进步作用与革命作用，它还可以参加革命。……中国的資产阶級是反对帝国主义、反对滿淸政府、反对封建主义的，所以中国資产阶級这时是革命的。 現在呢？ 还有革命作用， 进步作用。……我們那时搞“实业救国”，就是指的資本家为人民服务。現在資本家还可以为人民服务。資本家也是这样講：“我开个工厂，我是为了提高生产呀！”有些人是不一定这样的，实际上他开工厂唯一的目的是为了賺錢，他不管国家不国家，生产不生产。这样的資本家今天有沒有呢？有的，但是，有些資本家他开工厂，不是“唯利是图”，而是为了要使中国富强，多搞一些工厂，跟帝国主义爭一口气。……这是資产阶級进步的时候，他这种思想是代表人民，为人民服务，为国家服务，与人类利益一致的，所以还有大的进步作用。

《在政协全国委員会民主人士学习座談会上的报告》（1951年5月13日）

今天資本家办工厂，要多办几个，办的大一点，这是不是剥削呢？当然是剥削，但是这个剥削有进步作用，剝削得好！現在人民不是怕你剝削，而怕你不剝削。他叫你剝削多一点，而不是叫你剝削少一点。我到天津的时候曾講过，說你这个資本家，現在有几百工人在門外等着，要到工厂做工。問題就是："資本家先生，我們請求你剝削一下，我要到你工厂里面做工，剝削一下，我就有飯吃，老婆孩子就能活下去。如果不剝削，不讓我工作，那就不得了！"工人要你剝削，請求你剝削，你剝削人家許可，不剝削人家就苦得很。所以問題是什么呢？就是資本主义的生产方式，資本主义的經济生产带有进步性，它也能为人民服务，在这个时期，它能与大多数人民的利益一致，与国家利益一致。

（同 上）

中国民族資产阶級还有革命作用，辛亥革命是資产阶級革命，中国只有10%的工业，这是进步的生产方式。中国工厂多一点就好，不論是公家的或私人的。民族資产阶級搞工业，在今天的中国說，是发展进步的生产方式，故还有进步作用。

（同 上）

提高工业利潤，七八年內不要限制、对国家，对人民，对生产都有利，到底賺多少錢才算合法？我以为賺多少錢都合法！

《在工商业家座談会上的讲話》（1949年4月25日）

国民党收税时，你們用的是两本賬，……这次税收很多，我們有一半功劳……你們也有一半功劳，因为两本賬变为一本賬。这样，中国就有救，有前途。

（同 上）

为了发展私人企业，就得保証它有相当的利潤，否則，不仅害了資本家，害了公家，而且也害了工人、貧民，使大家同归于尽（失业无工作）。

《对石家庄工作的指示》（1947年12月）

关于賬目的公开問題，有的工厂賺錢很多，但不敢公开，我認为是应該公开，賺錢多是大家的功劳。

《在天津干部会上所解答的問題》（1949年）

……有人問工业家究竟賺多少錢算合法，我說多到什么程度都合法，花花綠綠、胭脂水粉、大吃大喝都合法。

《在天津資本家会上的讲話》（1949年）

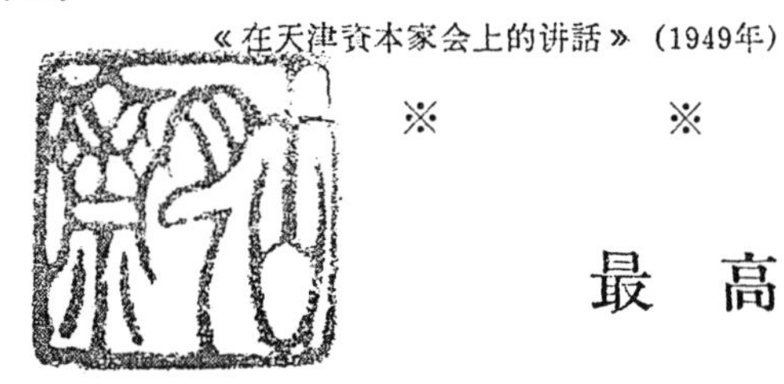

※ ※ ※ ※

最 高 指 示

在城市斗争中，我们依靠谁呢？有些糊涂的同志认为不是依靠工人阶级，而是依靠贫民群众。有些更糊涂的同志认为是依靠资产阶级。……我们必须批判这些糊涂思想。我们必须全心全意地依靠工人阶级，团结其他劳动群众，争取知识分子，争取尽可能多的能够同我们合作的民族资产阶级分子及其代表人物站在我们方面，或者使他们保持中立，以便向帝国主义者、国民党、官们资产阶级作坚决的斗争，一步一步地去战胜这些敌人。

《在中国共产党第七届中央委員会第二次全体会議上的报告》（1949年3月5日）

4．丑化工人階級，美化資产階級，叫嚷依靠資本家搞經濟建設

工人阶級在一定的时候，也可能是不能依靠的，……不要以为依靠工人阶級是沒有問題的。

如已有三分之一的工人为共产党員，然后就可以說这个工人阶級是可靠了。

«对天津工作的指示»（1949年）

工人沒有組織，你怎么能依靠呢？共产党依靠工人阶級是天經地义的事情。你要依靠他，他可不可靠又是一会事。……工人阶級本来是共产党的母亲，母亲要嫁人，眞是沒办法的事！

«对北平工作的指示»（1949年4月）

工资要求太高，资本家无雇辞工人的权力，辞不掉工人，工人就提出不合理要求和行动上发生問題，不遵守厂規。

«在北京干部会上的报告»（1949年5月19日）

我們依靠工人阶級、其他劳动群众、知識分子、自由资产阶級，与帝国主义者、官僚资产阶級、封建阶級斗爭，我們的陣营可以团結百分之九十以上的队伍，目的是在迅速发展生产，这是党的总路綫。

«对天津工作的指示»（1949年4月24日）

資本家和工人在人格上是平等的……在中国人民面前，大家是一样身分……職务可以有区别，人格却沒有区别，除了职权上可以指揮工人以外，其他問題上，你只能以朋友的关系去建議。美国厂里職員和工人外表沒有什么区别，这很好，这就是放下架子。高人一等的等級思想是貴族思想、封建思想，不是資本主义思想。資本主义的民主思想，就是人格平等。象美国总統罗斯福說：“在汽車上我就听汽車夫指揮。”

«在工商业家座談会上的讲話»（1949年4月25日）

你（指資本家）开舖子，什么东西卖給人民，这就是为人民服务嘛！

«在学干会上的讲話»（1951年5月13日）

孙中山那个时候搞实业救国，現在也还是这样，站在资产阶級的立場，彻底整頓自己工厂內部，淸除官僚资产阶級的影响，努力把工厂办好，是可以代表人民的。所以也还有这样一个时候，站在資产阶級的立場，就是站在大多数人民的立場，能代表人民。

«在政协全国委員会民主人士学习座談会上的报告»（1951年5月13日）

在资产阶級中間，在資产阶級老婆中間，在资产阶級的子女中間，有一批积极分子，贊成共产，宣传共产，这种积极分子很可宝貴的，对于我們今天的斗爭，对于今天的阶級斗爭形势是很有帮助的，他們有功劳，等于在战爭中打一大仗，他們是战斗英雄一样。

要夺取資产阶級的堡垒，需要資产阶級里面有一些人起义，起来贊成共产，而且是积极分子……資本家的老婆，晚上回去一座談，就比两个付总理还厉害，要这样看他的作用。

«在中共中央关于資本主义工商业社会主义改造的問題会議上的讲話»（1955年11月16日）

講革命你們（指资产阶級）是第四位，講經济建設，你們是內行，应該把你們摆在前面。

«在北京干部会上的讲話»（1949年5月19日）

資本家有些是能够做事的，甚至他的管理能力超过我們的共产党員，超过我們的同志，精明干練的人，懂技术的人不少。如果把他說通了，他也不用資本主义的办法来管理工厂，他也用我們的办法，用社会主义的办法来管理工厂，如果管得很好，那为什么不好呢？把资产阶級說通了之后，改造之后，他比共产党員管工厂管得好一些，这种情形是可能的。

«在中共中央关于資本主义工商业社会主义改造的問題会議上的讲話»（1955年11月16日）

资方人員很多是富有管理經驗和技术知識的，他們了解消費者的具体需要，熟悉市場情况，善于精打細算。因此，我們的工作人員除开向他們进行教育以外，还必須認眞地向他們学习，把他們的有益的經驗和知識当作一份社会遗产继承下来。

«八大政治报告»（1956年9月15日）

将来有些資本家，他不愿意到自己工厂中去，而愿意到别人的工厂里面去，这个应該允許的。可能到自己的工厂去，工人就反对他，到别人的工厂去，他能干，办法也能改变。

«在中共中央关于資本主义工商业社会主义改造的問題会議上的讲話»（1955年11月16日）

可以組織一批有經驗的資本家作顧問，作參議，一个作用是团結，一个作用对业务有帮助，他是資本家，也是先生。可以把他們的經驗吸收过来，也可叫他們上課。……这是技术专家，是高級技术人員，是商业战略上指揮者。……

«財貿各部彙报时的讲話» (1956年 1 月)

城市講卫生，資本家的知識比我們多，比工人知道得多，在城市生产方面他們占有很高的地位，我們必須和他們合作。

«对天津工作的指示» (1949年 4 月24日)

我切切实实的負責的向你們說，希你們考虑这个意見。……使資本家、工头能够管理工厂，为了生产的需要，使資本家有雇佣工人和辞退工人的权力。

«在天津职工代表大会上的讲話» (1949年 4 月28日)

……生产管理权应放在資本家手里，資本家要神气十足一点，不然会要工会和政府来代劳，罢几次工不算什么，但我不鼓励罢工，資方敢于管理工人，建立秩序。

«在天津的一次讲話» (1949年 4 月)

你們必須要和工人斗爭，如果不斗，将来你的厂子被工人斗垮了台，那时你就不能怪共产党不好。

«在工商业家座談会上的讲話» (1949年 4 月25日)

我給工人代表講，是这样說：我們要向資本家进行必要的适当的斗爭，要了解这話，必要的斗，同时要斗的适当。这話是对的，不然就不会有劳資两利，因为工人向資本家作斗爭，首先因資本家向工人作斗爭。反过来你向工人也可以进行必要的适当的斗爭。斗爭不适当就不行，比如打人罵人违犯劳动法，那就不行，如果工人不守纪律扯乱談，还不是需要斗爭嗎?!这是合法的，我們說双方进行必要的、适当的斗爭，这样才能作到劳資两利，光工方有利或者光資方有利，都不成的，应該叫劳資两利，同时也要"公私兼顧"。

«在东北局干部会上的讲話» (1949年 8 月28日)

关于参加工会的条件問題。……如果是大学教授，即令其家里有几百亩地，但他主要是靠薪水生活的，可以加入工会，因为其要求与工人很多是一致的。工程师也可以加入工会。总之，雇佣劳动者，工薪劳动者，都可以加入工会，我們許多同志只同情穷人，这是好的，目的有較大的可能爭取为无产阶級，但要懂得，不要光看表面，光看生活，聘請就是雇佣，大学教授才掙几百斤米，是无产阶級。而农民、貧农只掙几十斤米，生活很苦，但不算无产阶級，只是半无产阶級而已。

«在天津干部会上解答的問題» (1949年)

关于工程师的成份与能否加入工会的問題，工程师虽然是受資产阶級的教育，和資产阶級較接近，在思想上受其影响，他們大多数是小資产阶級出身，但他們基本上还是工人阶級的一部分，其經济地位是靠出卖劳动力的薪水劳动者，亦即是工錢劳动者。

«在天津干部会上解答的問題» (1949年)

对旧銀行人員，要給以工作。……特别其中的高級知識分子。也予以分配到其它方面工作。絕大多数是好人。熟練了也可以派到国外。跑掉几个也不要怕。

«对財貿工作的指示» (1956年 1 月)

※　　※　　※　　※

最 高 指 示

现在农村中存在的是富农的资本主义所有制和象汪洋大海一样的个体农民的所有制。……这种情况如果让它发展下去，农村中向两极分化的现象必然一天一天地严重起来。……这个问题，只有在新的基础之上才能获得解决。这就是在逐步地实现社会主义工业化和逐步地实现对于手工业、对于资本主义工商业的社会主义改造的同时，逐步地实现对于整个农业的社会主义的改造，即实行合作化，在农村中消

灭富农经济制度和个体经济制度，使全体农村人民共同富裕起来。

《关于农业合作化問題》（1955年7月31日）

5．鼓吹農民發財致富，叫嚷發展富農經濟

在农村我們曾經宣传过劳动致富。什么是劳动致富呢？就是劳动发财，农民是喜欢发財的，……伤害私人工业家和个体小生产者的生产积极性，这是破坏作用，这是反动的，就是所謂“左”的錯誤，因为它破坏了生产积极性，妨碍生产力的提高。所以馬克思說：“空想的社会主义是反动的，錯誤的。”我們曾經反对过农业社会主义思想，下过这样一个結論，說它的性質是“反动的空想的农业社会主义思想。”所以現在过早地国有化、集体化，是违背大多数人民的利益、违背进步的。

《在政协全国委員会民主人士学习座談会上的报告》（1951年5月13日）

什么是富农？有三匹馬、一副犂、一挂車的农民算不算富农？这不是富农，是中农：东北这样的农民有多少？大概不会超过百分之十的戶口。而东北农村的富农戶口，所占的比例，則必然更少。

这种三馬一犂一車的农戶所占的比例，在数年后，应发展到百分之八十，其中有百分之十应是富农，剩下的百分之二十是沒車馬的貧农。

这种中农，应該大大的发展。

《对安子文、王甫口头指示》（1950年1月12日）

将来对富农有办法，讓他发展，沒坏处，发展到一定的程度，将来再加限制。

現在限制是过早的，現在能单干是好的。

这不是自流，現在流出点富农来好。

什么是放任自流？

讓雇工，讓单干，应該放任自流。讓他都有三馬一犂。对于不讓雇工、不讓单干的，則不能放任。对干涉有三馬一犂的不能放任。

《对安子文、王甫的口述指示》（1950年1月12日）

以前的革命是工人阶级领导的，以后更加是工人阶級来領导，因为工人阶級有机器，机器就是富足，就是发財。农民不是講发財嗎？什么“黄金万两”，什么“三十亩地，一头牛”，那不算发財，以后的发財是整个都发財，是全体人民都发財，……。

《在中国共产党第一次全国組織工作会議上的报告》（1951年3月28日）

現在剝削是救人，不准剝削是教条主义。現在必須剝削……关內难民到东北去，要东北的富农剝削他，他就謝天謝地了。

《对安子文、王甫的口述指示》（1950年1月13日）

雇請工人种地，……这是可以的，合法的。这样，乡下找工作的人才有工作。

因为允許雇人种地，对穷人也是有好处的。

《給他七姐（地主分子）的一封信》（1950年5月2日）

中国农村的富农可以发展一个时期，发展了再消灭。現在有人怕富农，这是不对的。大家不要怕富农經济，也不要怕两极分化現象，中国农村要有这样一段时間，因为过去中国少了資本主义、怕富农是不对的。

《在政协全国委員会第二次会議上关于土改問題的报告》（1950年6月14日）

我們所采取的保存富农經济的政策，当然不是一种暂时的政策，而是一种长期的政策。这就是說，在整个新民主主义阶段中，都是要保护富农經济的。只有到了这样一种条件成熟，以至在农村中可以大量地采用机器耕种，組織集体农場，实行农村中的社会主义改造之时，富农經济的存在才成为沒有必要了，而这是要在相当长远的将来才能作到的。

（同　上）

……在今后的土地改革中保存富农經济，不受破坏。因为富农經济的存在及其在某种限度內的发展，

对于我們国家的人民經济的发展，是有利的，因而对于广大的农民也是有利的。

《关于土地改革問題的报告》（1950年6月14日）

有人問："雇人耕种的土地是否有限制？"我們的答复是："沒有限制"。无論雇长工也好，雇零工也好，雇十个八个甚至一百个也好，只要是自己耕种或雇人耕种自己經营的土地，我們就应該加以保护，不得侵犯。

《在政协全国委員会关于土地改革問題討論的結論》（1950年6月20日）

現在富农是少了，不是多了，雇农希望剝削，不是反对剝削。

《在一次組織工作会議上的报告》（1951年3月）

富农在一定意义上，即对封建地主来說是阶級組織，对資本主义来說不是阶級組織……，富农是自己劳动的，不拒絕参加农会。

《关于群众工作的几个問題》

将来还有新的資产阶級，新的富农产生。如果他們不反动的話，也要联合，这是我們党的政策。

《在东北局干部会上的讲話》（1949年8月28日）

三、抗拒社会主义三大改造，反对经济战线上的社会主义革命

最高指示

在农民群众方面，几千年来都是个体经济，一家一户就是一个生产单位，这种分散的个体生产，就是封建统治的经济基础，而使农民自己陷于永远的穷苦。克服这种状况的唯一办法，就是逐渐地集体化；而达到集体化的唯一道路，依据列宁所说，就是经过合作社。

《組織起来》（1943年11月29日）

在完成反封建的土地改革以后，我们党在农业问题上的根本路线是：第一条实现农业集体化，第二条在农业集体化的基础上实现农业的机械化和电气化。毛泽东同志在一九五五年七月代表党中央所作的关于农业合作化问题的报告中，充分地、完整地说明了我们党在农业问题上的这条根本路线。这是我们党在农村的两条道路的斗争中，坚持社会主义、战胜资本主义的根本路线。

《中共中央关于进一步巩固人民公社集体經濟、发展农业生产的决定》（1962年9月）

1. 宣揚"生产力論"，否定社會主義集体經濟的萌芽，反對農業合作化

关于社会主义，要将来再考虑，現在还提的太早了。依靠互助組农业合作社等，单純依靠农业实現社会主义是不可能的，这是空想农业社会主义。沒有工业化，沒有工人阶級領导，就不可能实行社会主义。

工业化了，并土地国有化了，才能走向社会主义。現在有自愿的結合的农业合作社，我們也不反对，但普遍地实行农业合作社以走向社会主义，那就是幻想。

«在全国宣传工作会議上的报告»（1951年5月7日）

沒有机器的集体化，是巩固不了的。

«对安子文、王甫的口头指示»（1950年1月13日）

認識互助組的重要性，社会主义不是吃大鍋飯，主要是实行机械化。

«关于宣传工作的指示»（1951年3月14日）

有些同志認为，农村可以依靠互助組，合作社，代耕队，实行农业集体化，实行农业社会主义化，这是不可能的。这是一种空想的农业社会主义，是錯誤的。农业要实行社会主义，如果沒有工业的发展，不实現工业化，农业根本不可能实現集体化。

«在中央宣传工作会議上的讲話»（1951年）

依靠互助組、供銷社、共耕社、农业合作社，是不能实現社会主义的。想这样实現社会主义，就是空想的农业社会主义。仅仅依靠农业經济走向社会主义，不可能，沒有工业化，沒有工人阶級的領导，不可能走向社会主义。只有工业国有化了，土地国有化了，才能搞农业集体化，搞个十个八个农业合作社，企图以此实現社会主义，是幻想。

«在全国宣传工作会議上的报告»（1951年5月7日）

經三年准备，十年建設后，才能考虑何时进入社会主义，但也許还不能作答案，要看工业的成就。現在作理論教育是可以的，但实际工作当中不能提出这个問題。有的同志認为农村搞生产合作社就可进入社会主义，是幻想。农业合作只是社会主义的桥梁，是一方面，但它不能直接进入社会主义。社会主义主要靠国家工业化，沒有工业化的基础，談不到农业社会主义化的。党內农业社会主义思想残余还很浓厚，要进行批評。

（同　上）

在土地改革以后的农村中，在經济发展中，农民的自发势力和阶級分化已开始表現出来了。党內已經有一些同志对这种自发势力和阶級分化表示害怕，并且企图去加以阻止或避免。他們幻想用劳动互助組和供銷合作社的办法去达到阻止或避免此种趋势的目的。已有人提出了这样的意見：应該逐步地动摇、削弱直至否定私有基础，把农业生产互助組提高到农业生产合作社，以此作为新的因素，去"战胜农民的自发势力"。这是一种錯誤的、危险的、空想的农业社会主义思想。

（对«把老区的互助組織提高一步»的批語）（1951年7月5日）

不要以为反对单干的都是集体主义者，因为他不能单干，他們都是不能单干的貧农。

«对安子文、王甫的口头指示»（1950年1月13日）

几个初級合作社，不能算社会主义的萌芽，要合作化，必須象苏联一样，一大片一大片的，要搞合作化，条件不成熟。

«在馬列学院学員会上的讲話»（1951年）

农业社会主义是反动的，現在剝削有进步作用，剝削，工人才有工做，这与大多数人民利益一致。

«在政协全国委員会民主人士学习座談会上的报告»（1951年5月13日）

生产合作社要小，一切大的变工队都垮了台了。高級易垮，低級互利，不要好高騖远。

«新中国經济建設的方針与問題»（1948年）

五三年到五五年二年內，全国合作社由四千发展到五十万个。当时，主管农业口的邓子恢認为合作社快了，五五年四月底，向刘少奇汇报，刘少奇第一句便說："斯大林有篇文章，«胜利冲昏头脑»，你看过嗎？"并要邓"好好写一篇文章反一下冒进！"五月初，刘少奇主持会議，邓提出三点：（1）停：合作社发展太快了，領导跟不上，暂停发展。（2）縮：社的領导不是貧下中农的，有的社太大（万戶大社），要收縮，要砍掉十万个。（3）整頓：合作社不要地主富农，富裕中农慢一步，緩入。当时由刘少奇主持会議通过，并正式批准（有文件）。結果砍了二十万个。直到八月，毛主席回京，召集各省市书記会議才挽救了农业合作化。

（摘自«邓子恢談农口的刘邓路綫»）（1967年1月15日）

※　※　※　※

最 高 指 示

中国革命在全国胜利，并且解决了土地问题以后，中国还存在着两种基本的矛盾。第一种是国内的，即工人阶级和资产阶级的矛盾。第二种是国外的，即中国和帝国主义国家的矛盾。因为这样，工人阶级领导的人民共和国的国家政权，在人民民主革命胜利以后，不是可以削弱，而是必须强化。对内的节制资本和对外的统制贸易，是这个国家在经济斗争中的两个基本政策。谁要是忽视或轻视了这一点，谁就将要犯绝大的错误。

《在中国共产党第七届中央委員会第二次全体会議上的报告》
（1949年 3 月 5 日）

2．鼓吹公私經濟長期合作，反對限制資本主義工商業

斗爭办法是經济竞賽，资产阶級中远看大識者，采取优待收买方式。資本主义社会与社会主义社会，經济上有两套办法，即竞赛与帮助。

《在华北財經会議上的讲話》（1948年12月）

当在帝国主义与国內封建势力残余肃清后，新民主主义經济与資本主义竞爭，将有很长的时間。这种矛盾将成为經济建設中主要的和平竞爭。这个矛盾性質上就是社会主义与資本主义、新民主主义与旧民主主义經济制度上的矛盾。在不断竞爭中，資本主义經济就讓位于新民主主义經济，但主要还要看今后的竞爭，才能知道誰胜誰敗。

《論新民主主义經济与合作社》（1948年10月）

政府的方針，是要使国营私营互相合作配合，减少竞爭，政府要发展国营生产，也要发展私营生产，这就是公私兼顧。也許将来私营生产会超过公营的，但政府并不怕，我們的主要目的是在发展生产，并不反对那样生产发展得多，重要的是配合問題。……公私合作有全面的，有暂时的，有长期的。我們有所謂国家資本主义，是私人和公家的长期合作，你有困难我帮助解决，我有困难你帮助解决，互相照顧，不是尔虞我詐，而是完全合作，彼此有益的。我們希望合作得多，合作得长，使公私两利，不过这合作是完全自由的，并不强制。

《在工商业家座談会上的讲話》（1949年 4 月25日）

人民是四个阶級，工人阶級、农民阶級、小資产阶級、民族资产阶級。这四个阶級现在在主要問題上是一致的。資产阶級也能一致。

《在政协全国委員会民主人士学习座談会上的报告》（1951年 5 月13日）

因此，现在有两种为人民服务，国营經济为人民服务，私营經济也为人民服务，当然国营經济更为人民服务。

（同　上）

实行什么办法：和平的經济竞爭，到十年十五年后，大势所趋，到时资产阶級愿意追随大势的，給予优待。

所謂經济竞爭，那是不以行政手段为主……所謂竞爭，是在大体上相同的条件下，看誰經营得好，这方面要我們有很大努力，不学会无論如何不行。

《新中国經济建設的方針与問題》（1948年）

……这些公司中，也可以讓私人工厂加进去。……公司中有国家的，也有私人的，可以减少相互間的竞爭。……我們要避免竞爭，而促进工业发展，就需要竞赛，在竞赛中进行批評自我批評，互相督促。

《在华北职工代表会議上的报告》（1949年 5 月）

得悉貴公司職工团結劳資双方共同努力，扩大生产，增設新厂之計划，甚为欣慰。望本公私兼顧，劳資两利之方針，継續努力，前途光明，国家民族之复兴指日可待也。

《給天津資本家宋裴卿的信》（1949年5月3日）

必須貫徹公私兼顧政策。我們的党、政府、公营企业，必須主动的去找私人資本家和他們合作，公私企业要結合起来成为一个整个的經济体系，在原料、市場价格等問題上都应当和私人資本家商量合作和共同分配，使公私企业互相配合的发展。

《对天津工作的指示》（1949年4月24日）

私营企业的活动范围很大，可以和国营企业平行发展。我們也主张对私人資本有限制，但是今天有好些地方，說限制等于不限制。……将来限制恐怕要多一点，如工厂愈办愈多，中国已不是产业落后，而是已經达到进步飽和了，生产不是太少，而是过剩了，那时就必須限制。不然，中国就要变成帝国主义，到国际上去搶市場，一搶就要打仗。……这些事情还远得很……。

《在工商业家座談会上的讲話》（1949年4月25日）

有人又說：你們（資本家）現在只能在国营工业的空子里吃点残羹剩湯。其实不然，今天，中国的工业还很不发展，国营企业……还只是些点点滴滴，私营企业的活动范围很大，可以和国营企业平行发展。

（同　上）

天津接管很好，今后是如何管理、改造、发展，管理城市的路綫是依靠工人，团結其他劳动人民，爭取知識分子，爭取尽可能多的自由资产阶級及其他代表人物，向帝国主义及官僚資本作斗爭，对自由资产阶級的重点是团結，但有斗爭，重点是团結，如不团結，甚至把资产阶級当作斗爭对象，会犯路綫錯誤，不斗爭犯右傾，不团結犯左傾，有团結，有斗爭，但重点是团結，劳資两利要坚决确实执行，这是战略方針，战略路綫，資产阶級在近代史上，政治上沒有起重大作用，生产上也不占重要地位，但有很大影响，經济上、政治上有很大影响。脚行碼头头子，不是資本家，是恶霸，屈封建势力范围，資本主义尙容許它发展，旧职員現暫时尙容許薪水制，本来旧职員改供給制有好处，避免形式不統一，如分得清清楚楚，难得融洽，今后尽可能穿同样衣服，吃同样飯，……可否考虑天津市政府設立一个国民經济委員会，吸收私人資本家参加，或叫别的什么会，作为統一領导，了解全面，以資决策，公营企业各系統的垂直关系，应与天津市委发生横的联系，公营企业的統一領导是大問題。

《对天津市委汇报的指示》（1949年4月）

貫徹公私兼顧的政策，国家貿易和你們私人資本家大做生意，有錢大家賺，有生意大家做，我們的工厂少，也需要你們去做，大家分营，大家去卖，你也卖一点，我也卖一点，国家的貨物也推銷，私人的貨物也推銷，都能够銷售。

《在青代会上的讲話》（1949年5月12日）

有些先生說怕我們的貿易公司，說貿易公司是个大資本家，誰能和他竞爭呢？这也未可厚非；这就是自由竞爭！就是学的你們的么！不过貿易公司統治原料、市場，是普通生意人的办法，如果国家貿易公司也用这种办法来經营，只顧到自己，那就是不对的，是违反党的政策的。……我主张采取这样的方針，就是，从原料到市場，由国营私营共同商量，共同分配，这叫做'有飯大家吃，有錢大家賺'，就是貫徹公私兼顧的政策。

《在工商业家座談会上的讲話》（1949年4月25日）

我主张貿易公司应与資本家一道組織收买原料的委員会。共同商量，邮政电話也要注意……与我解放区各城市就不通……如果通了，于公私商人做买卖都有利，組織农民招待所，物品交易所，与私人資本家商人等共同推銷成品，还可考虑是否成立百貨場公私商品都可在此推銷。总之我們应設立許多机构，与工商业資本家共同商量使城乡关系迅速暢通。

《对天津工作的指示》（1949年4月24日）

商业应适应地方情况的变化，……私商灵活得很，变成社会主义后更笨了，这是社会主义的愚笨性。

《財貿各部汇报时的讲話》（1956年1月）

而在目前，企图用国家商业与合作社商业去全部代替私人商业的思想，那就是一种錯誤的左的思想，这在新民主主义阶段中是不可能的也不应該的。

《对山西合作社工作的指示》（1950年5月）

把十条第一款改为国家依靠法律保护資本家的生产資料以外的其他形式的資本所有权。这一款里的其他資本，是指資本家的除生产資料以外的其他形式的資本。例如商业資本。

《关于宪法草案的說明》（1954年4月）

广大劳动人民需要購买和推銷，……农民找不到剝削他的人，农民是欢迎私商下乡的。

《在全国合作社工作者第一屆代表会議上的报告》（1950年7月25日）

有了国家商业、合作社，还需要私人商业。今天国家的政策就是如此。国家对游資下乡要帮助，对合作社也帮助，但是否一視同仁呢？应該有所区別，帮助分量不同，帮助合作社要多一些。

（同　上）

在新民主主义的經济下，在劳資两利的条件下，还讓資本家存在和发展几十年。这样做对工人阶級的好处多，坏处少。

《在天津职工代表大会上的讲話》（1949年4月28日）

股东不要以每人一权为标准，仍应以股数为标准，不怕資本家操纵，今天最大的任务是发展生产，不怕資本家操纵。

《对天津市委汇报的指示》（1949年4月）

过去在国民党的統治利用之下，一部分职員对工人做了不好的事，打工人，尅扣工人工資，开除工人，甚至强姦，这种情形我想是有的。今天工厂变成了人民的了，工人要提出說一說，我想是应当的，但不是过去你打了我，今天我也同样要打你呢？工人同志們应当有思想，脑子应当会想問題，要分析一下这些事，过去职員为什么要这样？他們是不是应当負完全的責任呢？仔細想一想是要蔣介石代表的官僚資产阶級負責的，是他們要职員們这样的，官僚資产阶級、战犯是不能饒恕的。但他下面的人至少还有一半的責任，但应当原諒。今天打他也好，駡他也好，判罪也好，但問題是不能解决的。……工人应当采取"既往不咎，……以观后效"的态度原諒他們，……但我們不要着急，今天反省不好，就再等他一个月两个月反省好。

《在天津职工代表大会上的讲話》（1949年4月28日）

自由資产阶級不是斗爭对象，一般地是团結的对象，爭取的对象，对資产阶級也有斗爭，但重点在团結，如果把自由資产阶級当作斗爭对象，那就犯路綫的錯誤……今天（对資产阶級）重点还是团結，甚至在相当长的时期內，这个重点还不会变。

《对天津工作的初次意見》（1949年4月18日）

必須弄清楚，自由資产阶級不能除掉，还要他发展，原則对象不清，搞乱自己陣营，等于农民中伤害了中农一样。

（同　上）

我們完全不講自由資产阶級而講民族資产阶級，就是因为中国民族資产阶級沒有投降敌人，他們不反动，这一部分資产阶級以后不是斗爭的对象，但这个也要有政策，要有合作的关系。将来还有新的資产阶級新的富农发生，如果他們不反动的話，也要联合，这是我們党的政策。但是劳資斗爭不能防止和破坏我們的政策，过分的劳資斗爭一定要制止，所以工会斗爭一定要服从党的政策，因此就要有限制，就是說和私人資本家斗爭要有限制，避免无限制的斗爭，这要說服工人去做，而不是压迫工人去做。

《在东北局干部会上的讲話》（1949年8月28日）

我們要尽量不促使他們（指資产阶級）起来暴动，允許他們在一定程度之內賺一些錢，另一方面我們准备使之沒有叛变的可能性，这即是：无产阶級拿出一部分胜利品来贖买資产阶級。

《新中国經济建設的方針与問題》（1948年）

今天工业利潤不可能很多，但工业的前途是很光明。眼光要放远一些，賺大錢的时候在后头。

《在工商业家座談会上的讲話》（1949年4月25日）

現在，在新民主主义当中，你們这些資本家可以充分发揮你們的积极性，将来过渡到社会主义的时候，怎么办呢？上次我对宋棐卿（东亚經理）談过，我說："你現在才只办了一个厂子，将来你可以办两个、三个……办八个厂子，到社会主义的时候，国家下个命令，你就把工厂交給国家，或者由国家收买你的，国家一时沒有錢，发公债也行，然后，国家把这八个工厂交給你办，你还是經理，不过是国家工厂經理，因为你能干，再加給你八个厂子，一共十六个厂子交給你办，薪水不減你的，还要給你增加，可是你得办啊！你干不干呢？”宋先生說：“那当然干！”将来召集大家来开个会，討論怎样轉变为社会主义，大家一定不会皺着眉来，一定是眉笑眼开的来开会。

《在工商业家座談会上的讲話》（1949年4月25日）

要先解放资产阶級，才能解放工人阶級。要贖买，給六年定息，不給定息，資产阶級就要造反了，斗得无产阶級自己也不能解放。

《召見团中央書記处書記同志对团的“三大”作了重要指示》（1957年1月16日）

我們对私人資本主义还要发展它，不要怕資本家发展工厂，不要怕他賺錢。有人說他賺了錢大吃大喝。大吃大喝也不要怕，他大吃館子里賺錢，他大喝酒館賺錢，他們賺了錢不一定大吃大喝吧。

《在冀东区党委扩干会上的讲話》（1949年5月）

不要看到資本家賺錢就眼紅，立刻增加工資是不对的，在共产党領导下增加工資并不困难，增加过多妨碍生产再減工資，那就困难。

《对天津市委汇报的指示》（1949年4月）

資本家与工人的关系，該誰服从誰，誰就服从誰。允許你斗爭，但要做合法斗爭。

《在北京干部会上的报告》（1949年5月19日）

劳資糾紛：經过工会开同业工会、商会协議，給双方以同等权利，如解决不了，由政府仲裁，……。

必須貫徹劳資两利政策……为了生产的需要，私营企业主有僱請或辞退工人之权。……解决不了的劳資糾紛，由政府仲裁，……天津資本家对于这类問題正呼吁无門，我們可以开这样一个門。

《对天津工作的指示》（1949年）

……在合同范围之內，大家要遵守，如劳方违反，資方有解僱之权。劳动纪律之維持，应由資方按照自由劳动原則去处理，用不着我們去操心，基本精神是雇佣自由。允許資本家向工人斗爭，也允許工人向資方斗爭。不能剥夺資本家管理权，現在是工会代替資方管理，甚至是工人管理。应建立正常劳資关系，建立正常生产秩序，就是劳动自由，自由竞爭。

《在天津的讲話》（1949年4月）

雇主为了生产及正当理由，有雇請或辞退工人的自由，但須限制，不能因政治性而解辞，或其他限制。工会不得强迫雇主雇請工人，如不准資本家有雇退自由，这是一个生死問題，工人失业也是一个生死問題，应作适当解决。可設立天津市职业介紹所，一切都經过介紹所，可以准备一批失业救济金。

过去失业工人，多由于不遵守厂規。必須遵守厂規，过去厂規如不合理，可民主討論，政府批准后，大家执行。

《对天津市委汇报的指示》（1949年4月）

※　　※　　※　　※

最高指示

从中华人民共和国成立，到社会主义改造基本完成，这是一个过渡时期。党在这个过渡时期的总路线和总任务，是要在一个相当长的时期內，逐步实现国家的社会主义工业化，并逐步实现国家对农业、对手工业和对资本主义工商业的社会主义改造。这条总路线是照耀我们各项工作的灯塔，各项工作离开它，就要犯右倾或“左”倾的错误。

轉摘自《为动員一切力量把我国建設成为一个偉大的社会主义国家而斗爭——关于党在过渡时期总路綫的学习和宣传提綱》

3．反對對資本主義工商業的社會主義改造，宣揚“和平過渡”

新民主主义不革你們（按：指資产阶級）的命，可以和平地、不流血地轉到社会主义。

«在青代会上的讲話»（1949年5月12日）

中国革命最大的困难，是民主革命阶段，民主革命如能彻底胜利，中国社会主义革命是比較容易的（当时国际国內条件）与有和平轉变的可能。

«中国革命的战略与策略»（1942年10月10日）

……我們相信今后可和平轉变到社会主义，凡是某人能办好任何事情的，都請不客气，毛遂自荐，共产党沒有宗派。

«在天津数学人員座談会上解答問題»（1949年4月）

我們将来要进入社会主义，……到那个时候就可以不需要采取激烈的斗爭，可以采取說服、法律、开会表决…的办法，甚至可以給它一点代价，用各种方式，采取社会主义步驟，从新民主主义到社会主义可以和平渡过，这个可能性是有的。……到社会主义时，資产阶級有可能站在人民立場，而站在人民立場就是拥护眞理，代表大多数人民的利益，代表社会进步的利益，因此也就可以跟无产阶級一致，可以学会馬克思主义，可以認識眞理，用得眞理。

«在政协全国委員会民主人士学习座談会上的报告»（1951年5月13日）

現在資本家情緒很多不安，小資产阶級也不安，农民也不安，动蕩，不晓得怎么样，不能掌握命运，这是个很大的問題。原因是什么呢？就是我們現在要来改变两种所有制：要把小生产的私有制——农民的个体私有制改变为集体所有制；要把資本主义所有制改变为国家的全民所有制。所以牽涉的人很多，所有的农民牵进来了，小手工业者牵进来了，小商小販牵进来了，所有的資产阶級、資本家牵进来了。在这个紧要关头，如果我們不加紧宣传，不說清楚的話，或者我們自己也犯錯誤，共产党在政策上犯錯誤，再加上反革命分子一鼓动，就可能发生大問題。

全国除工人阶級之外，全国人民都动蕩不安。因此，同志們要紧张起来，謹愼小心……。

«在中共中央关于資本主义工商业社会主义改造問題会議上的讲話»（1955年11月）

到那时候（社会主义）工厂收归国有，因为国家財政經济困难，沒有錢，这个股金一下子退不起，慢慢的退，分期退，十年退完，十年退不起，二十年退不起，那就要动員一番了，那就应該把股票献給国家，政府就向你們恭喜一番吧！这是不是会有人信呢！到社会主义那个时候，工厂收归国有，人人都有事做，都赚了好多薪金（几十块，几百块），就不靠这几张股票的利息来吃飯了（現在的利息很高，一般十多分，到那时工业发展了，那会有这样高的利息，一般不过几厘），这就可能把股票的問題解决了吧！

«在青代会上的讲話»（1949年5月12日）

为什么不早消灭資产阶級？困难很多，消灭了以后怎样？消灭了以后，你还要把它請回来……。

«新中国經济建設的方針与問題»（1948年）

只是到了社会主义时代，工人才能得到最后解放，这是很长远的事情。但走向社会主义，不一定經过流血斗爭，可以和平地逐步地轉变，現在已經发生的过“左”的事情，很肯定說一定要改正才好，不然要引起严重后果，生产萎縮，工人失业，工厂关閉，毫无办法。

«天津讲話»（1949年4月5日）

資本主义发展，对人民是有利的，希望資本家多分股息，如工业利潤大过商业利潤，資本多移向工业，于国家民族有好处，带有历史的进步性，資本家在年青时期的积极性是进步的，帝国主义时期資本起了腐蝕作用，中国特殊条件，可能有和平轉变的前途，逐步轉，有計划的轉，并不会很痛。

«对天津市委汇报的指示»（1949年4月24日）

还有一个問題——社会主义問題，这問題資产阶級是最害怕的。我們說多剝削一点好，我們今天不搞社会主义，将来还要搞社会主义。……但是我們中国搞社会主义可以不革你們〔指資产阶級〕的命，可以不采取革命手段实行社会主义，也就是說可以用和平的办法走到社会主义。

《在东北局干部会上的讲話》（1949年8月28日）

我們对資本家要搞一些限制政策，……你对国計民生不利的，我們就限制，如果不限制，到十几年，就非革你的命不可。我們采取限制政策，这是为了你們，不然到那时非打倒你們不行。

（同　上）

如果我們取消这种統一战綫工作，那么会怎样？……如果这样，我們就要和資产阶級、小資产阶級破裂，他們的知識分子和政治代表也可能和我們破裂，他們就要反对我們，就可能造反，这就可能使我們发生很大的困难，造成很大的麻煩，使我們在相当长的时期內陷于被动，而且很难解决，……現在全国私营企业的工人三百几十万，如果发生大批的关門、失业，我們的困难就更大了。如果少数民族中的上层分子和我們鬧翻了，发生叛乱，麻煩也很大。……

經过統一战綫工作，資产阶級、上层小資产阶級及其知識分子和政治代表不造社会主义的反，相反地，他們服从社会主义，为社会主义服务，这就省了大麻煩。

《在全国統一战綫工作会議上的讲話》（1953年7月）

从消灭我国現有的剝削阶級来講，这种統一战綫的方法，即和平过渡的方法，可能是主要的方法，沒收的方法可能是輔助的方法。所以，統一战綫工作对党的总任务、总斗爭来講是配合的，对消灭現有的剝削阶級来講倒是主要的。

《在全国統一战綫工作会議上的讲話》（1953年7月）

四、宣扬阶级斗爭熄灭论，鼓吹取消无产阶级专政

最高指示

在我国，虽然社会主义改造，在所有制方面说来，已经基本完成，革命时期的大规模的急风暴雨式的群众阶级斗爭已经基本结束，但是，被推翻的地主买办阶级的残余还是存在，资产阶级还是存在，小资产阶级刚刚在改造。阶级斗爭并沒有结束。无产阶级和资产阶级之间的阶级斗爭，各派政治力量之间的阶级斗爭，无产阶级和资产阶级之间在意识形态方面的阶级斗爭，还是长时期的，曲折的，有时甚至是很激烈的。无产阶级要按照自己的世界观改造世界，资产阶级也要按照自己的世界观改造世界。在这一方面，社会主义和资本主义之间谁胜谁负的问题还沒有眞正解决。

《关于正确处理人民內部矛盾的問題》（1957年2月27日）

1．宣揚階級斗爭熄滅論，聲稱在三大改造基本完成后，“誰戰勝誰”的問題“已經解决”

改变生产資料私有制为社会主义公有制这个极其复杂和困难的历史任务，現在在我国已經基本上完成了。我国社会主义和資本主义誰战胜誰的問題，現在已經解决了。

《八大政治报告》（1956年9月15日）

消灭资产阶級，决定的一着，就是这个全面的公私合营，这是起决定作用的。

到了最后要宣布国有化的时候，所有資本主义工商业国有化的时候，那个时候，几乎可以說是沒有好多斗爭，水到渠成，瓜熟蒂落……

我們跟資产阶級斗爭，到底是社会主义胜利，还是資本主义胜利呢？…… 資本主义工商业公私合营了，农业合作化了，手工业合作化了，胜負解决了。

《在中共中央关于資本主义工商业社会主义改造問題会議上的讲話》（1955年11月16日）

解放以后又对資产阶級进行了斗爭，現在在資本主义工商业的社会主义改造方面，在农业、手工业的社会主义改造中已經取得了巨大的胜利，可以說，在我国，我們已經在阶級斗爭中取得全面的胜利。

在我国，大規模的阶級斗爭已經过去了，資本家、地主、富农都将进入社会主义，他們要进行破坏是很困难的，因为周围的人都看着他們。

《同外宾談話》（1956年7月13日）

在今天我們中国的情况之下，…… 非无产阶級思想有农民阶級思想、小資产阶級思想、資产阶級思想，今天还有地主阶級思想。这些思想是反映过去的阶級的思想情况，不是，或者大部分不是反映今天的。今天农民是新的农民了，今天的資本家是新的資本家了，今天的城市小資产阶級跟农民是新的了，是合作化了的农民和小資产阶級了，今天的資本家也是公私合营了的新式資本家了。如果我們講到非无产阶級思想，講到农民阶級的思想，講到小資产阶級的思想，地主阶級的思想，是講过去的，是反映了那个阶級存在的时候。所以这里面当然有阶級的問題，但是这是反映在人民内部。

《在上海市党員干部大会上的讲話》（1957年4月27日）

敌人消灭的差不多了，資产阶級公私合营了，已經基本解决了，反革命已經解决的差不多了，他們鬧不了大事。

《在上海市党員干部大会上的讲話》（1957年4月27日）

資产阶級已經沒有什么生产資料，沒有工厂了，而且多数依靠工人阶級吃飯，当然还拿定息，已不是原来的資产阶級，是政治思想要改造的資产阶級。資产阶級这个說法可以用，因为現在还有定息，再过五、六年，定息也不給了，就不好再講資产阶級了。

中国資产阶級还要香一个时期。

《一次談話》（1957年12月13日）

解放后已五、六年，可說时間已經不短了，資本家的代理人、資本家的財产都交了，已不是資本家了。我先提出一个問題，請你們考虑一下，不要以为那些人提拔起来一定比你們差，可以共同商量問題。他們百分之九十几政治上是可靠的，……

《对交通工作指示》（1956年2月17日）

現在农村基本上已合作化，私人工商业有了决定性的改变，地主沒有了，資本家也剩下一点尾巴了。

《同外宾談話》（1956年7月13日）

地主資本家沒有了，小生产者沒有了，只有工、农、知識分子这三种人了。

《对地質学院应届毕业生讲話》（1957年）

今天来講农民阶級，这阶級两个字已値得考虑了，他已是集体化了的农民了。在公私合营以后，資本家已把工厂交出来了，除开极少数的分子以外，他已經不愿意反抗社会主义了，有很多人已經接受社会主义了。

《在上海党員干部大会上讲話》（1957年4月27日）

由于党坚定不移地执行了联合中农的方針，由于中农看到了走資本主义道路无望，广大的中农在合作化的高潮中，終于防止动搖，积极地要求入社了。

《八大政治报告》（1956年9月15日）

由于我們对富裕中农采取团結的政策，对富裕中农入社的大农具和牲畜采取逐年偿还代价的政策，由于合作社生产的逐年上升，絕大多数富裕中农对合作化是基本上滿意的。

《馬克思列宁主义在中国的胜利》（1959年10月1日）

封建地主阶級，除个别地区以外，也已經消灭了。富农阶級也正在消灭中。原来剝削农民的地主和富农，正在被改造成为自食其力的新人。

«八大政治报告»（1956年9月15日）

在社会主义社会，沒有要保存腐朽經济关系的阶級，但还有阶級残余，还有保守集团，……。

«談政治經济学教科書社会主义部分»（1960年）

我們沒有一个阶級为自己的私利而阻碍社会的进步，但是这种思想是有的。

«在全国机械工业技术革新、技术革命現場会議党員局长以上領导干部会上的讲話»（1956年5月）

現在我們已經消灭了阶級。比如盖房子，如何盖法，都可以考虑，石景山工人既作工又种地，那种工人和农民生活水平一样，工农、城乡、体力劳动与脑力劳动的界限都消灭了。

«在全国农村半农半讀教育会議期間的談話»（1965年3月）

※　※　※　※

最 高 指 示

敌我之间的矛盾是对抗性的矛盾。人民内部的矛盾，在劳动人民之间说来，是非对抗性的；在被剝削阶级和剝削阶级之间说来，除了对抗性的一面以外，还有非对抗性的一面。

«关于正确处理人民内部矛盾的問題»（1957年2月27日）

工人阶级和民族资产阶级之间存在着剝削和被剝削的矛盾，这本来是对抗性的矛盾。但是在我国的具体条件下，这两个阶级的对抗性的矛盾如果处理得当，可以转变为非对抗性的矛盾，可以用和平的方法解决这个矛盾。如果我们处理不当，不是对民族资产阶级采取团结、批评、教育的政策，或者民族资产阶级不接受我们的这个政策，那末工人阶级同民族资产阶级之间的矛盾就会变成敌我之间的矛盾。

（同　上）

在我国，巩固社会主义制度的斗争，社会主义和资本主义谁战胜谁的斗争，还要经过一个很长的历史时期。

«在中国共产党全国宣傳工作会議上的講話»（1957年3月12日）

2．歪曲社會主義社會的主要矛盾，鼓吹對資本家"積極团結"

有些人說，工人阶級与資产阶級的矛盾是主要矛盾。这个刚才已經講过，曾經有一个时候，在中华人民共和国成立以后，公私合营以前，无产阶級与資产阶級的矛盾曾經是国内的主要矛盾。但是这个矛盾已經基本上解决了。

«在上海市党員干部大会上的讲話»（1957年4月27日）

中华人民共和国成立以后，把帝国主义赶走了，地主阶級經过土改消灭了，官僚資产阶級也消灭了，主要矛盾就是无产阶級与資产阶級的矛盾。公私合营了，无产阶級与資产阶級的矛盾也解决了，現在应該講人民內部的矛盾已成为主要矛盾。

（同　上）

現在的上层建筑与經济基础，現在的生产关系与生产力，現在的先进与落后，表現在人民內部，不是表現在反动者与革命者之間，而是表現在人民內部。这是因为反动的統治阶級已經消灭，資产阶級也基本上消灭了。这个情况变了，所以这些矛盾現在已成为人民內部的矛盾，而这种矛盾永远都是有的。

（同　上）

現在国內敌人已經基本上被消灭，地主阶級早已消灭了，还剩下一点残余，剩下一点尾巴，所以不能說現在在我們国內敌我矛盾还是主要的。……我們說国內主要的阶級斗爭已經基本上結束了，或者說基本上解决了，那就是說敌我矛盾已經基本上解决，那就是說国內主要矛盾已經不是敌我矛盾。

（同　上）

……現在再沒有地主阶級，资产阶級給我們消灭了，我們有經驗、熟悉的事則起来沒有用了，而不熟悉的事逼着我們去做，就是要領导生产，处理人民內部的矛盾。

（同　上）

那么現在什么是主要矛盾呢？就提出了这个問題。現在应該講人民內部矛盾应該成为主要矛盾。

人民內部矛盾現在是大量表現在分配問題上，大量表現在人民群众同領导者之間的矛盾的問題。

（同　上）

人民內部矛盾就是不要采取你死我活的办法来解决，可以用妥协的办法来解决。

«对楊献珍等的談話»（1957年5月）

我們不沒收，安排給飯吃，給政治地位，十五年，就化得差不多了。

統一战綫就是要这样統下去，把資产阶級統得干干凈凈，将来資产阶級也变成劳动者了，有些成为体力劳动者，有些成为机关干部，同我們沒有区别。

«对参加統战部长会議一部份人的談話»（1957年12月13日）

現在，革命的暴风雨时期已經过去了，新的生产关系已經建立起来，斗爭的任务已經变成保护社会生产力的順利发展。因此，斗爭的方法也就必須跟着改变，完备的法制也就是完全必要的了。

«八大政治报告»（1956年9月15日）

处理人民內部矛盾的方針是强調同一性，不是强調斗爭性。如果处理人民內部矛盾，不是强調同一性，而是强調斗爭性，使人民內部矛盾沒有必要的紧张起来，沒有必要的激烈起来，在人民內部造成紧张局势，那就是錯誤，那就是处理人民內部矛盾的方針錯了。

矛盾有两方面，矛盾有两重性，有同一性，有斗爭性。处理方針可以着重它的同一性，因为它原来是有同一性的。强調同一性而不强調斗爭性，只要必要的时候，进行适当的斗爭——中間不是有一个批評或斗爭嘛，必要的时候，进行适当的斗爭——而这个斗爭也是为了团結。斗爭的目的是为了团結，批評的目的也是为了团結，巩固团結。所以处理方針只强調同一性，不是强調斗爭性。

«在上海党員干部大会上的讲話»（1957年4月27日）

工商界总的情况是好的，大多数人愿意改造。現在他們是在改造中，相当多的人实际上有了改造。

«在中央政治局会議上的讲話要点記录»（1960年2月11日）

你来信說中国工商界和知識分子中許多人解放以来，是逐步認識和接近共产党和社会主义的。他們經过了几个認識阶段，最近达到信服和悅服阶段。这是眞理，事实經过就是这样。但是他們的認識还会进一步提高，以至能够遇到风浪时，深信不疑地坚定起来。

«給黃炎培的一封信»（1959年11月28日）

黃任老講，十年来工商界对共产党經历了畏服、信服、悅服三个阶段……悅服也者，包括感情和世界观的問題。世界观一改变，感情也就变了，对国家的进步就会感到高兴。

«接見民建会中央、全国工商联領导人时的談話纪要»（1960年2月12日）

我国民族資产阶級……大多数在政治上也有很大的进步，我国各民族各阶层人民，在国际国內的許多巨大事变中經受住了反复的考驗。

«一次报告»（1962年）

处在中間状态的对于社会主义事业半心半意的民族資产阶級分子和資产阶級知識分子以及各民主党派的多数成員，在反右派斗爭和紧接着的反浪費反保守运动中，在生产建設和各項社会主义事业的大跃进中，在不同的程度上改变了或者正在改变着他們原来的政治面貌。他們中間的大多数現在感到"形势逼人"，必須继續进步，不能停留在原来那种中間状态了。他們开始承認自己在社会主义革命問題上的两面性，承認必須改正自己的許多錯誤观点，而且表示决心改造自己，向党"交心"，成为左派。許少知識分子积极地参加了整风运动，表示决心要成为又紅又专、紅透专深的紅色专家，并且有一部份人到劳动人民中間去参加体力劳动，同广大的劳动人民进行認眞的接触。

《向八大二次会議的工作报告》（1958年5月5日）

現在还多少保存旧观念的工商界和知識界人士，将要为今后不断出現的新事物所改变，他們的認識继續提高，他們的旧观念会进一步为新观念所代替。只要他們采取老实的承認事实的态度，就会如此。这就是馬克思說的，"正是人的社会存在决定人們的意識。"如果他們主观上加以努力，認眞学习馬列主义，那么他們的思想就可能早日改变，就可能树立馬克思主义的世界观，以至在大风浪中坚定地站稳自己的脚跟。我們希望大多数工商界人士在新中国的第二个十年中，能够做到这一点。

《給黃炎培的一封信》（1959年11月28日）

既然現在他們（指资产阶級）向我們靠攏，我們也就向他們靠攏一些。

我們就要放寬一些，从思想、工作、生活照顧、政治照顧方面采取积极团結的办法和措施，这样我們在政治上就更为主动。

《在中央政治局会議上的讲話要点記录》（1960年2月11日）

工商界有几个参加共产党好不好？有点榜样，搞几个，可是那就对国外沒有影响了，我看帽子还可以戴一个时期，有利于工作，你資本家也当了，也沒有整你，又入了党則更好了。

《和王光英一家的談話》（1960年1月31日）

党內不重視与党外人士合作，清一色观点是不确的，要批判，右派批評我們不都是錯的，如批評我們"宗派主义"，說我們沒有友情、溫暖、不和人家談話、錯了也不講、客客气气，这是有的，要克服。

反右派以后，同民主人士更疏远了，这是我們的失敗。

《对参加統战部长会議一部份人的談話》（1957年12月13日）

我們可以这样分工：你們管一头，要所有工商业者思想进步，走社会主义道路，改造世界观，思想进步为国家做事，这一头你們包了。对工商业者的照顧等等，由我們包。那一头做得不好，互相提意見，訂一个口头协定。

《接見民建会中央、全国工商联領导人时的談話纪要》（1960年2月12日）

总而言之，工商业者只要同共产党合作，跟着人民政府，一心一意地搞社会主义，不論是老、病或者有其他的困难問題，国家都負責到底，包到底，这一点請各位放心，具体办法还要商議，总之是照顧到底，不要担心。我們現在是中华人民共和国，六亿人民的国家，不会小气，首先你要对得起国家，跟党走，这是第一条。这样人民会对你們負責到底，不会亏待你們。

《接見民建、工商联常务委員的指示》（1960年2月2日）

工商界朋友們应当下定决心，不顧一切，一心一意为国家、人民和整体利益着想，努力工作，不要顧虑个人利益，不要顧虑国家对这些个人利益是否照顧到底，这方面我們包下来。

…………

总而言之，你們不要顧虑，这是靠得住的。

《接見民建会中央、全国工商联領导人时的談話纪要》（1960年2月12日）

有人担心政府对工商界是否会照顧到底。一个是政治照顧，政治照顧要继續下去。一部份人的高薪在定息取消了以后怎么办？这个問題过去說过，还是继續下去。原来拿高薪的不減，恐怕也不好再加了。由于調动工作或下放而減薪的，恐怕是极少数人，不管調职或下放，薪水应当照旧，已經減了的要补发。总之，我們的政策是高薪不減，調职不減薪，減的补发。中华人民共和国是靠得住的，你們諸位如看到有因調职而減薪的，可以通知統战部轉告有关部門补发，这个問題很容易解决。

《接見民建、工商联常务委員的指示》（1960年2月2日）

工商业者接受改造，为国家做事，同党合作，到一个时候，年纪大了，年老了不能做事，需要退职退休，現在尚无办法，将来总要拟个办法。一句話，国家照顧到底，負責到底。目前怎么处理，年纪大了，身体不好就不一定去上班，請个假，薪水照发。

《接見民建会中央、全国工商联領导人时的談話纪要》(1960年2月12日)

一九六二年定息取消后，是不是阶级就化过来了，这些人搞在工会中，十紅夹一黑，是否危险？

摘帽子（指資本家）現在研究可以摘一些，不登报，不宣布。子女（指資本家的子女）入学問題，同样是按考試成績入学。年老（指資本家）不能工作的可請病假，工資照发，仍在編內。

《在中央政治局会議上的讲話要点纪要》(1960年2月11日)

对于老老实实不怕花費一些資本和气力去經营生产的事业家，人民政府应当給予他們以各項必要的便利条件。并給以指导，使其避免盲目性，帮助其事业的成功。

《在北京庆祝五一劳动节干部大会上的演說》(1950年4月29日)

对那些資产阶級和他們的家属，他們現在拿定息，手里有錢，当然不愿意参加体力劳动，但我們要引导他們，鼓励他們劳动，我們干部和劳动人民都干起来了，他們也就孤立起来了，慢慢也会跟着来劳动了。

《在江苏苏州的一个座談会上的插話》(1958年9月24日)

也可能群众一时不了解你，以为你有什么企图，恐怕"糖衣炮弹"又来了，你也不要顧虑，坚持地做下去，最后总会相信的。这問題同每个人都有关，要好好地搞一搞，这就是世界观改变的开始。对家属和子女，也是如此，也要他們不顧一切，一心一意地为国家为人民服务，就会取得人民的信任。

《接見民建会中央、全国工商联領导人时的談話纪要》(1960年2月12月)

現在对你們（指資本家）信任的人也多起来了，建立相互信任是不容易的，一要时間，二要事实。經过十年有了許多事实，相互信任就进了一步。

《接見民建、工商联常务委員的指示》(1960年2月2日)

文化水平（指資产阶級的）比其他阶級高，主观世界的改造是可能的。

《接見民建会中央、全国工商联領导人时的談話纪要》(1960年2月12日)

不降低他們（指資产阶級）的工資，不取消定息，他們放棄定息也不行。

《在劳动部的讲話》(1958年6月29日)

※ ※ ※ ※

最 高 指 示

世界上一切革命斗爭都是为着夺取政权，巩固政权。而反革命的拼死同革命势力斗争，也完全是为着维持他们的政权。

《今年的選舉》

我们的国家是工人阶级领导的以工农联盟为基础的人民民主专政的国家。这个专政是干什么的呢？专政的第一个作用，就是压迫国家內部的反动阶级、反动派和反抗社会主义革命的剝削者，压迫那些对于社会主义建设的破坏者，就是为了解决国内敌我之间的矛盾……专政还有第二个作用，就是防御国家外部敌人的颠复活动和可能的侵略。在这种情况出现的时候，专政就担负着对外解决敌我之间的矛盾的任务。

《关于正确处理人民內部矛盾的問題》(1957年2月27日)

3. 取消無产階級專政，宣揚"全民國家"

把蔣介石反动派残余完全消灭这点还需要时間，需要一年或者一年多一点，这是有把握的。沒有敌人怎么办？就是建設。敌人肃清了，秩序安定了，造成一定条件，环境能使我們从事經济建設，因此我們要成立人民民主政府。只要第三次世界大战不爆发，經济建設的任务就不变。二十年甚至三十年不爆发战爭，我們的任务就一直是建設，要把中国工业化。

《在东北局干部会上的讲話》（1949年8月28日）

大的运动今后不可能再有了，主要是集中精力搞經济建設。

《在青年团中央第三次全体会議上的政治报告》（1952年8月26日）

現在我們的国家已經組成了。这个国家机构有两条任务：一条是实現专政；另一条是組織社会生活。第一条任务愈来愈小了，不是愈来愈大了。阶級斗爭基本結束，反革命分子少了，刑事犯少了，所以国家专政的机构可以縮小，今后国家最重要的任务就是組織社会生活。

《在各省市委組織部长会議上的讲話》（1956年12月）

社会主义国家有作为阶級斗爭工具的国家，作为組織人民經济生活的国家。不講前者是不对的，前者随着阶級消灭而縮小，后者逐漸扩大，国家的性質就起变化。

《談政治經济学教科書社会主义部分》（1960年）

在过去几年中，党的領导力量主要放在社会主义革命方面，……从現在起，已經可以而且必須集中更大的力量在社会主义建設了。

《八大二次会議的工作报告》（1958年5月5日）

国家的对內作用消失，經济职能还是存在，还有上层建筑，还有先进和落后，作为阶級斗爭的政治和党是沒有了，但政治是經济的集中表現，是"众人之事"，非阶級斗爭的"政治"和"党"可能还要。

《談政治經济学教科書社会主义部分》（1960年）

从資本主义过渡到共产主义，无非：（1）夺取政权，（2）沒收大工业，（3）发展全民所有制經济，（4）土地改革，（5）农业合作化，变成单一的社会主义經济。此外，（6）还有社会主义工业化……

革命为建設扫清道路，一面扫除、改造，一面建設，边扫边建。扫完以后，只有一个任务，就是建設。我們过去八年大部分是扫除工作，最近两年集中精力来建設。道路扫清，建設差不多了，就叫社会主义建成。

《談政治經济学教科書社会主义部分》（1960年）

国家基层政权在开始消亡，但沒有完全消亡。对地主、富农、反革命分子和坏人还要鎮压，然而事情不多了。公社要分出一部分人監督坏分子。公社和县的主要任务是搞經济工作，阶級斗爭由国家来搞。民兵主要是对付外国帝国主义的，对付地主是次要的。

《关于公社等問題的談話摘記》

国家消亡的时候，这一套經济机构还是要的。中央政府不要，总公司还是要。国家消亡了，它却发展了。

《在彙报商业問題时的插話》（1963年12月9日）

馬克思講过一句話，无产阶級必須解放全人类，才能够解放自己，全人类不解放，自己就不能解放。全人类是誰呢？工人、农民、知識份子嗎？地富反坏算不算人呢？算人类呀！不是动物，地富資本家坏分子抓起来也仍要改造呀！你們能把他改造好了，自己才能获得解放。

《对建工学院革命团的讲話》（1966年8月）

五、攻击三面红旗，否定社会主义建设的伟大成就

党中央指示

总路线、大跃进、人民公社，这是我国勤劳勇敢的六亿五千万人民的伟大决心和伟大智慧的表现，是我们党和我国各族人民的伟大领袖毛泽东同志创造性地把马克思列宁主义的普遍眞理同中国实际结合起来的产物。

《中国共产党第八届中央委員会第八次全体会議，关于开展增产节約运动的决議》（1959年8月16日）

我国人民一直紧密地团结在党中央和毛泽东同志的周围。即使遇到来自国內外的严重困难，我国最广大的人民群众和干部总是坚定的相信总路线、大跃进、人民公社三面红旗是正确的。

《中国共产党第八届中央委員会第十次全体会議的公报》（1962年9月）

1．攻擊總路綫，公開鼓吹“懷疑”三面紅旗

我們許多同志执行总路綫的时候，沒有注意使全国人民眞正自觉地团結起来，不是由人民群众实事求是地去鼓足干劲，不是由人民群众切切实实地去力爭上游；而是由少数干部，站在群众之上，命令群众形式主义地去鼓足干劲，力爭上游；又只注意多快，而不是同时注意好省地进行社会主义建設。

《在扩大的中央工作会議上的讲話》（1962年1月27日）

我們在执行总路綫的过程中，在某些时候，发生了片面性，比如只注意多快，对于好省注意不够，或者沒有注意。只注意数量，对于品种、質量注意不够。

（同　上）

思想統一了沒有？我看沒有。要有一个过程。集中于怀疑总路綫是否正确的問題。这一条不要紧，天要下雨，娘要嫁人，只好讓他怀疑。

《在中央一次会議上的讲話》（1961年9月）

三面紅旗可以讓人家怀疑几年。……不要人家一怀疑就不讓講話。你又說要实事求是，又不允許怀疑，不允許講老实話，这是不对的。有人說比例失調，这也沒有什么，不适应就是失調。……还要看三年、五年，再来作結論。有些人是要到三、五年后才能說服的。

《在听取东北局彙报时的插話》（1961年7月17日）

你們三級干部会議有人怀疑三面紅旗，是可以理解的。有些人講了，有些人沒有講，有些人想通了，有些人还沒有想，发表不出意見。因为客观上存在一些現象，大跃进現在有些跃退了，公社优越性不那么明显，减产了。于是出現三面紅旗是否正确的問題。总路綫是正确的。公社还是有优越性的，搞得好比高級社的优越性是否还可以多一点。高級社的优越性不要吹掉，沒有更好的办法不要动，高級社的优越性要保留，加上公社，可能优越性多一点。大跃进問題复杂一点，数量上不跃了，質量上跃，現在質量也未跃上去，是不是可以跃上去，将来可以跃上去。

《在黑龙江省委書記彙报时的插話》（1961年7月）

銀行、財政制度，搞文件条例，限期交卷……送中央。三面紅旗、三大纪律、八項注意都不写，只写

什么許办，什么不办，写好送中央。

《在"西楼会議"上的讲話》（1962年）

看来現在提倡比、学、赶、帮的办法，比过去只抽象地号召鼓足干劲、力爭上游的方法好，盲目性会少一点。如果提倡得过分，也可能产生盲目性。

《在薄一波彙报时的插話》（1963年10月21日）

我到湖南的一个地方，农民說是三分天灾，七分人祸。你不承認，人家說不服。全国有一部分地区可以說缺点和錯誤是主要的，成績不是主要的。

《在扩大的中央工作会議上的讲話》（1962年1月27日）

这几年究竟是天灾大还是人灾大，……湖南同志說，他們那儿是三、七开，山西是四、六开，人灾是主要的；河北是四、六开，即天灾四，人灾六。甘肃这几年风調雨順，但是每年要調进粮食去，……全国只有浙江、江苏好一些，但也不完整，还是一片片的。天灾是一片，人灾是一国，要记起这个教訓……。

《在中央工作会議上的插話》（1961年5月）

这几年工作中发生的許多缺点和錯誤，使我們全党的干部，全体党員，以至絕大多数人民都有了切身的經驗，都有了切肤之痛，餓了两年飯。

《在扩大的中央工作会議上的讲話》（1962年1月27日）

中央認为有必要在一次大的会議上指出，对于这几年来的工作中的缺点、錯誤，首先要負責的是中央。……这里所說的中央首先負責，当然也包括中央各部門和国务院及其所属各部門。

（同 上）

这几年在我們的工作中是有不少的缺点和錯誤的。……缺点和錯誤的大部分已經过去了，好象一个人害了一場大病，現在这場病基本上已經好了。

（同 上）

十五年赶英，农业四十条写进去好？不好？不是不变，用不着除消，能赶即赶，无非多几年，四十年看来不行，原提調查不够，不除消，再調查，无非多些年。

《中央政治局扩大会議上的讲話》（1962年1月25日）

仅仅从彭德怀同志的那封信的表面上来看，信中所說到的一些具体事情，不少还是符合事实的。

《在扩大的中央工作会議上的讲話》（1962年1月27日）

有些同志也講过一些同彭德怀同志講过的差不多的話，例如什么大炼鋼鉄"得不償失"呀，什么食堂不好、供給制不好呀，人民公社办早了呀，等等。但是这些同志和彭德怀不一样，他們可以講这些話，因为他們沒有組織反党集团，沒有要篡党。

（同 上）

虛报浮誇这几年好一些了，現在又有露头，要注意，发現了就要及时糾正。

《在天津市委書記座談会上的談話》（1964年7月3日）

※ ※ ※ ※

最高指示

经过了伟大的全民整风运动，全国到处出现了蓬勃兴旺的气象，无论在农业、工业、文化教育以及其他建设事业方面，都形成了大跃进的形势。由于全国人民在共产党的领导下共同努力，我国社会主义建设的速度大大加快了。

《在最高国务会議上的重要講話》（1958年9月5日）

我们必须打破常规，尽量采用先进技术，在一个不太长的历史时期内，把我国建设成为一个社会主义的现代化的强国，我们所说的大跃进，就是这个意思。难道

这是做不到的吗？是吹牛皮，放大砲吗？不，是做得到的。既不是吹牛皮，也不是放大砲。只要看我们的历史就可以知道了。

轉摘自《周总理在第三届全国人民代表大会第一次会議上作的政府工作报告》

2. 攻擊大躍进是"一轟而起"，誣蔑群衆運動是"瞎指揮"

我們这几年提出的过高的工农业生产計划指标和基本建設指标，进行一些不适当的"大办"，要在全国建立許多完整的經济体系，在农村中违反按劳分配、等价交换的原則，刮"共产风"，以及城市人口增加过多等等，都是缺少根据或者沒有根据的，都沒有进行充分的調查研究，沒有同工人和农民群众，同基层干部和技术专家进行充分的协商，沒有在党的組織、国家組織和群众組織中严格地按照民主集中制办事，就草率地加以决定，全面推广，而且过急地要求限期完成，这就违反了党的实事求是和群众路綫的传統作风，违反了党的生活、国家生活和群众組織生活中民主集中制的原則。这是我們这几年在某些工作中犯了严重錯誤的根本原因。

《在扩大的中央工作会議上的讲話》(1962年1月27日)

工农业生产的計划指标过高，基本建設的战綫过长，使国民經济各部門的比例关系，消費和积累的比例关系，发生了严重不协調現象。

(同　上)

第二个五年計划犯了严重錯誤，重点是社会主义建設，經驗不足，驕傲，违反实事求是、群众路綫作风，削弱民主集中制，指标过高，不适当大办，搞很多独立体系；农村中违反等价交换，按劳取酬，过火斗爭，群众干部不敢講話，地富反坏混入党內，进行破坏。

(同　上)

过去基本建設战綫太长，項目过多，要求太快、太急……一心搞扩大再生产，忽視了簡单再生产。同时，在生产方面，只注意增加数量，忽視質量，提的指标过高，超过設备的可能，本来可以用十年的設备只能用五年，設备损坏过多，又不注意維修，……造成不好的結果。

《在薄一波彙报时的插話》(1963年10月21日)

过去瞎指揮，二十四小时不休息，损坏了机器，也得还帐，要全面認識这个問题。首先要搞設备更新，继續簡单再生产，而后有能力，再扩大再生产，不是首先扩大再生产，而后有可能搞設备更新。应該說，扩大再生产也是首先放在老企业，不是有重点地进行更新，而是全面的。

(同　上)

这几年搞了許多运动。这些运动，很多是一轟而起。有些幷沒有正式的文件，只是从那里听了点风，听到了一点不确切的消息，就轟起来了。这种方式，是不好的。……"敢想、敢說、敢做"的那个"做"，不是說一下子在全国去做，而是指在小范围內去做，先做典型試驗。

《在扩大的中央工作会議上的讲話》(1962年1月27日)

这几年不节省群众的干劲，浪費了群众的許多干劲，是一个很大的錯誤。同志們担心群众的干劲发动不起来，这是目前应該很好地进行研究的一个問题。因为这几年，群众的热情和干劲受了挫折，在某些地方受了严重的挫折。

(同　上)

在农业方面乱改耕作制度，任意推行一些不切实际的、违反科学的技术措施，修建一些不仅无益反而有害的水利工程；在工业方面，任意废除規章制度，任意推行一些不切实际的、违反科学的技术措施，使設备损坏，某些产品質量降低，成本提高，劳动生产率下降。

(同　上)

現在我們有个全民的技术革命，技术革新运动——它的产生是由于党的总路綫、大跃进、人民公社和

劳动力物资不足而来的，如果沒有总路綫和坚决貫彻执行总路綫、大跃进、人民公社，是不会产生的。同时也由于劳动力和物资不足。否則为什么早不产生，五八年提出总路綫，大跃进，但沒有技术革命，技术革新运动，五九年也沒产生，而到了60年初才产生呢？五八年大跃进，农村劳动力还有剩余，广大妇女还沒参加劳动。大跃进劳动力用起来，甚至加班加点，增加劳动强度，依靠这些来实現的。

《在全国机械工业技术革命現场会議党員局长以上領导干部会議上的讲話》（1960年5月）

五八年跃进，就增加人。

五八年和五九年是依靠增加人和延长时間实現跃进的。

（同　上）

教科书說中国大中小并举是为解决就业問題。不对。但大中小并举同就业問題也有点关系。要把六亿人口展开，都有用武之地，必須大中小并举。一湧而上，可能出現一个时期的混乱，需要調整，經过調整就会自然上規律。

《談政治經济学教科書社会主义部分》（1960年）

1958年搞群众运动以来，发生了許多缺点和錯誤，广大干部，党員，工人都有了經驗了。沒有这一点，只少数人認識是不行的。

《在听取工交会議情况时的插話》（1966年2月19日）

要切实把矿山搞好，然后提冶炼。矿山上不去，别的就是上去了，还是要下来的。不要忘记过去，坐飞机上去，坐电梯下来。

（同　上）

大跃进搞得太快了一点，因为失掉了平衡，跃进三年，今后調整可能要十年、八年，这样不合算。

（轉摘自計委大字报）

安徽省发生这样严重的問題，本来其他地方也发生的，只不过是五十步笑百步，死人、高指标、瞎指揮，各地都有。

《在中央扩大会議安徽大組会上的讲話》（1962年2月3日）

五九年調粮食是中央叫調的。死人同調粮有关系，但不完全是粮食問題，其他政策不当也有关系，例如，收回自留地，干部作风不好，水利搞那么多。

（同　上）

一九五八年以来，年年調低（指計划指标），只有一九六〇年調高，还沒有完成。今年还是調低，是否以后不再調低就好了，讓我搞个低指标好不好？你們“左”了这么多年，讓我右一点。計划偏低一些，执行中爭取超过。

《在中央工作会議上的讲話》（1962年5月）（摘自經委大字报）

工业現在高涨了，将来会有更大的高涨，过去我們搞大跃进，出了些毛病，这次再搞大跃进，不重复大跃进出現的一些毛病？是不是毛病可以少出一点？这个問題有点保証沒有？工人有經驗了，干部有經驗了，中央、省委、市委也有經驗了，吃过苦头了嘛。現在还有些經驗沒解决好。基本建設战綫还是拉的长，在基本建設方面集中力量打歼灭战的問題还沒有完全解决，开工项目多，結果都搞不起来，要搞少一些，搞成一个算一个。

《在天津市委書記座談会上的讲話》（1964年7月3日）

工业生产經过一个下落又上长了。是不是又出現大跃进时一些不正常情况，要注意。

《在天津市委書記座談会上的談話》（1964年7月3日）

我問余秋里同志大庆的工人是不是都滿意？他說不滿意的很少。彭眞同志到大庆住了一个礼拜，了解到大約百分之十至十五的工人不滿意，对大（？）紧张有意見。

《在天津市委書記座談会上的談話》（1964年7月3日）

※　　※　　※　　※

最高指示

还是办人民公社好，它的好处是，可以把工、农、商、学、兵合在一起，便于领导。

摘自《新华社关于“毛主席视察山东农村”的报导》(1958年8月13日)

关于目前正在全国蓬勃展开的人民公社化运动，必须采取热忱欢迎的态度，积极加强领导。

《在最高国务会議上的重要講話》(1958年9月5日)

3．攻擊人民公社“辦早了”，“看不出優越性”

有的同志說，人民公社办早了。不办公社，是不是更好一点？当时不办，也許可能好一点。迟几年办是可以的。

《在扩大的中央工作会議上的讲話》(1962年1月27日)

人民公社迟二年办行不行？看来，迟几年也可以。……現在看来，人民公社还是应該办的，問題是不要一下子全面鋪开，不要搞得太急。应該經过典型試驗，有准备地、有步驟地、有秩序地、有区别地、分期分批地逐步推广，并且不断地总結經驗。这样，就会比較好一些。我們办人民公社的主要經驗教訓，也就在这里。

(同　上)

人民公社是否有优越性？問題是丢掉了高級社的一套，另外搞了一套，搞了平均主义、供給制、食堂等等。可以設想，如果保存高級社的一切优越性，在此基础上联合組織人民公社，优越性就可能更多一些，現在看不出优越性，难于說服人家，农民就說不服了。

《在听取东北局彙报时的插話》(1961年7月17日)

目前，人民公社有一点“一大二公”，兴修了許多已經发揮效益的水利工程，有一些社办企业，也作了一些事情，但是作用不很大，“一大二公”，还不大明显，还看不大清。

《在扩大的中央工作会議上的讲話》(1962年1月27日)

“一大二公”还要不要？还是保留。但是当前“一大二公”的优越性还不明显，当前只有这么多优越性，再多也不行。

(同　上)

現講一大二公时，核算单位小，現講不清，将来发展可能还是一大。

《中央政治局扩大会議上的讲話》(1962年1月25日)

我和农民談过話，农民对于初級社很高兴，談起来眉飞色舞。可是談到高級社，就不那么高兴。我們現在的人民公社是以生产队为基本核算单位，又实行評工记分，土地沒有报酬，对五保户、困难户有补助金等，从这方面說，初級社的优点我們有了，高級社的优点我們也有了。現在，人民公社只能搞这么多优点。能搞多少优点就搞多少优点，再多的优点現在也搞不成。

《在扩大的中央工作会議上的讲話》(1962年1月27日)

草荒是否和評工計分搞不好有关系？高級社时期一些好的制度你們是否都砍掉了？你們还保留了一些，还有一半自留地，这恐怕是你們这里較好的一个原因。人家发疯的时候，你們沒有那么发。当然人家发疯你一点不发也不可能，发一次也好，有了教訓了。你們自留地現在每人要搞到五分，那四口之家就是二亩地，可以餓不死了。

《在黑龙江省委書記处同志向他彙报工作时的插話》(1961年7月)

人民公社組織起来容易，一哄而起，但巩固就不那么容易了，能不能巩固，还得走着瞧！

《在扩大的中央工作会議上的讲話》(轉抄自計委大字报)

※ ※ ※ ※

党 中 央 指 示

八届十中全会深信，虽然目前还存在一些困难，但是这些困难是完全可以克服的。我们已经取得了伟大的成绩。我们的前途是光明的。

《中国共产党第八届中央委員会第十次全体会議的公报》

(1962年9月)

4. 叫嚷三年困難時期“經濟臨近崩潰的邊緣”，形勢“漆黑一团”

目前的經济形势，就是精簡吃飯，不是大好形势，……經济不好，政治上是否会那样好，……。

《中央工作会議上的讲話》(1962年)

主席講的形势大好，是指政治形势大好，經济形势不能說大好，是不大好。

《一次讲話》(1962年)

一方面有成績，另一方面有缺点，那一方面是主要的？总的說来，1958年以来，成績是主要的，第一位的，缺点是次要的，第二位的，能否說三七开，各地情况不一。九个指头，一个指头是否到处可用？不可，但一部分地区可以用。总的說，也不是九个指头一个指头，有的地方三七开也不行。

《在最高国务会議上对民主人士的讲話》(1962年4月)

工作会議时困难情况揭露还未透底，有些同志还不愿揭，我們对困难还未完全認識，把困难弄清，可以克服。漆黑一团可以引起悲观丧气，也可以不引起，我們不能因困难而不干了吧！

(注：陈云在談城市人民生活很苦的时候，刘少奇插話)

《在“西楼会議”上的讲話》(1962年2月)

昨天陈(指陈云)提現在是恢复时期，是否如此，估計一下，現在和49年不一样，我看总不是平常时期，可否說这是类似非常时期。为了解决天灾人祸，要有紧急法令。現在我們的确处在非常困难的时期，不能按常規办事。銀行說了很久，要把紧，沒把住，我們首先要做检討。要搞点非常措施，同意財經小組，有时总理抓，小平抓，我抓，硬是要搞独裁。

(注：陈云談制止通貨膨脹时，刘少奇插話)

(同 上)

处在什么时期。現在方向不是搞十年計划，老老实实克服困难，否則方向不对。現在調整很困难，不采取非常办法不行。我提現在是非常时期，非統一集中不可。如煤炭、木材用在那里，都要統一抓，派人去，欽差大臣滿天飞也不怕，只要把工作搞好了。現在不同于52年，情况复杂得多。大的經济危机，資产阶級采取非常办法。我們虽然不同，非常时期，要有非常办法，在小范围内講，公开不講。領导集团内部要統一思想，要提爭取三年到五年財經情况基本好轉。

(同 上)

对情况的估計：有些困难情况可能还認識不够，或可能沒有提出来，要继續揭发。現在看法还不那么一致，不要怕揭，要彻底，可能过一点，也沒害处，如情况沒那么坏，更好。揭底，怕丧失信心，有可能，但还不会躺倒不干，怕漆黑一团，总要講点好情况，使工作不能前进，情况还不能明。

各部要說明这一点。現在多数人实际感到情况很严重，不講，怕吓人。

(同 上)

有人說，揭露，怕說成漆黑一团，如果确是如此，就說它漆黑一团，这是实事求是。

（同 上）

不要老是报喜不报忧。60年講經济繁荣，庫存增加，是騙人。

（同上）

对于困难我們还沒有認識清楚；目前財政經济的困难是很严重的，工农业生产还要继續下降，比例失調，貨币貶値，我們的經济临近了崩潰的边緣。

相反的，不愿承識困难，或者困难本有十分，只承認几分，总怕把困难講够了会使干部丧失信心，以为迴避困难就容易解决問題，对于困难不是認眞对待，而是掉以輕心，很明显，这不是眞正的勇敢，絕不是革命家的气概，絕不是列宁主义应有的态度。

什么叫最困难时期，就是农民暴动时期，这样的困难时期过去了。

从去年到今年这一年中，从中央来說，对严重形势估計不足。

对目前的严重形势估計的够不够？沒有估計够，再估計一下！

《一次讲話》（1962年3月5日）

我看对困难估計过分，危险不大。至于估計不够，要危险、被动。对困难估計够不够，过头，无非是这三种情况。現在主要的危险是对困难估計不足，还沒有到把困难夸大，使工作受到损失。

《在中央工作会議上的讲話》（1962年5月）（摘自經委大字报）

干部多数对困难估計不够，而不是估計过分。經济上沒有大好形势，是困难形势。陈云說，我們千万不要把革命果实落在我們手里失掉，也許过分一点，但有这个問題。認識迟了一些，行动也迟了一些，再不能迟，已經迟了。

《一次讲話》（1962年4月23日）

保証大城市不出大乱子，要有出乱子的准备。……前途光明，天黑承認黑，紅的就講紅。

《在中央工作会議上讲話》（1962年5月4日）

大家都想56年、57年。沒有办法不承認这一点。湖南家乡的群众和我說，可有两年好的，就是56年、57年。他們說照那个时候的办法就可以搞好，他們又說至少要三年才能恢复。

《在听取东北局汇报时的插話》（1961年7月17日）

你們在这里有顧虑嗎？要敢于講話，这几年安徽工作受了很大損失，人民吃了苦头，农业減产，工业減产，工业基本建設有些成就，但現在还不能起作用，人民吃了苦，死了很多人，要恢复过来需要很长时間。

《在中央扩大会議安徽大組会上的讲話》（1962年2月3日）

当前的經济情况很复杂，問題又多，經济失調，大量物資积压，資金周轉困难。原因主要在上面，是計划安排和政策上的錯誤造成的。你們要向厂內的同志講，向他們承認錯誤。……你們代表中央检討，市里也检討，是非分明，实事求是。关厂就是因为有困难，講清了，共同承担困难。

《对中央办公厅石家庄和无錫調查組的指示》（1962年4月24日）

※ ※ ※ ※

最 高 指 示

究竟走社会主义还是走资本主义道路？农村合作化要不要？“包产到户”还是集体化？……现在就有闹单干之风，越到上层越大。有阶级就有阶层，地富残余还存在着，闹单干的是富裕阶层、中农阶层、地富残余，资产阶级争夺小资产阶级搞单干。如果无产阶级不注意领导，不做工作，就无法巩固集体经济，就可能搞资本主义，有些人也是要搞单干的。

《在北戴河中心小組会上的講話》（1962年8月6日）

5. 大刮單干風，鼓吹"三自一包"

自由市場还是要搞下去的，农村自由市場会产生一些資本主义，产生一些資产阶級分子，产生一些暴发戶，有些小商販会变成暴发戶，这无非是多了几个資产阶級分子，即使产生新的資产阶級也不可怕，无非再搞一次。……至于社会上产生一些資产阶級分子并不可怕，不要怕資本主义泛濫。

«在国务院財貿办公室副主任姚依林彙报时的讲話»（1960年10月）

农村自由市場还是要搞下去的，但不是不加管理。自由市場会产生資本主义，会产生一批資产阶級，会产生一批暴发戶；不外是多几个資产阶級分子发財。自由市場現在开放，过几年我們主动了，就好办了。在困难时期可能产生点資产阶級，但这不可怕。資产阶級看来不是一下子可以消灭完的。……只要我們不搞高薪阶层，社会上产生点資产阶級并不可怕。

«在国务院財办負責人彙报时的讲話»（1961年10月）

我們近来有了自由市場，也有人发財，……有一些在几个月內就賺百元到千元，賺千元以上到万元以上的有三十万戶，……对暴发戶，我們要采取办法，美国对資本家征收所得税百分之八十到九十，我們对暴发戶也应征收百分之八十到九十的所得税。

«对民主党派負責人讲話»（1963年）

集市私商要限制，要留一些。搞掉一批資本主义分子，未組織起来不叫資产阶級。

«在一次会議上的插話»（1963年2月）

投机的人可发照，替他运，收費高点，否則他走后門。

（注：陈云談到对付投机倒把的办法时，刘少奇插話）

«在"西楼会議"上的讲話»（1962年2月）

可以考虑允許一批商人出来，开放一批，給他合法化，讓他搞。这样危险并不大。从理論上講，資产阶級一次消灭是不可能的。苏联搞了两次，还沒有消灭。我看搞几次是合理的。

«在中央一次会議上的讲話»（1961年11月）

走后門不反不行，一反就扩大化，我怀疑有人故意扩大化。扩大化和故意扩大化可能都有。

«在"西楼会議"上的讲話»（1962年2月）

合作商店，合作小組更接近自由市場。走单帮的，讓他远途販运，可以征税，可以管。

（同　上）

下放自留地和自由市場，对集体經济有好处。

«在北戴河会議上的讲話»（1962年8月）

（刘少奇）同意重灾区可以包产到戶。

（田家英一九六二年在湖南調查时的传达）

現在有些地方的集体經济巳經散了，已經包产到戶了，这还是一部分，全国約有百分之二十左右，散的形式是多种多样的，有的虽然还沒有散，但也准备散。这就是說集体經济有危机，有散的危机、瓦解的危机。

«对中央机关下放干部的报告»（1962年7月18日）

社会上有点資产阶級也好，这批人积极得很。很会鑽空子，他們可以补我們的缺陷，甚至有的开地下工厂也好，他們生产的东西，除了骗人的以外，都是有用的，他們鑽空子发财，恰恰是发现我們計划上的缺点，把我們的空子补起来。他开一个，我們也开一个，这些人有商业技术，你們要向他們学习，向老店員学习，甚至向老批发商学习。

«在禁止商品"走后門"会議期間的指示»（1961年10月22日）

落后队的問題，一个是国家要得多，一个是干部不随心，多吃，多占，一个是搗蛋鬼。勉强搞下去，农民是担心的，群众沒信心，你今年搞不好，明年还搞不好，你不讓单干，不行嘛，今年不单干，明年要单干，你不讓他单干，他瞎单干。

«对于加强生产責任制，提高农活質量問題彙报时的插話»（1962年8月27日）

自留地是分給他的。田头、田角、田埂可以种豆子，但不是分給他的，是包給他的。

《在长沙听取湘阴县整风整社情况彙报时的談話》（1961年5月13日）

把远处的荒土包給戶，等于自留地一样，小片的零星的山土包到戶。

《在花明楼公社整社工作队彙报会上的談話》（1961年5月4日）

集体經济是个危机，农民不信任。湖南百分之五十到六十的农民說：“你們实在要搞集体，再搞一年；如果再不增产，我們就要分土地了。广西三四十个县百分之八十的农民单干，上級干部去了就合伙干，上級干部走了就单干。要有一部分个体經济，才能巩固集体經济。我主张把政策放寬，可以放百分之二十单干，坚持百分之八十集体，重灾区还可以給一亩地，保命，临时性的，退一步来巩固集体經济。如果不允許百分之二十单干，我看集体經济保不住。归根到底，是生产力恢复問題。

《在中央一次会議上讲話》（1962年5月）

搞粮食、副食品用另搞农場的办法，就要单独投資，是不是就叫職工家属去搞，家属一进去就給他地，先搞个体經济，再搞集体經济。

《在黑龙江省委書記彙报时的插話》（1961年7月）

农場職工，在不影响集体生产的原則下，可以經营少量的家庭副业。職工的自用地和自有畜，应当低于当地人民公社的数量，数量过多的应当减少一些。

《关于改革国营农場經营管理制度的規定宣传材料》的指示

过渡时期一切有利于調动农民生产积极性的办法都可以。不要說那一种办法是最好的，唯一的。

工业上要退够，农业上也要退够，包括包产到戶、单干。

《一次讲話》（1962年6月）

六、反对政治挂帅，大搞物质刺激，妄图实行和平演变

最 高 指 示

政治工作是一切经济工作的生命线。在社会经济制度发生根本变革的时期，尤其是这样。

（《嚴重的教訓》一文的按語）（1955年9月）

沒有正确的政治观点，就等于沒有灵魂。

《关于正确处理人民內部矛盾的問題》（1957年2月27日）

1. 宣揚經濟斗爭就是政治斗爭，反對經濟建設中突出無产階級政治

每一个群众的經济斗爭同时就是政治斗爭。

《肅清立三路綫的残余——关門主义冒险主义》（1936年）

白区工作要忠实为达到群众的經济要求而进行斗爭。

《关于过去白区工作給中央一封信》（1937年3月）

白区每一个經济罢工，都是对紅軍的最好帮助。

（同　上）

經济要求，是群众的目的。

《关于群众工作的几个問題》（1937年5月）

所以如果不在民众的經济上去广泛地建立起民众的經济組織，而只单純的用政治口号去組織民众，那就不能眞正組織民众的大多数。比如你单純地用抗日救国或牺牲救国的口号去組織民众，而抛棄民众的自己的要求，那就只有那些对你抗日救国或牺牲救国感受兴趣的人，才会跟你走，才会到你的組織中来。

《論組織民众的几个基本問題》（1943年3月30日）

人类社会的历史，归根結底，是生产的历史，是生产者的历史。千百万劳动者在先进生产者率領下为消除落后而斗爭，就是社会主义社会不断前进的一种动力。

《在全国先进生产者代表会議上致詞》（1956年）

現在（指所有制問題基本解决以后）我国人民和党的主要任务，就是尽快地发展生产力，尽可能高速度地发展农业生产，这是一切工作的任务。現在我們所做的一切工作，是如何尽快的发展生产力。

《在四川劳动工資座談会上讲話》（1958年）

（出口）单打一，政治挂帅靠不住，要加具体工作。

《在上海会議上讲話》（1960年6月）

今后社会主义建設时期，党需要搞經济建設，不会搞經济建設的党員，革命者，也要搞經济建設。

《在北京日报的談話》（1958年6月30日）

在（阶級）斗爭当中，生产总要受到一些影响，但是搞好阶級斗爭是为了生产。

《关于四清問題的报告》（1964年8月18日）

有同志說，工人現在要求学习文化和技术，不愿学政治，这很好，因为目前主要是学习文化、学技术，将来学政治。

《在天津干部会上解答的問題》（1949年4月26日）

管人，这一觀念很重要。因为构成生产力有三点：第一是生产者，二是协作，三是生产資料。人如果不高兴，彼此不协作的話，就沒有干劲和創造性，也就不爱护公共財产。……能否不管东西不管物資呢？不行。物还是要管。但是仅仅管物資是不行的，一定要把人管得团团轉，很活跃。自行車要按上滾珠，車輪就能轉得灵活。現在的工厂中不知有多少磨擦力都互相抵消了。按上滾珠以后，人轉的很灵活，物才能灵活，整个生产力才能得到进一步的发展。

《在太原市检查工作的指示》（1958年3月）

要发展生产力，第一是要管好人。人是最活跃最基本的因素。但現在我們有些同志只是見物不見人。就是在将来搞技术，也要人先精神愉快。为此，就要把工人阶級的問題全面摆开。如招新工人的問題，学徒培养、工資、假期、劳保福利、房子宿舍，以至理发洗澡等，所有工人的問題全摊开，然后再合理解决。

（同　上）

你們的領导，什么叫进步，什么叫英明，无非是劳动生产率的提高，工时得到充分利用，成本降低，材料节省，質量更好，造林成活率更高，政治上大家心情舒暢，这就叫作生产，就叫做領导水平高。

《在伊春市領导干部会議上的讲話》（1961年7月25日）

如果机关、学校、工厂經营的好，人的精神面貌就会好，群众的热情就会高。

半工半讀、半农半讀教育制度本身就是阶級斗爭。

（轉摘自何伟《在全国农村半农半讀教育会議总結报告》）

有了这一条才好，否則干劲无法鼓，上游无法爭。

（注：有人談到財政、信貸、物资平衡第一要努力安排日用品生产，少搞基本建設时，刘少奇插話）

《在“西楼会議”上的讲話》（1962年2月）

有个人写了封信給我，建議：把馬达控制起来，就不能乱搞基本建設了。这个建議很好。馬达不許自行分配，抓住它，就抓住了命脈。

«对物資工作的指示»（1962年6月5日）

※　※　※　※

最高指示

中国共产党是全中国人民的领导核心。沒有这样一个核心，社会主义事业就不能胜利。

«在接見出席中国新民主主义青年团第三次全国代表大会的全体代表时的講話»（1957年5月25日）

什么工作，都要搞群众运动，沒有群众运动是不行的。

«毛主席在安徽»（1958年10月4日）

2．反對党的領導，鼓吹專家路綫，取消群衆運動

一切群众工作，群众斗爭，統一于群众团体領导，以統一主权。党、政府、軍队只能协助，不能領导。

«关于群众工作的几个問題»（1942年12月）

支部在工厂起調整一切关系的作用，要帮助厂长、工会、青年团进行工作，解决他們之間的問題。法律上虽然沒有决定支部可以領导厂长，但如果支部工作做的好是可以領导厂长的。如厂长以为支部的意見不对，可以不听……。

«在全总常委扩大会議上的讲話»（1951年2月3日）

現在有这样一种看法：沒有党員就不能工作，似乎沒有党員就不可終日，这种看法是不对的，新区土改，农业合作化，工商业改造各項工作的經驗都說明，尽管沒有那么多党員，事情也一样可以办好。

«在各省市組織部长会上的讲話»（1956年1月）

你們是国家在工厂中的組織者。職員在馬列主义看来是无产阶級中的一个特殊阶层；是整个工人阶級中的一部分，国家依靠工人，同时也依靠职員，特别依靠厂长、工程师和教师。

«对天津国营企业职員的讲話»（1949年4月25日）

建設工业有很多困难，中国是有錢，有劳动力，有机器（在苏联与人民民主国家帮助下基本可解决），就是沒有工程师。

«对留苏学生的讲話»（1952年7月29日）

工人学习优良的，可以調提出来，个别培养。

«在北京宣武区讲話»（1958年6月）

为了培养专家，可以不讓他們入党，不讓他們参加政治活动……苏联培养李森科就是这样做的。

«同安子文的一次談話»（1960年）

每一个林业局应当有机械工程师和林业工程师，要建立工程师負責制，林业局副局长至少应当有一个林业大学毕业生，林場应当有个中等林业学校毕业的任副場长。工段很重要，实际权力操在工段长手里，他們說怎么办就怎么办。因此工段长也应当分批訓練一下，使他們懂得林业技术，或者調林业大学或中等林业学校毕业生做副段长。他們負責技术，建立技术責任制。

«在海拉尔市內蒙古自治区呼伦貝尔盟林业干部会議上的讲話»（1961年8月6日）

仓庫管理要有內行，要有一定数量的認貨工程师，技术員和理貨員，旧中国时代各码头仓庫都有这样的人員。……你們要搜罗这方面的人材，請他們教，向他們学，要同商人一样，必須有懂得商品的本领。

«对物資工作指示»（1962年3月8日）

今年要分配一批大学毕业生給你們。不然，物资到你們那里，就搞的乱七八糟，那就成問題了！

（同　上）

还有一个任务，是搞农业技术改造，……你們首先下去做組織工作，着手搞起来，搞些改良农具。但不要随便搞，要講究質量，县、地的工厂不要搞，要省的工厂有經驗的工程师搞。

«对中央机关下放干部的报告»（1962年7月18日）

……机械化要发展，要下力量熟悉。因此党要派負責干部、工程师、經济学家去蹲点，要認真当做事情搞。

«在八机部向中央彙报全国农机經营会議情况时的讲話»（1965年8月11日）

我們这些人都是革命的，講革命，我們是熟悉的，工业我們不熟悉，技术我們更不熟悉。有些搞技术的干部，在我們看来，可能有大毛病，在懂技术的人看来，可能有小毛病。……所以你們既然要管这些人，就要找一些懂技术的人来做这个工作。

«接見中組部与各中央局組織部正副部长的讲話»（1962年11月12日）

技术干部将来很多，全国要有几百万人，高級的要有几十万，……組織部要有新的成分，也要换班子，不然你們又是一帮子。将来你們死了，高級知識分子来了，不会搞組織工作，就会出乱子。

（同　上）

每年有多少万大学毕业生都是需要的，厂矿企业的技术干部不是多了，而是少了。……不是大学毕业一个，就頂走一个。說頂也只是頂那些不懂技术的科长、科員，就是非生产人員。現在的厂长并不是工程师出身，相反地应該有一些工程师出身的人去当厂长。

（同　上）

过去群众运动搞的太猛，出了毛病。当然現在还不能說已經完全解决了，今后还要努力。

«在薄一波彙报时的讲話»（1963年10月21日）

要建立适应的規章制度，生产安排妥当，群众积极性才能发揮，沒有制度，群众就不关心生产。你們刚才說的每月生产任务10日前赶上进度为一等，20日前赶上进度为二等，月底赶上进度完成任务的为三等，这就是制度。

«一次讲話»（1960年5月5日）

过去一些合理的規章制度，沒有經过上級批准，沒有說废除，就不执行了。这恐怕要反，也是自由主义吧！当然，这也与上边有关，如号召敢想敢干、大破大立等。許多合理的規章制度都废了，我們上面同志很长时間不了解这个情况，这是吃了亏的，国家吃了亏，党吃了亏，工人吃了亏，老百姓也吃了亏。

（轉抄自国家計委大字报）

搬运工会二件，已看过，并作了一些修改。缺点在缺少积极办法，即搬运公司組織法与工作方法，干部的来源。如沒有新的成熟的詳細办法与新的人来办，废除旧办法和旧人員是会出乱子的。

«对中国搬运工会文件的指示信»（1950年2月）

工厂的年龄，比你們出生的早，不要輕視他們的各种制度，各方面都有很多的經驗，現在我們接收以后，只有一点是新的，即不压迫工人，其它許多經驗都要用，要好好的向他們学习。現在我們对这些經驗輕視，一去就想搞一套新的，但一搞便垮，敢于否定人家的制度是很錯誤的。引起工人不滿。这是主观主义，脫离实际。

«对赴哈职工代表各区主要負責人会議的指示»（1948年4月28日）

工时增减要根据能否提高生产，原則上也要照国民党办，如果增加要向工人請求.……

«关于石家庄工資問題的指示»（1948年4月26日）

※　※　※　※

最 高 指 示

人民，只有人民，才是创造世界历史的动力。

《論联合政府》（1945年4月24日）

社会的财富是工人、农民和劳动知识分子自己创造的。只要这些人掌握了自己的命运，又有一条马克思列宁主义的路线，不是迴避问题，而是用积极的态度去解决问题，任何人间的困难总是可以解决的。

（《書記动手，全党办社》一文按語）（1955年）

3．鼓吹"技术决定一切"

技术工作是最有前途的，将来把敌人消灭掉，不打仗了，就要以技术工作为中心。如苏联十月革命以后，就提出技术决定一切的口号。在新經济政策时，列宁且曾号召党員去学做生意，当店員。我們将来建設新中国，要大家管理国家，那时技术工作就要占首要地位，而今天的軍事指揮員到将来也要到工厂里去做工。到那时技术工作就要决定一切，因此技术工作最有前途的，任何輕視技术工作的观点都是錯誤的。

《續論共产党員的組織修养》（1941年）

我們要做好各种准备，从政治、經济、文化上准备。进行大規模的工业建設，文化低不行，工人要提高文化，但更重要的是提高技术，目前技术工人太少，在两年內还要培养一些。

《在全总常委扩大会議上的讲話》（1951年2月3日）

过去，我在武汉工作时，理貨員罢工，有怡和、大沽、日清洋行的。我很担心，但他們一点也不怕，要求条件很高，結果胜利了。因为他們有专长，帐是他們记的，东西是他們放的，資本家不敢解雇他們，怕把仓庫搞乱了，要罰他的款。

《对物資工作指示》（1962年3月8日）

今后搞什么都要专門知識，专門技术。象我們这样，过去所熟悉的，漸漸閒下来沒有用了，但不会干的，还得去干，困难很多，等你們学四、五年回来后，就好办一些了。

《对留苏学生的讲話》（1952年7月29日）

希望你們到那里搞好关系，学好一門技术。革命是搞的差不多了，敌人已被打倒，在中国的帝国主义与封建主义都被打倒了，只剩下个資产阶級，对它是有办法的，可以教育改造。要你們去不是要你們学习关于这个問題，你們学习的任务是建設，是使国家工业化，克服中国的落后現象，这比打倒蔣介石、推翻反动統治更艰巨。我們那时在苏联只学了八个月，因为那是学搞革命，但学技术八个月就不够。

《对留苏学生的讲話》（1952年7月29日）

一个人要学会多种技术……要好好地学，多学几年，多学几种技术。

《在太原重机厂对青年工人的讲話》（1958年2月27日）

学工在两年中要讓他們多学几种技术，一輩子才好做事，要多打点主意，业余时間也可以学嘛！找个地方，多准备几台床子，找一个师付敎他們……既然是两年，就一定要讓他們多学一点，多学几門才好。

《在成都量具刃具厂的讲話》（1958年3月28日）

搞机械化是一件大事……一办起学校，只能你学，我不能学？都学都有了文化。机器只能你开，我不能开，你能开我也能开，你能修我也能修。一个拖拉机不是一个拖拉机手，而是四、五个拖拉机手，那他就不能"拿堂"。

《与黑龙江省委的談話》（1956年10月10日）

普及敎育当前还不是那么紧，当前还是高等敎育，还是专家問題。

《对敎育部的指示》（1956年6月）

我們要培养有社会主义覚悟，有文化科学知識，有技术操作能力的新型劳动者。我們的目标应該培养到能当干部，当技术員，当工程师的水平。

《在北京各界庆祝十月社会主义革命四十周年大会上的讲話》（1957年11月）

工人阶級必須有一个宏大的知識分子队伍，……我們的党員、团員和革命知識分子，……凡是有条件的，都应当努力使自己成为“又紅又专”的紅色专家。

《在北京各界庆祝十月社会主义革命四十周年大会上的讲話》（1957年11月）

現在的技工学校只顧劳动这一头，是一个缺点，还要用技术、文化知識把他們武裝起来。

《和中央学制問題研究小組同志的談話》（1964年 8 月20日）

工人做多面手的問題提出来了沒有？工人高兴不高兴？前几年是前途問題，成了多面手就好了。

《在石景山发电厂与干部座談时的談話》（1958年 7 月18日）

继續努力，在技术上力爭第一。

轉摘自（河北日报《刘少奇主席来我省視察》）（1960年 3 月29日）

有些技术人員要提級，要把他們放在一定的負責的崗位上，技术上要他們审査，签字負責任……要提拔一批工程师，放手使用……大学毕业生两、三年可当工程师。

《在薄一波彙报工业情况时的插話》（1963年12月24日）

※　※　※　※

最　高　指　示

全心全意地为人民服务，一刻也不脱离群众；一切从人民的利益出发，而不是从个人或小集团的利益出发；向人民负责和向党的领导机关负责的一致性；这些就是我们的出发点。

《論联合政府》（1945年 4 月24日）

掌握思想教育，是团结全党进行伟大政治斗争的中心环节。如果这个任务不解决，党的一切政治任务是不能完成的。

《論联合政府》（1945年 4 月24日）

4．宣揚个人利益第一，大搞物質刺激

“小組办卫星厂有什么所有制？”“有奖励沒有？奖励多少？”又說：“物質刺激还是要一点嚯；为什么小組爱护設备、工具，节省費用呢？主要是核算了成本。”“你們小組管理有了发展，比两参一改三結合进了一步，有政治思想，有权力，有核算，而且还有奖励。”

（注：刘少奇在参观成都量具刃具厂时听到某工厂負責人彙报生产小組也办卫星工厂时的問話和讲話。）

《在成都量具刃具厂的讲話》（1958年 3 月28日）

总的說暫时利益要服从长远利益，目前說长远服从暫时，不然过不去。

（注：有人談到生产要首先顧吃穿用时，刘少奇的插話）

《在“西楼会議”上的讲話》（1962年 2 月）

有两种社会主义，一种可以看到，一种看不到。看不到的是間接的。看得到的就是切身关系。在自己厂子里就不同了，搞得不好大家都不好，是不是有切身关系？工人也积极，看見厂子搞大了，什么房子、剧院，要跟着来的，他們想通了，这也是共产主义思想。是全民所有制的具体执行，是表現形式，要不就是王鶴寿（注：冶金部部长）当家，要不就是厂长当家。为什么权力下放給地方这么大劲？因为地方自己有积极性愿意搞好，誰也不愿意搞不好。总不会工厂越大，你們薪水越少，要搞不好，减少你們的薪水也

是应該的。可見，和你們有切身关系。

«在石景山鋼鉄厂的讲話»（1958年7月2日）

要求在发展生产的基础上逐步增加个人的收入，改善个人的生活，这是完全正当的和必要的。只有这样，劳动者的积极性才会不断提高，先进生产者运动才能获得巩固的基础。但是，現在有些企业和机关的領导者只是片面地注意提高劳动生产率，增加生产，却不注意提高劳动者个人的收入，改善劳动者的生活，对于在生产上、工作上有卓越成就的人們，也不注意給于充分的奖励。这种傾向，无疑是必須糾正的。

«在全国先进生产者代表会議上的祝詞»（1956年）

不要講第二个五年計划增加工资30%，实际要增加一点，因为农民增加了，工人势必加一点。不能东西多了，放在仓库里，这不利于生产。他本来沒有希望增加，你給他一点他高兴。

«在石景山鋼鉄厂的讲話»（1958年7月4日）

技术革新搞得好的，要給一点錢，但不要宣传，……物質利益不講在前面，講在后面；群众不計报酬，管事的人还是要計报酬。

«在全总、团中央、全国妇联負責人彙报工作时的插話»（1960年2月）

如果不提高手工业的报酬，他不搞，工效不高，你們又有什么办法呢？

«在湖南宁乡县"蹲点"的談話»（1961年5月6日）

現在統一价格，生产积极性調动不起来。对工人也可以采取类似的办法，你生产多少什么东西，可以拌多少工资。

«在黑龙江省委書記彙报时的插話»（1961年7月）

搞那一行的人，对那一行的东西，可以允許他多买一点，比如說，卖热水瓶的人可以允許他多买一个热水瓶，卖粮食的人，每月可以多买斤把粮食，卖水果和卖糖的，也可以多买一点，但只限于这个行业的人自己用，你們应該有这样一个制度。

唐山汽車司机給商业部門送煤，經常要点东西，可否給他們开点前門。

«在姚依林彙报时的讲話»（1961年10月）

要发揮地方、部門、企业的积极性，要有点小自由，要有奖励制度，不一定奖产品，奖錢也可以。

«对物资工作的指示»（1962年6月5日）

領导人对一切浪費現象感到痛心，……对节約的給以奖励，造成风气，长期坚持下去，这才是搞社会主义建設。

«在薄一波彙报时插話»（1963年10月21日）

对質量低的工厂，要迫它停业几个月，試生产，工資减发30%，要成为一条法律。这問題随时都有。有这条法律，大家才好努力，任何地方，都要实行。

«在彙报商业問題时的插話»（1962年12月9日）

临时工工資可以比固定工高一点，他們就愿意干了嘛。农业的拖拉机站等事业单位也要試驗用临时工。

«一次談話»（1964年7月5日）

工分拿多的等于奖励，少的等于自我批評，民主集中制要写一段。

«在研究国家建委关于大庆矿区建設的宣传报导时的插話»（1966年2月26日）

要奖励新产品試制，工业产品要多要新，超过英国。要刺激企业多試制新产品（不要求快，給以足够的时間）。要給以奖励，利用外国图紙修改后制出的新产品，要給一等奖金。

«一次讲話»（1957年或1958年）

生产也要活泼一些，不一定整天搞，搞个半天也可以，老人孩子都可以参加。你不給他一点工分就沒兴趣了，也給他一点工分，他总可以拣一点麦穗。小孩子对劳动最有兴趣，小时候容易养成劳动习惯。劳动是一切人的义务，馬克思講：脑力劳动改换一下方式，搞一下体力劳动，效果更高。要給一点工分。

«在研究国家建委关于大庆矿区建設的宣传报导时的插話»（1966年2月26日）

我想青年工人是否可以这样，他不是有錢嗎？也沒有結婚，只一个人，六七十元七八十元一个月，是不是很多青年工人要他們自己盖房子，組織房屋合作社，青年工人，你們要結婚，你們現在錢也多，你們就自己盖房子吧！……現在要青年工人自己盖房子，那么現在有些工厂、国家盖的房子必須把房租加起来，現在房租太低了，說是总工会有这么一个規定，劳动部有个規定，房租不能超过工資的5％，这个規定恐怕不妥当，你們这里已經改了，說是加到10％，我看你們做得很好，上海市委这个規定冲破5％加到10％，我看很必要。就是必須使那些住国家房子的人房租相当高，然后工人会自己盖房子，不然他总是伸手向国家要。

《在上海市党員干部大会上的讲話》（1957年4月27日）

……青年人要多劳动，少得一些。青年人将来老了，还要得养老金。告訴他們，国家要积累，将来还是你們享受，……

《关于劳动工作的談話記要》（1958年6月29日）

計件工資虽然不好，但确实是一种奖励生产积极性的办法。

（据刘允斌揭发）

有許多部門可以实行計件包工制，这是个很复杂的問題，很难实行得好，要有精密的計划，要注意到原料的浪费与机器的损坏，要有严格的标准与检查制度，不要怕复杂，不能反对計件制，取消計件制是共产主义的时代，实行計件可能有許多弊病，实行得好是最进步的制度。

《关于石家庄工資問題的指示》（1948年4月26日）

要实行进步的工資制度，进步是在于能提高发展生产和技术，能团結职工，工人能够自愿的学习技术，能够奖励工人的热情。这个制度是符合无产阶級利益的，相反的制度是反动的。

（同　上）

技术好的工資要高一点，使工人能学习技术，不要有一个限制，……

《关于石家庄工資問題的指示》（1948年4月26日）

工人还有許多要求，特别是待遇問題，要求調整工資……对不对？正当的，好的。因为这样表示工人贊成我們，相信我們，把話都向我們講。

《对北平工作的指示》（1949年4月）

对外广播的外語干部，可以請外国人。找外国人，不一定要通过党的关系。可以出高价請好的，不要受工資标准的限制。既然是办世界性的事业，不多搞点人花多点錢是不行的。

《对广播事业局工作的指示》（1956年5月28日）

应該按劳取酬，不能因为他的政治条件好，就加他的工資，业务不行也加工資。

《在郑州学生座談会上的讲話》（1957年3月3日）

工資究竟应該多高？我的意見，要低一些，如太低工人不高兴，少做了活也不好。一般要比农民高些。

《在四川省市委干部会議上的指示》（1958年3月）

計件好，就好，不好就改。計件改了，势必有些人少拿錢，原来拿一百块，也許只拿八十块了，多了二十块給誰呢？国家也不要，这个錢横直是出了的，你們看怎么办，怎么分配，由你們自己决定。

《在石景山鋼铁厂的讲話》（1958年7月4日）

大家都不愿砍"大屁股"木头，因为它費工，又出材少，是否可考虑在工資定額上砍"大屁股"树多給錢，使大家愿意砍。

《在海拉尔市内蒙古自治区呼伦貝尔盟林业干部会議上的讲話》（1961年8月6日）

在工資方面，大小木头的采集、运、装的工資应当分别計算，搞小木头的定額低一些，搞大木头的定額高一些。以刺激大家既愿意生产大木头，也愿意生产小木头，有利于生产，符合按劳付酬的原則。現在山上小木头很多，就是不愿砍，即使砍了的，也不愿意拉下来，主要原因是工資制度和价格政策問題。因此是不是把工資和价格調整一下，使工人对小木头采的愿意采，集的愿意集，装的愿意装，运的愿意运。

（同　上）

工資也可按栽活多少树来計算，如栽活一百棵树，当年給一部分工資，第二年检查，再按活多少給一部分，第三年检查后付清工資。

«在海拉尔林业干部会議讲話»（1961年8月6日）

不要随便說計件工資制是落后的。一个泥水匠过去一天搭一个灶，現在三天搭一个灶，这叫落后还是叫先进？我看是落后了几倍。成本低，产量多，質量高，节省原材料，品种多，这才是进步的。質量降低了，就是很大的浪費。

«在整社工作队負責人彙报工作时的讲話»（1961年5月6日）

实行实物按劳分配，无故不出勤，不仅不发工資，而且吃粮也要少給。

«在海拉尔林业干部会議讲話»（1961年8月6日）

林业津貼，你們一律是33%，上山的和坐办公室的，冬季和夏季，晴天和雨天都沒有区别，是否应該区别一下，林业局、林場所在地房子好，生活好，应該低一些，到山区工作的应該高一点，这样鼓励人們到山区去，要不然都愿意坐在办公室。

（同　上）

很多青年对农业不熟悉，农业这一套本領学会很不容易，犁地、搖耧播种一年才有一次嘛，十年学会农业这一套本領就算不錯。現在有些人不会还不学，你沒有奖励制度，他为什么要学？有技术的工分要高。

«对加强生产責任制提高农活質量問題彙报的插話»（1962年8月27日）

国营农場取消农工的等級固定工資制。……凡是从事一般农业（包括畜牧业、园林、橡胶）劳动的，实行定额记工分，按工分付酬的办法。不能实行定額记工分的，可采取记时折工分的办法。

«关于改革国营农場經营管理制度的規定宣传讲話材料的批示»（1965年2月25日）

因为是竞賽，有紅旗和奖金，这种流弊（指錦标主义和本位主义思想，单純夺取紅旗或贏得奖金）似乎就很难避免。……落后企业赶上先进企业者有奖，先进企业帮助落后企业赶上自己者也有奖，在先进水平上再有进步者更要奖。

（对全总生产部«关于今后开展厂际競賽的意見»的批注）（1955年10月31日）

你們建立新工厂，不要照搬老工厂的一套。目前公社实行劳动工資加奖励，除了吃粮食等以外，每月发几块錢，社員就高兴的了不得了。公社可以这样做，那么按这个办法办工厂为什么不可以呢？

«在河南視察时的一次談話»（1958年9月）

我是共产党員，你說政治品質好，又不升我的級，你不是党員又升了級，怎么解释？可以搞成一条劳动态度。共产党員也有劳动态度不好的嘛！特殊貢献搞到特殊奖励中去。

«在石景山鋼鉄厂的讲話»（1958年7月4日）

大集体小自由也是世界观的一个問題。

整体利益应該放在前面，然后有那么一点小自由。这是一个根本原則。不能說沒有暫时利益。沒有今天，就沒有明天；今年过不去，有什么明年？但是今天应該想到明天；吃了今年，应該想到明年。

«在接見民建、工商联两会代表大会常务主席时的讲話»（1960年2月12日）

沒有个人利益，就沒有整体利益。六亿五千万人民每个人的个人利益集中起来，就成为整体利益。不是大公无私，而是大公有私，应該先公后私。

«在接見民建、工商联两会代表大会常务主席时的讲話»（1960年2月12日）

現在苏联的情况，当然巳与那时不同，那里巳經都变得漂亮了。人民在一起常講生活，女人搽胭脂抹口紅，戴宝石戒指……等等。对这些我們一定又不习慣。在中国，講生活是落后的，講政治工作与学习才是进步的，这对中国来說是对的。但苏联却不同，他們巳到了講生活的时候，他們的生活好，是建立在劳动好的基础上的。革命不是为了把生活搞坏，而是为了把生活搞得更好，在苏联巳无剝削，誰穿得漂亮，誰戴宝石戒指，这就說明誰的劳动好，不是好劳动就不可能穿得那么漂亮。

«对留苏学生讲話»（1952年）

按需分配是否一定出懶人？給了他，更容易教育他。先給你吃飽，你不好好工作，就好批評。“将欲取之，必先与之”。

«談政治經济学教科書社会主义部分»（1960年）

※　　※　　※　　※

最高指示

把消费品的分配问题当作决定性的动力，这是一种分配决定论的错误观点。按照马克思在《哥达纲领批判》中所说的“分配首先应当是生产资料的分配，生产资料在谁手里，这是决定性的问题，生产资料的分配决定消费品的分配”。把消费品的分配看作决定性的动力，是对马克思上述的正确观点的一种修正，这是一种理论上的错误。

《学习〈政治經济学教科書〉社会主义部分的筆記》

（1960年）

5．歪曲社會主義的分配原則，宣揚“分配决定論”

到共产主义社会的分配原則是：各尽所能，各取所需。到那时分配的不公平恐怕还要鬧的。因此分配問題是长期的矛盾問題，是社会主义社会制度上产生的新問題。

《在湖南省委干部会議上的讲話》（1957年3月2日）

既然是全民所有制、集体所有制，在这个制度上有相当多的人（不是一切的人）都爭着要分配得多一点，工資要多拿一点，房子要多住一点，汽車你有坐我沒有坐，出差坐火車你坐軟席我坐硬席的問題等。总之，无非是想自己多分一点。說本位主义也是这个問題。什么叫作本位主义呢？归根到底就是要多分一点么？民主人士鬧也就是鬧这个問題，想多分一点点，个人想多分一点，这个或那个集体想多分一点。同时所有人都反对分配不公平，如果說对分配不公平不合理不反对，那除非是他自己多分了（当然不是所有多分的人都不反对不公平不合理的分配）。有汽車坐的人不反对坐汽車，沒有汽車坐的人就反对坐汽車，有公館住的人不反对住公館，沒有住公館的人就反对住公館。

（同　上）

两种所有制內部，必須按照按劳付酬的原則，公平合理的分配其劳动所創造的价值，以促进生产力的順利发展。如果分配不公平合理，就要阻碍生产力的順利发展。生产关系对生产力的影响：促进生产力的发展或者阻碍生产力的发展。公平合理就是旣不能多，也不能少。飼养員工分低了，牛就养不好。社会主义社会里生产关系与生产力的矛盾主要表現在分配問題上。

（同　上）

我想，这矛盾主要表現在分配問題上，工人农民分配不多就要鬧事。人民为了关心自己的經济生活，就一定要过問工資、住房、吃飯、坐車这些事，这就表現出社会主义人民民主的积极性了，这是由于社会主义积极性而来的。

《在上海党員干部会上的讲話》（1957年4月27日）

如果生产关系适合生产力，就是說分配关系适合生产力，就要促进生产力的发展，大家就努力干，劳动热情就提高了。你多分了，我少分了，大家不愿意干，生产力就受到阻碍，在分配問題上就表現出来，所以我建議所有的同志們要好好研究这个分配問題。一个合作社內部的分配，整个国家的分配，多少积累，多少消費，軍政費占多少，这个工业部門那个工业部門占多少，生产人員和非生产人員占多少，教育局文教費占多少，还有小学教員分多少，青年工人分多少，干部分多少，房子占多少等等。总而言之是个分配問題。这些問題是个生产关系。分配問題的原則，是按劳取酬，公平合理。如果不按劳取酬，不公平合理，就阻碍生产力的发展。如果按劳取酬貫彻得比較好，分配得比較公平合理，大家滿意，就促进生产力的发展。所以这是个提高生产力的办法，发展生产力的办法。

（同　上）

人民內部矛盾特別表現在分配問題上面。……在全民所有制里面……生产关系与生产力的矛盾，大量地突出地表現在分配問題上。不是講生产关系与生产力的矛盾嗎？生产关系与生产力的矛盾表現在什么地方？我看是大量的表現在分配問題上。你那里多分一点，我这里少分一点，农民說工人多分了，农民生活苦，工人生活在天上。……

（同 上）

虽然都是社会主义所有制，但有区別。全民所有制更不同了，分配得稍为不好，就鬧起来了。……正因为是社会主义所有制，所以誰也想多分一点，可是誰也不能多分，多分了就不行，連我們这些人也包括在內，老資格也不行。……不搞全民所有制，就不了业，升不了学，沒有好房子住，沒有車子坐，都沒有話說，反正是因为你有錢，我沒有錢。可是实行了社会主义全民所有制，一切問題就都来了。……

《关于高級党校学員整风問題对楊献珍、侯維煜的談話》（1957年5月7日）

……我們是贊成同工同酬的，但要全面看。年輕的时候可以拿百分之一百，但是只給百分之八十，或者还少一点，年老的时候只能拿百分之八十，但給百分之一百，总算起来，还是同工同酬的，按劳取酬的。……要教育說服工人，将来会有酬劳的。

《关于劳动工作的談話記要》（1958年6月29日）

在生产关系中，当前主要是解决分配問題。上述工人阶級的問題，也是分配問題。分配不合理，就会引起交換、消费的不合理，就会出問題。特別是在所有制問題解决以后，主要注意力应集中在如何分配的問題上。分配得当，大家就精神愉快的工作。做好分配工作就可以促进生产，也可以巩固和发展今天的所有制。

《在太原市检查工作的指示》（1958年3月）

工資制度要写，不要簡单提不計报酬，工人可講不計报酬，領导上要講按劳分配，不要又把按劳分配搞掉了，如果領导干部不計报酬，工人还是要計的。

不計报酬，不計时間的，长时間这样成不成？仅提这一方面，不提按劳分配，又会走到另一个片面。

《在薄一波汇报时的插話》（1963年12月26日）

我国目前生产关系和生产力的矛盾，表現在分配問題上。分配关系应該經常調整，但仍很难十分公平。分配如果适当，会促进生产力发展。反之，生活太苦了，也会妨碍生产力的发展，应特別注意分配問題。

《对印度广播的指示》（1966年6月）

七、反对社会主义计划经济，宣扬利润挂帅，大搞资本主义复辟

最 高 指 示

人类的发展有了几十万年，在中国这个地方，直到现在方才取得了按照计划发展自己的经济和文化的条件。自从取得了这个条件，我国的面目就将一年一年地起变化。每一个五年将有一个较大的变化，积几个五年将有一个更大的变化。

（《紅星集体农庄的遠景規划》一文按語）（1955年）

在全民所有制经济和集体所有制经济里面，在这两种社会主义经济形式之间，积累和消费的分配问题是一个复杂的问题，也不容易一下子解决得完全合理。……在客观上将会长期存在的社会生产和社会需要之间的矛盾，就需要人们时常经过国家计划去调节。我国每年作一次经济计划，安排积累和消费的适当比例求得生产和需要之间的平衡。

《关于正确处理人民內部矛盾的問題》（1957年2月27日）

1．提倡資本主義自由競爭，反對社會主義計划經濟

实行計划經济是很机械死板的，多一点不行，少一点也不行，不能机动。計划經济是反对自由主义的。計划决定之后，就不能变，变一下很困难要費很多手續。

《在全总常委扩大会議上的讲話》（1951年2月3日）

我們的长期計划一定就是五年、十年，許多事情考虑不到，看不准。可以研究仿照資本主义国家某些大企业的計划办法。

（轉抄自計委大字报）

如何使我們的計划經济，我們的社会主义經济有这几个特点：既有計划性，又有多样性，又有灵活性。提出这个題目，你看怎么办？因此要利用自由市場，一方面可以补助我們当前經济上的不足，另一方面，它可以指导我們搞多样性和灵活性。商人怎么办的，私人怎么办的，自由市場怎么办的，我們社会主义就跟上去，照样办。他去鑚空子，就是因为我們社会主义經济有空子可鑚，他才鑚；既有空子人家鑚了，那么我們就要弥补我們这个空子。把空子一弥补起来，多样性就有了，也可以搞点灵活性了。……为了这个，所以就必須增加地方与企业的自治权力，以及个人的活动，經济上的个人活动，要在一定的限度之內加以允許。……地方也能够經营一些东西，能够有权力或者增加税收，减少税收。地方有这个权力，經营什么，不經营什么，价格要增加，还是要减少，使地方、合作社，都有这个权力，有自治权，要有适当的自治权。……增加地方企业自治权，个人活动的自由。自由的范围必須有这个，沒有这个，就不能有多样性，不能有灵活性。

《在上海市党員干部大会上的讲話》（1957年4月27日）

私商很灵活的，地下工厂很灵活，这一样能够办就馬上办，看到不能办了，他馬上变到另一样，他就那么灵活。

（同　上）

我看，利潤大的，国家可以做这样的买卖，老百姓既可赚錢，公家为什么不能做呢？对于第三类物資，我們的进价是比私人的高，卖价我們总比他們低，这样竞争几天，价格就压平了，开始可能賠点錢，但私人不做了，我們就可赚錢了。凡是私人赚錢多的，我們就要做，……我們要向私人学习。……总之，自由市場：国家要看着小商贩怎么办，我們就怎么办。社会主义要照資本主义的样子办。

《在保定車站停留时与林鉄談話》（1957年）

我們一定要比資本主义灵活多样，而只有呆板的計划性，那还有社会主义的优越性呢？

《关于高級党校学員整风問題对楊献珍、侯維煜的談話》（1957年5月7日）

用什么办法达到这个目的？……一个管理国家經济的总机关，要計划这样丰富、灵活的經济，要用什么办法呢？一个办法是要利用、限制自由市場。現在搞自由市場，私商鑚社会主义的空子，不只商业上有自由市場，还有地下工厂，另外，农业上还有家庭副业、自留地。資本主义商业、工业、地下工厂鑚空子，当他一鑚出空子的时候，我們社会經济就立即跟上去，你鑚了空子搞这一样，我跟上去搶一部分也搞这一样，他鑚几十万样，我們社会主义經济也跟上去搞它几十万样。……。

（同　上）

現在的劳动政策不成，……工厂要可以开除工人。但現在不强調。工厂人多了，馬上解雇。解雇后，不同于資本主义，而由社会处理。現在的办法，不能經济核算。

《在中央的一次会議上讲話》（1961年9月）

工厂有招工自由，工人有找职业的自由。現在是包下来的办法。

（同　上）

不搞三种所有制，三种所有制不配套，經济就不活，就簡单化。商业所有制不配套。大包三年，吃力不討好，怨声載道，有点教訓也有好处。〔注：在談到全民、集体、个人三种所有制不論在工业、农业、商业都必須各有主体和互相配套（按比例存在）才能有利于发展社会主义經济时，刘少奇的插話。〕

«在黑龙江省委彙报时的插話»（1961年7月）

你們这里……生产期只有半年，可否利用剩余劳动力、剩余时間搞些小厂子。日本人很多小厂子都是在农村生产的，甚至象半导体收音机都是在农村生产的。有的活分散在家做，有的集中做，农民高兴。价格很便宜，国家可以拨点材料給他。

（同　上）

有同志不是講，搞了全国統一的托拉斯，沒有对立面，不能竞賽。有些分公司，給他一定的独立性，分公司之間，不就可以竞賽嗎？

«在薄一波彙报会議上的插話»（1963年12月）

我們应当改进現行的市場管理办法，取消过严过死的限制，并且在統一的社会主义市場的一定范围內，允許国家領导下的自由市場的存在和一定程度的发展，作为国家市場的补充。

«八大政治报告»（1965年9月15日）

你們这里調出去的东西多，調入的輕工业品就不能按人口平均分配。你們应該提出这个問題，应該提出要求。你拿走我多少煤炭、木材、石油、粮食，你就要拿进多少东西来保。重工业产品是人生产出来的，不穿衣、不洗肥皂是不能生产的。要不你投資輕工业，要不你調給我輕工业品，不然沒有办法。……你們不是講計划安排嗎？計划根据是什么？根据就是这个：你拿走多少木材？多少煤炭？多少粮食？你要我这样多，我要你那样多，这叫等价交換。（愈屏：人家說你这个基地是全国支援建立起来的）可是你要吃飯呀？你支援我的基本建設，沒有支援我輕工业品不能交換呀？（愈屏：我們曾經要求在輕工业品分配上平等待遇）什么平等？要等价。这不是平等不平等的問題，說平等就沒有力量，只是說計划安排也沒有力量。这是客观規律問題。这是不能违反的。不懂政治經济学是要垮台的。这是簡单再生产的規律，还不是扩大再生产的規律。重工业拿出多少产品，要有多少生活資料进来，才能維持簡单再生产，这还不是扩大再生产的問題。这是馬克思在«資本論»上講了的。如果破坏这个規律，連簡单再生产都不能維持，木材就要降下来，煤炭就要降下来，油就要降下来。要这样提問題才有力量。

（注：在談到重工业必须要有农业和輕工业来保它才能得到发展时，刘少奇的插話）

«在黑龙江省委彙报时的插話»（1961年7月）

亚麻厂生产的东西怎么一点也不給你們呢？国家的計划对于你們要有所照顧。从你們那里調出多少东西，要換回多少东西，要等价交換。不然把东西調走換回来的只是一大堆票子怎么能行？国营企业和国营企业之間的調拨，也要等价交換。你們的三大动力厂把鍋爐、电机調給別人，但这是工人做的，工人也自己要吃飯，要穿衣，要洗肥皂，吃飽，穿暖才能继續生产东西。你們提出这个問題很重要。（注：在談到生活資料生产和重工业发展以及人民生活需要不相适应时，刘少奇的插話）

（同　上）

在（租用拖拉机）收費上，应該把田地分为几等，大田可以少收点，小田可以多收点，应該用价格来指导生产。

«視察四川郫县拖拉机站时的讲話»（1958年3月）

国家經济对合作社的領导应从經济上来領导，要通过合同关系，从价格政策上来領导。

«在全国合作社工作者第一届代表会議上的报告»（1950年7月）

应該用价格来刺激生产，要看跟什么东西有矛盾，有与粮竞爭的，有不挤粮的，不挤粮食的作物，用价格刺激，待生产发展起来以后，价格可以降一点。……价格不能时常变动，丰收时稍降一点，欠收时稍涨一点我看可以。

«对財貿工作的指示»（1956年1月）

現在我們是否可以部分的实行比較完全的价格政策呢？大家可以考虑一下，我們的价格政策应如何确定呢？大体上：一，国家对軍队、供給制机关人員所需要的物資应該是最优惠的价格，……国家商店一定要保証供給，价格要便宜，但也不要亏本；二，工人、职員、学生的价格应該是比較优待的；三，农民小手工业者劳动人民是最广泛的需要者，应有合理的价格政策；四，对其他人民包括資本家在內是另一种价格政策。

《在全国合作社工作者第一屆代表会議上的报告》（1950年7月）

※　※　※　※

最高指示

社会主义革命的目的是为了解放生产力。农业和手工业由个体所有制变为社会主义的集体所有制，私营工商业由资本主义所有制变为社会主义所有制，必然使生产力大大地获得解放。这样就为大大地发展工业和农业的生产创造了社会条件。

《在最高国务会議上的講話》(1956年1月25日)

2．鼓吹利潤掛帥，宣揚“干什么事情都得打打算盤”

有人說我們的工厂，比如紗厂，很賺錢。大家是一家人，赚了錢是大家的光荣。

这一点也应告訴工人，工厂賺錢，这是正当的，不賺錢开工厂干什么？私人的工厂如此，国营工厂也如此。

《在华北职工代表会議上讲話》（1949年5月）

一个工厂一定要賺錢，如果工厂不賺錢，不給国家上交利潤，那就应該关門，应該停发工資。

（据刘允斌揭发）

每个工人投一个工的錢的义务工就可盖一所电影院，电影院盖起来可以卖票，还可以賺錢嘛。商店盖起来可以出賃給商业部門来賺錢。开理发舘也可以賺錢嘛。开澡堂也可以賺錢嘛。……服务业統統要工厂盖，不盖就沒有。市政府也可在那里盖一点，但是一定要賺錢，盖了服务业，結果亏本，那怎么能行？可以叫工人开代表大会討論，工人自己出錢盖房子，盖商店。紗厂区一切服务业盖好了，还可以賺錢的。不向政府要錢，把一切事情办好。……如果工人不募捐，我就抽稅，盖电影院、盖商店、修馬路。工人宿舍收稅，厂房也可以收稅，我是地方政府，你在我这个城市，我收地方稅嘛，收房屋稅嘛。你們叫工人討論两条，一条工人募捐，一条工人不募捐也可以，但是要收稅。

《在河南省委部长、市长、書記会上的讲話》（1957年3月）

食堂办不好，是用工太多。按經济学原理，用最少的劳动取得最大的报酬，这个原则，永远是这样，一万年也是这样。用最少的劳动和最短的时間，做最多的事情，取得最大的报酬，这是最根本的一条。凡是这样做的，就能够发展，否則，就无法存在。机器所以能够发展，道理就是这一条。

《在湖南农村調查的談話》（1961年4月）

資产阶級經济学不是也說以最少的劳动得到最大的效果（指利潤）嗎？

这样賺錢就多了，利潤就多了。正业其实不赚什么錢，副业賺錢。

《在石景山发电厂与干部工人的談話》（1958年）

我講的副业包括大副业和小副业，我在苏联参观一个量具刃具厂，他們送我一把用边料制成的小刀子，这就是小副业。你們机床制造厂有沒有这种边料？可不可以做些小副业？有些工厂正业不見得賺錢，賺錢的往往是副业。

《在天津工人座談会上的讲話》（1958年7月9日）

提倡工厂搞副产品。如苏联一制火車头的工厂，火車头不赚国家的錢，而以附带生产留声机来賺錢养活厂子。苏联有許多大工厂都附带做小刀子。我們大厂材料很多，可以充分利用起来。修理車間的潛力很大，可以搞很多副产品，总之，要千方百計地增加生产。

《在太原市检查工作的指示》（1958年）

搞点副业好不好？正业还是要的，不务正业不行，但是不搞别的，不好，单打一不好。应該搞多种經营。发电厂又搞洋灰，也可以搞石油、硫酸氨，还可以制造发电設备。这样赚錢就多了，利潤就多了。正业其实不賺什么錢，副业賺錢。你們还可以搞什么副业？围繞正业、不妨碍正业、又帮助正业，搞多种經营、綜合利用。

《在石景山发电厂的談話》（1958年7月5日）

你們当了共产党員，做生意就蠢了，不如資本家聪明，这一点必須批評。

《在討論国营商业、合作社商业分工时的发言》（1956年1月）

企业要搞經济核算，管企业，資产阶级有几百年的經驗，……組織企业公司，可能比行政机构管得好一些。

《在薄一波彙报工业情况时的插話》（1963年12月24日）

有些大企业經过認眞抓，工作改进了，产品提高，利潤增加，說明潛力很大。我們就要向这些地方“借款”。

我們的国家可以兴旺起来。有的地方，大有文章可做，关鍵是領导問題。領导干部旣要有业务知識，（又要）懂得发动群众。一个大企业工作搞好，即可增加几千万元的财产，这是基础。几千个企业，都这样搞，国家就兴旺，前途就光明。

《在薄一波彙报时的插話》（1963年10月28日）

搞农业要靠集体合作社去搞。每月拿五、六十元工資去种馬鈴薯，如按成本算，什么人也吃不起，这些只能搞集体的。

亦工亦农搞顚倒了，讓林业工人拿工資去种地是会賠本的。还是讓农民亦农亦林好，农民冬天沒事搞木头是划得来的。亦工亦农就划不来。

《与正在哈尔滨开会的中央林业工作会議的領导小組同志和中共黑龙江省委書記处同志关于林业問題的讲話》（1961年7月31日）

我担心小木头太費工，不知搞起来是賺錢还是捨本。……搞大木头当然会賺錢，但搞小木头也不能賠錢。

《关于林业問題的談話》（1961年7月）

大木头賺錢多，小木头賺錢少，但也有点利潤。大木头賺錢多是应該，因为它在山上已經生长了几百年。賺了錢可以用来造林。

《在伊春市領导干部会議上的讲話》（1961年7月）

有些錢分散了，例如商人会賺錢的东西，为什么我們不搞。搞小东西。总的說，要多搞，可以多賺錢。

《对财貿工作的指示》（1956年1月）

供銷社改变賠錢，可以試点。但要快。他賺錢、不如我賺。大困难时期，少数人发大财。

增产烟叶，行不行，早点定下来。有些特产，异地卖高价，可以的。

《在“西楼会議”上的讲話》（1962年2月）

还有个經营管理問題，如果机关、学校、工厂經营管理好，人的精神面貌就会好，群众热情就会高。工作好了，生产也提高，就可以多賺錢。如果經营管理不好，办事人員精神不振，群众热情不高，就会賺錢少，或亏本。我們的經驗大概就是这样，沒有什么秘密。我們人民吃得飽，穿得也可以，不那么好就是了。可是人民也滿意了，剩下来的就是努力工作。

《同柬埔寨副首相宋双的談話》（1965年8月8日）

計件工資制、等級、标准，原則上一般不增加，因为提高会影响全国，降低有自由。一个月发多少錢，一年发多少錢，我們包干，你們討論个办法，看怎么合理。多拿了的人受攻击，少拿了的人主动了，有話講，于是多拿的也只好讓一步了。上包国家，下包群众，标准不准提高，調整中有高一点，有减一点的，势必多下一点錢，搞什么？可以用作发明改进的資金，用不完，半工半讀增加人，可以盖房子，盖食堂、托儿所，叫公益福利事业，有很多事要办。

《在石景山鋼鉄厂的讲話》（1958年7月1日）

工厂分散搞到县比都搞到一个城市会节省的多。可以采取包干的办法，設計图紙供給你，花多少錢包給你，工人县里自己就解决了。

《在听取省委彙报工作时的談話》（1958年7月21日）

修鉄路看来采取包干的办法好，修一段多少錢包干，节省了是你們的，中央对你們是包干的办法，你們是否也可以往下包？你們包到县，县包到社，技术要按一定的規格，要他們修就是了，这样积极性就来了。包出去以后，出了毛病要帮助他們糾正。比如按100万元包給他，他花了四十万，或者六十万，剩下的錢归他，他可以干别的事情，这就是全民所有制的好处。鉄路既是省所有，又是县所有，乡所有。逐級向下包，省、县、乡、社都有好处，这样一定会节省，如果只是鉄道部所有就不行了，就不可能节省。

（同上）

越包越先进，越包越負責，越包心越亮。越負責就是主人翁覚悟，那里有什么全民？六亿人怎么开会？势必有很多代表，实际是党的領导。是交給王鶴寿（冶金部部长）好，还是交給你周冠五（石景山鋼鉄厂厂长）好，我看苏联就吃了这个亏，采取甲乙两方的办法，互鬧矛盾。現在我們交第一綫的人当家。

《在石景山鋼鉄厂的讲話》（1958年7月2日）

这是一个发現（指投資包干），这也怪，包給你們，就多搞点，不包給你們就得少点，这是什么道理？这也是一个生产关系問題，同是一个2.4亿，蓋起来都是国家的，本質未变，形式变了。有一种社会主义的形式比較适合生产的发展，你包生产力就高些，你不包就低些。可見不包干这个办法阻碍生产的发展，潛力原来就有，但是你用这个办法它发揮了，用另一个办法它不发揮。

（同上）

商业部稍微投資就可以收回，不知什么制度限制，不許投資。提个奖励办法，多奖励这些事。物質上也可以奖。收回成本多給10%。不是反对，而是奖励。保守就沒办法。

《在陈郁、徐达本、鍾子云等彙报煤炭工业时的插話》（1958年12月13日）

发揮地方企业积极性，修鉄路不交利潤，三年两年不收利潤，开荒三年不收稅。讓矿山自己修鉄路，不报告任何人，試驗一下，成功再报告計委。……現在可以修鉄路，矿山自己修鉄路，几年不收利潤，提高其生产力，促进其积极性。

（同上）

木材的价格可以提高一点，現在职工家属都进去了，可否利用他們搞更新。可否采取包工包产的办法。現在已經进去一百多万人了，要作长远之計。搞点自留地，建立起所有制。……采伐、集材都好，可否采取包产办法。你們林业中計件的不少，栽树也可以計件。包产有几种形式：集体的、个人的、大兵团作战的（指突击栽树）。

（注：在談到現在采伐机械設备維修、更新跟不上时，刘少奇的插話）

《在黑龙江省委彙报时的插話》（1961年7月）

国营农場对生产队实行“三定一奖”的办法。“三定”是：定产量、定上交利潤、定工資总額，“一奖”是：超产奖励。……利潤超过計划指标的，超額部分按照五、一、四的比例处理，即50%上交农場，10%留在生产队作集体福利或扩大再生产使用，40%按工人的出勤天数和劳动工分分給个人，分給个人部分也要有限額，一般不得超过本人平均工資三个月的水平。

《关于改革国营农場經营管理制度的規定宣传讲話材料的批示》（1965年2月25日）

昨天我說医院、学校、托儿所国家办就不如群众自己办好。三种托儿所一种不花錢，一种花两块五，一种貼十八元。那个进步？那个效率高？这也是积极性問題，是权力問題。因此可以把托儿所交給他們，錢也不少給他們。采取这种形式他懶洋洋，另一种形式他积极起来了，就是有这么大作用。

《在石景山鋼鉄厂的讲話》（1958年7月2日）

而办这种技工学校，半工半讀的学校，四年或四年半毕业，国家不亏本，他創造的价值够教育經費，……。学生在四年，四年半之內，不給工資，只吃飯，要做工，为什么会亏本。……讀一年給十三元，到第三年，第四年，他做工比較多了，加两元。基本上是不給工資，只給飯吃，加他两元，是給他点另用錢。

这种学校，这种工厂，为什么不赚錢？

特别是你們省政府，自治区政府，机关旁边开个工厂，不要开工資，工資已經有了。不要开工資就做工，这不赚錢呀？这样不行么？

«在广西壮族自治区直属机关和地市委負責干部会議上讲話»（1964年8月22日）

在新工厂，对新工人办四小时做工、四小时讀书的学校，上四年，不給工資，最好接着上大学，除管吃飯外，再給几个零花錢。工厂不发工資，你还划不来呀！这办法工厂高兴，学生也高兴，又能做工，又能讀书，精神也很好。

«在中央政治局扩大会議上讲話»（1965年11月6日）

劳动制度要改为适合这样学校制度的。使用这种学生，毕业后工厂可多赚錢。

«在听中央学制小組彙报时的插話»（1964年8月2日）

为什么算小帐，而不算大帐？这些学生既有劳动技能，又有文化知識，既能劳动又能做技术工作，他們能够提高劳动生产率，从长远看，工厂是不会亏本的，是会赚錢的。

«和中央学制問題小組的談話»（1964年8月）

只要能学好，花点錢并不算什么。不送你們去的話，五年可省四千二百万卢布，大約二百多万美金。这几个錢不能不花，花了也只等于一个大工厂的零头。如果有五千个从苏联回来的学生送到工厂里去，就会使工作少犯錯誤，提高生产，本錢就捞回来了，无論干什么事情都得打打算盘才行。

«对留苏学生的讲話»（1952年7月29日）

送你們去苏联学习是一种投資。建設工业需要投資，首先投資在干部的培养上，开設工厂，投資后两三年就会有产品了，而文化教育投資則十年还不一定有产品。

«对留苏学生的讲話»（1952年7月29日）

为培养几百个工会工作干部，花些錢是必要的。我們养軍队有錢，培养工会干部那能就沒錢？这几百个工会干部如果积极起来，所花的錢，就能赚回来。

«对天津工作的指示»（1949年）

※　※　※　※

最高指示

我国有五亿多农业人口，农民的情况如何，对于我国经济的发展和政权的巩固，关系极大。

«关于正确处理人民内部矛盾的問題»（1957年2月27日）

这里所说的统筹兼顾，是指对于六亿人口的统筹兼顾。我们作计划、办事、想问题，都要从我国有六亿人口这一点出发，千万不要忘记这一点。

«关于正确处理人民内部矛盾的問題»（1957年2月27日）

3．破坏工農關系，聲稱要“卡住農民的辮子”

向农民多打主意是可以的，但要农民高兴，我們的办法对。涨不上去的东西不要硬涨。

«对財貿工作的指示»（1956年1月）

农民在粮食問題上卡住我們的辮子，我們也要卡住农民的辮子，如布疋、盐、煤油、火柴、农葯、化肥、农具、电子等等，我們要卡住这些东西，集中起来和农民交換农产品。农民按人配售的方法要考慮取消。国家用来交換农产品的工业品，只卖給向国家出售农产品的人，农民不卖給你农产品，你就不卖給他盐吃。現在你們把主要商品按人分配了，只用次要商品是卡不住农民的。你們考慮一下，你們抓住农民什么辮子沒有？打算盘用什么武器去打？

«在姚依林彙报时的讲話»（1960年10月）

农民自由市場的价格很高。我們卖給农民工业品价格很便宜，今后除和农民进行交换的工业品以外，卖給农民的工业品也可以高价出售，这是国营商业、供銷合作社对农村自由市場进行領导的重要方法之一。既可回籠貨币，又可稳定农村市場价格。基本思想是和农民交换，以高价对高价，这是一个很重大的問題。

（同上）

同农民交换、高对高，低对低，两不吃亏，毛病就在农村干部多占。

«在吳波彙报財貿情况时的插話»（1962年）

对农村生产的三类物資，現在不要用票子去买，应該以工业品去交换，价格要低对低，高对高，等价交换。你們在石家庄或石家庄附近，設立个物资交换站或收購站，就能够换回大量的农副产品。

«对中央办公厅石家庄和无錫調查組的談話»（1962年4月26日）

农民自由市場的价格很高，我們卖給农民的工业品，也可以高价出售……。

工业品少的时候，不等价，农民也願意。我从前在苏联的时候，一盒火柴就能换一个大面包。

«在中央一次会議上的讲話»（1961年11月）

农村有百分之二十的富裕戶，他們种自留地比較多，卖鸡蛋，卖菜等每季拿工人的工資三十亿元，对这些人也抽他点所得稅，看看他有沒有办法。

«对加强生产責任制提高农活質量問題彙报时的插話»（1962年8月27日）

現在国家对粮食的需要量，同农民願意交售的数量之間，是有矛盾的，而且矛盾相当尖銳。如果按农民的意願，他只願意在自己吃飽了以后才把多余的粮食卖給国家。假如讓农民統統吃飽了，然后國家才征購，那么，我們这些人就沒有飯吃了，工人、教員、科学家以及其它的城市里人都沒有飯吃了。

«一次讲話»（1962年1月27日）

凡是大困难的时候，总有投机者，外貿可大賺錢，并可多换农民物資。

（注：以上为刘少奇談到弥补赤字問題时提到的。）

«"西楼会議"上的讲話»（1962年2月）

秋收以后，要考虑对农民停止按人配售制度，例如布疋、食盐、煤油，可以根本不配售，无非你有东西，通过交换。配售，只对城市和农村的工資劳动者实行，城市也不能只按人头配售，要按劳分配。

«在中央一次会議上的讲話»（1961年11月）

※　　※　　※　　※

最高指示

农民——这是中国工人的前身。将来还要有几千万农民进入城市，进入工厂。如果中国需要建设强大的民族工业，建设很多的近代的大城市，就要有一个变农村人口为城市人口的长过程。

农民——这是中国工业市场的主体。只有他们能够供给最丰富的粮食和原料，并吸收最大量的工业品。

«論联合政府»（1945年4月24日）

……根据这两个合作社的情况，按照现在的生产条件，就已经多余了差不多三分之一的劳动力。过去三个人做的工作，合作化以后，两个人做就行了，表示了社会主义的优越性。多余的三分之一甚至更多的劳动力向那里找出路呢？主要地还是在农村。社会主义不仅从旧社会解放了劳动者和生产资料，也解放了旧社会所无法利用的广大的自然界。人民群众有无限的创造力。他们可以组织起来，向一切可以

发挥自己力量的地方和部门进军，向生产的深度和广度进军，替自己创造日益增多的福利事业。这里还沒有涉及农业机械化。机械化以后，劳动力更会大量节省，是不是有出路呢？根据一些机耕农场的经验仍然是有出路的，因为生产的范围大了，部门多了，工作细了，这就不怕有力无处使。

（《多余劳动力找到了出路》一文的按語）（1956年）

4．打着“亦工亦農”的幌子，極力推行資本主義的雇用勞動制度

我們現在还不禁止私人雇請工人进行生产，允許一些私人生产事业发展也还有一些好处。

《对关于赴苏劳动考察团的报告的批示》（1957年2月17日）

新招收的工人，特別从农村中新招收的工人应签訂个人合同，因为，他們是可以回到农村中去的。此外，也有私人雇請工人者，都以签訂个人合同为好，其中有两类性質的雇請工人，一种雇請輔助劳动，如私人雇請保姆，大司务，家庭教师，自由职业者雇請助手等；另一种是資本家雇請工人。我們現在还不禁止私人雇請工人进行生产，允許一些私人生产事业发展也还有一些好处。这类工人也以签訂个人合同为好。

《在广西自治区直屬机关和地市委負責干部会議上的讲話》（1964年8月22日）

群众有很多困难，我們国家和工厂也有很多困难。群众进了我們的工厂就不想出去了，不需要他們时不能辞退，还得留下来。这件事我看可以訂合同，合同期滿就可以辞退，辞退后，可以再招收新工人，苏联就是这样的。

《对馬文瑞等赴苏劳动考察团的报告的批示》（1957年2月17日）

我們国家的基本劳动制度現在有两种：一种是临时工人的制度，还有家庭雇請的保姆，煮飯的，手工业合作社雇請的一些人，农业生产合作社，手工业合作社也雇請了一些人。国家雇請的临时工，这么一些人，这是一种制度。这是一种什么制度？是不是可以这样講，叫做劳动力的自由市場。就是我有工作我就雇請你，工作做完了，合同期滿了，我就可以解雇，可以不請了。需要的时候雇請訂合同，不需要的时候解雇，按照合同解雇，这是一种制度。另外一种制度就是我們現在所謂的正式工，包括我們的机关干部在內。

《在上海市党員干部大会上的讲話》（1957年4月27日）

是否可以这样，以后請工人，請学徒，外調的工人，外面調来的工人，以及个人雇請的工人，一律都签訂合同，合同上有期限，到期了，可以再签訂合同，需要的时候可以再签，不需要的时候可以解雇，而解雇的时候有个理由。

（同上）

陶魯笳提出在产棉区的乡鎮办小紗厂，我同意他的办法，紗厂女工到四十岁不能作細紗工人，工厂可以在附近周围吸收临时工，事先签訂合同，不实行劳保条例，不脫离农村劳动，年纪大了，可以讓他們回去，不給工資的办法。

《在四川省劳动工資座談会上的报告》（1958年4月25日）

合同工，有工作你就来，沒工作你就回家，保险（指劳动保险）一条，因公負伤，給他医好，残废了发撫邺金，生病、生小孩有农村保险，临时工沒保险，（工資）可以比长期工高一点，加百分之五吧！平时把錢拿到手，有了病，生孩子不向工厂和国家要啦！这样也比較合理。

《在天津半工半讀座談会上的讲話》（1958年7月）

搞点新的劳动制度，新的教育制度，还有亦工亦农問題。以后固定工人再不要增加了，把农村剩余劳动力用起来，又是农民又是工人，过去老規定榨油厂、面粉厂、烤烟厂、酒厂都是季节性的，开几个月矿也是可以的。唐山过去是个大煤矿，农忙种地，农閒出煤，淄博、枣庄都如此，江西×矿、×矿都这样，紡織厂工人多是熟練小女工，农忙开一班，农閒开三班，回家种地，回来練两周就行了。……以后农村半

耕半讀，在技术推广站工作的也要种地，要有熟練的技术人員，机器多了，要技术人員固定工合不来，他不能綜合利用。技术学校多了，劳动习惯也就养成了，美国也这样雇临时工打洞子。我历来反对临时工轉正，多少年来就是講不通。什么临时工，这就是一种正式劳动制度。

《在济南的讲話》（1964年）

两种劳动制度，除了半工半讀，还有亦工亦农問題。少用固定工，多用临时工，临时工可以做一辈子，我們历来反对轉正，待遇搞平等就是了，临时工工資可以比固定工高一点，他們就願意干了嘛。农业的拖拉机站等事业单位也要試驗用临时工，农村的高小生、中学生經过訓練，也可以推广技术，可以开拖拉机。

《同河北省委負責人的談話》（1964年7月5日）

我們有些工厂，原来（指解放前）就是季节性的工厂，烟厂、榨油厂、碾米厂、面粉厂、造紙厂，历来就是用季节性的工人，有工作做就来，沒有工作做就回家。

我們开工厂厂址的选择，要就原料、就市場，还要就劳动力。……日本很多小工厂是在农村里面，一直到現在，他們也是利用农村的剩余劳动力。

不只是乡村的工厂，城市里的工厂我看也可以实行亦工亦农。城市里的紡紗厂，农忙时开一班，农閒时开三班。……从前那个唐山煤矿，我是知道的。唐山那么大一个煤矿嘛！历来到农忙的时候工人自动回家了，走啦。秋收完了，他又到矿山里面来了。工人增加很多。……农閒的时候，他就拼命开坑道，临时工走了，剩了一部分工人去挖煤炭。

那么大的煤矿都可以，我們現在这么大的煤矿就不可以嗎？所以都可以。大城市、大煤矿都可以实行亦工亦农的制度。

《在广西的讲話》（1964年）

城市也可以利用农村的剩余劳动力增加生产。美国也是这样，他的煤矿就是在农閒时，雇用临时工打洞子。……

可不可以这样，固定工少，国家負担也少。具体办法：农閒时农民进城做工，要經过生产大队批准，交一点公积金、公益金，对集体經济有利，对个人也有利。这个問題，将来要訂出制度。

《在工业教育座談会上的讲話》（1964年7月10日）

总工会就是要把临时工轉正，我历来反对轉正，他們說，临时工当了十几年了，不轉正，沒有理，我說不能轉正，以后还要有临时工，采用这种办法，工业成本可以大大降低，农业事业費，也可以大大减少。家属也可以不进城了，劳保也可以减少。現在单一的劳动制度搞下去，固定工越搞越多，越多越被动。

《在江苏負責干部会議上的讲話》（1964年7月17日）

国家不要那么多固定工，过去临时工轉正，我是历来都反对的。許多方面总是講些道理，說临时工做了十年，十几年了，还不讓他們轉正，实在沒有道理，这是我听到的一定要轉正的理由。依我看，就是有这样一种长期不轉正的，而且是农村种地的临时工，过去就有，比如解放前，在矿上常常是这样的，农忙的时候他們回去了，农閒时到矿上来，拼命开坑道，坑道开好，农忙工人走了，留下一小部分人挖煤，煤炭还是那么多。过去資本家也懂得的，他們就这样利用了农村的剩余劳动力。……大概上海刚刚解放时，上海每年大約有几十万临时工，現在减得沒有了，这个改，改得不好，改得我們背了很大的包袱。……以后大約固定工人不增加了，或者增加很少的，要控制起来，但是不能固定工也不減，临时工又要加，那可不行，要减少固定工，增加临时工。

《在湖北省委扩大会議上的讲話》（1964年8月7日）

临时工轉正，我历来是反对的，我不贊成这件事。但是反对不了，他还是轉了。轉了好啦，去年前年动員工人下乡××万，××万，这也真吃了苦头啦。經驗还不够呀！还想再吃这个苦头嗎？今后增加工人，不要增加固定工，或者很少增加固定工，大量的临时工。临时工是常常要的，轉正了他还是要。固定工减少，不要固定工也不减少又要增加临时工，临时工是用农民还是用城里的人？城里人劳动力还沒有出路，你还找农民进城？城里的青年人长大了大批下乡；农民呢？当临时工大批进城。这样，就使工人同农民的差别，城市和农村的差别慢慢地縮小了，至少可以通了嘛。就要这样做，不要認为城市的劳动力还用不完，还要你农民进城。

《在广西自治区直属机关和地市委負責干部会議上的讲話》（1964年8月22日）

工业劳动可以广泛利用城乡的剩余劳动力，特别是农村的剩余劳动力。城市也有剩余劳动力。这种人横豎要吃飯。現在劳动力多，沒有事做。因此，除开現在的劳动制度以外，还应充分利用城乡的劳动力，特别是农村的劳动力，到工厂去做几个月工，农忙回到农村去。中国历史上有这样的工厂，如面粉厂、軋花厂、碾米厂、制烟厂等。現在我們把这些厂的工人都搞固定工了。可以搞季节工，或者搬到农村去，在城市也可以，做几个月工以后再回去。現在要把固定工变成临时工，把固定工大大减少，一样的工資总額，甚至还可以减少一些。

《在江苏負責干部会議上关于两种劳动制度、两种教育制度、两种学校制度的讲話》（1964年7月17日）

把临时工都轉为固定工，这件事就使人无法办，今后，工农結合是个发展趋势，临时工越来越多。

《和刘宁一的談話》（1966年3月）

八、疯狂推行托拉斯，妄图以垄断资本主义所有制代替社会主义全民所有制

党中央指示

赫鲁晓夫的"共产主义"，是以美国为蓝本的。他把学习美国资本主义的经营方式和资产阶级的生活方式，提高到国策的地位。

《九評苏共中央公开信》（1964年）

1．鼓吹"向外國學"，大力推銷壟斷資产階級的"經驗"

資本主义管理企业的經驗，特别是壟断企业的經驗要学习，苏联好的經驗也要学。銀行、邮政局、托拉斯、新她加、国家資本主义等等……考虑一下，如何管理好。

《在薄一波彙报工业情况时的插話》（1963年10月24日）

要向外国学，苏联、东欧国家是否还可以学一点，不能学，向資本主义国家学……学不到就买，資本家就是要錢。也要学朝鮮，朝鮮的維尼綸工厂就是自己搞的，……缺不銹鋼，他們自己也炼出来了。到資本主义国家学，要会鑽，捨得花錢……可以考虑向資本主义国家，向日本、英国、法国派一些留学生去学。

（同　上）

企业要搞經济核算，管企业，資产級阶有几百年的經驗，……組織企业公司，可能比行政机构管得好一些。

（同　上）

用行政机关管，不如用企业管，要認識这个問題。資本家那样管企业，資本家管工厂总算管得好的，壟断公司内部很有組織。我們的管理方式应該比他們进步，……不能比他們更坏一些、差些，成本更高，矛盾更多，比他們落后一些。

（同　上）

現在是行政机关管企业，而行政又不是經营企业的机构，可以考虑由企业性的机构管企业。苏联这个

問題沒解决好，資本主义壟断資本管得好。

«在薄一波彙报工业情况时的插話»（1963年12月26日）

資本家的銀行、邮政局是很有組織的，无产阶級可以拿过来为自己服务、一改变所有制，就成为社会主义的企业。

«在薄一波彙报工业情况时的插話»（1963年12月24日）

資本主义国家，国防部門都是企业組織壟断的。我国国防工业，可以由部、局管理。

（同　上）

究竟应該怎样管理社会主义企业，是用行政方法来管理，还是用經济方法来管理？苏联沒有解决这个問題，苏联时而集中，时而又分散，分散了又集中，都沒有搞好，最后搞自由化，学南斯拉夫。东欧也沒有解决这个問題，我們也沒有解决这个問題。現在我們是由中央、省、市来管理。……用行政命令办法来管理企业，要調人就調人，要叫它干什么就干什么；民兵、节育、停課学习十条，……都得管。用超經济办法管理，不是資本主义办法，更不是社会主义办法，而是封建办法，增加了官僚主义，增加了开会表报，使企业受不了，这样搞下去行不行？发生了大問題。

（轉摘自«薄一波在中央党校传达刘少奇的指示»）（1964年1月23日）

我們現在管理社会主义企业，是矛盾百出：搶錢，搶物資。为什么非按行政办法管理，不按經济办法管理，按等价交换經济法則来办事。按联合公司的办法来办事，整个改組工业。……为什么我們不可以走托拉斯的道路！可以大大縮小行政机构。可以經过工业交通会議討論，先試点。政治上要从上到下，托拉斯也从上到下，省市管思想、管人、管矛盾、管检查，先不管是誰来管的問題，不要摻杂个人利益、地方利益、小集团利益来考虑托拉斯的問題。我国这样大，企业越来越多，有事办的。要考虑如何搞法，管理的好，不要考虑誰領导誰，誰（权）大誰（权）小，誰方便誰不方便，也不要考虑利潤分成和产品分配問題，不要鬧地方主义，个人主义，考虑一下怎样把企业管好，誰有真理听誰的，不是厂长領导或党委領导，誰大誰小，誰爭这个問題就是个人主义，資产阶級思想。历史唯物論观点，社会主义不是凭空冒出来的，是从資本主义发展来的。資本主义的托拉斯对外有矛盾，內部管理还是統一的。

（同　上）

沒有一种絕对好的制度，十全十美是沒有的，只有一种比較好的制度，对一个国家或某种情况来說比較合适的制度，历史也是这样，奴隶制度比氏族制度好，农奴制度比奴隶制度好，資本主义制度又比农奴制度好，社会主义制度也只是比資本主义制度較好。

把任何一个制度絕对化是不妥当的，認为只有我們的制度是好的、别的都不妥当，那是不好的。

«同外宾談話»（1956年6月17日）

我們現在的办法是省、市的厅、局，中央各部都干予經济，这是超經济的办法，不是資本主义的办法，是封建主义的办法。

«在薄一波彙报工业情况时的插話»（1963年12月24日）

行政部門不适合管經济，行政部門管經济，势必把經济割断。这个問題在壟断資本主义高度发展的国家是解决了。壟断資本已把这一問題搞起来，即实行集中管理。

«在彙报商业問題时的插話»（1963年12月9日）

我們提管理經济越管越細，如行政部門管，不会管細，只有成立企业机构，才能管細。

（同　上）

你們有局，下面有厅，要全国統一，不受地方干扰。地方政府只搞监督，可以收附加税，搞市政建設，这个問題，已有資产阶級成功的經驗。

«在薄一波彙报工业情况时的插話»（1963年10月24日）

美国石油有几亿吨，在国外也有，也只有几个壟断公司管。中国由石油部統一管，石油部实际上是一个大公司，下面沒有石油厅，很好，如果有石油厅就不得了。……按公司来搞，同按部来搞，就是不一样。

«在薄一波彙报工业情况时的插話»（1963年12月26日）

各行各业全国只有一个总公司，沒有几个总公司，是壟断的，可能有缺点沒有人互相竞爭，但也可以和外国比較，内部也可以互相比較。这样，省的工作也可以划出一部分，由公司承担起来。搞公司更接近企业，企业会鑽得深，也可能出毛病，搞資本主义，南斯拉夫的經理，不是名誉很坏嗎？問題在于作法，是无产阶級領导，还是資产阶級領导。

《在薄一波彙报工业情况时的插話》（1963年10月23日）

到底共产党領导的企业怎么样，有些資本家就不相信。

《在薄一波彙报工业情况时的插話》（1963年10月24日）

共产党人要学会做生意。我們不会做生意，应該承認資本家比我們在行。我們应該比資本家做得更好。

《在吳波彙报財貿情况时的插話》（1962年）

鮮活商品如何經营？一面总結自己的經驗，一面学外国的經驗，資本主义国家这些地方比我們进步。

（同　上）

資本主义国家的物資供应，有几百年的經驗，也无非是那么些公司。資本主义国家能办好，难道我們办不好？我們要比他們搞得更好。

《对物資工作的指示》（1962年6月5日）

在解放前，上海的大洋行，要新加坡的东西，打个电話就送来。資产阶級能做到这样，我們无产阶級社会主义国家，应該做得比資产阶級做得更好。

《对物資工作的指示》（1962年10月10日）

※　　※　　※　　※

最 高 指 示

修正主义是一种资产阶级思想。修正主义者抹杀社会主义和资本主义的区别，抹杀无产阶级专政和资产阶级专政的区别。他们所主张的，在实际上并不是社会主义路线，而是资本主义路线。

《在中国共产党全国宣傳工作会議上的講話》（1957年3月12日）

2．以加強“組織”和“計划”作借口，瘋狂推行壟斷資本主義的經濟管理体制

要求托拉斯一年見效，即65年要出經驗，遇到抵抗要坚决进行斗爭，要認眞試办。

《給薄一波的一封信》（1964年）

办托拉斯，資本主义和社会主义都給我們提供了一些参考資料，但都沒有完整的。正面的經驗要我們自己創造。托拉斯不是只办十二个，我們要把眼光放大点，全面看問題。

《在听取托拉斯試办工作座談会情況彙报时的插話》（1965年6月1日）

托拉斯沒有什么巧处，就是我管起来，你不能管，无非搞生产，搞原料，搞批发。

《在經委党組彙报工交口工作情况时的插話》（1964年6月25日）

統統組織公司，有的部要組織几个公司。部主要搞点平衡监督。……过去，部、厅、局，都是行政机关管工厂，用行政办法管理企业，过去苏联也这样搞的，証明不行。統統改成公司，无非几十[illegible]而把个，有的部可組成几个公司。这样，部就輕松了，检查、监督、平衡，帮助公司搞好。……这个問題，好好討論一下，醞釀醞釀，当作一个意見。能試更好了，大概必須試驗。石油部可以当作公司搞，不要搞石油厅了。外国托拉斯还管銷售哩！将来石油部也可以搞点銷售，商业部可以分一二个商店給他們，叫他們去与市場和消費者接触。

总而言之，我們要解决这問題。……現在一討論就是“条条”，“块块”。如紙烟，中央一决定，还

不是統一啦！这样，它就可以收購烟叶子。棉花也可以由紡織公司收購，主张按生产需要分級。机械可以包作、包修、包用。收購烟叶子，商业部門就不懂得这个技术，他是商业观点，缺乏生产观点。……

中央党和政府，地方党和政府超脫一点，不好嗎？站在公司之上，矛盾之上，有問題我們来裁判。不要作当事人不好嗎？

«在薄一波彙报时的插話»（1963年12月26日）

托拉斯就是要組織起来，不只是一个企业要組織起来，一个行业要組織起来，整个国民經济要組織起来。你們考虑一下，一个市、一个省，全国这么多工厂，怎么很好地組織起来？要算总帐，要有利于增加品种，提高質量，降低成本，提高劳动生产率，方便人民。你不是說这是道路問題嗎？是道路問題。至于各个地方的人权、財权，那是另一个問題，另外說。整个国民經济有了好处，地方不是沒有好处。好处是大家的，首先是人民的，然后是地方的，中央的。这样就想得寬了。試办托拉斯的目的，就是要解决整个国民經济更有計划些，更有組織些。

«在听取托拉斯試办工作座談会情况汇报时的插話»（1965年6月1日）

总之，要組織起来，要有計划，不要各搞各的，不管中央的、地方的都要組織起来。这就叫做社会主义。組織起来，就可以搞专业化、标准化、系列化，提高質量，增加品种，降低成本，提高劳动生产率。这样，就会对整个社会有利，对全国有利，对地方有利。

地方按专业梳辮子，先办地方性托拉斯时，也要考虑将来办全国性托拉斯的需要，以免办全国性托拉斯时又把你們打乱了。总之，我們是搞社会主义的，干革命的，照顧到了就好了。

（同　上）

要全面考虑一下，哪些由地方搞合理，哪些由全国搞合理。有些全国搞合理的，也不一定馬上就搞，可以讓地方先搞，将来再成立总公司。有些地方搞合理的，将来也只能是地方搞的，全国就不要搞。托拉斯还包括商业，包括物資。盐不是由托拉斯統銷了嗎？盐在历史上就是統銷的，烟、酒在历史上就是专卖的。当然，托拉斯把商业全部拿过来不行。但是有些行业的大批发站，归托拉斯合理。

（同　上）

石油部、煤炭部、交通部就是公司，減少他們的行政性。……你石油部不按行政管，按公司管，少些額外負担，免了些灾难。完全按公司办，总理召集国务院会議时，你就可以不参加了，也可以不到飞机場去接送，参加宴会也就免了。

«在国家經委党組汇报工业口的工作时的插話»（1964年9月25日）

資本家也有这种形式，只管分配市場，安排任务，統一价格。我們可以考虑托拉斯有三种形式。一种是人权、財权、物权全部統，工厂全部收的；但也有一些厂如修理之类不收。另一种是只統一計划、价格、原材料供应和生产品銷售。第三种是管計划，安排任务，交流經驗。恐怕几种形式都要有，只一种不行。收厂統起来是主要的。

（注：当汇报到托拉斯管理的几种形式，有的托拉斯对一部分企业实行归口管理时，刘少奇的插話。）

«在听取托拉斯試办工作座談会情况汇报时的插話»（1965年6月1日）

要組織托拉斯，綜合性公司，联合經营。公司組織，有两种形式：一是城市人民公社，一个社就是一个公司，石家庄正在試驗，有些工厂放在公社。还有一种，按行业組織联合公司，以一个行业为主。这些都是生产关系的改进。

«关于技术革新和技术革命問題的讲話»（1960年5月26日）

企业是生产斗爭的最前綫，接近工人。干部不行，影响工人。公司可搞一些吃閑飯的人，如董事之类。

«在薄一波汇报工业情况时的插話»（1963年10月24日）

……封建时代設专門的諫官、御史，就是专門講"閑話"的官。每个企业都搞那么几个人，专講"閑話"，专挑毛病，向上級打报告，他們講的"閑話"不可能完全正确，經过检查講錯了，可以不算，不可能都講对。这些"諫官"也要联系群众，到車間找工人座談、开会，吸收各方面的意見和建議，专門找人講“閑話”。

«在薄一波汇报时的插話»（1963年10月21日）

※　　※　　※　　※

最高指示

地方应该想办法建立独立的工业体系。首先是协作区，然后是许多省，只要有条件，都应建立比较独立的但是情况不同的工业体系。

«在天津視察时的談話»（1958年8月）

中央和地方的关系，也是一个矛盾。解决这个矛盾，目前要注意的是，应当更多地发挥地方的积极性，在中央的統一计划下，让地方办更多的事。

«論十大关系»（1956年4月25日）

3．妄圖“高度壟斷”國民經濟要害部門，陰謀篡党篡國

要办托拉斯，就办全国性的一竿子插到底的托拉斯。

«听取托拉斯試办工作座談会情况汇报时的插話»（1965年6月1日）

托拉斯就是高度集中，高度壟断。

«对薄一波談話»

就是按照这种官僚主义的統一（指托拉斯），也比原来分散的好。两个官僚主义，你官僚，我也官僚，我这个官僚主义比你那个官僚主义还好些。

«关于試办托拉斯問題的插話»（1964年9月25日）

几条大河的航运，也組織統一大公司。現在长江航运就是沒有統一。沒有壟断，就沒有計划。

«在薄一波汇报工业情况时的插話»（1963年10月23日）

……托拉斯以外的工厂，不准生产药品，即使生产了也不准收購，否则将受到党纪国法处理。

«关于全国药厂由医药托拉斯集中管理的报告的批示»（1964年10月）

組織全国的专业总公司，……一机部不是很难管嗎？你組織几个总公司，壟断这一行。比如电气，美国有直通电公司，它还不是完全壟断，社会主义要比資本主义壟断得更厉害。

«在薄一波汇报工业情况时的插話»（1963年12月24日）

布局、計划、物資、产品、价格都要由托拉斯統一管理，包括同行业未收的工厂及地方所属的公司在內。不管所有制如何，上述几項工作都要統一管理。

«在听取托拉斯試办工作座談会情况汇报时的插話紀要»（1965年6月1日）

农业机械供应站，是好的，搞个大托拉斯，……不要按行政区划設站，也不直接調拨到县。所有活都不要地方政府插手，他們可以提意見，但不能調錢調东西。全部农业机械，統一归供应公司管理，工厂也归他管。拖拉机、排灌机、油料統一归公司管。

«关于农机供应体制問題»（1963年12月13日）

要更好地为农业服务（注：指农机部），还要考虑搞托拉斯的方式，管制造也管經营。

成立汽車、拖拉机部不如組織汽車、拖拉机总公司，經营农业机器的事业費也归公司管。托拉斯是全国性的，全国設总公司，分公司負責几个省，它的任务由总公司分給它。不由总公司管，成立地区性的公司不行，行不通。……各行业全国只有一个总公司，沒有几个总公司，是壟断的。

«在薄一波汇报工业情况时的插話»（1963年10月23日）

汽車、拖拉机成立公司，比商业涉及的問題要少。总公司下成立分公司，要規定有多少厂才能成立分

公司，不要两个厂也成立公司，厂子少，可以采取类似中心县委的形式，指定一个大厂，管几个小厂。

(同 上)

只搞地区的公司不行，省市范围成立公司行不通，大区成立也行不通，各行各业全国搞一个，……公司可以全統起来，但有一些工厂和修理厂之类也留一点給地方。

(同 上)

修理行业要适当集中，适当分散，不能把每一个拖拉机站都設修理厂，每一个工厂都搞修理。京、津、唐电网不是把修理力量集中得很好嗎？在一个城市里，修理行业就要集中，并且要照顧地方的需要。把各厂的修理力量拿走了，財政上是不是有問題？有問題提出，再解决。

(注：当汇报到托拉斯管理的几种形式，有的托拉斯对一部分企业实行归口管理时，刘少奇的插話。)

《在听取托拉斯試办工作座談会情况汇报时的插話纪要》(1965年6月1日)

全国和地方分别統了以后总还有那么一些工厂統不进来，它們是为大家服务的，任务很零碎，具有灵活性。这些工厂也可以梳成辮子，組織"零碎"公司或服务公司，干些零碎活，要什么干什么，要一个做一个，要十个做十个。

(同 上)

各地对于中央組織統一管理的工业企业的公司，在收厂时，有些地方党委持反对的态度，是可以想得到的，但是必須堅决迅速地打破这种反抗，对于我国的社会主义經济发展才是有益的，在这一点上不能动搖，不能采取不堅决的态度。

《給薄一波的一封信》(1964年10月2日)

总公司要垂直領导，地方可講話，所有制不給它。

《在汇报商业問題时的插話》(1963年12月9日)

托拉斯收厂与地方有矛盾，自貢市70%的地方財政收入来自盐場，提出这个問題很好。但这是另外一个問題，它不是托拉斯的問題。地方經費沒有了，財政拨給你。一是70%地方財政收入来自盐場，合理不合理？要是减少了你的收入，給你錢。不能以此为理由来反对托拉斯收厂。要講清楚，应当是什么原則就按什么原則办事。自貢市的問題講出来是好的，可能还有沒有講出来的。管經济，要看到全国，还要看到全世界；不只看到現在，还要看到将来。

(注：当汇报到全国性托拉斯与地方的矛盾問題时，刘少奇的插話。)

《在听取托拉斯試办工作座談会情况汇报时的插話纪要》(1965年6月1日)

这个时期多搞些垂直領导，不要怕地方党委。銀行完全的彻底的垂直領导，財政、商业、物資也要集中，抓在手里面，会快些，否則得罪人会更多。这样搞，会出些毛病，任何事情都会出毛病，至少要搞三、五年，学列宁的办法。如果这样搞行，很好，多派检查組，不行就变成工作組。中央监委多搞100—200人的监委，找老資格，半劳力。各部也可找人，不归部管，列席党組，直通中央。党外不搞。

《在"西楼会議"上的讲話》(1962年2月)

現在立即要完成組織任务，要搞垂直領导。

(注：有人談到財政、銀行、商业正在搞制度时，刘少奇的插話。)

(同 上)

商业，这几年要搞垂直領导，不要怕这个，列宁就搞过，搞得很好。否則，影响生产，影响多发票子。

(同 上)

以后統計数字要由統計部門負責，不准地方党委干予，統計部門要实行自上而下的垂直領导。

《在中央工作会議上的讲話》(1962年)

物資管理上沒有条条管块块管的問題，就是集中統一管理的問題。你們沒有什么特殊，不是特殊部門，是个綜合部門。你們也是商业部，你們要基本上照商业部的办法。商业部能供应六亿人民，难道你們就不能供应二十一万个企业。問題是你們不搞。上下物資部門就是垂直領导。机构要健全，队伍要加强，要抽調一批懂技术的人員，充实物資队伍。

《在賈步彬汇报物資工作时的指示》(1962年4月17日)

对中轉仓庫要統一管理起来，虽然很复杂，但也必須管的比过去好，賺錢。

《对物資工作的指示》（1962年6月5日）

附錄一、劉少奇有关供銷合作社的反革命修正主義言論（摘錄）

1. 極力歪曲供銷合作社的社會主義性質

合作社法（草案）有一条，合作社受国家經济的領导，在法律上訂这一条，不妥当，我主张把它删掉，国营經济对合作社的領导应从經济上来領导，要經过合同关系，从价格政策上来領导，不要在政治上法律上要求領导权。

《在全国合作社工作者第一屆代表会議上的讲話》（1950年7月25日）

合作社是一个独立的群众团体，而且将来是一个最大的群众团体，現在已有两千万社員，工会沒它大，它是一个群众的經济組織，不是工会。对政治的关系，合作社只要按照法律办事，則政府不予干涉。

（同　上）

合作社的目的就是消費者和小生产者联合起来，筹集股金，建立自己的商业組織，减除中間剝削，买卖东西不經过商人的手，就是这样簡单，这就是合作社的任务，講合作社不要什么太高深的理論，什么国营助手，紐带，桥梁作用，說的也对，但不必講的这样复杂。

（同　上）

合作社是为了保护消費者，小生产利益的，这是原則問題，必須弄清楚。

（同　上）

創办合作社的目的——供銷与消費合作社的唯一目的，就正是要在这些具体的商品交換中不假手于商人，而由消費者和小生产者自己联合的行动，免除商人的中間剝削。

《对山西合作社工作的指示》（1950年5月20日）

減除中間剝削，这就是合作社的基本目的，此外沒有別的目的。如果說还有其他目的，那就是減除中間剝削的結果。

《在全国合作社工作者第一屆代表会議上的讲話》（1950年7月25日）

合作社事业是个大事业，合作社干部将来还要增加，要增到二十万、三十万、四十万，合作社还要办些事业，开工厂，……办好了可以改变社会性質，合作社制度就是一个社会制度，而且是新的、进步的社会制度。

合作社制度将成为我們新的社会制度，合作社事业是伟大的，有前途，有希望，……。

（同　上）

集体生产合作社，就是三、五人在一起做皮鞋，生产工具、生产品公有，这样合作社就是高級的合作社，这个不能普遍发展。

《在东北局干部会上的讲話》（1949年8月28日）

社員就是合作社的老板。合作社的业务經营必須完全依照多数社員經过考慮的意見来进行。合作社的代表大会应該成为合作社活动的中心环节，合作社的理事会和监事会应按期向代表大会报告自己的工作。

《論合作社問題》（1951年）

虽然經过宣传，多数农民对于合作社是还有各种怀疑的，只有在合作社已經办起来，并讓社員从合作社中获得了显著可靠的物質的实惠以后，多数农民才会逐步認識并信任合作社，因而积极要求入社。

（同　上）

供銷合作社应允許农村中所有的人入社。守法并認眞进行生产的地主分子在当地人民同意下，也可允許他們入社，并照社員一样推銷他們的产品，供应物資，給他們分取紅利。

（同　上）

在供銷合作社組織已經巩固的地区，可以准許富农加入供銷合作社为社員，但須明确规定富农不得担任供銷合作社內的任何职务。

过去已参加供銷社的富农，对于遵守社章、安分守己、服从国家計划經济的指导的富农社員，可以保留其社員资格，……

《复关于富农参加供銷合作社問題》（1955年3月8日）

全民入社大大的发展組織；只要是消費者都要吸收入社，老区已进行土改数年，地富都参加了劳动，也需要消費，也可吸收入社，明年要完成发展組織的任务，新区也要大量发展，……

《对合作社工作的几点指示》（1951年）

……对于破坏信用者必須在經济上有处罰，訂立商法，法官可以由商务部派，讓法庭独立审判，党不去加以干涉。

《經济計划問題》（1948年）

自然，在今天及以后一个相当长的时期內，合作社与国家商业是不能完全代替私人商业的。私人商业在相当大的范围內还会要长期存在的，大量的商品还要經过商人的手送給消费者和生产者。

《对山西合作社工作的讲話》（1950年5月20日）

国营商业不要怕合作社多賺了錢，应該放手一点，将来也是全民的。領导者要打大算盘，不要打小算盘。

《財貿各部汇报时的讲話》（1956年1月）

2．大肆販賣資本主義的生意經

合作社是群众工作，又是經济工作，經济工作就是业务。

《談业务纪要》（1950年）

商业应适应地方情況的变化，西北鉄路通了，布价还是那样貴，私商灵活得多，变成社会主义更笨了，这是社会主义的愚笨性。

《在商业部、供銷总社汇报时的插話》（1956年1月）

社会主义商业現在存在着不灵活性，愚蠢性。兰州通了火車，但是你們不紧跟着去降低物价。这一点，你們不如資本家。

《在討論国营商业、合作社商业分工时的发言》（1956年1月）

必須做大量的工作，去摸清人民的需要……要比資本家更加敏感一些才好。現在做得不好，是脫离人民的官僚主义。在这个地方，你們不是比資本家优越，而是不如資本家。

（同　上）

商人是向消費者賒銷的，这是旧社会中做生意的办法，这是一个好习慣。脫銷的东西可以向消費者先收錢、后給貨；积压的东西要向消費者先給貨，后收錢。

《在商业部、供銷总社汇报时的插話》（1956年1月4日）

規定試銷制度，試銷商品价格不同一些，便宜一点，过去帝国主义在我国搞傾銷政策卖紙烟，买一包送一包，卖开了以后就抬高价格，吃了公家飯就沒有商人聪明，資本家过去就是这样作，当了共产党就蠢得很。

《財貿各部汇报时的讲話》（1956年1月）

新商品要組織群众来看。可以試銷，打开銷路，建立一套試銷制度。試銷的商品可以少送一些，价錢可以便宜些，有的可以采取买一送一的办法，买一个收音机可以送一条毛巾。你們当了共产党員，做生意就蠢了，不如資本家聪明，这一点必須批評。

«在討論国营商业、合作社商业分工时的发言»（1956年1月）

新产品能不能銷，……也可以买一件送一件的办法。

社会主义应該“百色齐全”，这就是它的优越性。现在是花色品种劣于資本主义。

«在商业部、供銷总社汇报时的插話»（1956年1月）

按質論价，五百天的鴨子比南京的鴨子可以高一倍錢 。烤鴨子 、涮羊肉不怕貴 ，要从中打积累的主意。

（同　上）

每年在季节前，要主动設計时装，主动宣传，免得青年团員在下边搞式样，我們被动。

（同　上）

工业部門生产的商品不适合人民需要，就可以压工业部門，不断向工业部門提出問題，限定期限、限定規格，不然就不要他的。……你們可以以人民的名义，逼得他們向中央告状，你們对工业部門有很大的发言权。

（同　上）

私人資本主义也可以做好事，也可以进行城乡交流，供給人民需要，今天中国的資本主义还有其进步作用，也可以收購农副业产品，供給农民生活、生产資料。

正当的私人商业还能为人民服务，如最近，財委会动員游資下乡，收購小麦及其他农产品，这样游資也可以为人民服务。

«在全国合作社工作者第一屆代表会議上的讲話»（1950年7月25日）

要把资产阶級的长处吸收过来。对这些人，他們不想事，也給饭吃；他們想出了事，給以奖励。

«在討論国营商业、合作社商业分工时的发言»（1956年1月）

对造好質量的工厂，造新品种的工厂，要給額外奖励，对坏的处罰。

对售貨員一方面可以規定金額指标，另一方面又可以規定管商品多的人，多得工資。

«在供銷合作总社汇报时的插話»（1956年1月3日）

附錄二、劉少奇有关財政金融工作的反革命修正主義言論（摘錄）

你們要从財政观点去研究經济問題，不要就財政論財政。

紙烟是否可以多生产一些。拿一些种粮的土地来种烟叶。化粧品也可以搞。进口羊毛，多織呢子，只要能多賺錢，也是办法。为了更好的积累，必須下决心花一笔錢。否則財政越搞越窄。

«对財貿工作的指示»（1956年1月）

各部寬打窄用，財政部窄打怕用。財政上要有一个框子 。大家互相框 。經济也框財政 ，財政也框經济，互相制約。問題在于框子的大小。

（同　上）

第二个五年計划中，票子在不影响市場波动时，可以多发些。

（同　上）

××亿从发展經济来搞，是有保証的。……现在是：发展生产，保障建設。这样又便利人民，又賺了錢。

（同　上）

各部門不重視財务，主要是錢多，如果錢少，就重視了。

（同　上）

我們以后可以在財政上公开采取老实态度，收多了告訴你們，有困难要求你們解决，同样，你們也应該采取老实态度。調皮搗蛋，尔虞我詐，大家反对 。过去在国民党下面 ，老实吃不开 ，現在人民政府下面，只有采取老实态度才吃得开。

«在全国机械工业技术革新、技术革命現場会議党員局长以上領导干部会上的讲話»（1956年5月）

……制度要快些立起来，沒有新的，就恢复旧的，否則 ，六亿多人民飯碗都交給你們 ，搞乱了怎么办！

（注：有人談到財政、銀行、商业正在搞制度时，刘少奇插話。）

«在“西楼会議”上的讲話»（1962年2月）

收入打在可靠的基础上，支出要打足。有赤字要提出来，然后提弥补办法，容易說服人。你們的报告是掩盖矛盾，不是揭露矛盾。有赤字不在西楼会議上提出来，很不好。支出不打足，你們要負責，这是有意留缺口。以后打算冲破了，你們負責，沒有用完是你們的成績。

（注：1962年2月以中央名义召开的“西楼会議”，在这次会議上，刘少奇批評財政部的报告是一个假报告，是眞赤字，假平衡。以上为刘少奇的插話。）

（同　上）

預算，要总結几年經驗，搞了多年預算，出了那么多漏洞，以后能否不出。为什么說財政沒問題，又有那么多赤字，編預算的办法是否要改一下，改好一点。不要老是报喜不报忧。60年先念講經济繁荣、庫存增加，是騙人，先念也受騙。当然这不是有意說謊。銀行 、信貸都要总結經驗 。現在情况下 ，不許突破。現在的計划，不能信任你們。

地方机动，要放在預算內；部門机动要放在計划內。不能在預算外另有机动。

（同　上）

消灭赤字办法，把方向变一下，尽量多增产一点。此外，还可考虑进口原料，回籠貨币。

（同　上）

当年平衡略有回籠，能否做到是决定問題。主要还在减人，麦收前减七百万人。工厂沒事做的人都要下去，管他有无技术。財政要平衡，市場不能多发票子。要么向农民多要，要么涨价，要么减人。除招待外宾，不要架子。最切实际的是减人，高价，放下架子。

«在中央工作会議上讲話»（1962年2月6日）

他有一张党票，我有两张党票 。立即通知 ：各級党委都无权在銀行拿錢 。如果地方党委不遵守这一条，开除党委的党籍；如果銀行行长不遵守这一条，开除行长的党籍。

（注：吳波汇报到各級向銀行要錢，銀行干部怕丢党票时，刘少奇的插話。）

«在“西楼会議”上的讲話»（1962年）

票子回籠多点。估計錯了好，这叫愉快的右傾机会主义。

«在吳波汇报財貿情况时的插話»（1962年）

銀行必須关紧。关紧了，群众閙事怎么办？那里閙事，我們就知道那里有問題，再帮助他們解决問題，……財政上也要卡死，財政、銀行松动（？），矛盾就暴露不出来。要讓矛盾暴露出来，才好解决問題。

«对中央办公厅石家庄和无錫調查組的指示»（1962年4月24日）

資金問題，財政、銀行卡紧，是件好事。

«对物資工作的指示»（1962年6月5日）

現在的情况，一部分人手中錢多，大部分人錢少。物价继續落下去，有錢的人得到便宜，絕大多数人（80%）沒有好处。是不是把人民手中币值变低一点，把工資加一点，对在銀行的老存款——60年前者可补償損失。如果采取继續下落，恢复到1958年前，大多数人吃亏，少数人便宜。

«在汇报商业問題时的插話»（1963年12月9日）

你們在发展中遇到困难是可以想象的，現在，我們国家也有困难，国家要发展势必要遇到困难。头一条就是沒有錢，中国就是碰到这个問題，办法就是减少行政国防經費，增加經济。我們在革命胜利时軍队就有五六百万人，国防經费大，行政費用高，把国民党的人員包了下来，很多人吃飯，每年收入很大一部分給軍队、行政人員吃掉了。当时国防行政开支占总收入的××%，收入很少，开支很多。經过三、四年的調整，达到了国防行政經費占××%，現在由于美帝扩大战爭，我們要备战，增加了一定的国防經費，所以行政国防經費占××%不到一点，××%的收入都用于經济文化建設方面。

《接見柬埔寨首相宋双談話記录》(1965年8月8日)

又比如税收問題，你們（指資本家）提議将3%减为1.5%，是税收限制了你們的发展，这也是相互的。

税收重了，可以修改得合理一些，一种商品抽好几道税，是妨碍生产的，怎样修改，請你們也提意見，提議个新的税率表，由税务局組織一个会大家商量。

《在工商业家座談会上的讲話》(1949年4月25日)

附錄三、劉少奇有关外贸工作的反革命修正主義言論(摘錄)

組織对外貿易的委員会，要吸收資本家来参加，他們比我們熟悉，应与他們商量定出办法。这样就可以把公私关系、內外关系搞好。此外还有一个外汇問題，最近有一个資本家对我說，外汇牌价挂低了，我們应当考虑資本家的話，应当考虑，不应根本不考虑，当然也不能尽听。

《对天津工作的指示》(1949年4月24日)

对于对外貿易，国家必須加以限制，不如此帝国主义势力仍旧会侵入；但管制今天应放寬些，不要管的太死，所以統銷品，目前应允許私人銷，統銷名义可以不去掉，进口貨不必要的禁止入口。

(同　上)

我国出口的品种很多，你們在这方面还有保守主义，要学习外国資本家的办法，打开銷路。

《对外貿部的指示》(1956年1月5日)

腊肉是中国特产，可組織出口。包装要漂亮，叫科学家加以說明，对外好好宣传，介紹营养价值，說明吃法和做法。先送一批讓外国人嚐嚐。你們要象做买卖的样子，帝国主义在中国倾銷紙烟，一开始都是买一包送一包。

(同　上)

烤烟很值錢，占地不多，挤不了多少粮食，可多搞一些。意义在于增加积累。已告財政部收入要搞到××××亿元。

(同　上)

只要是向农民訂貨，价錢又公道，生产就可以发展起来。越收購生产越发展。

(同　上)

要有行情机构，吸收一批資本家。十二年之內赶上国际水平。要讓他們看到国外經济刊物。这是利用旧人員問題。

(同　上)

外貿部干部来源，主要靠自己解决。……干部来源：

(1)……

(2)……

(3)吸收进出口商的职工人員，包括資本家在內。这是无产阶級接收資产阶級的遺产。反革命分子是极少数，絕大多数是好人，其中还有一部分是骨干，有少数人还可接收入党，也有一些人是专家，这些人是宝貝。要作一个全面規划……。除反革命分子不要外，均可使用。

（同　上）

你們要加强旧人員的工作，用我們的作风去影响他們。作出长期規划，开訓練班，組織他們学习、参观，向他們作报告，审查他們，摸摸底，更便于使用。对旧人員可用的地方估計不足，这方面有保守主义，也有宗派主义。

（同　上）

我們对私商（指私营进出口商）的一些高級職員，可以吸收他們当参議和顧問。

（同　上）

中国成立专門对外貿易研究机构，是需要的，可吸收一些私营进出口商中的知識分子和高級人員参加研究工作，……

（同　上）

除了反革命分子，对他們（指私营进出口商）要好好布置，好的还可以派到国外去工作。

（同　上）

对私商主要是利用問題。对私营进出口商的改造，可以留一些挂他們的牌子，实际上是国营，做些"假面具"，沒有坏处。資本主义无好处，都是混蛋，但有一个好处，就是通过他們說話，外国資本家就很听；我們講的，他們就不大相信。挑选一些爱国的，国外影响大的，挂上他們的牌子。这样可以使外国的資本家看到中国的私商还未亡。实际上灭亡了，名义上沒有灭亡。利用資本家的国外关系，把他們的国外机构也拿过来，替我們做事。

（同　上）

△五元階段價格，非（　）內，因國營、私營價格不統一，未統一以前，百分之卅（30%）

大二[illegible]（1900）

[illegible] 中級 價格不同，以[illegible]之元

如：附[illegible]

刘少奇反革命黑話集

在外事活动方面的“三降一灭”罪行

（供批判用）

第一集

外事系統

无产阶級革命派联絡委員会編印

一九六七年六月

目　录

最 高 指 示

修正主义是一种资产阶级思想。修正主义者抹煞社会主义和资本主义的区别，抹煞无产阶级专政和资产阶级专政的区别。他们所主张的，在实际上并不是社会主义路线，而是资本主义路线。在现在的情况下，修正主义是比教条主义更有害的东西。我们现在思想战线上的一个重要任务，就是要开展对于修正主义的批判。

——在中国共产党全国宣传工作会议上的讲话

人民靠我们去组织。中国的反动分子，靠我们组织起人民去把他打倒。凡是反动的东西，你不打，他就不倒。这也和扫地一样，扫帚不到，灰尘照例不会自己跑掉。

——抗日战争胜利后的时局和我们的方针

被压迫人民和被压迫民族，决不能把自己的解放寄托在帝国主义及其走狗的“明智”上面，而只有通过加强团结、坚持斗争，才能取得胜利。

——反对美国——吴庭艳集团侵略和屠杀越南南方人民的声明

全世界人民团结起来打败美国侵略者及其一切走狗！

前　言

中国党内头号走资本主义道路的当权派，反革命修正主义集团的总后台、最大的个人野心家赫鲁晓夫——刘少奇，这只隐藏在革命队伍里的豺狼终于被我们生擒活捉了！这个埋在我们最敬爱伟大领袖毛主席身边的定时炸弹，终于被我们挖出来了！这条暗埋在中国土地上的修根，终于被我们连根铲除了！这是毛主席革命路线的伟大胜利！这是无产阶级文化大革命的伟大胜利！是战无不胜的毛泽东思想的伟大胜利！

刘少奇这个中国无产阶级叛徒的头子，长期以来，利用它所盘踞党和国家的要职，对外积极配合帝、修、反及牛鬼神蛇搞"联合行动"反对我们心中最红最红的红太阳毛主席，恶毒攻击光焰无际的毛泽东思想，对内唆使其爪子狐孙，妄图在中国复辟资本主义，是可忍！孰不可忍！

毛主席教导我们，对帝国主义（尤其是美国帝国主义）现代修正主义，各国反动派要斗，对世界各国人民的革命斗争要大力支持。刘少奇这个反革命修正主义分子则疯狂对抗我们最最敬爱伟大领袖毛主席的指示，极力兜售"三降一灭"的反动政策，给中国和世界革命造成严重的后果。现在我们把刘少奇反革命修正主义"三降一灭"的罪行，一一拿出来示众，供广大革命同志批判，使这个党内头号走资本主义道路的当权派，在人民群众的铁拳下粉身碎骨！在人民战争的汪洋大海里埋葬狗命！

"金猴奋起千钧棒，玉宇澄清万里埃"！在当前无产阶级革命派向党内一小撮最大走资本主义道路当权派发动总攻击，总歼灭的关键时刻，我们一定响应毛主席的伟大号召，高高举起革命的批判大旗，彻底清算刘少奇"三降一灭"的滔天罪行，让伟大的战无不胜的光焰无际的毛泽东思想照遍全世界！

一、疯狂反对毛主席关于帝国主义的英明正确论断，极力散布“恐美”“崇美”“亲美”的修正主义谬论

〔编者按〕伟大导师毛主席早在四九年就教导我们说：“美国确实有科学，有技术，可惜抓在资本家手里，不抓在人民手里，其用处就是对内剝削和压迫，对外侵略和杀人。”美帝国主义是血腥镇压美国人民的刽子手！是中国和世界革命人民最凶恶的共同死敌！党内头号走资本主义道路的当权派刘少奇，也象它的主子赫鲁晓夫一样，被这只外强中干的纸老虎吓破了狗胆，拜倒在美帝面前，抹杀这只吃人豺狼的本性，对它不作针锋相对的斗争，而是对其肆意美化和投降。毛主席说：“我们说‘帝国主义是凶恶的’，就是说他的本性是不能改变的，帝国主义分子决不肯放下屠刀，他们也决不能成佛，直至他们的灭亡”。“一切反动派都是纸老虎。看起来，反动派的样子是可怕的，但是实际上并没有什么了不起的力量。从长远的观点看问题，真正强大的力量不是属于反动派，而是属于人民。”

刘少奇这个最大的卖国主义者，彻头彻尾的可耻奴才及怕死狗，在它一切可乘的机会里，竭力散布“恐帝”“崇帝”“亲帝”的修正主义谬论，妄图欺骗中国和世界革命人民放下武器去坐等“和平”。对帝国主义（尤其是美帝国主义）实行一条彻头彻尾的反革命投降路线。

在战争期间，帝国主义统治亚洲各殖民地的力量，有了极大的削弱。当时，帝国主义者为了取得殖民地半殖民地人民对于他们的帮助，曾经允许殖民地半殖民地人民在战后选择自己愿意的政治制度，建立自己的独立国家。所以，在战时后时期，亚非各殖民地半殖民地国家民族解放运动的强烈发展，完全不是偶然的。

摘自《亚洲各被压迫国家工人运动的任务》一九四九年十二月

过去的大学是按照西欧、英、法、美……等的经验来办的，这些大学对提高中国人民的文化水平是有很大成绩的。

《在中国人民大学开学典礼上的讲话》一九五〇年十月

要学习资产阶级通讯社记者的报导技巧。他们善于运用客观的手法，巧妙的笔调，既报道了事实，又挖苦了我们，他们的立场站得很稳。人们从他们的新闻报导中能够看到一些真实的情况。

一九五五年五月对新华社工作第一切讲话

你们要在尖锐的斗争中锻炼出几十个成名的记者，他们不造谣，讲真话，不仅对帝国主义讲真话，而且对共产党的错误也讲真话。

一九五六年对新华社工作的第二切讲话

……就是在美国统治集团内部也有一些头脑比较清醒的人逐渐认识到战争政策未必对美国有利。

八大政治报告

我们在对外关系中一贯执行着坚定的和平政策，主张一切国家间的和平共处和友好合作。

八大政治报告

我们相信社会主义制度的优越性，不怕同资本主义国家进行和平竞赛。

《八大政治报告》

我们以五项原则为基础的和平共处政策不排斥任何国家。对于美国，我们也同样具有同它和平共处的愿望。我们的门是对一切人敞开的。

《八大政治报告》

出国代表团原有资产阶级代表参加，去埃、印等代表团中，资产阶级代表更吃得开，更受欢迎，共产党的代表还不那么吃得开。

《关于统一战线政策方针性的若干问题的谈话纪要》一九五七年十二月十三日

当部长历来都是政治家，法国当部长的是政治家，专家是司局长，副部长，部长常常换，但下面专家不换，英国也是，工党当财政部长的是专家，他也是政治挂帅。也有专家当部长的，那也是政治挂帅，但是少数。

一九五八年六月三十日在北京日报的谈话

尽管美帝国主义和它的头子艾森豪威尔一手断送了举世关心的四国政府首脑会议，严重地威胁着世界和平，我们始终认为一切国际争端，应该通过谈判的方式求得解决，而不诉诸武力。

《欢迎列希主席国宴上的讲话》一九六〇年六月三十日

目前，世界各国人民面临着争取世界持久和平、争取不同社会制度国家和平共处……的伟大任务。

一九六〇年十二月在苏联的演说

国家与国家之间应互相帮助，而不要互相损害。互相帮助总比互相损害好。这是我们对于国际关系的观念形态。

刘少奇的一次谈话

尽管美帝国主义还在固执地反对这些倡议，加紧扩军备战，但是，美帝国主义已经无法改变对它不利的世界力量对比，和平的力量一定能够战胜战争的力量。

一九六一年七月十日在欢迎朝鲜党政代表团宴会上的讲话。

中国共产党最终的目标也就是中国人民的最终目标，就是要把中国建设好，保証中国是一个独立的国家，主权的国家，改善人民的生活。我们说改善人民的生活。是指改善人民的经济和文化生活，实现社会主义和共产主义，这是我们国内的目标，也是我们主要的目标。

为了实现这个目标，我们希望世界其他国家不要妨碍我们；如能在互利的条件下援助我们，那就更好。我们就是这个目标。我们别无其他目标。至于外国是否搞社会主义、共产主义，那是它们的事情，我们不干涉人家内政。

……

我们不但不会压迫英国人，就是对一些小国，对我们的邻国，譬如缅甸、泰国、柬埔寨、尼泊尔、印度等。我们都要在互利的条件下，互相尊重主权，根据和平共处的五项原则发展友好关系。我们现在如此，将来也如此，并且教育我们的后代永不侵略和压迫别的国家。我们只在自己这块土地上把自己的生活过好。

一九六一年九月同英国外宾的谈话

我们赞成裁军，首先是撤退外国军队，然后消灭核军备，常备军也不需要这么多，我们本来就不要发展核武器，其他武器最好也不要搞。

一九六一年九月二十二日和蒙哥马利的谈话

现在，帝国主义国家不打社会主义国家，社会主义国家也不去打它，只搞点冷战，所以这个矛盾不突出。

……社会主义阵营同帝国主义阵营的矛盾不突出也是事实，我们也不需要突出它，帝国主义也不需要突出它。

一九六三年十月同越南外宾的谈话

在华盛顿美帝国主义的力量是大的，南越人民找不到力量。我们到美国去跟美国人打仗，我们可能不行。

一九六四年接见拉美代表团时的讲话

目前世界革命力量和反革命力量的对比究竟如何，这个问题很难讲。

一九六三年十一月九日的讲话

我们在经济方面落后……我国在经济上恐怕比你们还要落后，你们的国家在欧洲算先进的国家，你们还有些工业，在生活条件方面可能比我们还要好些。

一九六三年年底对一资本主义国家文化代表团的讲话

现在看来，跟资本主义国家打交道，讲老实话，他们还遵守协议，遇到破坏协议的情况，还赔偿损失，道歉。资本家还考虑效果。

一九六四年接见外宾时的谈话

我看他（按：指美国——编者）中国不敢来，越南北方也不敢搞，而在越南南方更是想走。

一九六四年五月与×国大使的谈话

我们中国有句古话：“朋友不怕多，敌人不怕少”。还是做朋友好。我们现在也采取这个政策，凡是和我友好的，一律友好，不管大小国。凡是对我采取大国主义态度，想在军事上、政治上、经济上控制我们、威胁我们的，我们不能不抵抗，也不论是大国或小国。就是因为这个政策，所以我们和美国搞不好，跟印度也搞不好，跟苏联的关系也有一些麻烦。

一九六五年一月同尼泊尔外宾的谈话

美国是有强大力量的，是世界上最强大的国家。

一九六五年四月二十日与乌干达友好代表团的谈话

……有一次××总统对我国大使说，因为××××和中国发展了友好关系，美英对××××态度也好了，这很好吆！

一九六五年接见×代表团的讲话

在越南问题上，“看来，美国也不想积极扩大战争。不过，已经打起来了，战争有它自己的发展规律，不以人们的意志为转移。”

一九六五年五月与×国友好代表团的谈话

中国人一、二百年前也骄傲，看不起欧洲人，结果我们打了个败仗。我们打了一百多年败仗，就认为中国人不行，丧失了对自己的信心，说西方人行，中国的不好。后来我们向西方学习了，一学就有进步。

一九六五年六月十年同×国篮球代表队的谈话

我们为什么同美国、印度都搞不好？因为他们采取大国沙文主义态度，要比我们高一头，有时不讲道理。

一九六五年十月同柬埔寨外宾的谈话

不能认为日本军国主义分子就不能转变，只要工作做得好，在一定条件下是可以转变的，但是，必须要有一定条件：把他们抓起来，关他一、二十年，很好地做工作。他们不失败不会变，但如果失败了，抓起来了，关起来了，好好地做工作，就有可能变。这里，条件是很重要的。

一九六五年八月同朝鲜外宾的谈话

亚非国家发展资本主义已经不行了，因为我们竞争不过已经发达的资本主义国家，我们没有技术干部，商品质量不好，成本高，资本主义不能发展。

一九六六年×月与一民族主义国家使节的谈话

我们共产党人，就是首先主张和平的人，我们坚信，这种主张是我们与各阶层爱好和平人民所共同的。因为只要不是疯子，不是白痴，不管他是哪一个阶级，哪一个民族，在今天这种环境之下，一定会要求和平，或者同意要求和平的。

一九四五年刘少奇主持中央工作期间《解放日报》的社论

苏联十五年或十年赶上美国，我们赶上英国，那是世界形势将把帝国主义远远落在后面，是永远赶不上了。因此十五年是决定人类幸福生活的十五年，消灭战争。拯救人类。

一九五八年一次报告会上的讲话

我们还要向美国政府与美国人民呼吁：中国的国内和平与远东的国际和平，你们与我们是同样需要的。我们中国人民抗战八年，受尽了一切苦难，我们再不愿有国内战争和远东战争。你们同情我们的抗战，帮助我们的抗战，我们是很感谢的。现在我们是为中国的和平、民主、团结而奋斗，也是为了远东的和平而奋斗，我们希望你们同情我们中国人民的这个事业，重视中国人民的意见。

一九四五年，毛主席去重庆谈判，刘少奇主持中央工作期间，

《解放日报》十月五日发表的社论

二、全力紧步苏联现代修正主义的后尘，拼命兜售赫鲁晓夫的臭烂黑貨

〔编者按〕赫鲁晓夫这个无产阶级的可耻叛徒，伯恩斯坦、考茨基的忠实门生，美国帝国主义的亲密朋友，在其执政期间，实行了一整套反革命修正主义政策，即：联合帝国主义，反对社会主义；联合美国，反对中国；联合各国反动派，反对民族解放运动和各国人民革命；联合铁托集团和形形色色的叛徒，反对一切的马克思列宁主义兄弟党和一切同帝国主义斗争的革命派。赫鲁晓夫是一个根本危险和完全出卖苏联人民，社会主义阵营各国人民和全世界革命人民利益的彻头彻尾的大坏蛋！是国际共产主义运动的大叛徒！苏联革命人民唾骂！中国革命人民唾骂！全世界革命人民唾骂！而刘少奇这个党内头号走资本主义道路的当权派，则是背道而驰，与赫鲁晓夫称兄道弟，合怀拥抱，肉麻地吹捧赫秃头为"杰出的马列主义者"还嫌不够朋友便鼓起驴嘴三呼赫秃头"万岁"。

现在苏联的情况当然已与那时不同了，那里什么都已变得很漂亮了。人民在一起常讲生活，女人搽胭脂抹口红，带宝石戒指……等，对这些我们一定不习惯。在中国讲生活是落后的，但苏联却不同，它已到了讲生活的时候，他们生活好是建立在劳好的基础上的。革命不是为了把生活搞坏，而是为了把生活搞得更好。在苏联已无剥削，谁穿得漂亮，谁带宝石戒指这就说明谁的劳动好。不是劳动好就不能穿得那样漂亮。而在中国不剥削别人就阔气不了，漂亮不了，不贪污，就没有那么多钱。

一九五二年七月二十九日在中南海对一九五二年暑期留学生讲话

刘少奇给赫鲁晓夫写信，建议将苏联学校的中国留学生党团支部委托给苏联学校党委领导。当时，驻苏使馆的刘少奇喽囉对修正主义分子谢列平(苏共青团中央书记)说："不仅希望苏联共青团组织帮助中国青年团支部，而且希望领导他们，以便使中国留学生生活与苏联学生生活搞成一片。以便中国青年团组织更好地学习苏联共青团工作的丰富经验。

一九五四年二月二十二日刘少奇写给赫鲁晓夫的信

苏联的饮食是很好的，它的营养价值比中国的饮食要高得多，大多数到苏联去过的同志回来时都增加了体重，我最近两次到苏联，体重都增加了几公斤。

一九五五至一九五六年间给刘允若的信

我相信，通过这次两国议会之间的直接接触，将使今后中苏两国之间的友好合作，更加密切起来。……为我们两国议会在促进和平事业中取得更进一步的成就。

一九五六月七年六日在欢送芬议会议长的会上谈话

苏联在反对帝国主义侵略，保卫世界和平方面，在支持被压迫民族的解放斗争和被

压迫民族的解放斗争和被压迫人民的革命斗争方面都作出了巨大的贡献。

在苏共二十大上讲话

这次大会提出了进一步促进和平共处和国际合作的主张，对世界紧张局势的缓和作出了显著的贡献。

在苏二十大上的讲话

苏共二十大以后，有些中国留苏学生抵制现代修正主义，与苏联学生发生争吵。刘少奇听到后，来信说："你们去苏联，不是叫你们搞外交和反修斗争，而是叫你们学技术，你们何必跟人家吵架呢？吵得厉害了，不叫你们学习了，不是很糟吗？"

刘少奇长子刘允斌揭发材料

今年二月举行的苏共党第二十次代表大会是具有世界意义的重大政治事件。它不仅制定了规模宏大的伟大的第六个五年计划，决定了进一步发展社会主义事业的许多重大的政策方针，批判了在党内曾经造成严重后果的个人崇拜现象，而且提出了进一步促进和平共处和国际合作的主张，对于世界紧张形势的缓和做出了显著的贡献。

——中共八大政治报告

在八大告中，刘少奇肉麻地吹捧苏共二十大和赫秃头。他说："赫鲁晓夫同志是苏联人民的领袖"，"是杰出的马列主义者"，"他提出的和平过渡，和平竞赛，和平共处是对马列主义的新贡献，新发展。

——中共八大政治报告

我们同苏联搞好团结，学习苏联经验是肯定不够的，学习社会主义经验只有联苏一家。和联苏专家的关系，一定要搞好，搞不好关系有理无理三扁担，这是政治问题。千万不要因为反对教条主义就漠视这个问题。

一九五七年五月七日同杨献珍的谈话

一九五八年某党代表团来访，会谈时，他们恶毒指责我党"忽视了物质刺激原则""受了一定程度的精神压力，"并别有用心地说，他们国内取消计件工资的都是反革命分子和无政府主义者等等。刘不驳斥，反而说，我们认为现在还没有到不需要物质刺激的时候，还不到单独依靠政治觉悟的时候。将来经济发展了，人民生活水平提高了，生活必需品得到满足时，我们就可以逐步取消物质刺激的方法。

一九五八年与×党代表团的谈话

您的功劳很大，这二十多（指古比雪夫教授的学生）以后就是中国舞蹈界的骨干人才囉！您象佛一样，给我们舞蹈界传播道经起点化作用。你的学生以后就会在这里把她的真经传播下去的。她就是佛嘛，他们都是她的弟子。

在民族宫观看芭蕾舞剧（鱼美人）接见苏联专家古比雪夫的谈话。一九五九年秋）

我们认为，为了维护和平，一切社会制度不同国家都应本着五项原则实行和平共处，进行和平竞赛……。

以苏联为首的社会主义阵营各国，一贯致力于缓和国际紧张局势和争取世界持久和平。由于全世界爱好和平的政府和人民的努力，和平的要求正在一天天深入各国人心。

在中华人民共和国成立十周年庆祝大会上的开幕词

一九五九年中共留学生党委和驻苏使馆留学生管理处根据刘少奇的黑指示，做出决定："将工作计划，工作计划情况，发生的问题，最后结果都应向苏共党委汇报"。

（苏联）七年计划是宏伟的建设共产主义计划。在整个世界的产值中，社会主义家差不多占一半了。苏联实现了七年计划，我们也搞七年，还有十个社会主义国家，大家也搞，这样七年以后，我们的产量，产值就会超过资本主义世界，力量对比就变了

邓小平一九五九年二月二日在上海市委工业会议上的讲话

刘少奇三次高呼：以赫鲁晓夫同志为首的苏联共产党中央委员会万岁！

六〇年十一月刘、邓、彭、陆、杨在莫斯科做妥协让步，达成了折衷主义的"声明"同意把"三和"的可能性和排除世界战争的可能性写进声明，回来急忙统一对外宣传的口径，说"决不要对声明中任何一点提出批评和反对意见。

一九六〇年莫斯科会议声明签字后，刘少奇和赫鲁晓夫抱在一起摄影留念。离开莫斯科时他还说："苏联永远是我们的良师益友。

你们为我们生产了许多成套设备，提供了大批设计资料、派遣了优秀专家，并且还为我们培养了许多技术干部和建设人才，这是苏联政府和苏联人民对我国社会主义建设的巨大援助的一部分，请允许我在这里代表中国政府和中国人民对你们这种国际主义的援助，表示衷心的感谢和崇高的敬意。

一九六〇年十二月四日在苏联列宁格勒的讲话

但是苏联和其他社会主义国家和帝国主义的矛盾是不可调和的，帝国主义和帝国主义之间的矛盾尚未不可调和的，难道帝国主义就那么喜欢修正主义，美苏在一些不关系到当前利益的问题上，例如：不上月球去，以可做些妥协是不可能的，在次要问题上可能取得一些妥协。

同上

苏联一贯争取实现不同社会制度国家的和平共处。中国人民坚决支持苏联在国际事务中所实行的这些政策。

一九六〇年十二月在苏联的演说

现在，苏联已经是一个拥有现代工业，现代农业和现代科学文化的社会主义头等强国，在最重要的科学技术方面，苏联已经把美国远远抛在后面。苏联人民在以赫鲁晓夫同志为首的苏联共产党中央委员领导下，正在胜利地实现着全面开展共产主义建设的宏伟的七年计划。苏联在反对帝国主义侵略，保卫世界和平方面在支持被压迫民族的解放斗争和被压迫人民的革命斗争方面，在提高社会主义阵营的威力方面，都做出了巨大的贡献。中国人民和全世界人民一样，为兄弟的苏联人民所取得的伟大成就感到无限的欢欣和鼓舞。

一九六〇年十一月在莫斯科的演说

你们一定要同苏联专家，顾问团结，如果搞不好，不管有理无理都要挨板子。

同卫生部长的谈话

一九六〇年十一、二月间，刘、邓访苏，共作十余次讲话。这些讲话，都是刘少奇身教言传，出谋划策、拧弦定调，指使熊复等人起草后，自己又煞费苦心地进行润色和提高，唯恐一点不周而使其主子赫鲁晓夫不悦。刘少奇这个最大的卖国主义者说：关于赫鲁晓夫的“七年计划”，“不但要讲”，还要按照苏共二十一大的口径讲；关于苏联对外政策和赫鲁晓夫在联合国大会上的活动，“要表示支持”；关于中苏两党两国的“团结”，“要大讲特讲”；关于苏联对中国的“援助”“要表示感谢”；关于我国社会主义建设的成就，“要表示谦虚”，“人家骂我们的总路线、大跃进、人民公社，让人家去骂。只要讲清楚，我们是在中国条件下做试验，试验是好是坏也不是一两年就看得出来的，这样许多人就会了解我们”；关于中苏两党“在国际问题上的原则分歧，从全面来看，还是九个指头和一个指头的问题。”中苏两国“谁也离不开谁，我们离不开苏联，苏联也离不开我们。”

摘自中宣部大字报编者略有删节

以后你们和苏联专家之间有什么解决不了的事，都要经过我，过去就是因为没有经过我，所以就搞的不那么好。

同卫生部长的谈话

中国人民经常说苏联的今天，就是我们的明天。你们的每一个成就都是对中国人民的极大鼓舞。亲爱的同志们，我们预祝苏联人民在以赫鲁晓夫同志为首的苏共中央领导下，在建设共产主义的伟大事业中，不断地获得新的更加光辉的胜利。

一九六〇年十二月在苏联的演说

不久以前赫鲁晓夫同志率领苏联代表团和其他社会主义国家代表在一起，在十五届联合国大会上作了新的有益的努力，来揭露以美国为首的帝国主义集团的侵略和战争政策，揭露丑恶的殖民主义制度，苏联为了和平和缓国际紧张局势，而提出了全面彻底的裁军，禁止核武器等建议。获得全世界一切爱好和平的国家和人民的热烈响应和支持，中国人民要感谢赫鲁晓夫同志，因为他在第十五届联合国大会上坚决主张恢复在联合国的合法权利，严正地驳斥了美国对中国所做的无耻的诬蔑和诽谤。

一九六〇年十二月七日在莫斯科的讲话

帝国主义说苏联好，那就要警惕了，很多人到过苏联，写文章说苏联在自由化，欣赏苏联的物质刺激，说中国才是马列主义，说我们是革命的马列主义，苏联是保守的马列主义，这就要注意，他们在挑拨我们和苏联的关系。

一九六〇年十一月三十日和王光英一家的谈话

苏联人民在以赫鲁晓夫为首的苏联共产党委员会的领导下正在胜利地执行着宏伟的七年计划——的共产主义建设——新的成就吸引着全世界各国广大劳动人民。

在莫斯科苏中友好群众大会上的讲话

国际共产主义运动的分化由来已久，不是偶然的，在斯大林时期党的领导就不正常，斯大林实际上就代替了党，成为最高形式。党的集体领导，民主集中制斯大林已不执行，现在赫鲁晓夫搞得更厉害。修正主义是赫鲁晓夫的，斯大林也存在着东西，但是灵碎的，如果没有斯大林那套残余，赫鲁晓夫一万个也搞不起来。

1961年12月30日刘少奇在一次会议上大反斯大林，他攻击斯大林领导的“无产阶级专政杀了那么多人，英法资产阶级都没有杀那么多人。

世界上各个国家和各个民族各有各的特点，进行社会主义建设的方法也各有各的特点，各有不同，这些不同，只是形式的不同，但在实质上，即阶级实质与社会经济的性质是共同的，只要我们在这些带基本性的问题上一致了，大家就能团结起来。

1962年 6 月刘少奇与朝鲜代表团谈话时还称苏修为“苏联同志”，并说与苏联只是暂时未取得一致，“慢慢谈，有可能谈得通”。邓小平甚至胡说什么：“如果历史发展证明我们错了，赫鲁晓夫对了，我们可以承认错误。”

这样好的共产主义社会是否能够实现呢？我们说，是能够实现的。关于这一点，……苏联社会主义建设的成功，也给了我们以事实上的证明。

社会主义已经在世界上六分之一的地面上——苏联获得了伟大的成就。

一九六二年《论共产党员的修养》再版本

我们同修正主义者在世界问题上的分歧，主要是对帝国主义的命运根本不同的看法。同我们相反，修正主义者相信帝国主义当前的统治是稳定的，他们有一个说法，叫作“不要用武力去试探资本主义的稳定性。”

一九六二年二月一日的讲话

我们同近代修正主义在世界问题上的分歧主要是：“资本主义世界人民要不要进行革命的问题，社会主义阵营的人民要不要把革命进行到底的问题。”

有许多问题各国光有争论。但不要紧，将来历史会证明谁对谁错。……要革命，要取得胜利是大家一致的，问题是方法有争论。可以采取几种方法，看那个方法好，让历史来证明。

一九六二年二月二十二日接见××代表的谈话

现在要动员苏联军民同我们开战是不可能的。其他四件坏事（指断交、毁约、不做生意边境闹事）他可能做，但不一定，做了也不怕。我们要做最坏的打算，但最坏也坏不到哪里去，至于打笔墨官司，那要作长期充分的打算。

一九六三年十一月在中国科学院哲学社会科学部第四次扩大会议上的报告

我们在国际上进行反对现代修正主义的斗争，就大大有助于防止国内修正主义的发生和发展，当前的主要任务是反对国外的现代修正主义，要把这一斗争进行到底。这样做就会在国内提高人民群众的觉悟，打开人民群众的眼睛。人民觉悟提高了，也就有利于社会主义革命和社会主义建设事业，使修正主义在国内的发生很困难。

一九六三年十一月在中国科学院哲学社会科学部第四次扩大会议上的报告

苏联也需要同我们团结，社会主义阵营没有苏联不行，没有中国我想也不好罢，有些意见不一致可以内部商量，讨论解决，不要公开暴露在敌人面前。

一九六三年一月三十一日与某驻华大使的谈话

中国有句俗话：朋友不怕多，敌人不怕少。朋友愈多愈好，敌人愈少愈好。我们不仅是朋友，而且还是同志和兄弟。我是共产党员，都为共产主义事业而奋斗。……我们要同你们团结的，要同苏联团结的，要同其他社会主义国家团结的。

一九六三年一月三十一日与某驻华大使的谈话

刘少奇接见某某经济代表团时，为苏修联印反华涂脂抹粉，胡说什么："苏联也不赞成我们与印度发生武装冲突"。

资本主义管理企业的经验，特别是垄断企业的经验，要学苏联好的经验也要学习银行，邮政局、托拉斯、辛迪加国家资本主义等……考虑一下、如何管理好。

在薄一波汇报的插话

苏联和美国帝国主义的矛盾是不可调和的，赫鲁晓夫同中国闹翻，同美帝国主义表示好感，美国就不见得给他们什么好处，他们在有关基本问题上取得妥协是不可能的。

一九六三年十一月在科学院哲学社会科学部第四次扩大会议上的讲话

我看美国也不一定打中国，美国现在的主要敌人，主要对手还是苏联。他们第一个怕的是苏联，不是中国。

一九六三年十一月在科学院哲学社会科学部第四次扩大会议上的讲话

我们过去宣传反对亲美，崇美、恐美、对美国可怕不可怕群众中有思想准备，对苏联我们过去一直宣传友好的。

一九六三年十一月在科学院哲学社会科学部第四次扩大会议上的讲话

要承认修字号党的客观存在，他们是合法的，有群众的，要反对左派幼稚病，要承认反修斗争的长期性，复杂性，我们跟他们要并存，要竞赛。修字号党的领导人来中国，我们还要待以上宾之礼，要向他们做工作嘛！

一九六四年与某党负责的谈话

一九六三年访×国和×人会谈时说，"社会主义道路还是实验的阶段，中国在实验，苏联也还在实验中，远远没有最后结束"。"我们采用苏联型的社会主义……中国、朝鲜、蒙古、北越和东欧一些国家采用苏联型的社会主义比较成就最多……。"

第三国际在反对第二国际各国党的修正主义时，有一个缺点，即没有与他们搞联合行动，而且过早与其断绝了关系，这样就没有可能通过"联合行动"的宣言或声明，在实践中来揭穿其言行不一，来争取教育修正主义各党的下层群众。

一九六四年与某兄弟党领导人的谈话

现在古巴有困难，在美国帝国主义门口，没有苏联的石油不行，古巴目前只能这样。"

一九六四年接见某国外宾时的谈话

修正主义中有"明智派"，修正主义领导集团中间的少数人是可以改正错误的。

一九六五年接见拉美青年代表的谈话

苏联究竟是个什么样的国家，你就很困难下结论。苏联共产党到底是什么性质的党，现在很难下结论。

一九六五年三月十七日同外宾的谈话

我想，帝国主义也不会放松苏联人民，这个问题，我们同苏联同志没有取得一致的意见。慢慢谈谈有可能团结起来。

一九六五年接见朝鲜代表团的讲话

现在仍然有各种各样的社会主义。例如英国的工党，法国的社会党和其他国家的社会民主党等。又如苏联有苏联的社会主义，南斯拉夫有南斯拉夫的社会主义，我们有我们的社会主义……×××有它的社会主义，×××也有它的社会主义。各种各样，究竟哪个好，这要观察看。

一九六六年对一民族主义国家驻华使节的谈话

一九六五年五月，刘少奇接见一批越南外宾时，竟然敌我不分，口口声声把苏修称为"社会主义国家"，把苏修在越南问题上的叛卖行径说成是"认识"问题，并荒谬地建议越南同志去向苏修作报告，介绍情况，认为"他们看到你们有信心，他们的信心也来了。"

一九六六年日修头子宫本显治带领日共代表团到我国来进行访问，提出要在援越反美问题上与苏修采取"联合行动"，而刘少奇、邓小平竟然同意这个投降主义政策，并准备发表新闻公报，后来主席不让发表，并严厉指出："为什么北京的同志这样没有原则呢？"

三、美化南斯拉夫，鼓吹与铁托集团合作

〔编者按〕 南斯拉夫根本不是一个社会主义国家。南斯拉夫共产主义者联盟的领导集团，完全背叛了马克思列宁主义，背徙了南斯拉夫人民，是国际共产主义运动的叛徒，是帝国主义的走狗！刘少奇这个最大的反革命修正主义分子，竭力美化南斯拉夫，他不仅把它硬塞在社会主义阵营里边，而且还恬不知耻的叫人们去向它'学习'

中南两国是社会主义兄弟国家，我们两国人民有着传统的深厚友谊。……在我们两国建立邦交以后，两国之间的友好关系有了很大的发展。

一九五七年九月十六日《在北京机场欢迎南斯拉夫联邦国民议会代表团的讲话》

我们之间，共同的东西很多，差别和不同的地方很少。我们的党都代表着劳动人民的利益，在马克思列宁主义的原则下进行社会主义建设，消灭地主封建制度和资本主义制度。在最基本、最主要的方面都是一致的。

在外交政策方面，我们都在为世界的持久和平而斗争，我们也是一致的。

……

各国之间，有不同的特点是必须的，有些不同的意见也是允许存在的。例如在世界马克思主义工人运动中就曾产生不同意见。过去产生过和现在尚未解决的不同意见和分歧的观点，慢慢就会一致起来。

《一九五六年一月同南斯拉夫外宾的谈话》

一九五六年一月刘在接见南修代表团时说，"社会主义也只是比资本主义制度较好""不能认为只有我们的制度是好的，别的都不好"、"社会主义制度不能普遍适应，因为，一种制度在这个国家行得好，不一定在那个国家能照办。""他追求资本主义制度，说什么在制度方面，可以参考资本主义国家的经验"当南修代表团在刘面前攻击所谓"官僚主义"，实际上攻击无产阶级专政的时候，刘竟与之一唱一合，说什么："我们这里官僚主义很严重……你（指南修代表）讲到官僚主义的危险，建设社会主义的危险，建设社会主义的主要危险，确实是官僚主义。你们注意到避免和减少官僚主义是对的。

有的书因为时代不同出现了错误，我看到了我的儿子在看一本书中有一篇是批评南斯拉夫的，在今天如果让他继续流行，就有碍中南两国的关系，象这样的书是否应查

禁，也是个问题。

（一九五六年九月十三日在第一次人大常委会二十一次会议上的讲话）

刘少奇还为南修辩护，鼓吹南斯拉夫的‘社会主义’，说什么“中国所以批评南斯拉夫，是因为南斯拉夫要把南斯拉夫的社会主义普遍到全世界，要全世界都学习他们。”

“如果南斯拉夫只是自己进行实验，并不要求全世界都采取他的道路，我们就不会批评他。

（一九六二年四月五日与奈温会谈摘要）

社会主义阵营没有苏联不行，中国共产党和保加利亚不仅是朋友，而且还是同志和兄弟……都为共产主义事业而奋斗。

（一九六三年一月三日与保驻华大使的谈话）

四、积极配合各国反动派，为大大小小的牛鬼蛇神打气撑腰

〔**编者按**〕狗就是狗，反动派就是反动派，狗改不了吃屎，反动派改不了鱼肉人民。对于反动派，只有积极地坚决地进行无情地斗争，被压迫人民才能翻身见太阳。伟大领纲毛主席教导我们说，**“凡是反动的东西，你不打，他就不倒”**。中国的反动分子，就是在我们伟大统帅毛主席的领导下，组织起千千万万的人民群众与其采取**“寸权必夺”、“寸利必得”、“寸土必争”**的针锋相对的政策才打倒的！刘少奇这个反动透顶的家伙，明着则麻痺和欺骗人民，以削弱革命人民的斗志，对反动派寄“和平”的幻想；暗着则与各国反动派狼狈为奸，左右呼应，上下配合，妄图长期奴役各国人民。

刘少奇对拉美青年说：“你们还年轻……卡斯特罗现在只有三十几岁，本·贝拉只有四十几岁。卡斯特罗，本·贝拉他们是什么人呢？以前他们是不出名的小人物，由小人物变成了大人物。你们现在也是不出名的小人物，经过艰苦奋斗，不断地学习，你们也可以变成大人物。是不是可以呢？可能的。我也是一样，过去也是小人物，不出名，谁也不知道”。

刘少奇一九六五年十一月十八日接见日本各青年代表团团长时，竟闭口不提两国人民团结反美的共同任务，而一味宣扬什么“我们之间再不要打仗了嘛！”“我们讲友好讲和平，这样子就好嘛！”“在平等、互利原则的基础上，我们发展两国人民之间的友

好关系和互助合作关系”等等。

刘少奇对前来取革命之经的亚非拉革命青年，不宣传伟大领袖毛主席的革命道路，而竟劝他们接受卡斯特罗、本·贝拉的道路，走资产阶级革命家的道路。他对拉美青年说：“你们刚才问，拉丁美洲的革命应该采取什么道路，我看还是古巴的道路，阿尔及利亚的道路，……。”

刘少奇访问缅甸时说：“我们相信马克思主义，采用苏联型的社会主义。现在看来，苏联、中国、朝鲜、蒙古、北越和东欧一些国家采取苏联型的社会主义比较成就最多，但还没有得到最后的成功，可能还要有几十年的试验”。又说：“缅甸选择社会主义道路，可以进行试验。如果将来缅甸的社会主义搞得好，有效，中国也可以向缅甸学习。”

刘少奇访问缅甸时同奈温的谈话一九六三年四月

刘少奇在苏加诺举行的国宴上，大肆吹捧苏加诺“是建筑我们两国友好关系大桥的工程师，是中国人民的伟大朋友。”

一九六三年四月十三日

苏加诺总统不仅是印度尼西亚的民族英雄，而且是国际上反对殖民主义的伟大战士。

——一九六三年四月十八日在巴厘群众会上的讲话

刘少奇在仰光同缅甸总理奈温会谈中，鼓吹缅甸奈温政权前有可能和平过渡到社会主义。刘少奇对陈毅讲：“奈温政权的国有化带有新社会主义性质，奈温走的是社会主义道路。”

——一九六三年五月

我认为，中国的某些经验可供你们参考，印度的许多长处值得我们学习。团长先生一再表示要我到印度进行访问，我本人是很欢迎看看你们的国家，学习你们的经验。

——在印度国会代表团团长阿延加尔举行的告别宴会上讲话
一九五六年一月二十一日

我们为什么同美国、印度都搞不好，因为他们采取大国沙文主义，要比我们高一头，有时不讲道理。我们中国有句古话：“朋友不怕多，敌人不怕少。”还是做朋友好。我们希望你们同其他所有国家友好。

——与某国代表团的谈话，一九六五年一月七日

苏加诺总统是多年来为印度尼西亚的自由和独立奋斗不懈的一位民族英雄，是今天印度尼西亚杰出的政治家。苏加诺总统从青年时代起就积极地为反对殖民统治，争取祖国独立自由进行不屈不挠的斗争。殖民主义者曾经不止一次把他监禁和流放。但是历史告诉我们，殖民主义者的镇压和迫害从来不能摧毁革命者和爱国者的意志。

——一九五六年十月四日在人大常委会、政协常委会联席会上的讲话

最近几年，我们和印度关系是不好的。我们并不希望你们也和我们一样和印度关系搞不好，你们和印度关系好一些，就好吆。对我们并无妨碍。在你们那种环境下，如果和印度关系不好，是不好办的。不过和印度这朋友很难说话。

我们和印度关系搞得不好，对你们也是一个难处。我们也是想和印度关系搞好，不过有困难。简单地讲，在意识形态上，印度有大国主义的思想，对我采取大国主义态度要比我们高一头，这个不行。……

——一九六五年一月同尼泊尔外宾的谈话

一个完全不相识的印度也要搞大国沙文主义。所以中印关系搞不好。……我们同苏联关系搞不好，也是这个原因，他们对我们也要搞大国沙文主义。世界上就是有那么一些国家要搞大国沙文主义。

——一九六五年三月同巴基斯坦外宾的谈话

据说印度的监牢很舒服，也不杀人，所以那些国家的人就不想革命。尼赫鲁坐牢时生活水平很高。现在印度共产党人坐牢的生活也很好，监牢里那么舒服，他们就不会干革命了。

——与巴西胜利归来九位同志谈话，六五年四月二十二日

亚非学生会议有个特点，就是会议不是中国发起的，也不是国际学联和“世青”发起的，而主要是印尼发起的。这里就有一条经验，凡是要团结中派、右派，使群众来，就要让中间派发起领导。如果左派发起，人家就不来。我们的领导不在形式上而在实质上。许多国际活动如果由我们发起就不能包括中派，右派工会如“世青”发起就不能包括各国的中派，右派青年组织，如国际民主妇联发起就不能包括中派和右派的妇女组织。因此，如果要团结中派、右派，我们就要想办法推动中间国家、中间团体出面号召。政府的运动也是这样，要所谓第三势力，如尼赫鲁、吴努、苏加诺起来号召才能召开亚非会议，我们发起就不可能……如果我们坐在第一排，人家就怕了，我们就要失败，实际上这是一种分裂世界群众运动的做法，这是有害的。……总而言之，世界工联，“世青”，国际妇联要退后一步，不要太积极，要消极一点些。退后一步是否右倾机会主义？我们进行革命是要积极的，现在要消极是不是右倾机会主义？这不是右倾机会主义，这只是改变活动方式，实际上是更积极。”

——与苏联青年代表团谈话，一九五六年六月十九日

我们尊重一切国家的政府，一切国家的人民，一切国家的领袖。

——一九六三年三月二十五日接见×××代表团的谈话

××碰了钉子，政权不稳，朝夕不保，走头无路，在我国的影响和帮助下，有可能从假社会主义走向真社会主义，我们要大力做工作。

一九六三年三月从×访问归来时的讲话

我们历来赞称亚非团结。我们早就感到亚非团结的领袖是苏加诺总统，因为苏加诺总统反帝反殖。……印度早就不反帝反殖，××口头上还讲讲，实际上也不反帝反殖了，谁能坚持反帝反殖，谁就能做亚非的领袖。

一九六三年一月十三日与苏班德里约的谈话

五、阻止历史车轮前进，扑灭各被压迫民族解放运动的革命烈火。

【编者按】毛主席教导我们：**“被压迫人民争取彻底的解放，首先是依靠自己的斗争，其次才是国际的援助。已经获得革命胜利的人民，应该援助正在争取解放的人民的斗争，这是我们的国际主义的义务。”**建国以来，我们正是遵循这一伟大教导，履行自己国际主义义务的。我们一向把各被压迫民族的革命斗争视为世界革命的一个组成部分，给予积极地无条件的支持和援助，对此，全世界革命人民无不拍手称颂、同声欢呼！把毛主席视为解放自己民族的救星，把中国视为自己前进的希望！而刘少奇，这个伟大中华民族的败类，则与我们最最敬爱的领袖毛主席大唱反调，不仅对各被压迫民族的解放斗争漠不关心，麻木不仁，而且大力兜售反革命修正主义的黑货、规劝各国革命人民放弃武装斗争，对吃人的野兽寄以“和平”的希望。刘少奇这样作的目的只有一个，就是阻止历史车轮前进，扑灭各被压迫民族解放运动的革命烈火。

由于我们有请外国人帮助经济建设的经验教训，吃过亏，所以现在几十个亚非国家要我们援助，我们的原则是要么不援助，要援助就是真的。

刘在与柬埔寨××谈话时说：“现在我们国家也有困难，国家要发展势必要遇到困难。头一条就是没有钱，中国就是碰到这个问题，办法就是减少行政、国防经费，增加经济、文化建设的经费。”

刘少奇对非洲青年的一次谈话中，竟对非洲青年代表学习毛主席著作的强烈要求漠然置之，劝说取得独立的民族主义国家的青年：“你们要学会经济工作，能够开工厂，能够做生意，开商店，能够搞农业。”他不是引导亚非青年识破美帝国主义及其走狗的颠覆阴谋，使自己的国家得到真正独立和民族的彻底解放，而是让他们发展“经济”，去走资本主义道路。

刘少奇在一次和外宾谈话中，说什么：“现在要西欧，北美的工人，农民起来革命，他们不革，你有什么办法？而且他们拥护帝国主义，他们赞成统治殖民地……剥削殖民地，工人可以得到一点好处……。”

苏联专家撤走后，刘少奇胡说什么：“我们自顾不暇，那能去惹美帝、苏修和支援世界革命人民斗争呢？”

在革命者掌握下的群众的合法组织，除开进行合法的活动外，不到整个形势需要和可能进行非法斗争之时，不应该去进行非法活动，领导非法斗争，否则，它们就要受到敌人的破坏、封闭、打断革命者与群众的联系，并使革命者遭受逮捕。

——一九四九年十二月在一招待会上的讲话

刘少奇说什么“苏联对社会主义兄弟国家履行着兄弟般的互相援助和合作的义务，积极支持资本主义世界被压迫民族和被压迫人民争取解放的斗争，一贯争取实现不同社会制度国家的和平共处。

——一九五四年二月二十二日给赫鲁晓夫的信

革命不一定要共产党领导。只要是真正革命的人，真正的革命家，革命的方法正确，就会取得胜利，不管他是不是共产党。

——一九六二年十二月二十二日接见秘鲁、厄瓜多尔代表时的谈话

我们国家还要建设，现在我们需要钱，支援多了不行。

——一九六五年十月十五日接见某亚非友好国家代表团时的谈话

我们支持世界上一切要求民族独立，民族解放的人民，那么，我们的能力怎么样？的确我们的力量是不够的。……我们的支持有很多是讲一些空洞的话。例如陈毅副总理发表声明。《人民日报》发表社论等

——与一个外国人的谈话，一九六六年四月十八日

批臭黑《修养》

天津大专院校紅代会

河北大学毛泽东思想八·一八紅卫兵

1967.6.16

目　　录

最高指示

凡是错误的思想，凡是毒草，凡是牛鬼蛇神，都应该进行批判，决不能让它们自由泛滥。

在现在的情况下，修正主义是比教条主义更有害的东西。我们现在思想战线上的一个重要任务，就是要开展对于修正主义的批判。

毛主席論批判《修养》

（1）刘少奇的《论共产党员的修养》一书是一本典型修正主义代表作，这本书在国内国际都有很大的影响，现在批判他，给红卫兵出个难题。

（2）要批判刘少奇的《论共产党员的修养》和邓小平多年来的讲话。

（3）刘少奇的《论共产党员的修养》我看过几遍，这是反马克思主义的，现在我们的斗争方法要高明一些，不要老是砸烂狗头，打倒×××，我看大学生要很好研究一下，选几段写文章批判。

看来中共党的主席和国家主席，親如骨肉的哥倆干起来了：我也無能為力，進行勸架。奈何！

毛澤东親自發言，要求批判共和國主席刘少奇。胡帝

周总理等中央首長談批判《論修养》

党内有关《论修养》的书是苏共的一套，是灌输资产阶级路线，向上汇报别人的一举一动，一言一行很积极，不是对错误进行教育，这根本不符合毛泽东思想，我党的建党原则里，那有这一套？把人搞得谨小慎微。本身就是个人主义，没有造反精神。

——戚本禹 1966·11·12

《修养》这本书，是欺人之谈，脱离现实的阶级斗争、脱离革命、脱离政治斗争，闭口不谈革命的根本问题是政权问题，闭口不谈无产阶级专政问题，宣扬唯心主义的修养论，转弯抹角地提倡资产阶级个人主义，提倡奴隶主义，反对马克思列宁主义、毛泽东思想。按照这本书去“修养”，只能是越“养”越“修”，越修养越成为修正主义。对这本书必须彻底批判，肃清它的恶劣影响。对这本书的批判，也是批判资产阶级反动路线的重要内容。

《红旗》第五期评论员

刘少奇的《论共产党员的修养》是唯心主义的东西，在党内起很大的坏作用，许多高级干部受这个东西坏影响。唯心主义多了，唯物主义就少了。形而上学的东西甚至是封建主义的东西多了，毛泽东思想就少了。刘少奇引用了许多孔、孟的话，当然孔、孟的话也有好的，可以借来旧词新解，但比起同时代一些比较朴素唯物主义者那就差得很。

——周总理2·17讲话

刘少奇的《论共产党员的修养》是唯心主义的，过去有人向他提出过，他也没有改，毒害不少人。这次批判，我们要用毛泽东思想来加强我们的修养，毛泽东思想的修养就是要在斗争中去修养，这一次就是最好的培养，能在主席健在时，得到这样的学习、锻炼，这是我们最大的幸福。

——周总理2·18

刘少奇长期在党内推行的《论共产党员的修养》完全是资产阶级的东西，没有造反精神，提倡奴隶主义，这样的东西不批判，怎么行呢？不批倒它，我们就不得解放，我们党就不能建成毛泽东思想的党。

——戚本禹67·1·10

越学孔、孟那些东西，越反动。刘少奇就是提倡孔孟，要搞修养，他的修养就是要当大人物，就是当官作老爷，我们是为人民服务，当个螺丝钉，这是我们的修养……，刘少奇搞两种教育制度，就是从这些观点出发的，使一些人当官作老爷。

——戚本禹67·1·27

《论共产党员的修养》也要从政治上来批判。为什么六二年那个时候再版？林彪同志提出要作毛主席的好战士，而刘少奇却提出作马克思、列宁的学生。

——阎长贵67·1·6

在軍委召开的軍級以上干部会上有关批判刘少奇的讲話

康生同志讲话：

关于刘少奇的《论共产党员的修养》的问题，首先，请同志们打开《毛主席语录》第２０４页，把二十四节的标题划掉，把它改成《纠正错误思想》，同一节第２０８页倒数第五行从“刘少奇……大笑”止，这段全部删去。

为什么把标题改了？这是刘少奇的语言，是不通的，不科学的，在毛主席著作中从来不用“思想意识修养”这个词。思想和意识有联系，但是两个概念，讲思想是一回事，讲“意识”那就含义很广，意识是指人的头脑对客观世界的反映，在一定意义上，在生理上讲，意识和知觉有相同的意义，失掉知觉就失掉意识，意识是包括感性知识和理性知识，看来刘少奇这个“马克思列宁主义者”是不通的。

毛主席讲过：刘少奇这本书是欺人之谈。革命的根本问题是政权问题，在这本小册子里，只谈个人修养，个人道德，根本不谈夺取政权的问题。离开了政治，离开了阶级斗争，自然就会陷入唯心主义泥坑。同志们有时间可以看看这本书。

刘少奇说：共产党员修养要有崇高的共产主义道德。他的共产主义道德是能“爱人”，能“恶人”，又说“己所不欲，勿施于人”这完全是孔孟之道。

刘少奇说：修养要有最大的勇敢，“不作亏心事，不怕鬼叫门”，这就是他说的最大的勇敢。

他在这本书中说到，学习马克思、列宁的时候，说什么没有偶象的事情，可以看他在暗示攻击毛主席。

刘少奇在讲到“忠诚”、“坦白”时说：无事不可对人言，照他这样说，我们党的机密也可以告诉蒋介石。

刘少奇还说过要有最高的“自尊心”和“自爱心”，请同志们注意他的所谓“自爱心”是保护自己的生命和健康，这就是赫鲁晓夫的活命哲学。这就不难理解他为什么叫薄一波、安子文自首，这就是他的所谓修养。

从这本书可以看出刘少奇的资产阶级反动本质和丑恶灵魂。同志们对这本书进行批判是很好的，这本书在国内国外流毒甚广。毛主席说：要写文章批判。

陈伯达同志讲话： ６７·３·９·１０：００

有的同志问我刘少奇的《论共产党员的修养》这本书怎么样？毛主席认为这本书脱离阶级斗争，脱离无产阶级夺取政权的斗争，空空洞洞讲一些个人修养，是欺人之谈。书里也讲“阶级斗争”但是是概念上的，没有把阶级斗争当成现实问题。

这本书是在抗日战争时期写的，他不分析在抗日战争中无产阶级政党应当如何作。

毛主席说：这本书是唯心论的，是反马克思列宁主义的。这本书里尽管讲了那么多马克思列宁主义的概念，结果把阶级斗争变成了个人修养，提倡资产阶级个人修养。毛主席说：不讲现实阶级斗争，不讲夺取政权的斗争，只讲个人修养。蒋介石也可以接受。什么个人修养，每个个人都是阶级的个人，没有独立的人。他讲的孔孟之道，从封建主义到资本主义，都可以接受。我顺便讲一下，马克思讲过，列宁也讲过阶级斗争的学说，并不是我个人的发明，阶级斗争必然引导到无产阶级专政。当然，发现阶级斗争是一个进步，事实上《论共产党员的修养》讲的阶级斗争不够格，完全是资产阶级个人主义，这本书是空空洞洞的，也有马克思主义的概念，也有孔孟之道，是一个大杂烩，是不三不四的资产阶级个人主义的东西，从这本书得不到无产阶级的东西，只是一些抽象的概念，糊糊涂涂的概念。

原来刘少奇还有一封信说：中国没有斯大林，只有靠我们来工作。那个时候（刘少奇写信的时候），毛主席已经很明显是我们的伟大领袖，毛主席突破了斯大林讲的框框，创造性发展了马克思主义。中国不是没有斯大林，而是有更高的斯大林，林彪同志已经很清楚地阐明了这个问题。

（上述报告是三月二十九日海军首长指海政向海直机关干部传达的。并指示可以记录，听了报告之后立即照办，马上进行宣传，宣传到所有人当中去，批判《论共产党员的修养》同批判刘、邓资产阶级反动路线结合起来进行批判）

刘氏《修养》究竟是什么货色？

刘少奇是中国的赫鲁晓夫，是党内头号走资本主义道路的当权派，是反革命修正主义的总根子。他一贯反对毛主席，对抗毛主席的革命路线。他是个最大的伪君子，最大的阴谋家、野心家。他念念不忘夺无产阶级司令部的权，是毛主席身边的一颗最大的定时炸弹。

刘少奇的《论修养》是不要革命，不要阶级斗争，不要夺取政权，不要无产阶级专政，反对马克思列宁主义，反对毛泽东思想，宣扬腐朽的资产阶级世界观，宣扬反动的资产阶级唯心主义哲学，欺人之谈的大毒草。

长期以来，刘氏这篇大毒草流传甚广，毒害极深。特别是在一九六二年，刘少奇经过精心炮制，抛出了这本黑书的修订本，更有其深毒的政治目的，其要害就是夺权！我们必须奋起毛泽东思想的千钧棒，全党共诛之，全国共讨之。

现在，我们将这本黑书中的反动论点摘录出来，并选用毛主席和林彪同志的有关语录与之对照，用毛泽东思想这个望远镜和显微镜，照一照这本黑书的反动原形，对他的反动言论进行严肃批判。

（一）反对毛主席，反对毛泽东思想

（1）恶毒攻击毛主席

一九四五年四月二十一日，党的六届七中全会通过的《关于若干历史问题的决议》

指出：

“我党终于在土地革命战争的最后时期，确立了毛泽东同志在中央和全党的领导。这是中国共产党在这一时期的最大成就，是中国人民获得解放的最大保证。”

林彪同志说：“毛主席是当代无产阶级最杰出的领袖，是当代最伟大的天才。毛主席最相信群众，最关心群众，最支持群众的革命运动，和革命群众心连心！”

“毛泽东同志是当代最伟大的马克思列宁主义者。毛泽东同志天才地、创造性地、全面地继承、捍卫和发展了马克思列宁主义，把马克思列宁主义提高到一个崭新的阶段。”

“这种人根本不懂得马克思列宁主义，而只是胡诌一些马克思列宁主义的术语，自以为是‘中国的马克思、列宁’装作马克思、列宁的姿态在党内出现，并且毫不知耻的要求我们的党员象尊重马克思、列宁那样去尊重他，拥护他为‘领袖’，报答他以忠心和热情。他也可以不待别人推举，径自封为‘领袖’，自己爬到负责的位置上，家长式的在党内发号施令，企图教训我们党，责骂党内的一切，任意打击、处罚和摆布我们的党员。这种人不是真心学习马克思列宁主义，不是真心为共产主义的实现而斗争，而是党内的投机分子，共产主义运动中的蠹贼。这种人在党内，终归要被党员群众所反对，揭穿和抛弃，是无疑问的。……然而我们是否能够完全自信地说·在我们党内就从此不会再有这种人了呢？我们还不能这样说。”

（《论修养》第１１——１２页）

按：特别是最后一句话，“从此”二字是六二年再版时所加，这就更加暴露了刘少奇仇视毛主席，反对毛主席的恶毒用心和阴险手段。

“共产主义事业中的真正的领袖和英雄，决不是个人主义的领袖和英雄，决不是可以自称和自发的。凡是自称领袖或者自己个人企图作领袖的人，他在我们党内决不能成为领袖……任何党员都没有权利

我们现在拥护毛主席，百年以后我们也拥护毛主席。毛泽东思想要永远流传下去。

（林彪１９６６·５中央政治局扩大会议）

毛主席经历的事情，比马克思、恩格斯、列宁都深刻得多。……革命经验之丰富，没有哪一个人能超过。

毛主席在全国全世界有最高的威望，是最卓越最伟大的人物。

要求其他党员群众拥护他作领袖或者保持他的领袖地位。”

（第49页）

“他们以背颂各别的原理和结论而自满，甚至以‘真正’的马克思列宁主义者自居。然而他们决不是真正的马克思列宁主义者。他们的活动方法是和马克思列宁主义完全相反的。”

（第１１页）

“忠实于马克思列宁主义创始人的学生的人，……他绝不计较自己在党内的地位和声誉的高低，绝不以马克思、列宁自居，绝不要求人家或幻想人家象尊重马克思、列宁那样去尊重他。

（第１３页）

“做马克思、列宁的好学生”

（６２年版，第８页）

“做马克思、恩格斯、列宁、斯大林最好的学生”

（４９年版）

按：借反斯大林，反对毛主席。

我们这一部分，比马克思、恩格斯、列宁、斯大林的那部分，当然小得多。

（１９６２、《论共产党员的修养》

（２）猖狂反对毛泽东思想

“努力学习马克思列宁主义。把伟大的马克思列宁主义创始人一生的言行、事业和品质，作为我们锻炼和修养的模范。”

（第８页）

“我们每个共产党员，就是要这样去

（林彪同志1966.5中央政治局扩大会议）

毛泽东思想是当代马克思列宁主义的是当代最伟大的天才。

（林彪66.8.8）

毛泽东思想是当代马克思列宁主义的顶峰，是最高最活的马克思列宁主义。毛主席的书，是我们全军各项工作的最高指示。

（林彪　１９６６年）

毛主席比马克思、恩格斯、列宁、斯大林高得多，现在世界上没有哪个人比得上毛主席的水平。

（林彪　１９６６年）

读毛主席的书，听毛主席的话，照毛主席的指示办事，做毛主席的好战士。

（林彪）

毛主席比马克思、恩格斯、列宁、斯大林高得多，现在世界上没有哪个人比得上毛主席的水平。

（林彪，１９６６年）

毛泽东思想是在帝国主义走向全面崩溃、社会主义走向全世界胜利的时代的马克思列宁主义。毛泽东思想是反对帝国主义的强大思想武器，是反对修正主义和教条主义的强大的思想武器

林彪：《毛主席语录、再版前言》

学习马克思列宁主义的思想和品质，作马克思和列宁的好学生。”

（第１０页）

“我们共产党员的世界观，在马克思、列宁主义的文献上，特别是在马克思列宁主义创始人的哲学著作上已经讲得很多……今天我就不讲了。”

（第２８页）

全世界谁也不能代替毛泽东思想。

（林彪，１９６６、９，对军事院校谈话）

毛主席经历的事情，比马克思、恩格斯、列宁都深刻得多。……革命经验之丰富，没有哪一个人能超过。

（林彪，１９６６、５、在中央政治局扩大会议）

按：毛主席的著作字字句句都闪烁着共产主义世界观的光辉，特别是《老三篇》，是阐述共产主义世界观的光辉典型，因此，林彪同志号召人人把《老三篇》当作座右铭来学，促进思想革命化。但是，刘少奇却竭力贬低毛主席，只字不提毛泽东思想的光辉，反而恬不知耻以中国的马克思、列宁自居。“我就不讲了”，寥寥数字，维妙维肖地勾划了这个野心勃勃的“刘克思”的丑恶嘴脸。

“我们共产党人，在党内党外的各种斗争中锻炼着自己的思想，经常地总结和吸取革命实践的经验……在这样的学习、反省和自我检讨中，去肃清自己一切不正确的思想残余以至某些不适合于共产主义利益的最微弱的萌芽。”（第２８页）

“单纯的工作经验，不能代替马克思列宁主义毛泽东思想……对我们具有重大意义的就是要努力学习，用马克思列宁主义、毛泽东思想把自己的头脑武装起来”。

（林彪）

按：毛泽东思想不仅是改造客观世界也是改造主观世界最锐利的武器。而刘少奇却鼓吹什么单凭自己的“经验”去“学习”、“反省”、“检查”，以进行“自我修养”。这分明是反对人们学习毛主席著作，反对运用主席思想改造人们的灵魂。

“实事求是，在革命实践中检验一切理论和是非。”

（第３９页）

“毛泽东思想是当代马克思列宁主义的顶峰。”

（林彪）

按：刘少奇打着实事求是的旗号，狂妄叫嚣“检验”一切理论。这岂不是也要

“检验”毛泽东思想吗？这岂不是要人们去怀疑毛泽东思想吗？

（二）抹煞阶级斗争，否认无产阶级专政

毛主席教导我们：“阶级斗争并没有结束。无产阶级和资产阶级之间的阶级斗争，各派政治力量之间的阶级斗争，无产阶级和资产阶级之间在意识形态方面的阶级斗争，还是长期的，曲折的，有时甚至是很激烈的。无产阶级要按照自己的世界观改造世界，资产阶级也要按照自己的世界观改造世界。在这一方面，社会主义和资本主义之间谁胜谁负的问题还没有真正解决。”

人们的本身，人们的社会关系，社会组织形式以及人们的思想意识等，都是在社会的人们和自然界的长年斗争中不断地改造和进步的。 《修养》P 1 刘少奇把革命者需要进行思想改造的原因说成是：“由于他：（一）是从旧社会中生长教养出来的，他总带有旧社会的各种思想意识（包括成见，旧习惯、旧传统的残余；（二）没有经过长期的革命实践。”	阶级斗争，一些阶级胜利了，一些阶级消灭了。这就是历史，这就是几千年的文明史。拿这个观点解释历史的就叫做历史的唯物主义，站在这个观点的反面的是历史的唯心主义。《毛主席语录》P 8 在阶级社会中，每一个人都在一定的阶级地位中生活，各种思想无不打上阶级的烙印。 《实践论》
因为各种党员看问题的方法不同，就使他们处理问题的方法也各不相同，就引起了党内许多不同意见、主张的分歧和争论，就引起党内的斗争。（P 6 1） “另一方面，又清楚地看到在我们党内还存在着各种大小不一的缺点，错误和不好的东西。”（P 6 2）	共产党内正确思想和错误思想的矛盾，如前所说，在阶级存在的时候，这是阶级矛盾对于党内的反映。 （选读甲P 1 2 4） 在整个社会主义阶段中，在社会主义国家共产党内，不可避免地存在马克思列宁主义同各种机会主义主要是修正主义的斗争。 《九评》P 7
这是党内自由主义的两种表现形态（按：指不负责任的、非正式的批评，以及背地里的议论和“闲话”）这表示某些同志在政治上的发展，革命斗争的勇气还不够，也反映到党内民主的正确发扬还不够”。 （P 6 7）	自由主义的来源在于小资产阶级的自私自利性；以个人利益放在第一位，革命利益放在第二位，因此产生思想上、政治上、组织上的自由主义。 《毛选二卷》P 3 4 9
谈到了共产主义社会时说：“那时…	一切进步的战争都是正义的，一切阻

…人类中彼此充满了互相帮助，互相亲爱，没有尔虞我诈、互相损害、互相残杀和战争等等不合理的事情。”

（P29）

反对党内某些动摇的不坚定的分子把社会中各种黑暗的落后的东西反映到党内来，这就是我们党内矛盾和党内斗争的根据。刘少奇在谈到社会主义取得胜利后要“长期地、耐心地进行社会经济的改造和思想文化改造”。

（P70）

《修养》完全背离现实的阶级斗争来修谈“共产主义”。说什么在“共产主义”世界里，“人类都成为有高度文化程度与技术水平的、大公无私的、聪明的共产主义者，人类中充满了互相帮助、互相亲爱……”

怎样实现呢？却抽象地说什么“经过各国共产党和各国人民自己的手，去改造自己的国家，从而一步一步地把世界改造成为共产主义的世界”。

碍进步的战争都是非正义的。我们共产党人反对一切阻碍进步的非正义的战争，但是不反对进步的正义战争。对于后一类战争，我们共产党人不但不反对，而且积极地参加。

（语录）P54

党内不同思想的对立和斗争是经常发生的，这是社会阶级矛盾和新旧事物的矛盾在党内的反映。

（语录）P224

为了保证社会主义建设和防止资本主义复辟，必须在政治战线、经济战线、思想和文化战线上把社会主义革命进行到底。

（九评）P9

共产主义是无产阶级的整个思想体系，同时又是一种新的社会制度。这种思想体系和社会制度，是区别于任何别的思想体系和任何别的社会制度的，是自有人类历史以来，最完全最进步最革命最合理的。

（语录）P21

列宁说：“向前发展，即向共产主义发展，必须经过无产阶级专政，决不能走别的道路。”

（三）恶毒地攻击伟大的中国共产党，肉麻地吹捧苏修

毛主席说：“领导我们事业的核心力量是中国共产党。指导我们思想的理论基础是马克思列宁主义。”

（1）恶毒攻击党的反对右倾机会主义的斗争，为右倾机会主义分子喊冤叫屈，鼓动他们“东山再起”

“党内的‘左’倾机会主义者对待党内斗争的态度，他们的错误是很明显的，按照这些似乎疯癫的人看来，任何党内和平，即使是在原则路线上完全一致的党内和平，也是要不得的。他们在党内并没有原则分歧的时候也硬要去‘搜索’斗争的对

毛主席说：“在现在的情况下，修正主义是比教条主义更有害的东西。我们现在思想战线上的一个重要任务，就是要开展对于修正主义的批判。”

“在目前，反对修正主义的倾向尤其是迫切的任务。”

象，把某些同志当做机会主义者，作为党内斗争中射击的‘草人’。他们认为，党的发展，无产阶级革命斗争的胜利，只有依靠这种错误的斗争，依靠这种射击‘草人’的火力，才能得到灵验如神的开展。主张这样做的人，并不是什么‘布尔什维克’，……而是近乎不可救药的人，或者是以‘布尔什维克’名义来投机的人。”

（P71——72）

“他们随便地宣告和犯错误的同志绝交，企图一下子就把这些同志从党内肃清，驱逐他们出党。……抱这种绝对态度的人，他们认为无论在什么条件下都要开展党内斗争，而且斗争的愈多愈凶就愈好。”

按：一九五九年在毛主席亲自领导下，全党开展了反对右倾机会主义的斗争。

一九六一年国内阶级敌人猖狂攻击反右倾斗争，大刮“翻案风”。

一九六二年初刘少奇便亲自出马，在中央召开的一次七千人大会上，攻击反右倾是斗争过火了，反右倾本身就是错误的，党的生活是“残酷斗争，无情打击”等等。

而在同年八月抛出的再版《修养》中，他更打起反“左”的旗号，竭尽谩骂之能事，对党的反右倾斗争的攻击达到了登峰造极的地步。

“我觉得，我们的同志应该经常有党内斗争的准备，应该虚心接受一切正确的批评，同时也应该受得起误会、打击，以至委屈冤枉，尤其不要为别人的一些不负责任的、不正确的批评和流言所刺激而冲动起来。……‘任从风浪起，稳坐钓鱼船’。世界上完全不被别人误会的人是没有的，而误会迟早都是可

毛主席说：“各种剥削阶级的代表人物，……他们有长期的阶级斗争经验，他们会做各种形式的斗争——合法的斗争和非法的斗争。我们革命党人必须懂得他们这一套，必须研究他们的策略，以便战胜他们。切不可书生气十足，把复杂的阶级斗争看得太简单了。”

以弄清楚的。”（P 7 4—7 5）

按：刘少奇这个牛鬼蛇神的“大红伞”，对被罢了官的右倾机会主义分子是何等体贴入微啊！他俨然以“温情满怀的慈母”的姿态出现，来“鼓励、安慰和抚爱”他的众喽罗了！岂止“鼓励、安慰和抚爱”而已么？不！刘某人还要为众喽罗翻案哩！“误会迟早都是可以弄清楚的”，一语道破了天机！

其实，刘少奇为被罢了官的右倾机会主义分子翻案，已早有安排。一九六二年一月，刘在中央召开的一个七千人的大会上，就提出了“反对毛主席，只是反对个人”、“和彭德怀有相同观点的，只要不里通外国就可翻案”“在党的会议上讲的，就不定罪”等三个黑标准，并指示“只要本人提出申诉，领导和其他同志认为有必要，就可以翻案。”

刘少奇有组织、有计划、有指挥地攻击我党反右倾机会主义的斗争，罪责难逃！

（2）美化苏修，与党的反修斗争唱反调

“这样好的共产主义社会是否能够实现呢？我们说，是能够实现的，是必然实现的……苏联社会主义建设的成功，也给了我们以事实上的证明。”（P 2 9）

“就目前的形势来说，社会主义已经在世界六分之一的地面上——苏联获得了伟大的胜利。”

按：刘少奇再版他的《论共产党员的修养》时，我们党和苏修的斗争已经十分尖锐并且已经公开化。而刘少奇大肆美化苏修，把倒退说为“成功”，这岂不是公然反对我们党的反修斗争吗？

中共中央九评苏共中央公开信指出：

“现在，在伟大的十月革命的故乡，在具有几十年建设社会主义历史的苏联，也发生了赫鲁晓夫修正主义集团篡夺党和国家领导的事件，也出现了资本主义复辟的严重危险。”

（四）竭力宣扬反动的资产阶级世界观

毛主席教导我们：“在我国社会主义革命取得胜利以后，社会上还有一部分人梦想恢复资本主义制度，他们要从各方面向工人阶级进行斗争，包括思想方面的斗争，修正主义者就是他们最好的助手。”

（1）鼓吹个人奋斗，提倡资产阶级个人主义

“要变成为很好的政治上成熟的革命家，都必须经过长期革命斗争的锻炼……加紧自己的修养，提高自己的思想能力，不要使自己失去对于新事物的知觉，这样才能使自己变成品质优良、政治坚强的革命家。”

“由一个幼稚的革命者，变成一个成熟的、老练的、能够运用自如地掌握革命规律的革命家，要经过一个很长的革命的锻炼和修养的过程，一个长期改造的过程。”

按：毛主席教导共产党员，要“甘为孺子牛”，“完全”“彻底”为人民服务；刘少奇则鼓吹要当“成熟”、“老练”的革命家！毛主席教导我们首先要在斗争中转移立足点，改变立场，感情、世界观；刘少奇则喋喋不休地说什么“加紧修养”“提高思想能力”等等。两种立场、两种态度、两种世界观，界线是何等分明！

“犯本位主义错误的同志，固然不一定是从个人出发，……”

“但是，无产阶级的共产主义的前进心和个人主义的前进心是完全不同的……而后者即使对于个人来说也是没有前途的。”

“个人的地位总莫高过于皇帝了，然而拿这来和共产主义事业家比较，到底又有多大呢？”

“那些不愿意作技术工作的同志以为在技术工作中埋没了他，使他‘不能’（其

毛主席说：“我们的共产党和共产党所领导的八路军、新四军是革命的队伍。我们这个队伍完全是为着解放人民的，是彻底地为人民的利益工作的。”

“既然必须和新的群众的时代相结合，就必须彻底解决个人和群众的关系问题。鲁迅的两句诗，“横眉冷对千夫指，俯首甘为孺子牛”，应该成为我们的座右铭。”

本位主义，一切只知道为四军打算，不知道武装地方群众是红军的重要任务之一。这是一种放大了的小团体主义。

《关于纠正党内的错误思想》

全心全意地为人民服务，一刻也不脱离群众，一切从人民的利益出发，而不是从个人或小集团的利益出发；向人民负责和向党的领导机关负责的一致性，这些就是我们的出发点。（语录P146）

我们一切工作干部不论职位高低，都是人民的勤务员，我们所做的一切都是为人民服务。（语录P148）

我们这个队伍完全是为着解放人民的，是彻底地为人民的利益工作的。

实也能，如斯达汉诺夫就是技术工人中出来的）扬名一时，不能施展他的才能……”（P50）

“当他们在和反革命进行了各种艰难困苦的战斗之后，回到自己的伟大母亲的怀抱中来是应该受到各种鼓励、安慰和抚爱，而不应该受到任何打击和委屈的。他们的这种希望，也是应该有的。”

（P74）

“党员总还有一部分私人的问题需要自己来处理，并且也还要根据他的个性和特长来发展他自己……党在一切可能条件下还要帮助党员根据党的利益的要求去发展他的个性和特长，给他以适当的工作和条件，以致加以奖励等。”

“党的组织和党的负责人，在解决党员问题的时候，应该注意到党员的工作情况，生活情况，教育情况……特别是对于那些真正克己奉公的同志们，要给更多的注意。”（P43）

“党在可能条件下顾全和保护党员个人的不可缺少的利益……要给于教育学习的机会，解决他们疾病和家庭问题，以致在反动统治的环境下，在必要时还要放弃党的一些工作来保存同志等。”（按：这个大叛徒集团头子为自己的叛党合法化制造舆论！）

（2）宣扬“吃小亏，占大便宜”的市侩哲学

“他绝不计较自己在党内地位和声誉的高低，绝不以马克思、列宁自居，绝不要求人家或幻想人家象尊重马克思、列宁那样去尊重他，他认为自己没有这样的权利。然而正因为他这样作，正因为他在革命斗争中始终正直忠诚，英勇坚定，并且

（语录P148）

即使我们的工作得到了极其伟大的成绩，也没有任何值得骄傲自大的理由。

（语录P204）

共产党员无论何时何地都不应以个人利益放在第一位，而应以个人利益服从于民族的和人民群众的利益。

（语录P232）

不重视思想的作用，是庸俗的唯物论，机械的唯物论。在社会主义时代，在财产公有制条件下，忽视先进思想的作用，搞物质刺激是不行的，是非常危险的。

（林彪同志在中央政治局扩大会议上的讲话）

一定要使每个干部、战士能在最困难的时候，认清形势，站稳立场，发扬我军的光荣传统，在困难面前经得起考验，不犯错误，不作坏事，保持革命军人的荣誉，和全国人民一道，同甘苦，共患难，团结一致，战胜困难。（林彪：关于加强部队政治思想工作的指示）

毛主席说：“全心全意地为人民服务，一刻也不脱离群众；一切从人民的利益出发，而不是从个人或小集团的利益出发；向人民负责和向党的领导机关负责的一致性；这些就是我们的出发点。”

（语录P146）

表现了卓越的能力，他就能够受到党员群众自觉的尊重和拥护。”（P13）

“事实也证明，党员只有全心全意地争取党的事业的发展、成功和胜利，才能提高自己的能力，增加自己的本领，否则党员要进步、要提高，是根本不可能的。因此，党员个人的利益必须而且能够和党的利益完全取得一致。”（P42）

按：口头上说，绝不要求人家和幻想人家象尊重马克思、列宁那样去尊重他，实际是希望“能够受到党员群众自觉的尊重和拥护”。口头上说为了党的利益，实际是追求个人利益；口头上谈个人利益和党的利益的一致性，实际是要党的利益服从个人利益。刘少奇的人生观是“吃小亏，占大便宜”，是“私”字当头的“一口观”，不过是披着合法的外衣，具有极大的虚伪性，因而欺骗性更大，危害也更大罢了。

（3）贩卖孔孟“修身养性”之道，鼓吹剥削阶级处世哲学

学习我国历代圣贤的优美的对我们有用的遗教。（P39）

“谁人背后无人说，那个人前不说人！”

“任从风浪起，稳坐钓鱼船。”（P75）

“天将降大任与斯人必先苦其心志，劳其筋骨，饿其体肤，空乏其身，行拂乱其所为……”

“孔子说：吾十有五而志于学，三十而立，四十而不惑，五十而知天命，六十而耳顺，七十而从心所欲，不逾矩。”这个封建思想家在这里所说的是他自己修养的过程，他并不承认自己是天生的‘圣人’。”

我们必须尊重自己的历史，不能割断历史。但是这种尊重是给历史以一定的科学地位，是尊重历史的辩证法的发展，而不是颂古非今，不是赞扬任何封建的毒素。（毛选P701）

毛主席在指出自由主义各种表现时说：“不负责任的背后批评，不是积极地向组织建议。当面不说，背后乱说；开会不说，会后乱说。心目中没有集体生活的原则，只有自由放任。”

无产阶级革命事业的接班人，是在群众斗争中产生的，是在革命大风大浪的锻炼中成长的。（话录P242）

毛主席说：“我们共产党员，无论在什么问题上，一定要能够同群众相结合。如果我们的党员，一生一世坐在房子里不出去，不经风雨，不见世面，这种党员，对于中国人民究竟有什么好处没有呢？一点好处也没有的，我们不需要这样的人做党

“另一个封建思想家孟子也说过，在历史上担任‘大任’起过作用的人物，都经过一个艰苦的锻炼过程，这就是：‘必先苦其心志，劳其筋骨，饿其体肤，空乏其身，行拂乱其所为，所以动心忍性，增益其所不能。’共产党员是要担负历史上空前未有的改造世界的‘大任’的，所以更必须注意在革命斗争中的锻炼和修养。”

“在中国古时，曾子说过‘吾日三省吾身’，这是说自我反省的问题……一个人要求得进步，就必须下苦功夫，郑重其事地去进行自我修养。”

（P14）

按：毛主席一贯教导我们，要在群众斗争的大风大浪中锻炼改造。而刘少奇却让我们以封建社会的孔孟“圣人”的修身养性之道为模范，进行所谓“自我修养”。照这样作，我们共产党人只能越“养”越“修”。

员。我们共产党员应该经风雨，见世面；这个风雨，就是群众斗争的大风雨，这个世面，就是群众斗争的大世面。”

（五）极力宣扬唯心史观

毛主席教导我们：“人民，只有人民，才是创造世界历史的动力。”“人民群众有无限的创造力。”

（1）否认阶级斗争是推动社会发展的动力

“在古代，人们的生活样式、社会组织、思想意识等，和现代人们的都不同；而在将来，人们的生活样式、社会组织、思想意识等，又会和现代人们的不同”

按：刘少奇在《修养》中开宗明义，胡诌了一通刘氏“社会发展史”。在这里，“人们”的“生活样式、社会组织、思想意识”的阶级差别不见了，代之以“古代”、“现代”和“将来”的不同；在这里，历史的发展，不是一个阶级消灭一个阶级的阶级斗争，而是“古代”、“现代”、“将来”的自然交替。这是彻头彻尾的历史唯心主义。

毛主席说：“阶级斗争，一些阶级胜利了，一些阶级消灭了。这就是历史，这就是几千年的文明史。拿这个观点解释历史的就叫作历史的唯物主义，站在这个观点的反面的是历史的唯心主义。”

“共产主义事业是人类历史上空前艰难的事业，必须经过长期的艰苦的曲折的

毛主席说：“新的社会制度还刚刚建立……要使它最后巩固起来，必须实现国

斗争，才能战胜最强大的敌人，战胜一切剥削阶级；在取得胜利以后，还要长期地耐心地进行社会经济的改造和思想文化的改造，才能肃清剥削阶级在人民中的一切影响和传统习惯等，并且建立新的社会经济制度、新的共产主义的文化和社会道德。”

按：在这里，刘少奇用偷梁换柱的手法抽去了马克思列宁主义毛泽东思想的灵魂，用“社会经济改造和思想文化的改造”以及“肃清剥削阶级在人民中的一切影响和传统习惯”来代替“经济战线.政治战线和思想战线上的社会主义革命”，公然否认社会主义时期存在着阶级和阶级斗争，存在着两条道路的斗争，那也就否认了社会主义时期无产阶级专政的必要。刘少奇根本不是一个马克思列宁主义者，早已成了一个彻头彻尾的修正主义者。

家的社会主义工业化，坚持经济战线上的社会主义革命，还必须在政治战线和思想战线上，进行经常的、艰苦的社会主义革命斗争和社会主义教育。”

（２）宣扬理论脱离实践的静止的形而上学的观点

“不但要在革命的实践中改造自己……而且要在学习马克思列宁主义理论的过程中改造自己。”

按：刘少奇把理论和实践割离开来。

理论学习如果脱离实际，即使学得烂熟，但是表里不一，言行不一，仍然不能很好地改造思想。

（林彪：一九六〇对空军工作的指示）

“共产党员必须使对马克思列宁主义的理论和方法的学习，同思想意识的修养和锻炼这二者密切地联系起来，……”

读书是学习，使用也是学习，而且是更重要的学习。

（语录Ｐ２６７）

……要带着问题学，活学活用，学用结合，急用先学，立竿见影，

（林彪《毛主席语录》再版前言）

“把这种理论学习同他的思想意识的修养正确地结合起来……”

按：刘少奇不是要人们把马克思列宁主义理论和实践联系起来，而是鼓吹与什么抽象的“意识修养”结合起来。

我们共产党员应该经风雨，见世面；这个风雨，就是群众斗争的大风雨，这个世面，就是群众斗争的大世面。

（语录Ｐ２３６）

“这一切都说明，一个人要求进步就必

无产阶级革命事业的接班人是在群众

须下苦功夫，郑重其事地进行修养。”

“共产党员在思想意识上进行修养的目的，就是要把自己锻炼成为一个忠诚纯洁的进步的模范党员和干部。”

按：难道模范党员和干部不需要再改造了吗？

斗争中产生的，是在革命大风大浪的锻炼中成长的。

情况是在不断地变化，要使自己的思想适应新的情况，就得学习。即使是对于马克思主义已经了解得比较多的人，无产阶级立场比较坚定的人，也还是要再学习，要接受新事物，要研究新问题。（话录 P263）

（六）歪曲党内斗争，提倡奴隶主义

毛主席说：“党内不同思想的对立和斗争是经常发生的，这是社会的阶级矛盾和新旧事物的矛盾在党内的反映，党内如果没有矛盾和解决矛盾的思想斗争，党的生命也就停止了。”

毛主席又说：“共产党员对任何事情都要问一个为什么，都要经过自己头脑的周密思考，想一想它是否合乎实际，是否真有道理，绝对不应盲从，绝对不应提倡奴隶主义。”

（1）反对党内斗争，抹煞党内斗争的阶级性

“因为各种党员看问题的方法不同，就使他们处理问题的方法也各不相同，就引起党内许多不同意见、不同主张的分歧和争论，就引起党内的斗争。”

“我们的党员由于原来的社会出身不同，所受的社会影响不同，因而就有不同的品质。他们对待革命实践各有不同的态度、立场和认识，所以，在革命实践中各有不同的发展方向。”

“当着党内产生机会主义思想，存在原则分歧的时候，我们当然必须进行斗争……但是，这绝不是说，在党内不存在原则分歧、没有产生机会主义的时候，硬要把同志间在某些纯粹带实际性质的问题上的不同意见，扩大成为‘原则分歧’。”

按：党内斗争是社会阶级斗争在党内的反映，这是不以人们的主观意志为转移的客观存在。刘少奇胡说什么党内分歧和斗争是由于“不同的性质”、“方法不同”引起的，或者是主观制造出来的。他这样掩盖和反对党内斗争，抹煞党内斗争的阶级性，是有其不可告人的政治目的的！

毛主席说：“党内不同思想的对立和斗争是经常发生的，这是社会的阶级矛盾和新旧事物的矛盾在党内的反映。党内如果没有矛盾和解决矛盾的思想斗争，党的生命也就停止了。”

"按照这些似乎疯癫的人看来，任何党内和平，即使在原则路线上完全一致的党内和平，也是要不得的，他们在党内并没有原则分歧的时候也硬要去'搜索'斗争对象，把某些同志当作'机会主义者'作为党内斗争中射击的'草人'。他们认为党的发展，无产阶级革命斗争的胜利，只有依靠这种错误的斗争，依靠这种射击'草人'的火力，才能得到灵验如神的开展。"

毛主席教导说："我们主张积极的思想斗争，因为它是达到党内和革命团体内的团结使之利于战斗的武器

（2）反对突出政治，反对党的思想教育

"保障党员必要的生活条件、工作条件和教育条件，使他们安心地热情地工作，是完成党的任务所必须的。"

按：政治是统帅，是灵魂，政治工作是一切工作的生命线。对此刘少奇闭口不谈，却津津有味地宣传照顾党员的"生活条件"，"工作条件"，"教育条件"。照此办理，就会使我们的党员把党和人民的利益置于脑后，去追求个人生活待遇，因而麻痹自己的革命意志，不知不觉地和平演变过去。

毛主席说："掌握思想教育，是团结全党进行伟大政治斗争的中心环节。如果这个任务不解决，党的一切政治任务是不能完成的。"

（3）贩卖"全民党"的黑货

"还有些人主要是由于在社会上找不到出路——没有职业，没有工作，没有书读，或者要摆脱家庭束缚和包办婚姻等，而到共产党里来找出路的。甚至还有个别人为了要依靠共产党减轻捐税，为了将来能够'吃得开'，以及被亲戚朋友带进来的，等等……"，"然而，既然如此，也不是什么了不起的问题。……除开敌探、汉奸、投机分子和野心家以外，我们对于这些人是欢迎的。"

按：刘少奇是企图把我们的党由无产阶级先锋队的组织降低为一个乌七八糟的俱乐部。这是赫鲁晓夫"全民党"的谬论！

毛主席说："有许多党员，在组织上入了党，思想上并没有完全入党，甚至完全没有入党。这种思想上没有入党的人，头脑里还装着许多剥削阶级的脏东西……。小资产阶级出身的人们总是经过种种方法……顽强地表现他们自己，宣传他们自己的主张，要求人们按照小资产阶级知识分子的面貌来改造党，改造世界。在这种情形下，我们的工作，就是要向他们大喝一声，说：'同志'们，你们那一套是不行的，无产阶级是不能迁就你们的，依了你们，实际上就是依了大地主大资产阶级，就有亡党亡国的危险。只能依谁呢？只能依照无产阶级先锋队的面貌改造党，改造世界。"

如果依了刘少奇，我们的党就要变成修正主义的党，我们的国家就要改变颜色。这是何等触目惊心啊！

（4）培养奴隶主义，扼杀革命造反精神

“为了党的利益，他对待同志能宽大、容忍和“委屈求全”，甚至在必要的时候，能够忍受各种误解和屈辱而毫无怨恨之心。”

“我们主张组织上的绝对服从。”“要我服从上级和多数是可以的，但上级和多数在原则上、政治上先要正确。若在政治上错了，我就不服从。这就是以多数的，或上级的，或中央的正确不正确为服从的条件。这个条件提出是不对的。”

“只要是大多数，是上级或中央通过和决定了的，就要服从，就是不对也要服从，恰恰在这个时候，特别要遵守纪律，要服从多数，要服从上级或中央，不管多数和上级或中央对与不对。”“真理在少数人方面，而大多数人所主张的是非真理”的时候，“少数人还只有服从多数人”

“是作驯服的工具，还是作调皮的工具呢？是作容易驾驭的工具呢，还是作不容易驾驭的工具呢？当然要作驯服的工具，要作容易驾驭的工具。”

（一九五八年七月刘少奇对范瑾的谈话）

“即使大多数或上级或中央真错了，你也要服从，先照错误的去执行。”

党员有批评的权利。权利是小事，主要是尽这种义务。不批评就害死人。每一个党员都有批评和自我批评的义务。对革命是否负责任就看对坏事批评不批评。错误是难免的，越批评越能帮助改正错误，一个没有批评的组织非垮不可。

（林彪：一九四八年在中共中央东北局高干会上的报告）

毛主席教导我们，政党是“阶级斗争的工具”。“既要革命，就要有一个革命党。没有一个革命的党，没有一个按照马克思列宁主义的革命理论和革命风格建立起来的革命党，就不可能领导工人阶级和广大人民群众战胜帝国主义及其走狗。”

毛主席教导我们：“在组织上，厉行集中指导下的民主生活。”其路线第一条就是“党的领导和机关要有正确的指导路线”。列宁也说得好：“没有共同党性基础的人们，光靠机械的少数服从多数的原则是无法进行工作的。”

毛主席教导我们：“共产党人的一切言论行动，必须以合乎最广大人民群众的最大利益，为最广大人民群众所拥护为最高标准。”

毛主席号召我们，要“放下包袱和开动机器”；毛主席对这种革命的自觉精神曾作过如下的阐述：“所谓发挥积极性，必须具体地表现在领导机关、干部和党员的创造能力，负责精神，工作的活跃，敢

于和善于提出问题、发表意见、批评缺点，以及对于领导机关和领导干部从爱护观点出发的监督作用。"

編 后 記

《修养》这本书，是欺人之谈，它脱离现实的阶级斗争，脱离革命，脱离政治斗争，闭口不谈革命的根本问题是政权问题，闭口不谈无产阶级专政问题，宣扬唯心主义的"修养"论，转弯抹角地提倡资产阶级个人主义，提倡奴隶主义，反对马克思列宁主义，反对毛泽东思想。按照这本书去"修养"，只能是越"养"越"修"，越修养越成为修正主义。对这本书必须彻底批判，肃清它的恶劣影响。

我们根据同志们批判《修养》的需要，汇编成了这个材料。并用毛主席、林彪等同志的话和刘少奇的黑话相对照，以便使同志们运用战无不胜的毛泽东思想这个锐利武器，彻底批臭刘氏黑《修养》。

中央负责同志对批判《修养》的一些指示和谈话放在材料的前面，做为我们批判《修养》的纲。

由于我们能力所限，错误难免，请批评指正。

河大毛泽东思想八一八红卫兵《红炮兵》

把《修养》中的资产阶级个人主义黑货拿出来示众

——《论修养》批判之三

党内头号走资本主义道路的当权派，我国修正主义的总根子刘少奇，长期以来，顽固地站在资产阶级反动立场上，打着"红旗"反红旗，提出一整套反革命修正主义路线，与毛主席的无产阶级革命路线相对抗。建国以来，他用两面派的手法，窃踞了我国党政要职之后，更加大力推行其反革命修正主义路线，积极准备复辟资本主义，猖狂地进行反党反社会主义反毛泽东思想的罪恶活动，以至公开恶毒攻击我们最最敬爱的伟大领袖毛主席。中国的赫鲁晓夫刘少奇，真是罪大恶极，必须坚决打倒，叫他永世不得翻身。对其提出并推行的资产阶级反动路线必须进行彻底批判，肃清其余毒。在此同时，对作为其反动路线的重要组成部分的黑《修养》，必须批深批透，连根铲除。

《修养》是刘少奇篡党篡政的总纲领，是搞资本义复辟的宣言书。是对党员和革命青年的腐蚀剂。它脱离阶级斗争的实践，提倡闭门"修养"，宣扬资产阶级唯心主义哲学。大力贩卖资产阶级个人主义，奴隶主义，宣扬腐朽的资产阶级世界观。猖狂地反对毛泽东思想。含沙射影的攻击我们心中最红最红的红太阳毛主席。

党内头号走资本主义道路的当权派刘少奇，于一九六二年适应国内外阶级敌人积极复辟资本主义的需要，又把《修养》经过别有用心的“修改”后，重新抛了出来。这就更加暴露了刘少奇的狼子野心及《修养》这部大毒草的反动实质。

对《修养》必须进行全面彻底的批判。这里只把《修养》中资产阶级个人主义黑货拿来示众。

毛主席教导我们说：**“无产阶级要按照自己的世界观改造世界，资产阶级也要按照自己的世界观改造世界。”**

无产阶级世界观的核心是“公”字。也就是毛主席谆谆教导我们的：**“完全是为着解放人民的，是彻底地为人民的利益工作的。”“毫不利己专门利人的精神”，“毫无自私自利之心的精神”**。共产党员和一切革命者只有按照毛主席的教导，彻底“破私立公”，才能树立无产阶级世界观，成为一个真正的共产主义战士和真正的共产党员。张思德、刘胡兰、黄继光、雷锋、王杰式的千万个英雄人物，便是真正毫不利己专门利人的共产主义战士，是真正树立了无产阶级世界观的光辉典范。

资产阶级世界观的核心是“私”字。党内头号走资本主义道路的当权派所炮制的《修养》就是他顽固的站在资产阶级反动立场上，按照资产阶级的世界观，腐蚀共产党员和革命群众，妄图把我党改造成为修正主义党的黑纲领。他在“革命”外衣的掩盖下，极力贩卖“一切为自己”的资产阶级个人主义的黑货。鼓吹追求个人名利，当官做老爷；宣扬“吃小亏占大便宜”的市侩哲学；宣扬叛徒哲学；宣扬“公私溶合”论等等，这些腐朽的资产阶级个人主义黑货贯穿了整个《修养》之中，必须一一进行批判。

（一）

《修养》鼓励追求个人名利，一心往上爬的个人主义野心家，即为当官做老爷而奋斗。

《修养》中开宗明义的指出共产党员“修养”的目标就是“要变成为很好的政治上成熟的革命家”、“由一个幼稚的革命者，变成一个成熟的、老练的……革命家。”为此，在《修养》中连篇累牍的大讲提高自己。如“要在这种斗争中求得自己的进步，提高自己革命的品质和能力。”“在各种艰难困苦的境遇中，去锻炼自己”，“加紧自己的修养，提高自己的思想能力”等等。（着重号是作者所加，下同）这里想的讲的完全是为了自己。很明显，这个《修养》的核心就是一味追求个人名利，为当官做老爷而奋斗。

毛主席教导我们说：**“我们一切工作干部，不论职位高低，都是人民的勤务员，我们所做的一切，都是为人民服务。”**毛主席教导我们的是：**“毫无自私自利之心”**。一切真正的革命者，都应按照毛主席的教导，全心全意地为人民服务，勤勤恳恳地做人民的勤务员。不为名，不为利，不计较个人得失，不计较个人地位高低，一切为人民，一切为革命，只要对人民有利，都要极端负责任地去做。

毛主席的亲切教导和《修养》中贩卖的一心为自己的资产阶级个人主义的可耻滥调形成了鲜明的对照。这是无产阶级世界观和资产阶级世界观的根本对立。我们认为，党员提高工作能力是必要的，但提高的目的完全是为了更好地为人民服务，而不是为了捞取向上爬的资本，这是两种根本对立的动机：一个为“公”；一个为“私”。必须指出《修养》中所谈“革命家”的“革命”二字，纯粹是欺人之谈。我们认为一个无产阶级革命家，他的一切言行的出发点是“全心全意地为人民服务”，是“毫不利己，专门利人”。他是在一刻也不脱离革命群众，一刻也不脱离革命斗争的实践中成长的，被广大人民群众所公认的。而党内头号走资本主义道路的当权派所鼓励的则是以个人成“家”，当“人上人”为目的，为了往上爬拚命提高自己以捞取做官当老爷的资本，这是典型的个人主义野心家的“抱负”。所谈“革命”二字只不过是装装门面，是其丑恶灵魂的遮羞布，或用做向上爬的阶梯而已。这也正是他玩弄两面派手法的重要表现之一。他在《修养》中兜售腐蚀党员的个人主义货色时，也多处给它穿了“为党”、“为革命”的保护衣。他先讲：“他们的一切活动，都是为着无产阶级事业的胜利，民族的和人类的解放，共产主义的成功，而没有其他。”然后又说：“用这种态度去学习马克思列宁主义……才能使自己成为马克思列宁式的、无产阶级的、共产主义的革命家。”前句是幌子，或者是手段，后者是目的。正是由于这些冠冕堂皇的好听词句，使他的“修养”具有更大的欺骗性。同时，他这种往上爬的名利思想，大大助长了资产阶级、小资产阶级的个人名利思想，鼓励了为个人而奋斗的思想，使个人主义合法化。这在青年中中毒是很深的，必须彻底肃清。

（二）

头号个人主义野心家刘少奇在《修养》中大力宣扬“吃小亏占大便宜”的市侩哲学。这是刘少奇向上爬的重要“妙计”之一。也是他得意的大搞政治投机的生意经。在《修养》中大讲孔孟之道，用以进行往上爬的说教。他说：“为了担负历史上空前未有的改造世界的大任”，就“必先苦其心志，劳其筋骨，饿其体肤，空乏其身，行拂乱其所为……”就是要人们忍受暂时的“苦”，以换得将来的高官厚禄。他大力宣扬“委曲求全”、“容忍”等等，也是为了以暂时的小牺牲去争得更大的个人利益。必须指出，刘少奇这个党内头号走资本主义道路的当权派是把为党的事业而艰苦工作，付出代价，个人利益服从党的利益看作是受苦、吃亏，是为了赚大利，占大便宜才忍受这个苦、吃这个亏的。这就完全暴露了他的丑恶灵魂。

毛主席教导我们说：“**一个共产党员，应该是襟怀坦白，忠实，积极，以革命利益为第一生命**”，为革命利益艰苦奋斗，勤勤恳恳，日以继夜，以至付出一切代价，对此，不但不认为是什么吃了亏，而且感到是最大的幸福和无上的光荣。这和刘少奇的投机滥调，是两种世界观的根本对立。“吃小亏占大便宜”正是头号政治扒手，个人主义野心家的用语，刘少奇到处兜售，洋洋得意，正是刘少奇资产阶级人生观的自我写照，只是在《修养》中还披着“革命”的外衣，带有一定的欺骗性而已。只要听听他在一九六零年和臭资本家王光英赤裸裸的谈话，他的卑鄙丑恶的灵魂就更加暴露无遗了。他说：“在我们社会里，只要有供献，大家都会看到，整天考虑个人，则不会有个人，不考虑个人，则最后有个人利益。占小便宜吃大亏，吃小亏占大便宜”。据说：“这就叫矛盾的统一”，“这是合乎马克思主义世界观的”。这是多么露骨的自白！所谓“不考虑个人”、“为党的利益”、“为革命”等等都是为了占大便宜，获得更大的个人利益而吃的小亏。在《修养》中假惺惺的大谈“为革命”，“为党”的实质所在不就昭然若揭了吗！

（三）

党内头号走资本主义道路的当权派刘少奇，在《修养》中公开宣扬叛徒哲学，鼓励叛党保命。他说：“党在可能条件下顾全和保护党员个人的不可缺少的利益……以至在反动派统治的环境下，在必要时，还要放弃党的一些工作来保存同志”。这是彻头彻尾的叛徒哲学、活命哲学。他正是根据这种哲学在抗日战争爆发前夕，指示他的门徒自首变节，要他们投降国民党，叛变共产党，公开发表“反共启事”、宣誓“坚决反共”的。不仅如此，他还别有用心的为这种叛卖行为辩解，为它戴上美丽的皇冠，胡说什么“这些都不是为了别的，而是为了党的整个利益”。这纯粹是胡说八道，无耻已极。

毛主席教导我们：“**要奋斗就会有牺牲，死人的事是经常发生的。但是我们想到人民的利益，想到大多数人民的痛苦，我们为人民而死，就是死得其所。**”我们的广大党员，正是按毛主席的教导，自入党之日起就下定决心，誓为共产主义事业奋斗到底，为此贡献自己的一切力量，包括宝贵的生命。宣誓永远忠于革命永不变心。正如毛主席所说：“**成千成万的先烈为着人民的利益，在我们的前头英勇地牺牲了，让我们高举起他们的旗帜，踏着他们的血迹前进吧！**”无数革命先烈的英雄事迹，将永远鼓舞着我们奋勇前进。但是这个最大的个人主义野心家、大叛徒，顽固地站在资产阶级的立场上，对那些为党为人民献出了自己生命的高贵品质是根本理解不了的，在这两者之间是没有共同语言的。正是这个党内头号走资本主义道路的当权派支持了叛徒，保护了叛徒，并按他的狼子野心阴谋安插了这一伙叛徒，为其篡党篡政作了组织上的准备。

（四）

党内头号走资本主义道路的当权派刘少奇在《修养》中为了彻底兜售其资产阶级个人主义的黑货，公开宣扬矛盾调和论，宣扬“合二而一”的“公私溶合”论。他说：“……他们的个人利益更应该完全溶化在党和无产阶级的一般利益和目的之中”。这是地地道道的“合二而一”、“阶级调和”论。

我们认为“公”和“私”是根本对立的两种世界观，他们之间矛盾的解决，只能是通过斗争，一方战胜一方。不是“公”战胜“私”，就是“私”战胜“公”，根本不可能和平共处，更不会“溶化”在一起。我们共产党员、真正的革命者就是要在灵魂深处闹革命，大夺头脑中“私”字的权，彻底破“私”立“公”，成为“毫无自私自利之心”的真正共产主义战士。《修养》中大讲“公私溶合”，就是不要阶级斗争，不准向“私”字开战，以达到其保护“私”字的卑鄙目的，这充分暴露了刘少奇的资产阶级世界观的本色。

总之《修养》这株反党反社会主义反毛泽东思想的大毒草，充满了宣扬资产阶级个人主义的黑货。但是由于他玩弄两面派手法，字里行间煞有介事的讲一些漂亮词句，再加上这个党内头号走资本主义道路的当权派是以一个党的领导人物面目出现的，因而这个《修养》流毒甚广，为害极大。仅从上述内容即可看出，按其《修养》路子“修养”下去，只能是越“养”越“修”，就会使人们舒舒服服地演变成修正主义者，就会使我们的马列主义政党变成为修正主义政党，这是多么危险呵！因此，不彻底批透批臭《修养》，就不可能肃清资产阶级反动路线的影响，就不能把无产阶级文化大革命进行到底，就不能挖掉修正主义总根子、防止资本主义复辟、保社会主义祖国永不变色。

广大革命派的同志们，红卫兵战友们，立即行动起来，高举无产阶级革命的批判旗帜，誓把《修养》批深批透，把无产阶级文化大革命进行到底。

河北大学毛泽东思想八一八红卫兵　　排山倒海兵团

刘“夫子”的年谱 （杂文一）

中国的赫鲁晓夫终究是有中国特点的。“独尊儒术”，便是他的癖好。尤其是对儒家学派的创始者孔夫子，更是佩服得五体投地，顶礼膜拜。在《修养》的开篇，他就恭恭敬敬地引述了一句孔子的“格言”：

“吾十有五而志于学，三十而立，四十而不惑，五十而知天命，六十而耳顺，七十而从心所欲，不逾矩。”

看来，二十世纪的刘夫子对于封建士大夫的“修养”过程是颇为仰慕的。他虔诚地履行了孔夫子的遗教，依照这个年谱，修身养性起来。刘夫子效法孔夫子的信心还真是很足的，抱定“精诚所至，金石为开”的宗旨，修而养之，也确实有几分姿色呢。请看：

“吾十有五而志于学”。刘夫子是一八九九年落下娘胎，他十五岁时（一九一四年），正在留法予备班上学，费用均用任北洋军伐营长的哥哥供给。封建地主官僚给钱，学的是资本主义洋货，这也许是“志于学”吧。

“三十而立”。刘夫子三十岁时（一九二九年），在参加党的“六大”之后，便与张闻天（即洛甫）结成死党。三十岁就开始反党活动了，这还不叫做“三十而立”么？

“四十而不惑”。刘夫子四十岁时（一九三九年），正置抗日战争时期，该年七月他第一把《修养》这株大毒草抛了出来，流毒全党。这时的刘夫子对走资本主义道路早已坚定不移，自然是“不惑”了。

“五十而知天命”。刘夫子五十岁时（一九四九年），全国刚刚解放，刘夫子便迫不急待地携妖婆王光美同访大资本家，大献其“媚”。竭立鼓吹“剥削有功”，功劳不小，要与资本家共走资本主义之路。刘夫子不是已掌握了复辟资本主义的“天命”吗？

“六十而耳顺”。刘夫子六十岁时（一九五九年），彭德怀阴谋篡党，刘夫子听到他的大弟子张闻天参与了这个阴谋，自然耳顺。后来，彭、张在庐山会议上被揪出，刘夫子脱口而出：“与其你篡党，还不如我篡党”。看！“篡党”二字，对于刘夫子来说，岂止耳顺，简直迷了心窍！

文化大革命的千钧重棒砸碎了他的黄粱美梦！这个多年“养”出来的修正主义头子，完全暴露在光天化日之下了。

看来，刘夫子和孔夫子尽管相隔几千年，但还是难兄难弟，遥相呼应的：

第一，他们“修养”的结果，都成了剥削阶级的孝子贤孙；

第二，都想以“修养”欺人，要做“圣人”，结果都被扔进历史的垃圾箱里去！

（红炮兵）

“慎独”者的忧愁　（杂文二）

“贼喊捉贼”，说明贼是不肯自认为贼的。之所以要喊“捉贼”，就是为了掩饰其贼的面目。

党内头号走资本主义道路的当权派，也是善于打扮自己的丑恶灵魂的。他在《修养》里，以一副正人君子的面孔，教训人道：

“事无不可对人言”，除开关心党和革命的利益之外，没有个人的得失和忧愁。即使在他个人独立工作、无人监督、有做各种坏事的可能的时候，他能够“慎独”。多么娓娓动听啊！

“慎独”，本是儒家的用语。刘某如此堂而皇之地谈起“儒道”，让人看起来，他就是无事不可对人言的“慎独”君子了。

那么，这位君子“慎独”到什么程度呢？

就是他，在家里曾对前妻训诫道：“你看人家××多聪明，穿得不好，吃得可好呐！吃在肚里谁也看不见，穿在外面大家不都看见了吗？”

又是他，因为前妻让阿姨去给战士缝衣服，自己带小孩，便指责道：“你真愚蠢，在家看小孩多累，去缝衣服又松快，又是群众场合，大家都看得到。”

多么聪明的“慎独”君子！在这“怕人看见”与“盼人看见”的巧妙哲理中，我们看到，这位君子的“慎独儒术”运用起来是多么纯熟啊！

不过，由此看来，这样“慎独”的正人君子，还是忧愁的。愁什么呢？愁的是他的这个妻子太愚蠢了，不仅无助于他的“慎独”修养，而且只能泄露他的天机。至于后来，这位君子屡更妻室，最后终于招来一个狐狸精的原因是否就是据此，那就不是本人考察的范围了。

（红炮兵）

偷梁换柱的魔术　（杂文三）

如果把苏联的赫鲁晓夫和中国的赫鲁晓夫加以比较，人们会发现，后者比前者狡猾得多。前者大吼大叫：“列宁主义过时了！”甚至在苏联人民的面前焚烧斯大林的遗体，在列宁墓前毒打送花圈的中国留学生。总之，是赤裸裸地背叛列宁主义的。

“青出于蓝而胜于蓝”。而后者比之前者就聪明多了。

他在《修养》的《作马克思和列宁的好学生》这一节中，就煞有介事地引述了斯大林的一段话：

“要按照伊里奇那样去建设新生活、新风格和新文化。在工作中决不要拒绝作小事情，因为大事情是由小事情积成的，——这是伊里奇的重要遗训之一。”

难道中国的赫鲁晓夫要按照列宁的遗训办事吗？各位观众，切莫上当，台上小丑在耍“中国戏法”了。在中国赫秃的全部反革命本领里，有一条是最惊人的，那就是能把马列主义的理论“演译”成资产阶级的反动哲学。请看：

第一步，他们沿用列宁的“小事情——大事情”这个形式，但内容变了：“人家不干的，你干，……最后大家说你是好人，将来还有大发展。”

第二步，就变成了“小人物——做大官”：“当年上山的大学生，现在都当上了部长助理，副部长”，“有的农民还当上了将军”。

第三步，又换成了“吃小苦——大甜头”：“今天的青年人吃点苦，将来组织会信任你的，照顾你的。”

第四步，就干脆变成了“吃小亏，占大便宜”。甚至扬言道：“占小便宜，吃大亏，吃点小亏，占大便宜，这是合乎马列主义无产阶级世界观的”。

呜乎！列宁主义世界观在这个历史小丑的魔术中就这样变成了资产阶级的市侩哲学！在这“中国戏法”面前，就连苏联的赫鲁晓夫们也都会拍案叫绝，望尘莫及吧？！

打倒刘少奇！

保卫毛主席！　　　　　　　　　　　　　　　　　　　　　　　（红炮兵）

（小资料）看！刘氏《修养》流毒何其广也！

一、刘少奇这个阴谋篡党的个人野心家和阴谋家特别懂得制造反革命舆论的重要性，唆使其党羽，凭借职权大量滥印刘少奇的黑货《论修养》。

《修养》这棵大毒草，不仅在全国各地用汉字大量印成各种开本的单行本，还用五种少数民族文字印行，翻译成七种外国文字发行到八十多个国家和地区。十七年来，《修养》总印数竟高达两千零五十四万一千册，而我们最最敬爱的伟大领袖毛主席的著作《毛泽东选集》却只印了一千一百四十二万五千套。对党内头号走资本主义道路当权派及其爪牙们的这种极端恶劣的勾当，是可忍，孰不可忍！

刘少奇的黑货，谬种流传，流毒甚广！

二、《论共产党员的修养》是个什么货色呢？仅从下面的统计数字就可窥见一斑：提到“自己”一百八十四处，提到“修养”七十一处，“道德”“品质”二十七处，“成名”“成家”十七处。公开引用孔、孟、范（仲淹）等所谓格言，竟有十一处之多。

~~"七十而从心所欲，不逾矩"。算起来，刘夫子若苟活到七十岁，该是一九六九年，还未到。如果按照刘夫子的"从心所欲"，那就该是资本主义复辟了。遗憾的是，文~~此书充满了唯心论和资产阶级个人主义，是一本典型修正主义代表作，是一本地地道道的大毒草！　　河北大学毛泽东思想八·一八红卫兵资料员

口诛笔伐批《修养》 （对口词）

甲：战鼓敲，军号响，
乙："百万雄师过大江。"
甲：革命人民齐奋起，
乙：口诛笔伐批《修养》。
甲：黑《修养》，
乙：臭《修养》，
甲：它是修正主义的代表作，
乙：它是复辟资本主义的黑提纲，
甲：它是封建主义的活标本，
乙：它是三者合一的垃圾箱，
甲：它猖狂攻击马列主义，
乙：它极力诋毁毛泽东思想，
甲：从黑《修养》这株毒草出笼，
乙：到文化革命的号角吹响，
甲：几十年来，
乙：就是这本黑《修养》，
甲：使多少鏖战沙场的勇士，
乙：成了谨小慎微的君子，
甲：使多少身经百战的闯将，
乙：滑进修正主义的泥塘，
甲：使多少人走上了歧路？！
乙：使多少人迷失了方向？！
甲：使多少人中了它的毒？！
乙：使多少人上了它的当？！
甲：使人越"养"越变修，
乙：使人越"养"越离开毛泽东思想。……
甲：海水作墨天当纸，
乙：黑《修养》的毒害也难写详。
甲：黑《修养》，
乙：臭《修养》，
甲：它是反动透顶的大毒草，
乙：它是杀人不见血的烈性砒霜。
甲：我们无产阶级革命造反派，
乙：用毛泽东思想来武装，
甲：决不受黑《修养》的骗，
乙：决不上臭《修养》的当，
甲：为保卫毛主席的革命路线，
乙：为保卫伟大的毛泽东思想，
甲：拿起笔，
乙：做刀枪，
甲：向中国的赫鲁晓夫猛开火，
乙：口诛笔伐批《修养》，

甲：大进攻，
乙：大扫荡，
甲：批倒批深批臭，
乙：肃清反动影响，
甲："宜将剩勇追穷寇，
乙：不可沽名学霸王。"
甲：奋起毛泽东思想千钧棒，
乙：把害人的黑《修养》彻底埋葬，
甲：让毛泽东思想的阳光，
乙：照亮世界每一个角落，
甲：让毛泽东思想伟大红旗，
乙：在五洲四海高高飘扬永远飘扬！
（河北大学毛泽东思想八·一八红卫兵毛泽东思想宣传队）

红砲兵

1967年6月

编辑者：天津大专院校红代会
河北大学毛泽东思想
八·一八红卫兵
《红炮兵》编辑部
（天津市马场道137号红火连联络站）
电话：3．4705